U0856514

國家古籍整理出版專項經費資助項目

隆興佛教編年通論

（南宋）釋祖琇 撰 楊 權 整理

南方出版傳媒
廣東人民出版社
·廣州·

圖書在版編目（CIP）數據

隆興佛教編年通論 /（南宋）釋祖琇撰；楊權整理. —廣州：廣東人民出版社，2020. 2

ISBN 978-7-218-14106-0

Ⅰ. ①隆…　Ⅱ. ①釋…②楊…　Ⅲ. ①佛教史—中國—古代
Ⅳ. ①B949. 2

中國版本圖書館 CIP 數據核字（2019）第 285025 號

LONGXING FOJIAO BIANNIAN TONGLUN

隆興佛教編年通論

（南宋）釋祖琇　撰　楊權　整理

出 版 人：肖風華

責任編輯：張賢明
裝幀設計：瀚文文化
責任技編：周　傑　易志華　吳彥斌

出版發行：廣東人民出版社
地　　址：廣州市海珠區新港西路 204 號（郵政編碼：510300）
電　　話：（020）85716809（總編室）
傳　　真：（020）85716872
網　　址：http://www.gdpph.com
印　　刷：廣東鵬騰宇文化創新有限公司
開　　本：787mm×1092mm　1/16
印　　張：29.5　　字　數：380 千
版　　次：2020 年 2 月第 1 版
印　　次：2020 年 2 月第 1 次印刷
定　　價：98.00 元

如發現印裝質量問題，影響閱讀，請與出版社（020-85716849）聯繫調換。
售書熱綫：（020）85716826

前言

隆興佛教編年通論，亦名隆興佛運通論，成書於南宋隆興二年（一一六四），是現存最早記載中國佛教史的重要事件與人物的編年體通史，撰者釋祖琇。

關於祖琇的事跡，今日所能掌握的資料頗爲有限，我們僅知道他生活在南宋初年，是江西隆興府（今南昌）僧，號石室。南宋天台宗僧人釋志磐在佛祖統紀·修書旁引提到過他，説他「隆興初居龍門」。除了這部隆興佛教編年通論外，祖琇還撰有僧寶正續傳七卷，記録羅漢系南等三十位兩宋之交的高僧行狀與宗乘語要，卷末附代古塔主與洪覺範書而詰其僧傳之失。該書現尚存世，被收録在卍新纂大日本續藏經第七十九册。佛祖統紀·修書旁引並載祖琇另撰有一部佛運統記，説此書「放左氏，寓褒貶法，兼述篡弒反叛災異之事」，還説南宋永嘉名士薛洽在敘釋氏譜時有過這樣的評論：「琇師統記多附小機所見，學最上乘者尚深病之。」南宋釋本覺在其歷代編年釋氏通鑑所列採摭書目中並及佛運統紀與隆興佛教編年通論，可見兩書曾同行於世；可是後來不知爲什麼佛運統紀失傳了，到元代釋念常撰佛祖歷代通載時已不見它的蹤影。

對隆興佛教編年通論這個書名，著名史家陳垣在中國佛教史籍概論卷六佛祖通載條曾做過如下解釋：「曰隆興者，作書之時地；曰佛教者，書之内容；曰編年者，書之體製；曰通論者，每條之後，多附以論斷也。」①像歷代編年釋氏通鑑、佛祖歷代通載、歷朝釋氏資鑑等宋元時期的同體裁著作一樣，隆興佛教編年通論的寫作受到了司馬光資治通鑑的影響，對這一點，作者在卷二十八末的「論」中說得很明白：「故今博採累朝外護聖賢緒餘，及弘教秉律韵人勝士，與夫禪林宗師提綱警策法要，規仰司馬文正公通鑑，裁成此書。」不過，隆興佛教編年通論屬宗教領域的專史，作者撰寫它並不是爲了「資治」，而是意欲在所謂「末法時代」保存史料、弘揚教義、砥礪宗門。寫作動機的不同，決定了它不可能像世俗編年體史籍那樣十分關注國家的興衰、政治的得失、君王的成敗與臣子的進退，而是更多地把注意力投放在佛教傳播與僧人活動上。它廣採正史、别史、僧傳、經録、文集、筆記、燈録、碑刻等文獻資料，對宋朝以前各代的佛教事件與人物進行了詳細梳理，較爲系統地記録了佛教在中國的流播情況。全書共二十九卷，記事上起東漢永平七年（六四），下迄五代後周顯德四年（九五七），共八百九十三年。前面二十八卷爲正文，卷一記載東漢的史實，卷二至卷四記載三國兩晉的史實，卷五至卷八記載南北朝的史實，卷九與卷十的前半部分記載隋朝的史實，卷十的後半部分至卷二十八的前半部分記載唐朝的史實，卷二十八的後半部分記載五代的史實，最後一卷附録宋太宗御製新譯三藏聖教序、真宗御製續聖教序、仁宗御製天聖廣燈録序及徽宗建中靖國續燈録序。祖琇記事從東漢永平七年（六四）開始，而不是像有些佛教史籍那樣從西周昭王二十四年即釋迦牟尼誕生之年開始，

① 陳垣：中國佛教史籍概論，北京，中華書局一九六二年版，第一四六頁。

反映了他對佛教史的兩個價值判斷：一是不認同佛教在周、秦或西漢已傳入中土之説，而把東漢明帝夜夢金人及其後沙門迦葉摩滕、竺法蘭以白馬馱經至洛陽作爲佛教傳入中國的開端；二是祇關注佛教在震旦的流播，而對它在佛教發源地天竺的歷史不予考究。又此書雖爲通史，記事卻是以唐朝爲重心（約占十八卷）。作者之所以厚近薄古，究其原因，有兩個方面：主觀上，相對於宋而言，唐史屬「近代史」，本來就被宋人格外重視；客觀上，如祖琇在通論卷十五末之「論」所言：「若吾釋之盛，莫盛於唐。凡三百年間，以道德爲天下宗師者，不可悉數。」也就是説，唐朝是佛教的盛世，可記之事、可寫之人本來就甚多，而可資利用的材料也格外豐富。被祖琇用濃墨重彩記録下來的唐代佛教史，實際上成爲隆興佛教編年通論最有價值的部分。

編年體是一種不易駕馭的文體，因爲它既要求遵循按時間順序編排人事的原則來記史，又要求記載能展現事件的連貫性與人物的完整性。有的事件進行的時間或人物活動的歲月長達數年乃至數十年，如果機械地以年月順序作爲記事的框架，就有可能造成歷史的支離破碎。祖琇注意到了這個問題，並在寫史實踐中較完善地解決了。他的處理方法是，對那些延綿時間長、過程複雜的事件，或者活動頻繁、影響廣泛的人物，採用分時間節點的方式記事。如唐代的高僧澄觀，卷十四説他在賢首法藏殁後「宗其教，天下學者宗之，目爲一念圓融具德宗，謂之賢首教」；卷十八記載他從得度具戒到成爲華嚴宗繼承人的種種經歷；卷十九記載他入京向德宗講解華嚴經，被賜號教授和尚；同卷又記載他入内闡揚華嚴宗旨，被賜號清涼國師；卷二十一記載他在元和五年（八一〇）就華嚴法界問題與憲宗的玄談，以及被憲宗指定統冠天下緇徒事；卷二十五記載他於開成三年（八三八）示寂，相國裴休奉勑爲其妙覺塔撰寫碑銘。對那些相對而言不那麽重要的人物，或者過程較爲簡單的事件，則在某個時間節點記事本末。例如圭峰宗密禪師的事跡，便衹出現在他圓寂的那一年，即唐文宗開成五年（八四〇）。爲了彰顯史事的完整性或系統性，作者有時會恰當地插入一些别書的材料來作記事的補充或總結，像卷一將范曄後漢書的西域傳論、袁宏漢紀的佛説文字移植至東漢末，卷四將魏收魏書·釋老志對佛教的記述抄録在「魏託跋燾敘」後，卷八在介紹阮孝緒七録内外篇的書籍著録情况時兼及唐書·藝文志，都屬這種情形。

隆興佛教編年通論的一個顯著特點，是大量引用石刻碑銘來記述歷史人物與事件。記人的碑銘，如張説的國師神秀碑（卷十四），張正甫的懷讓禪師碑（卷十六），李華的玄素禪師碑（卷十六），嚴郢的不空三藏碑（卷十八），梁肅的律師曇一碑（卷十八），獨孤及的三祖大師賜謚碑（卷十八），許堯佐的律師熙怡碑（卷十九），柳宗元的律師法證碑、般舟和尚碑、禪師如海碑（卷二十），柳宗元的彌陀和尚碑、大明律師碑（卷二十一），權德輿的章敬禪師碑（卷二十二），白居易的律師上弘碑（卷二十二），柳宗元的無性和尚碑（卷二十二），唐伸的藥山禪師碑（卷二十四），裴休的法師端甫碑、清涼國師碑銘（卷二十五），鄭愚的靈祐禪師碑（卷二十六）等；記事的碑銘，如唐高宗的御製慈恩寺碑（卷十三），京城迎大慈恩寺碑（卷十三），顔真卿的天下放生池碑（卷十七）、撫州戒壇記（卷十八），柳宗元的六祖賜謚碑（卷二十一）等。引用碑銘，實際上是對史料採集範圍進行擴充。碑銘在鐫刻前通常經過了嚴格校對，文字訛誤相對較少，而碑銘作者對自己所評述的人事往往有具體深入的瞭解，其言多真實可信，因此祖琇常用它們來補正僧史的缺失。例如卷二十四記澧州藥山惟儼，所用材料純爲唐伸的藥山禪師碑。爲什麽不用别的材料？作者解釋説：「傳燈與曹洞宗派皆以藥山嗣石頭遷，今碑乃謂得法於大寂馬祖。其説歷三百年，世未有辨其所以然者。要知藥山去世八年而門人相與立碑，烏有門人而不考師所承耶？予謂當以碑爲正。」除碑銘外，本書還引用了大量檔案材料，其中包括論（如卷七的沈約中食論、設會論，卷十的法琳破邪論、慧乘辯正論、李師政内德論）、表（如卷十四的張廷珪諫鑄像表，卷二十二的韓愈佛骨表）、記（如卷十八的顔真卿撫州戒壇記，卷十九的劉軻黄石巖高僧記，卷二十四的元稹石壁法華經記）、序（如卷七的梁武帝涅槃經疏序，卷十二的唐太宗三藏聖教序，卷十六的張説般若心經序，卷十九的權德輿送澈上人序、送玄禪師序）、頌（如卷二十的白居易哭凝禪師八漸頌）等。通論引用的文獻材料，以詔最爲豐富，因爲它們最能反映佛教與政治的關係。例如卷十一就引用了唐高祖的沙汰二教詔，卷二十五引用了唐武宗的廢釋氏詔、宣宗的復釋教詔，卷二十六引用了唐宣宗的貶李德裕崖州司户詔，等等。這些文獻材料的採擷，不僅增加了編年史的内容，也在較大程度上增加了記載的可信性。

宗教是超脱於世俗的，宗教活動卻是在世俗的社會框架中進行，因此世俗社會的種種因素尤其是政治因素難免會對宗教産生影響。對這層道理，祖琇是有清醒認識的，他曾在卷二十五唐開成三年（八三八）的「論」中説：「佛法盛衰常與帝道相望，帝之盛莫甚於唐，佛法因之大振於中夏，抑内外護相資而成其美也。清涼生歷九朝，爲七帝門師，至憲宗别鑄金印，加號僧統國師。跡其住世，帝道、佛法之盛可想見矣。迨其没，繼以會昌之難，佛世下哀（衰），唐亦終於不競。嗚呼！興替常理也，然亦繫乎其人也如此。」以是之故，隆興佛教編年通論没有衹就佛教而言佛教，而是除了敘述僧史之外，也適當記録若干世俗的史實，尤其是與佛教密切相關的政治史實。例如，卷二開篇分析了曹魏的政治形勢及其對佛教的影響；卷四記載了東晋安帝在位期間朝野就沙門該不該「敬王者」的問題所引發的激烈争論；卷五記載了崔浩鼓動魏太武帝誅天下沙門、毀諸經像的事件，之後又記載了魏太武帝之孫文成帝在群臣勸請下下詔復興佛教的事件；卷十一記載了貞觀十一年（六三七）唐太宗詔稱「老子，國家先宗，號位宜居釋氏之右」事，卷十五記載了景雲元年（七一〇）武周令老子復在釋氏之下、唐睿宗使爲永式事；卷十二記載了唐玄宗對從印度取經求法東返的玄奘的種種優禮；卷二十五記載了會昌五年（八四五）唐武宗大規模拆寺廢教的事件。值得注意的是，隆興佛教編年通論除了僧侣外，還記述了大批教外人物，例如帝王君主（如吴主孫權、宋文帝、梁武帝、唐太宗、唐武宗等），官宦大夫（崇佛的如蕭瑀、柳宗元、白居易等，反佛的如崔浩、韓愈等），道教人物（如寇謙之、孟景翼、陸脩静、吴筠等），名士逸民（如孫綽、許詢、劉程之、周顒、何點、陸羽等），平民百姓（如馬郎婦、凌行婆等），他們都與佛教有某種關係，對他們的記載，在一定程度上豐富了中國佛教史的内容。

隆興佛教編年通論記載的某些史事，有時也見載於傳世史籍如斷代史，但是比傳世史籍更具體、更詳細。例如武德七年（六二四）唐高祖曾釋奠於國學，新、舊唐書都記載了此事，不過文字很簡略，均不超過十字。而通論卷十記載，高祖在釋奠於國學期間，曾召儒、僧、道論義，道士劉進喜、沙門慧乘與太學博士陸德明奉詔到場，展開辯論，事後高祖對辯論情况作了點評，内容比兩唐書要詳細得多。又例如對咸通十四年（八七三）唐懿宗迎佛骨之事，舊唐書所記很簡略，新唐書卷九懿宗皇帝紀衹有一句：「三月，迎佛骨於鳳翔。」而隆興佛教編年通論卷二十七具體記録了當時的盛況：「三月庚午，詔兩街僧於鳳翔法門寺迎佛骨。於是以金銀爲刹，珠玉爲帳，孔鷸周飾之，小者尋丈，高者倍之。刻檀爲檐柱，陛墄塗黄金，每一刹數百人舉之。香輿前後係道綴玉瑟瑟，幡蓋殊綵以爲幢旌，費不貲限。以四月八日至京師，綵觀夾道，天子御安福門樓迎拜，引入内道場，三日後出京城諸寺。詔賜兩街僧金帛，京師耆老及見元和事者悉厚賜。所過鄉聚，皆裒土爲刹。相望於途，光景晝見。京城高貲，相與集大衢，作繒臺縵闕，注水銀爲池，金玉爲樹，集桑門，羅像設，考鼓鳴螺繼日夜。下詔曰：『朕以寡德纘承洪業十有四年，頃値寇興，王師未息。朕憂勤在位，愛育生靈，遂尊崇釋教，至重玄門，迎請真身，爲百姓祈福。今觀覩之衆，隘塞路岐，載念狴牢寢興在慮，嗟我黎人陷於刑辟，况漸當暑毒繫於縲絏，京畿及天下諸州府見禁囚遞減死一等。』」這種記載顯然比一句話之記史學價值要高。

隆興佛教編年通論引用的文獻資料，有些也見載於傳世的史籍，但是比傳世史籍所記更準確、更可信。例如唐武宗的廢釋氏詔，舊唐書卷十八上武宗本紀曾引用其文，中有「驅游惰不業之徒，已踰十萬；廢丹雘無用之室，何啻億千」之句；而通論卷二十五所引是：「驅游惰不業之徒，幾五十萬；廢丹雘無用之室，凡六萬區。」兩相比較，「已踰十萬」顯然没有「幾五十萬」準確，「何啻億千」也没有「凡六萬區」來得記實。又例如卷六提到北宋太平興國七年（九八二）舒州民柯萼遇異僧於萬歲山之下得瑞石，宋太宗因遣使致齋鍾山，並記録了致齋文，其中有一段是：「近以至真臨格，寳訓躬聞。審墓緒之由來，積慶靈之永久。詢於故府，獲乃貞珉。覩篆刻之如新，若符節之斯合。」這段話亦見載於明葛寅亮所纂的金陵梵刹志（題爲致齋寶志公青詞）與清釋德鎧所纂的靈谷禪林志（題爲宋太宗遺祭寶志公文），不過文字略有不同：「近以至真，臨格寶訓，躬聞審墓，緒之由來，積於故府，獲乃貞珉。睹篆刻之如新，若符節之斯合。」兩相比較，前者行文流暢而語意清晰；後者由於缺了「慶靈之永久」與「詢」六字，遂至句讀訛誤，语意乖舛。①陳垣在中國佛教史籍概論的開篇有言：「中國佛教史籍，恒與列朝史事有關，不參稽而旁考之，則每有窒礙難通之史跡。」②隆興佛教編年通論即屬於那類可疏通史跡「窒礙」的中國佛教史籍。

除了能詳備、條理、清晰地記述各個時期的人事之外，隆興佛教編年通論給人印象深刻的地方還在其獨具特色的「論」，即作者對某些事件或人物的點評。全書共有「論」一百零二則，除曹魏、西晋有兩則安排在朝代起首以爲「敘」的延伸外，其餘各則都置於點評對象之後。其作用大致有以下三個方面：

一是分析、評價事件或人物。隆興佛教編年通論的功能是對過去的人事「繫年」，不過在記史的同時，作者也常常對所記對象進行分析、評價，而且所見每每精當。例如卷三「嵩明教題法師影堂」條後評淨土宗的始祖廬山慧遠，説他地位猶如儒教的「孟子」：「去孔子百年而有孟軻。當孟軻時，孔子之道幾衰焉，軻於是力行而振起之。自大教東流，凡三百年而有遠公。當遠公時，沙門寖盛，然未

① 參考郭琳：現存最早編年體佛教通史隆興佛教編年通論價值略述，中國典籍與文化，二〇一六年第四期。
② 陳垣：中國佛教史籍概論，北京，中華書局一九六二年版，緣起第一頁。

有特立獨行、憲章懿範爲天下宗師如遠公者，吾道由之始振。蓋嘗謂遠有大功於釋氏，猶孔門之孟子焉。」又如卷二十五唐會昌四年（八四四）在記述了僧知玄與道士辯論及諫武宗佞道之事後論曰：「昔周武廢教，沙門犯顔抗争殆數十人，雖不能格武之惑，然足見吾法中之有人也。及唐高祖議沙汰，而慧乘、玄琬、智實、法林等皇皇論争，引義慷慨，亦不失法王真子之職。凡自大曆而後，祖道既興，吾門雄傑，多趨禪林，至是武宗議廢教，而主法者纔知玄一人而已。雖武宗盛意不可解，佛運數否莫可逃。凡釋子者處變故之際，無一辭可紀。佛法尊博如天，亦吾徒失學之罪也。」卷二十六在「尚書白居易」條後對白居易做了令評：「唐史稱居易與元稹齊名。稹中道徼險得宰相，名望漼然。居易當李宗閔時，權勢震赫，終不附離爲進取計，完節自高。居易其賢哉！竊謂樂天不特賢於當時，如本朝韓魏公之德業、蘇東坡之文章，皆景慕之，斑斑著於翰墨。然則樂天賢於百世可也。觀其雍容談道，深徹宗教之源。於唐三百年間唯樂天、柳子厚、裴公美、梁肅數公而已，雖各本師承，亦皆性自通悟，發於天縱，非大士乘願力再來，疇能及此哉？」

二是辨析、考訂史實與人物。在敘述佛教事的過程中，有時會碰到史籍記載差異頗大的情形，這就要求作者必須考辨是非、做出取捨，祖琇便是這麼做的。例如景德傳燈録載，禪宗中土初祖菩提達磨於南朝梁普通八年（五二七）九月二十一日抵達廣州，刺史以表聞奏，帝遣使齎詔，於十月一日把他迎到了金陵。祖琇認爲其説有誤，便在卷七末的「論」中進行了辨析：「然自廣至金陵亡慮三千餘里，將命者往而復師方啟行，豈以十日之間能歷三千里乎？」又唐道宣的集古今佛道論衡、續高僧傳和神清的北山録均載陸脩静在晋末訪過慧遠，祖琇認爲這是不可能的，遂在卷八後梁紹泰元年（五五五）的「論」中分析：「由晋抵北齊凡一百七十餘載，其對顯之術極爲疎鄙，疑非修静所爲也。而南山宣公論衡、僧傳及神清北山録皆有是説，二老非誣人者也。然則修静向二百歲矣，使其果在，必有非常之術。予意對顯之徒，蓋宗事修静者。既敗矣，故二公冒其名而罪之。此不得不辨。」卷十八唐代宗大曆七年（七七二）收録了顔真卿的撫州寶應寺律藏院戒壇記，其文提到佛教在漢朝已有戒律，祖琇經過考證，認爲顔氏之説不確，於是在「論」中指出：「魯公碑稱漢建寧元年天竺沙門譯出戒本，與大僧受戒，而梁僧傳及隋三寶録皆謂曹魏嘉平中西域曇柯羅始出戒本，予讀後漢・笮融傳，謂融於漢末每歲佛生日輒多設飲飯，敷席幡員五六里，其來就食及觀者常數萬人，以此驗漢時未有戒律，凡齋事法如祠祀狀。戒律自魏時方來，信矣！魯公之説，疑爲傳之者悮，當以僧傳爲正焉。」卷二十七在大中十二年（八五八）記唐宣宗駕崩後論曰：「唐新、舊史唯宣宗朝事實相返特甚，唯舊史與資治通鑑皆合。新史貶之，謂宣宗以察爲明，無復仁恩之意。嗚呼！斯言莫知何謂也。大凡人君寬厚，長者必責以優游無斷。至於精勤治道，則謂以察爲明。然則何從而可乎？孟子曰『盡信書不如無書』，蓋誠然也。」有時面對記載的分歧，祖琇也兼採異説，並做出説明。例如卷五南朝宋文帝元嘉二十九年（四五二）論曰：「梁高僧傳載曇始事跡，與魏書・佛老志殊不類，今合二説兼著之。」這類文字在一定程度上廓清了歷史的迷霧，糾正了記傳的失實，也使隆興佛教編年通論有了史評的意義。

三是闡發史料的内涵或價值。如卷十隋大業二年（六〇六）在記載禪宗三祖僧璨示寂之事後復録其信心銘，並在「論」中提示：「嘗聞古宗師垂訓學者，每晨興必誦三祖信心銘數番，誠哉斯言！凡歷古以來，詮道之作多矣，至於窮澈法源，妙盡宗極，無出此篇。言約而義豐，旨深而詞雅，所以嗣承祖位，爲大法王真身住世，不如是，豈虚然哉！」又如卷二十一唐元和五年（八一〇）「勅孟簡、蕭俛監護譯經」條論曰：「及是元和以後，譯經遂廢。本朝太平興國初有梵僧法賢、天息灾、施護三人自西竺來，雅善華音。太宗夙承佛記，建譯場於太平興國寺，悉取國庫所貯梵夾，令三梵僧擇未經翻者集兩街義學僧詳定譯之。并募童子五十人，令習梵字。」

從總體上來説，作者以「論曰」方式出現的點評大都立場公允、分析中肯、見解恰當，對所記的事件或人物能起到畫龍點睛的作用；藉助這種點評，讀者會加深對歷史的瞭解。

對隆興佛教編年通論一書，陳垣曾給予較高評價，他在中國佛教史籍概論卷六佛祖通載中説，隆興佛教編年通論「其書採摭佛教碑碣及諸大家之文頗備，編纂有法，敘論嫻雅，不類俗僧所爲」①。但是這部高水平的著作卻不甚見稱於世，這是爲什麽呢？主要原因是其内容已爲後出的元釋念常撰佛祖歷代通載所掩襲。對「文抄公」念常，陳垣有過嚴厲的批評：「今通載前數卷，二十八祖悉抄景德傳燈録，自漢明帝至五代十餘卷，悉抄隆興通論，其所自纂者，僅宋、元二代耳。其抄通論，不獨史料抄之，即敘論亦抄之。計所抄敘論三十八段，明著爲石室論者，僅藏本卷五及卷十一等三段，其中有有立論主體者，如五代敘云：『予嘗以唐新舊本紀參校，粗見文忠師仰春秋紀事褒貶之妙，因採數十端著新唐史本紀略例一篇。及得五代史，閱其自發述作之意，與予亦頗合。』此所謂予，祖琇自謂也，今抄之於通載，而不明著爲琇敘，則所謂予者，念常自謂乎？念常亦嘗著新唐史本紀略例乎？『作奏

① 陳垣：中國佛教史籍概論，北京，中華書局一九六二年版，第一四七頁。

雖工，宜去葛龔』，此笑林之所以爲笑也。而卷首凡例，並未明言本書敘論悉採通論。又五代以後，漢明帝以前，不復見一敘論，不啻表暴其除抄襲外，不能自撰一論也。」①從陳垣的嚴厲批評中，可見佛祖歷代通載對隆興佛教編年通論的抄襲情況相當嚴重。正是這種「攻城掠地」般的抄襲，搶了隆興佛教編年通論的風頭，掩蓋了隆興佛教編年通論的光亮。

雖然在總體上來説隆興佛教編年通論是一部寫得不錯的史書，但是其不足之處也是明顯的。其缺陷，首先表現爲繁冗。例如牟子理惑論三十七篇，已被南朝梁的僧祐收入弘明集，隆興佛教編年通論卷一引用了二十篇；慧遠的沙門不敬王者論五篇，被全文抄録於卷四。這些文章反映了佛教教義、戒律與中國傳統儒家綱常倫理的衝突，内容的確重要，但是把它們的大部甚至全文都抄録，實在没有必要。卷十記述李師政所撰内德論三篇，卷二十四記述李翺所撰復性書三篇，也都有同樣的問題。其次表現爲好記「神跡」。例如卷二西晋太康四年（二八三）記道：「有出長安者，見（耆）域在寺中。有賈胡濕登者，其夕會域，宿於流沙，蓋一昔萬里，沙門神跡於此爲顯云。」同卷西晋永嘉五年（三一一）記道：「（佛圖澄）自言百餘歲，常服氣自養，能積日不食，善誦咒，役使鬼神。腹旁有孔，以綿塞之；夜讀書，則拔綿，出光照室。又每臨溪，從孔中出腸胃洗濯，還納腹中，能聽鈴音，言吉凶莫不奇驗。」卷四東晋義熙二年（四〇六）説天竺尊者佛馱跋陀「感二青衣童子，每旦自庭沼中出，炷香添瓶，不離座右，暮夜則潛入沼中，日以爲常」；卷五南朝宋元嘉三年（四二六）記神僧杯渡自

① 陳垣：中國佛教史籍概論，北京，中華書局一九六二年版，第一四七頁。

孟津乘杯絶岸至金陵；同卷元嘉二十八年（四五一）記沙門曇始刀槍不入；同卷南朝宋泰始二年（四六六）記大士寶誌吐食水中皆成活魚；卷七南朝梁天監三年（五〇四）記法師道英解衣入水，宴坐深淵七日而出；卷十六唐開元二十三年（七三五）記三藏無畏馳經入龍河，被龍王邀入宫説法，所載梵夾不濕一字；等等。此類故事在書中大量出現。最後表現爲記人記事有缺漏。像三論宗吉藏、三階教信行、淨土宗善導、律宗懷素、曹洞宗本寂等名僧，在書中都没有反映。

隆興佛教編年通論收入在日本編集的大型佛教叢書卍續藏經中。在中國已不存。卍續藏經有新、舊兩個版本。舊版卍續藏經是由前田慧雲、中野達慧等編集，由京都藏經書院於明治三十八年（一九〇五）至大正元年（一九一二）刊行的卍大日本續藏經，版面一頁四欄，採用「編・套・册」的格式印製，共三編一五〇套七五〇册（每套五册），經號一六五九部。臺北新文豐出版股份有限公司一九九四年出版的新編卍續藏經便是以它爲底本影印的，不過版面改爲了一頁雙欄，共分一五〇册刊行，每册對應原書一套。新版卍續藏經是河村孝照等編集、東京株式會社國書刊行會於昭和四十二年（一九六七）至平成元年（一九八九）出版的卍新纂大日本續藏經，版面一頁三欄，正文八八册，加總目録、索引、解題共九〇册，經號一六七一部。在據卍大日本續藏經（即舊版卍續藏經）影印的臺北新文豐出版股份有限公司版新編卍續藏經中，隆興佛教編年通論被收録在第一三〇册；在卍新纂大日本續藏經（即新版卍續藏經）中，隆興佛教編年通論被收録在第七五册。因爲新版卍續藏經本隆興佛教編年通論出版時曾與舊版卍續藏經本進行過校對，相對來説較爲完善，所以整理者把其選爲工作底本（在校記中稱卍新續藏本），並基本保留了它原來的校記。

除了上述兩個入藏的版本外，整理者還蒐集了一個現存於日本的隆興佛教編年通論單行本。它原是十七世紀的日本大儒林羅山（名信勝）的舊藏（在林氏舊藏中的編號爲二四九號），現歸日本國立公文書館的「内閣文庫」，被編爲「漢書門」三三二一號，請求番號三一〇一〇一一六；每卷卷首均蓋有「林氏藏書」「日本政府圖書」「淺草文庫」等印鑒。這個單行本也是二十八卷附一卷，不過被裝爲一五册。關於它的出版年代与印刷方式，日人土屋裕史在北の丸第四七號發表有当館所藏林羅山旧藏書（漢籍）解題一文，記爲「（寛永）刊（古活）」，即日本古代的活字本出版物。①這個單行本，有一些文字與卍新續藏本有出入，整理者用爲參校本（在校記中稱寛永本）。

隆興佛教編年通論引用的文獻資料，有一部分亦見載於傳世的史籍、文集、傳記、筆記、燈録、碑刻等，故整理者除了採用「對校」與「本校」法對本書的文字進行整理之外，還運用「他校」之法，擇其要者進行了校勘。校勘曾用到的主要參考文獻，附列於本書之後。

楊權丁酉新正於中山大學沁廬

① 整理者另外還在某韓文網站找到一個與日本「内閣文庫」所藏完全相同的單行本，每卷卷首均蓋有「朝鮮總督府圖書館藏書之印」，出版与印刷情況被著録爲「刊寫者未詳」「日本木板本」。

目録

① 「孝桓帝」條原在「竺佛朔」條後，據正文調整。
② 卍新續藏本原註：「玄，一作『立』。」
③ 梁婁，原作「黎接」，據正文改。

① 遁，原作「道」，據寬永本改。
② 程，原作「裎」，據正文改。
③ 恒，原作「相」，據正文改。
④ 僧叡，原無，據正文增。

① 「魏太宗封沙門法果」條原在「論」後，據正文調整。

② 徹，原作「澈」，據正文改。

① 以上兩條，原作「常侍朱昭之、朱廣之難夷夏論」，據正文調整。
② 以上兩條，原作「高僧慧通紹正駁夷夏論」，據正文調整。
③ 惠，原作「慧」，據正文改。
④ 昭，原作「照」，據正文改。

卷第九 …… 一三五

① 此條原作「法師寶瓊、洪偃」，據正文調整。
② 師，原闕，據正文補。
③ 此條原在「法師道安二教論」條前，據正文調整。
④ 抗，原作「杭」，當爲「抗」。

① 奕，原作「弈」，據正文改。
② 此兩條原作「法師慧乘等著破邪論」，據正文調整。
③ 玄，原作「充」，據寬永本改。
④ 惠，原作「慧」，據正文改。

① 惠，原作「慧」，據正文改。
② 此條係整理者據正文所增。
③ 此條原在「奘法師辭入嵩山制不允」條前，據正文調整。

① 慧立，原作「會隱」，據正文改。
② 墮，原作「隋」，據正文改。
③ 此條係整理者據正文所增。

① 太，原作「大」，據正文改。
② 嚴挺之，原作「嚴挺」，據正文改。
③ 西，原作「田」，據正文改。

① 此條係整理者據正文所增。
② 此條係整理者據正文所增。
③ 此條原在「石頭希遷禪師（參同契）」條前，據正文調整。

① 志，原作「智」，據正文改。
② 干，寬永本作「于」。
③ 此條係整理者據正文所增。
④ 此條係整理者據正文所增。

① 姓，原作「性」，據正文改。

② 此條原在「柳子厚無性和尚碑（碑陰）」條前，據正文調整。

① 居，原作「樂」，當爲「居」。
② 辨，原作「辯」，據正文改。

隆興佛教編年通論卷第一

隆興府石室沙門　祖琇　撰

東漢

永平七年，顯宗孝明帝一夕夢金人，身長丈六，項佩日輪，飛空而至。光明照於殿庭。旦問群臣，時大學聞人傅毅進曰：「昔周昭王時，西域有聖人出世，名曰『佛』者，容止光明，正如所夢，疑必此也。」帝於是遣郎將秦景，博士王遵、蔡愔（於今切）等使西域，訪求佛法。景等次天竺隣境，遇沙門迦葉摩騰、竺法蘭，得經像，遂命與之東還，以十一年至洛陽。騰、蘭以沙門服謁見，帝悅，館於白馬寺。有方士費叔才、褚善信等忌之，片言非是。騰、蘭白於帝曰：「吾佛出世間法，水火不能壞。請與方士驗之。」帝從其請。勑叔才等盡出所有奇經祕訣，與沙門所持來經像就焚之。火作，而沙門諸經獨完然不爇。方士稽首欽服，帝益異之。由是騰、蘭習漢言，久之，譯四十二章、十地斷結、佛本生、法海藏、佛本行等五經。帝嘗幸其寺，騰、蘭進曰：「寺東何館？」帝曰：「昔有阜，無因而起，夷之復然，夜有光怪，民呼爲聖塚，因祀之。疑洛陽神也。」騰曰：「按天竺金藏詮所誌，阿育王藏如來舍利於天下，凡八萬四千所。今支那震旦境中，十有九處，此其一也。」帝大驚，即日駕幸聖塚，而騰、蘭隨往，拜起，忽有圓光現塚上，三身現光中，侍衛呼「萬歲」。帝喜曰：「不遇二大士，安知上聖遺祐哉！」詔塔其上，受制度於滕、蘭。塔成，九層，高二百尺。明年，光又現，有金色手出塔頂尺許，如琉璃①中見，天香郁然。帝駕幸拜瞻，光隨步武旋繞，自午及申而滅。於時皇弟楚王英喜爲浮圖齋戒，嘗奉縑贖罪，帝還之，以助伊蒲塞桑門之盛饌。

論曰：昔西域聖人之教，既非衰周暴秦之君能致，然西漢二三英主有可致之德，而聖人亦不至，獨見夢於顯宗。凡近古高僧，皆推聖人去世登千載而後教至，曾未有考著顯宗之德，有必感聖人之理，此予通論所以作也。夫兩漢有天下，傳二十四世，有君德者二祖四宗而已。二祖蓋立極之主，固無可議；若三宗，則各有其美而不能亡其弊，唯顯宗爲至焉。有太宗恭儉之美，而文雅威重過之；有世宗經略四夷之勳，而無世宗淫後之弊；有中宗政治之明，而崇儒尚德過之。斯蓋兼有三宗之長而無三宗之短，是以班固、傅毅頌其勳德，於漢爲最盛。然世之學者不以班、傅爲信，徒見鍾離意傳謂「帝性褊察，好以耳目隱發爲明」，遂以此爲顯宗實録。嗚呼！豈篤論哉。昔仲尼平章討論五帝三王治具以貽後世，迨其殁，遭暴秦燔毀之餘，世宗僅能舉之而已。至顯宗，乃始躬行儒術，尊養三老。五更饗射禮畢，帝正坐自講，諸儒執經問難。於是時，冠帶搢紳之士圜橋門，而觀聽者億萬計。濟濟乎，洋洋乎，由三代以來，儒風之盛，莫甚於永平時也！及章、和之後，諸儒開館授道，著籍者動逾千數。蓋永平之化行，猶周南・麟趾之應也。初雖獄

① 璃，原作「琉」，據寬永本改。

訟繁劇，帝臨政刻意，裁斷精嚴，蓋善善惡惡之實，猶孔子爲司寇七日而誅少正卯，暫臨夾谷而盡誅優倡，此誠不可少假於①仁恕也，謂之偏察，則過矣。予②謂使孔子復生，必曰顯宗吾無間然矣。由顯宗包舉西漢三宗之美，躬行古帝王之道，此所以精爽與吾佛感通，而聖教因之被於中夏，與儒相表裏而廣天下以善也，夫豈偶爾哉！

建和二年，安息國沙門安清至洛陽。清字世高，本世子，當嗣位，讓之叔父，捨國出家。既至洛京，譯經二十九部一百七十六卷，絶筆於靈帝建寧三年。因附舟浮游，次廬山之邔（音恭）亭廟。艤舟祠下，廟神靈甚，能分風送③往來之舟。有乞神竹者，未許而斫，神怒，覆其舟致竹斫處，過者雀息汗下。高舟人奉牲請福，神輒降語曰：「舟有沙門，乃不與俱來耶！」高至廟下，神復降，與高語舊。因泣曰：「弟子家此湖，千里皆所轄，坐宿多嗔。今報形極醜，又旦夕且死，必入地獄。有縑千段，並雜寶玩，當爲建寺塔，爲冥福。」高許之，徐曰：「能出形相勞苦乎？」神曰：「形惡，奈何？」高曰：「第出之。」於是出其首幔④中，蓋巨蟒也。高梵語咒之，蟒若雨淚，俄不見。高舟未發，有少年跪前。高又咒之，乃去。舟人問誰氏子，高曰：「廟神已脱蟒形，故來謝耳。」高至豫章建寺，即今

① 於，寬永本作「以」。
② 予，原作「矛」，據寬永本改。
③ 送，原作「迭」，據寬永本改。
④ 幔，寬永本作「帳」。

大安是也。由高而名，蓋江淮寺塔之始。

三年，月支國沙門支婁迦讖，亦云支讖，至洛陽。少時習語，大通華言，遂譯經。至中平年，凡二十一部六十三卷。

永興元年，桓帝於宫中鑄黄金浮圖、老子像，覆以百寶華蓋身奉祀之。由是百姓嚮化，事佛彌盛。

嘉平元年，天竺沙門竺佛朔至洛陽，譯道行般若經，棄文存質，深得經意。至光和中，同支讖譯般舟三昧經，共三卷。

是歲，安息國優婆塞都尉安玄①至洛邑，同清信士嚴佛調譯經七部。於時，復有沙門支曜、康臣、康猛詳、曇果、竺大力，皆善方言，終漢世，譯經凡三百餘部。

獻帝初平②中，牟子未詳名字，世稱牟子，既修經傳諸子，書無大小，靡不好之。雖不樂兵法，然猶讀焉；雖讀神僊不死之書，抑而不信，以爲虚誕。會靈帝崩後天下擾亂，獨交州差安，北方異人咸來在焉，多爲神僊辟穀長生之術。牟子常以五經難之，道家術士莫敢對焉。先是，牟子將母避世，年二十六，歸蒼梧娶妻，太守聞其守學，謁請署吏。時年方盛，志精於學，又見世亂，無仕官意，竟不就。是時州郡相疑，隔塞不通，太守以其博學多識，使致敬荆州。牟子以爲榮爵易讓，使命難辭。會牧弟豫章太守爲中郎將笮融所殺，牧遣騎都尉劉彦將兵赴之，恐外界相疑，兵不得進，乃謂牟子曰：「弟爲逆賊所害，骨肉之痛，憤發肝心，當遣劉都尉行，恐界外疑難，行人不通。君文武兼備，有專對

① 卍新續藏本原註：「玄，一作『立』。」寬永本、歷代通載卷五竺佛明至作「立」。
② 卍新續藏本原註：「平，一作『元』。」按漢獻帝無「初元」年號，當誤。

才，今欲相屈之零陵、桂陽，假塗於通路，何如？」牟子重違其意諾之，適其母卒，遂不果行。久之，歎曰：「老子絶聖棄智，修身保真，萬物不干其志，天下不易其樂，天子不得臣，諸侯不得友，故可貴也。」於是鋭志於佛道，兼研老子五千文，含玄妙爲酒漿，翫五經爲琴簧。世俗之徒多非之者，以爲背五經而向異道。欲争則非道，欲默則不能，遂以筆墨之間，略引聖賢之言證解之，名曰牟子理惑云。

問曰：「何以正言佛？佛爲何謂乎？」牟子曰：「佛者，謚號也，猶名三皇神、五帝聖也。佛乃道德之元祖，神明之宗緒。佛之言覺也，恍惚變化，分身散體，或存或亡，能小能大，能圓能方，能老能少，能隱能彰，蹈火不燒，履刃不傷，在汙不染，在禍無殃，不行而到，無作而光①，故號爲佛也。」

問曰：「何謂之爲道？道何類也？」牟子曰：「道之言導也，導人致於無爲。牽之無前，引之無後；舉之無上，抑之無下；視之無形，聽之無聲；四表爲大，蜿蜒②其外；毫釐爲細，間關其内。故謂之道。」

問曰：「孔子以五經爲道教，可拱而誦、履而行之③。今了説道，虚無恍惚，不見其意，不指其事，何與聖人言異乎？」牟子曰：「不可以所習爲重，所希爲輕；惑於外類，失於中情。立事不失道德，猶調絃不失宫商。天道法四時，人道法五常。老子曰：『有物混成，先天地生……可以爲天下母。

① 不行而到，無作而光，弘明集卷一理惑論作「欲行則飛，坐則揚光」。
② 蜒，原作「蜓」，據弘明集卷一理惑論改。
③ 弘明集卷一理惑論無「之」字。

吾不知其名，強字之曰道。』道之爲物，居家可以事親，宰國可以治民，獨立可以治身。履而行之，充乎天地；廢而不用，消而不離。子不解之，何異之有乎！」

問曰：「夫至實不華，至辭不飾，言約而至者麗，事寡而達者明。故珠玉少而貴，瓦礫多而賤。聖人制七經之本，不過三萬言，衆事備焉。今佛經卷以萬計，言以億數，非一人力所能堪也。僕以爲煩而不要矣。」牟子曰：「江海所以異於行潦者，以其深廣也；五嶽所以別於丘陵者，以其高大也。若高不絶山阜，跛羊淩其巔；深不絶消①流，孺子浴其淵。麒麟不處苑囿之中，吞舟之魚不遊數仞之溪。剖三寸之蚌②，求明月之珠，探枳棘之巢，求鳳凰之雛，必難獲也。何者？小不能容大也。佛經前説億載之事，卻道萬世之要，大素未起，大始未生，乾坤肇興，其微③不可握，其纖不可入，佛悉彌綸其廣大之外，剖析其窈妙之内，靡不紀之。故其經卷以萬計，言以億數，多多益具，衆衆益富，何不要之有？雖非一人所堪，譬若臨河飲水，飽而自足，焉知其餘哉？」

問曰：「佛經衆多，欲得其要而棄其餘，直説其實而除其華。」牟子曰：「否。夫日月俱明，各有所照；二十八宿，各有所主；百藥並生，各有所愈。狐裘備寒，絺綌禦暑；舟輿異路，俱致行旅。孔子不以五經之備，復作春秋、孝經者，欲博道術，恣人意耳。佛經雖多，其歸爲一也；猶七典

① 卍新續藏本原註：「消，一作『涓』。」弘明集卷一理惑論、歷代通載卷五牟子理惑論作「涓」。
② 蚌，原作「蛘」，據弘明集卷一理惑論改。
③ 卍新續藏本原註：「徵，一作『微』。」弘明集卷一理惑論、歷代通載卷五牟子理惑論作「微」。

雖異，其貴道德仁義，亦一也。孝所以説多者，隨人行而與之。若子夏①、子遊俱問一孝，而仲尼答之各異。攻其短也，何棄之有哉？」

問曰：「佛道至尊至大，堯、舜、周、孔曷不修之乎？七經之中，不見其辭。子既耽②詩、書，悦禮、樂，奚爲復好佛道、喜異術？豈能踰經傳美聖業哉？竊爲吾子不取也。」牟子曰：「書不必孔丘之言，藥不必扁鵲之方，合義者從，愈病者良，君子博取衆善，以輔其身。子貢云：『夫子何常師之有乎？』堯事尹壽，舜事務成，旦③學吕望，丘學老聃，亦俱不見於七經也。四師雖聖，比之於佛，猶白鹿之與麒麟、鷰鳥之與鳳凰也。堯、舜、周、孔且猶與④之，况⑤佛身相好變化，神力無方，焉能捨而不學乎？五經事義，或有所闕，佛不見記，何足怪疑哉？」

問曰：「云佛有三十二相、八十種好，何其異於人之甚也！殆富耳之語，非實之云也。」牟子曰：「諺云『少所見，多所怪』、『覩馲駝，言馬腫背』，堯眉八彩，舜目重瞳，皐陶鳥喙，文王四乳，禹耳三漏，周公背僂，伏羲龍鼻，仲尼反宇，老子日角月懸⑥、鼻有雙柱、手把十文、足蹈二五，此非

① 子夏，弘明集卷一理惑論作「子張」。

② 耽，原作「躭」，據弘明集卷一理惑論改。

③ 旦，弘明集卷一理惑論作「且」。

④ 與，弘明集卷一理惑論作「學」。

⑤ 况，原作「呪」，據寛永本改。

⑥ 懸，弘明集卷一理惑論作「玄」。

異於人乎？佛之相好，奚疑[①]哉？」

問曰：「孝經言：『身體髮膚，受之父母，不敢毁傷。』曾子臨没：『啟予手，啟予足。』今沙門剃頭，何其違聖人之語、不合孝子之道也！吾子常好論是非、平曲直，而反善之乎？」牟子曰：「夫訕聖賢不仁，平不中不智也。不仁不智，何以樹德？德將不樹，頑嚚之儔也。論何容易乎！昔齊人乘船渡江，其父墮水，其子攘臂，捽頭顛倒，使水從口出，而父命得甦。夫捽頭顛倒，不孝莫大，然以全父之身。若拱手修孝子之常，父命絶於水矣。孔子曰：『可與適道，未可與權。』所謂時宜施者也。且孝經曰：『先王有至德要道。』而泰伯斷[②]髮文身，自從吴、越之俗，違於『身體髮膚』之義，然孔子稱之：『其可謂至德矣！』仲尼不以其斷髮毁之也。由是而觀，苟有大德，不拘於小。沙門損[③]家財、棄妻子，不聽音視[④]色，可謂讓之至也，何違聖語不合孝乎？豫讓吞炭漆身，聶政皮[⑤]面自刑，伯姬蹈火，高行截容，君子爲[⑥]勇而死義，不聞譏其自毁没也。沙門剔除鬚髮，而比之於四人，不已遠乎？」

---

① 弘明集卷一理惑論「疑」前有「足」字。
② 斷，弘明集卷一理惑論作「祝」。
③ 卍新續藏本原註：「損，疑『捐』，下同。」弘明集卷一理惑論、歷代通載卷五牟子理惑論作「捐」。
④ 弘明集卷一理惑論「視」前有「不」字。
⑤ 皮，弘明集卷一理惑論作「剫」。
⑥ 弘明集卷一理惑論「爲」前有「以」字。

問曰：「夫福莫踰於繼嗣，不孝莫過於無後。沙門棄妻子，捐[①]財貨，終[②]身不娶，何違其[③]福孝之行也。自苦而無奇，自拯[④]而無異矣。」牟子曰：「夫長左者必短右，大前者必狹後。孟公綽爲趙、魏老則優，不可以爲滕、薛[⑤]大夫。妻子財物，世之餘也；清躬無爲，道之妙也。老子曰：『名與身孰親？身與貨孰多？』又曰：觀三代之遺風，覽乎儒、墨之道術，誦詩、書，修禮節，崇仁義，視清潔，鄉人傳業，名譽[⑥]洋溢，此中士所施行，恬惔者所不恤。故前有隨珠，後有虓（許交反）虎，見之走而不敢取，何也？先其命而後其利也。許由棲巢木，夷、齊餓首陽，聖[⑦]孔稱其賢曰：『求仁得仁者也。』不聞譏其無後無貨也。沙門修道德以易遊世之樂，友[⑧]淑賢以貸[⑨]妻子以[⑩]歡，是不爲奇，孰與爲奇？是不爲異，孰與爲異哉？」

① 捐，原作「損」，據弘明集卷一理惑論改。
② 弘明集卷一理惑論「終」前有「或」字。
③ 違其，弘明集卷一理惑論作「其違」。
④ 拯，弘明集卷一理惑論作「極」。
⑤ 薛，原作「薜」，據寬永本、弘明集卷一理惑論改。
⑥ 譽，原作「與」，據寬永本、弘明集卷一理惑論改。
⑦ 聖，弘明集卷一理惑論作「舜」。
⑧ 友，弘明集卷一理惑論作「反」。
⑨ 貸，弘明集卷一理惑論作「貿」。
⑩ 以，弘明集卷一理惑論作「之」。

問曰：「黄帝垂衣裳，製服飾。箕子陳洪範，貌爲五事首。孔子作孝經，服爲三德始。又曰：『正其衣冠，尊其瞻視。』原憲雖貧，不離華冠；子路遇難，不忘結纓。今沙門剃頭髮，被赤布，見人無跪起之禮儀①，無盤旋之容止，何其違貌服之制、乖搢紳之飾也！」牟子曰：「老子云：『上德不德，是以有德；下德不失德，是以無德。』三皇之時，食肉衣皮，巢居穴處，以崇質樸，豈復須章甫之冠、曲裘之飾哉！然其人稱有德而敦庬，正②信而無爲。沙門之行，有似之矣。」

或曰：「如子之言，則黄帝、堯、舜、周、孔之儔，棄而不足法也。」牟子曰：「夫見博則不迷，聽聰則不惑。堯、舜、周、孔，修世事也；佛與孝子，無爲志也。仲尼棲棲七十餘國，許由聞禪洗耳於淵。君子之道，或出或處，或默或語，不溢其情，不淫其性。故其道爲貴，在乎所用，何棄之有乎？」

問曰：「佛道言人死當更復生，僕不信此言之審也。」牟子曰：「人臨死，其家上屋呼之。死已，復呼誰？」或曰：「呼其魂魄。」牟子曰：「神還則生，不還則③神何之乎？」曰：「成鬼神。」牟子曰：「是也。魂神固不滅矣，但身自朽爛④耳。身譬如五穀之根葉，魂神如五穀之種實。根葉生必當

① 弘明集卷一理惑論「儀」前有「威」字。
② 正，弘明集卷一理惑論作「允」。
③ 弘明集卷一理惑論無「則」字。
④ 爛，原作「欄」，據寬永本改。

死，種實豈有終已①？得道身滅耳。老子曰：『吾②有大患，以吾有身也。若吾無身，吾有何患？』又曰：『功成，名遂③，身退，天之道也。』」

或曰：「爲道亦死，不爲道亦死，有以④異乎？」牟子曰：「所謂無一日之善，而問終身之譽者也。有道雖死，神歸福堂；爲惡既死，神當其殃。愚夫闇於成事，賢智預於未萌。道與不道，如金比草；禍⑤之與福，如白方黑。焉得不異？而言何易乎？」

問曰：「孔子云：『未能事人，焉能事鬼？未知生，焉知死？』此聖人之所紀也。今佛家輒說生死之事、鬼神之務，此殆非聖喆（與哲同）之語也。夫履道者，當虛無淡泊，歸志質朴，何爲乃道生死以亂志，說鬼神之餘事乎？」牟子曰：「若子之言，所謂見外而未識內者也。孔子疾子路不問本末，以此抑之耳。孝經曰：『爲之宗廟，以鬼享之；春秋祭祀，以時思之。』又曰：『生事愛敬，死事哀戚。』豈不教人事鬼神知生死哉！周公爲武王請命曰：『旦多才多藝，能事鬼神。』夫何爲也？佛經所說生死之趣，非此類乎？老子曰：『既知其子，復守其母，没身不殆。』又曰：『用其光，復歸其明，無遺身殃。』此道生死之所趣、吉凶之所住。至道之要，實貴寂寞。佛家豈好言乎？來問不得不

① 已，弘明集卷一理惑論作「亡」。
② 弘明集卷一理惑論「吾」後有「所以」二字。
③ 功成名遂，弘明集卷一理惑論作「功遂」。
④ 以，弘明集卷一理惑論作「何」。
⑤ 禍，弘明集卷一理惑論作「善」。

對耳。鐘鼓豈有自鳴者？桴加而有聲矣。

問曰：「孔子曰：『夷狄之有君，不如諸夏之亡也。』孟子譏陳相更學許行之術，曰：『吾聞用夏變夷，未聞用夷變夏者也。』吾子弱冠學堯、舜、周、孔之道，而今捨之，更學夷狄①之術。不已惑乎？」牟子曰：「此吾未解大道時之餘語耳。若子，可謂見禮制之華，而闇道德之實；闚炬燭之明，未覩天庭之日也。孔子所言，矯世法矣；孟軻所云，疾專一耳。昔孔子欲居九夷，曰『君子居之，何陋之有』，及仲尼不容於魯、衛，孟軻不用於齊、梁，豈復仕於夷狄乎？禹出西羌而聖喆，瞽叟生舜而頑嚚，由余產狄國而霸秦，管、蔡自河洛而流言。傳曰：『北辰之星，在天之中，在人之北。』以此觀之，漢地未必爲天中也。佛經所説，上下周極，含血之類，物皆屬佛焉。是以吾復尊而學之，何爲當捨堯、舜、周、孔之道？金玉不相傷，隋璧②不相妨，謂人爲惑，特③自惑乎！」

問曰：「孔子稱：『奢則不遜，儉則固。與其不遜也，寧固。』禦④孫曰：『儉者德之共⑤，侈者惡之大也。』今佛家以空財布施爲名，盡貨與人爲貴，豈有福哉？」牟子曰：「彼一時也，此一時也。

①　狄，原作「秋」，據寬永本改。
②　隋璧，弘明集卷一理惑論作「隨碧」。
③　特，弘明集卷一理惑論作「時」。
④　禦，弘明集卷一理惑論作「叔」，下同。
⑤　共，弘明集卷一理惑論作「恭」。

仲尼之言，疾奢而無禮；禦孫之論，刺莊①公之刻桶②，非禁布施也。舜耕歷山，恩不及州里；太公屠牛，惠不逮妻子。及其見用，恩流八荒，惠施四海。饒財多貨，貴其能與；貧困屢空，貴其履道。許由不貪四海，伯夷不甘其國，虞卿捐萬户之封救窮人之急，各其志也。僖負羈以壺飧③之惠，全其所居之閭④；宣孟以一飯之故，活其不貲⑤之軀。陰施出於不意，陽報皎如白日。况傾家財，發善意，其功德巍巍如嵩、泰，悠悠如江海矣。懷善者應之以祚，挾惡者報之以殃。未有種稻而得麥、施禍而獲福者也⑥。」

問曰：「人之處世，莫不好富貴而惡貧賤，樂歡逸而憚勞倦。黄帝養性，以五肴爲上。孔子云：『食不厭精，膾不厭細。』今沙門被赤布，日一食，閇⑦六情，自畢於世。若茲，何聊之有？」牟子曰：「富與貴是人之所欲，不以其道得之，不處也；貧與賤是人之所惡，不以其道得之，不去也。老子曰：『五色令人目盲，五音令人耳聾，五味令人口爽，馳騁畋獵令人心發狂，難得之貨令人行妨，

① 莊，弘明集卷一理惑論作「嚴」。
② 桶，弘明集卷一理惑論作「楹」。
③ 飧，弘明集卷一理惑論作「飡」。
④ 閭，弘明集卷一理惑論作「間」。
⑤ 貲，弘明集卷一理惑論作「資」。
⑥ 也，弘明集卷一理惑論作「乎」。
⑦ 閇，弘明集卷一理惑論作「閉」。

聖人爲腹不爲目。』此言豈虚哉？柳下惠不以三公之位易其介①，段干木不以其身易魏文之富。許由、巢父棲木而居，自謂安於帝宇；夷、齊餓於首陽，自謂飽於文、武。蓋各得其志而已，何不聊之有乎？」

問曰：「若佛經深妙靡麗，子胡不談之於朝廷，論之於君父，修之於閨門，接之於朋友，何復學經傳、讀諸子乎？」牟子曰：「子未達其源而問其流也。夫陳俎豆於疊門，建旌旗於朝堂，衣狐裘以當蕤賓，被絺綌以御黄鍾，非不麗也，乖其處非其時也。故持孔子之術入商鞅之門，賫孟軻之説詣蘇、張之庭，功無分寸，過有丈尺矣。老子曰：『上士聞道，勤而行之；中士聞道，若存若亡；下士聞道，而大②笑之。』吾懼大笑，故不爲談也。渴不必待江河而飲，井泉之水何所不飽？是以復治經傳耳。」

問曰：「老子云：『智者不言，言者不智。』又曰：『大辯若訥，大巧若拙。』君子耻言過行，設沙門有至道，奚不坐而行之，何復談是非論曲直乎？僕以爲此德行之賊③也。」牟子曰：「來春當大饑，今秋不食。黄鍾應寒，蕤賓重裘。備預雖早，不免④於愚。老子所云，謂得道者耳。未得道者，何

① 介，弘明集卷一理惑論作「行」。
② 而大，弘明集卷一理惑論作「大而」。
③ 賊，弘明集卷一理惑論作「賤」，下一處同。
④ 免，原作「兔」，據弘明集卷一理惑論、歷代通載卷五牟子理惑論改。

知之有乎？大道一言而天下悦，豈非大辯①？老子不云乎『功遂身退，天之道也』？身既退矣，又何言哉！今之沙門，未及得道，何得不言？老氏亦猶言也，如其無言，五千何述焉？若知而不言，可也；既不能知，又不能言，愚人也。故能言不能行，國之師也；能行不能言，國之用也；能行能言，國之寶也。三品各有所施，何德之賊乎？唯不能言又不能行，是賊也。」

問曰：「如子之言，徒當學辯②達、修言論，豈復治情性、履道德乎？」牟子曰：「何難悟之甚乎！夫言語談論，各有時也。蘧瑗曰：『國有道則直，國無道則卷而懷之。』甯武子曰：『國有道則智，國無道則愚。』孔子曰：『可與言而不與言，失人；不可與言而與言，失言。』故智愚自有時，談論各有意，何爲當言論而不行哉？」

問曰：「云③佛道至尊至快，無爲淡泊，世人學士多譏毁之，云其辭説廓落難用，虚無難信，何也④？」牟子曰：「至味不合於衆口，大音不比於衆耳。作咸池，設大章，發簫韶⑤，詠九成，莫之和也。張鄭、衛之絃，歌時俗之音，必不期而拊手也。故宋玉云：『客歌於郢，爲下俚⑥之曲，和者千

① 弘明集卷一理惑論「辯」後有「乎」字。
② 辯，原作「辨」，據弘明集卷一理惑論改。
③ 弘明集卷一理惑論「云」後有「何」字。
④ 也，弘明集卷一理惑論作「乎」。
⑤ 韶，原作「韻」，當爲「韶」。
⑥ 俚，弘明集卷一理惑論作「里」。

人；引商激①角，衆莫之應。』此皆悦邪聲，不曉於大度者也。韓非以管闚之見而謗堯、舜，接輿以毛釐之分而刺仲尼，皆耽②小而忽大者也。夫聞清商而謂之角，非彈絃之過，聽者之不聰矣；見和璧而名之石，非璧之賤也，視者之不明矣。神蛇能斷而復續，不能使人不斷也；靈龜發夢於宋元，不能免豫且③之網。大道無爲，非俗所見。不爲譽者貴，不爲毀者賤。用不用，自天也；行不行，乃時也；信不信，其命也。」

問曰：「吾子以經傳理佛之説，其辭富而義顯，其文熾而説美，得無非真④誠，是子之辯⑤也。」牟子曰：「吾非辯也，見博，故不惑耳。」問曰：「見博，其有術乎？」牟子曰：「由佛經也。吾未解佛經之時，惑甚於子，雖誦五經，適以爲華，未成實矣。吾既覩佛經之説，覽老⑥子之要，守恬淡之性，觀無爲之行，還視世事，猶臨天井而窺⑦谿谷，登嵩、岱而見丘垤矣。五經則五味，佛道則五穀矣。吾自聞道以來，如開雲見白日，炬火入冥室焉。」

① 激，弘明集卷一理惑論作「徵」。
② 耽，原作「躭」，據弘明集卷一理惑論改。
③ 且，弘明集卷一理惑論作「苴」。
④ 真，弘明集卷一理惑論作「其」。
⑤ 辯，弘明集卷一理惑論作「辨」，下一處同。
⑥ 老，原作「孝」，據寛永本、弘明集卷一理惑論改。
⑦ 窺，弘明集卷一理惑論作「闚」。

問曰：「子以經傳之辭、華麗之説褒贊佛行，稱譽其德，高者陵青①雲，廣者踰②地圻（巨宜切），得無踰其本、過其實乎？而僕譏刺，頗得疹中而其病也。」牟子曰：「呼③！吾之所褒，猶以塵埃附嵩、岱④，收朝露投江海。子之所謗，猶握瓢觚欲減江海，操⑤耕耒欲損崑崙，側一拳⑥以翳日光，舉土塊以塞河衝。吾所褒不能使佛高，子之毀不能令其下也。」

論曰：牟子理惑三十有七篇，梁僧祐律師載之宏⑦明集，可謂所從來遠矣。觀其崇德辨惑，閑邪禦侮，發揮大教之耿光，蓋閎覽博物之君子也。當是時，吾佛法源濫觴之初，凡西域沙門至中國者，由滕、蘭而下不過十人，所新出經三百餘卷，俱小乘教，若微妙大乘諸經皆所未至。牟子乃能玄鑑穎悟，契佛心宗，得法味若是之深，比夫漢末禰衡、陳元龍、孔北海諸公虛負奇資，終於不聞道，不過爲一俗士而死矣。然則牟子賢矣哉！惜其書不能備載，聊取二十篇，輔成通論。大抵世之惑也者，雖世尊在世，尚莫能無。矧今去聖逾二千載，欲天下之廓廓皆正信，其可

① 青，弘明集卷一理惑論作「清」。
② 踰，弘明集卷一理惑論作「逾」，下一處同。
③ 呼，弘明集卷一理惑論作「吁」。
④ 岱，弘明集卷一理惑論作「泰」。
⑤ 操，弘明集卷一理惑論作「躡」。
⑥ 拳，弘明集卷一理惑論作「掌」。
⑦ 卍新續藏本原註：「宏，現本作『弘』。」

得哉？雖然，是書正不可不以垂世也。

漢書·西域傳史官范①曄論曰：「西域風土之載，前史②未聞也。張騫③懷致遠之略，班超奮封侯之志，終能立功西遐，羈服外域。自兵威之所肅服，財賂之所懷誘，莫不獻方奇，納愛質，露頂肘行，東向而朝天子。故設戊己之官，分任其事；建都護之帥，總領其權。……其後甘英乃抵條支而歷安息，臨西海以望大秦，拒玉門、陽關④四萬餘里，靡不周盡焉。若其境俗性習⑤之優薄，産載物類之區品，川河障嶺⑥之基源，氣節涼暑之通隔，梯山棧谷、繩行沙渡⑦之道，身熱首痛、風灾鬼難之域，莫不備寫情形，審求根實。至於佛道神化，興自身毒，而二漢方志莫有稱焉。張騫但著地多暑濕，乘象而戰，班超⑧雖列其奉浮圖，不殺伐，而精文善法導達之功靡所傳述。予聞之後說也，其國則殷乎中

① 范，原作「茫」，據寛永本改。
② 史，後漢書卷八十八西域傳作「古」。
③ 後漢書卷八十八西域傳「張騫」前有「漢世」二字。
④ 後漢書卷八十八西域傳「關」後有「者」字。
⑤ 習，後漢書卷八十八西域傳作「智」。
⑥ 障嶺，後漢書卷八十八西域傳作「嶺障」。
⑦ 渡，後漢書卷八十八西域傳作「度」。
⑧ 超，後漢書卷八十八西域傳作「勇」。

土，玉燭和氣，靈聖之所降集，賢懿之所挺生。神跡詭異①，則理絶人區；感驗明顯，則事出天外。而騫、超無聞者，豈非②道秘③往運，數開叔葉乎？不然，何誣異之甚也！漢自楚王④英始盛齋戒之祀，桓帝又修華蓋之飾。將微義未譯，而但神明之耶？詳其清心釋累之訓，空有兼遣之宗，道書之流也。且好仁惡殺，蠲敝崇善，所以賢達君子多愛其法焉。然好大不經，奇譎無已，雖鄒衍談天之辯、莊周蝸角之論，尚未足以概其萬一。又精靈起滅，因報相尋，若曉而昧者，故通人多惑焉。蓋導俗無方，適物異會，取諸同歸，措夫疑説，則大道通矣。」曄字蔚宗，生晋末，仕於宋。凡史籍議論釋氏，自曄而始。

袁宏漢紀曰：「永平十一年。浮屠者，佛也。西域天竺國⑤有佛道焉。佛者，漢言覺，將覺悟群生也。其教以修善慈心爲主，不殺生，專務清淨。其精者號爲沙門⑥，漢言息心，蓋息意去欲而歸於無爲也。又以爲人死精神不滅⑦，隨復受形，生時所行善惡，皆有報應，故所貴行善修道，以鍊精神不已，以至無爲而得爲佛也。佛身長一丈六尺，黄金色，項中佩日月光，變化無方，無所不入，故能化通萬

---

① 異，後漢書卷八十八西域傳作「怪」。
② 非，後漢書卷八十八西域傳作「其」。
③ 秘，後漢書卷八十八西域傳作「閉」。
④ 後漢書卷八十八西域傳無「王」字。
⑤ 國，原闕，據後漢書卷四十二楚王英傳李賢注引袁宏後漢紀補。
⑥ 後漢書卷四十二楚王英傳李賢注引袁宏後漢紀「沙門」後有「沙門者」三字。
⑦ 滅，寬永本作「減」。

物而大濟群生。初，明①帝夢見金人長大，項有日月光，以問群臣。或曰：『西方有神，其名曰佛，其形長大。②』因③遣使天竺，問其道術，圖其形像而還④，有經數千萬卷⑤。以虛無爲宗，包羅精麤，無所不統，善爲宏闊遠⑥大之言，所求在一體之内，所明在視聽之外。世俗之人或⑦以爲虛誕，然歸於玄微深遠，難得而測，故王公大人觀死生報應之際，莫不矍然而⑧自失焉⑨。」本朝東坡居士曰：「此殆中國始知有佛時語也，雖淺近，大略具足矣。野人得鹿，正爾煮食之耳。其後賣與市人，遂入公庖中，饌之百方。然鹿之所以美，未有絲毫加於煮食時也。」（袁宏漢紀論佛，世罕見全篇，東坡大全集所載袁宏論佛說，乃唐章懷太子註漢書·楚王英傳所引用。漢紀者當以此全篇爲正云。）

① 後漢書卷四十二楚王英傳李賢注引袁宏後漢紀無「明」字。
② 後漢書卷四十二楚王英傳李賢注引袁宏後漢紀「其形長大」後有「陛下所夢，得無是乎」八字。
③ 因，後漢書卷四十二楚王英傳李賢注引袁宏後漢紀作「於是」。
④ 圖其形像而還，後漢書卷四十二楚王英傳李賢注引袁宏後漢紀作「遂於中國而圖其形象焉」。
⑤ 卷，後漢書卷四十二楚王英傳李賢注引袁宏後漢紀作「言」。
⑥ 遠，後漢書卷四十二楚王英傳李賢注引袁宏後漢紀作「勝」。
⑦ 後漢書卷四十二楚王英傳李賢注引袁宏後漢紀無「或」字。
⑧ 後漢書卷四十二楚王英傳李賢注引袁宏後漢紀無「而」字。
⑨ 後漢書卷四十二楚王英傳李賢注引袁宏後漢紀無「焉」字。

隆興佛教編年通論卷第二

隆興府石室沙門　祖琇　撰

曹魏

黄初元年，文帝受漢禪於繁①昌，後都洛邑。至元帝咸熙元年，五主凡四十五年，西域沙門六人，所出經律羯磨，共十三部，凡二十五卷。

論曰：自漢以來，天下一統，建安之後，鼎峙始分。袁、曹競逐於中原，劉、孫分鹿於江峽。五嶽塵擁，九牧雲屯，或二祀而啟帝圖，或三分而陳霸業。故使魏祖挾天子而令諸侯，劉宗馮劒閣而規蹔輦。孫氏英略，高抗長江，横武爪牙；臥龍威力，别據一域，吞噬爲心。各跨疆場，互嚴關塞。廣延俊乂，以佐股肱；厚禮賢能，賓爲國寶。良匠妙法，復此徂來。僧會適吴，舍利耀靈於江左；迦羅游魏，禁律刱啟於洛都。歸戒自此大行，圖塔由斯特立。譯人隨俗，仍彼方言；出經逐時，便題名目。故有吴品蜀普耀焉。重疊再飜，由此而始；派流失譯，良在於兹。

① 卍新續藏本原註：「繁，一作『許』。」

且三國峙居，夫何西蜀一都獨無於代録？今大吴次紀，而以魏朝道俗具列於左方云。

嘉平二年，天竺國沙門曇柯羅至洛陽，譯僧祇戒本，法①流濫觴，比丘特剪髮而已，未有律儀，凡齋事法，如祠祀狀。柯羅始出戒本，而以戒心爲日用②。又請梵僧曇無德等立羯磨法。繇是疏决其源，法道遂行焉。凡中夏戒法，自是而始。

是歲，天竺沙門康僧鎧至洛邑白馬寺，譯經二部。時西域沙門曇無德者，此云法藏，藏師地梨荼，即阿瑜闍第九世弟子也。藏承其後，妙善律宗，賫四分律至洛陽。及正元中，安息國沙門曇諦至，亦善律學，遂於白馬寺衆請，同出戒經一卷。

甘露元年，西域沙門帛延至洛邑，譯經六部九卷。是歲，外國沙門支彊梁婁，此云無畏，於交州譯法華三昧經一部六卷。

陳思王曹植者，字子建，武帝中子，十歲誦詩書十餘萬言，善屬文。太祖見而異之曰：「汝倩人耶？」植曰：「言出成論，下筆成章，顧面試，奈何倩人乎！」及長，於世間藝術，無不精練。邯鄲淳見而駭嘆，稱爲天人。植每讀佛經，留連嗟玩，以爲至道之宗極。轉讀七聲升降曲折之響，世皆諷而則之。游③魚山，聞有聲特異，清颺哀婉，因倣其聲爲梵讚。今法事中有魚山梵，即其遺奏也。始魏

① 寬永本「法」前有「時」字。
② 用，原作「月」，據寬永本改。
③ 游，原作「淤」，據寬永本改。卍新續藏本原註：「淤，疑『游』。」

武欲立爲嗣，植荒酒自穢，以故得免。文帝頗嫉其才，抑而不用。嘗求自試，帝不允。既而十一年中三徙其藩，植滋不得志而薨，年三十一。初，植登魚山，臨東阿，喟然有終焉志，遂營墓，遺誡其子，令薄葬。植在日，不甚信黄老，著辨道論見意，今載藏中弘明集。

孫吴

吴主孫權，字仲謀，吴郡富春人。其家東塚上，數有神光雲氣。及權生，眼有異光，方頤大口。其父堅奇之，曰：「王霸之器也。」孫策既卒，及魏文受禪二年，權稱吴王，建元黄武。至魏明帝太和三年，遂即皇帝位。初都武昌，次遷秣陵，又遷建鄴，凡四主五十九年，國入於晋。道俗四人譯經總一四百十八部一百九十卷云。

沙門維祇難，此云障礙，天竺國人，同沙門竺律炎至武昌郡，譯經二部。及祇難卒，律炎復於揚都譯經三部三卷。

時優婆塞支謙者，字恭明，月支國人，初遊洛邑，受業於支亮。亮字紀明，受業於支讖。世稱「天下博知，不出三支」。謙博覽經籍，爲人細長黑瘦，眼多白而睛黄。時語曰：「支郎眼中黄，形雖細，是智囊。」及避地歸吴，吴主見而悦之，吴①拜爲博士，譯經一百二十九部一百五十二卷。

① 寛永本無「吴」字。

赤烏四年，康居國三藏康僧會至金陵，營立茅茨，設像行道。國人初見沙門而驚異之，有司以聞吴主孫權，曰：「是漢明帝所夢佛神之遺風耶。」詔至問狀，會進曰：「如來大師化已千年，然靈骨舍利，神應無方。昔阿育王奉之爲八萬四千塔，此其遺化也。」權以爲誇，已曰：「舍利可得，當爲塔之。苟其無驗，國有常刑。」會請期七日，謂其屬曰：「大法廢興，在此一舉，當加意洗心潔齋懇求。」至期無驗，乃展二七，又無應。權曰：「趣烹之！」會默念「佛名真慈，夫豈違我哉」，更請展期，以死祈之。又七日，衆懼無人色。五鼓矣，聞鎗然有聲，起視缾中，五色錯發。大呼曰：「果吾願矣！」黎明進之，權輿①公卿聚觀，歎曰：「希世之瑞也！」會又言：「舍利威神，一切世間無能壞者。」權使力士槌之，砧碎而光明自若。於是建塔佛陀里，又爲寺額曰「建初」，奉會居焉。

闞澤，字德潤，會稽山陰人也，家世爲農。澤好學，居貧無資，常爲人傭書自給。所寫既畢即能誦，由是博覽群籍。虞翻見而稱之曰：「闞生矯傑，仲舒、子雲流也。」仕吴，官太子太傅。僧會入吴，吴主因問澤曰：「漢明何年佛教入中國，何緣不及東方？」澤曰：「永平十一年佛法初至，計今赤烏四年，則一百七十年矣。永平十四年，五嶽道士褚善信等乞與西僧角法，於是善信負妄而死，其徒以屍歸葬南嶽。凡中國人例不許出家，無人流布，加之罹亂歲深，方至本國。」吴主曰：「孔子制述典訓，教化來葉；老、莊修身自玩，放蕩山林。歸心澹泊，何事佛爲！」澤曰：「孔、老二教法天制用，不敢違天；佛教諸天奉行，不敢違佛。以此言之，優劣可見。」（出宗炳明佛論）

① 卍新續藏本原註：「輿，疑『與』。」歷代通載卷五康僧會至吴作「與」。

甘露元年，吴主孫皓始即位，徧毀神祠，波及梵宇。臣僚諫先帝感瑞剏寺，不可毀也。乃遣臣張昱往告康僧會。會挫其辭，理辯鋒出，昱不能屈，歸以會才高聞。皓召至，問曰：「佛言善惡報應，可得聞乎？」會曰：「明主以孝慈治①天下，則赤烏翔而老人見；以仁德育萬物，則醴泉洌而嘉禾茁。善既有應，惡亦如之。故爲惡於隱，鬼得而誅之；爲惡於顯，人得而誅之。易稱『積善餘慶』，詩美『求福不回』，雖儒典之格言，即佛教之明訓。」皓曰：「然則周、孔既明，安用佛教？」會曰：「周、孔不欲深言，故略示其跡，佛教不止淺言，故詳示其要，皆爲善也。聖人唯恐善之不多，陛下以爲嫌。何也？」皓無以酬之，遂罷。他日，宿衛治圃，得金像。皓使置穢處，蒙不潔，以爲笑樂，俄得腫疾，晝夜呻吟。占者曰：「坐犯神祠。」禱諸廟，不効。宫人有奉佛者曰：「乃不請福於佛耶！」皓仰覩②曰：「佛神若是怪乎？」曰：「佛之威靈，視神如天淵。」皓乃悟曰：「吾以慢像致此耳！」趣迎像，龕而供事之，乃請會説法悔罪。會爲開示玄要，並取本業百二十願，分二百五十事，使皓行住坐臥增益善意，及授之五戒，少頃疾愈。由是奉會爲師，崇飾寺塔。

西晋

太始元年，武帝受魏禪，建都洛邑及長安，爲東、西京。帝姓司馬氏，諱炎，河内人，魏相國晋

① 治，寬永本作「洽」。
② 覩，寬永本作「視」。

王昭之太子也。登位十有五年而滅吳，奄有寰海。及崩，子惠帝立。未幾，天下大亂，至元帝立於建康，遂爲東晋。凡西晋四主，五十有二年，華戎道俗譯經律等七百餘卷。

論曰：吳黄武初，陸績有言曰：「從今更六十年，天下車同軌，書同文。」及泰康改元而吳平，天下一統，果如績言。自是纔二十載，至永寧之初，正道虧頽，群雄嶽峙。趙王剏基叛逆，篡主於朝；張軌繼請外遷，擅據涼土。内外糜沸，仍漸亂階。劉淵所以平陽，李雄因茲並絡，懷帝蒙塵外郡，湣后播越長安。既道藉時興，而兩都版蕩；法由人顯，屬二主恓惶。萬姓崩離，歸信靡託；百官失守，釋種無依。時有沙門竺法護及釋法炬等，忘身利物，志在宏宣。匪憚苦辛，闡法爲務，護於晋世，譯經最多。且晋雖不文，文才實著，翻傳妙典，曰有賞音。所以禮樂衣冠，晋朝始備；信源道種，相資而興焉。

太始元年，月支國沙門曇摩羅察，晋言法護，至洛陽。護學究三十六國道術，兼通其語。及自天竺大賫梵本婆羅門經達於玉門，因居燉煌，世號「燉煌菩薩」。後遊洛邑，及之江左。永嘉中，隨處譯經，未嘗暫停。時優婆塞聶承遠執筆助飜，垂四百卷。及承遠卒，其子道真者，詢禀咨承法護筆授外，道真自譯經六十餘卷。時晋沙門釋法炬、法立、支敏度及優婆塞衛仕度等譯出衆經外，炬與立等每相參合，廣略異同，編次部類，凡一百四十餘卷。復有沙門畺良婁至、安法欽、竺叔蘭、白法祖、支法度等各出衆經。所以西晋已來，宣譯漸盛。

太康[①]四年，天竺沙門耆域至洛陽，指沙門竺法淵曰：「此菩薩從羊中來。」指竺法興曰：「此菩薩從天中來。」又曰：「比丘衣服華麗，大違戒律，非佛意也。」望見帝都宮室曰：「大略似忉利天宮，然人天殊分，疲民之力，繕刻如此，不亦侈乎！」未幾而洛陽亂，域辭歸天竺，數百人遮道，請中食乃行，域許之。明日，百餘家域分身同時赴之，家喜其來。及發跡洛南，域徐行，而追者不及，即以杖畫地曰：「於此訣矣。」是日，有出長安者，見域在寺中。有賈胡濕登者，其夕會域，宿於流沙，蓋一昔[②]萬里，沙門神跡於此爲顯云。

永嘉五年，天竺佛圖澄至洛陽，自言百餘歲，常服氣自養，能積日不食，善誦咒，役使鬼神。腹旁有孔，以綿塞之；夜讀書，則拔綿，出光照室。又每臨溪，從孔中出腸胃洗濯，還納腹中。能聽鈴音，言吉凶莫不奇驗。會洛陽寇亂，潛伏草野以觀變。時石勒屯葛陂，多殘殺。澄杖錫謁勒，勒命試以道術。澄取滿鉢水咒之，俄青蓮華生鉢中，光色耀目。勒繇此神敬，延之軍中。未幾，劉曜求戰，以決雌雄，左右以爲未可。勒以訪澄，澄曰：「相輪鈴音云：『秀支替戾岡，僕谷劬秃當。』此羯語也。秀支，軍也；替戾岡，出也；僕谷，劉曜胡位也；劬秃當，捉也。言軍出捉得劉曜。」又令童子潔齋三日，取麻油合燕脂，躬自塗於掌中，舉手示童子，粲然有耀[③]。童子驚曰：「有軍馬，一人白皙，以朱絲縛肘。」澄曰：「此即曜也。」勒遂出戰，果生擒劉曜。勒稱趙王，行皇帝事，敬澄彌篤，

① 太康，歷代通載卷六竺耆域至洛作「永平」。太，寬永本作「元」。
② 卍新續藏本原註：「『昔』字更勘。」
③ 耀，寬永本作「輝」。

每舉事，必咨而後行。勒殂，弟季龍襲其位，徙都鄴城，尤傾心事澄，下令衣以綾錦，乘雕輦。朝會引見，常侍、御史悉助舉輿升殿，太子、諸公扶翼而前。生者唱大和尚，坐者皆起。勑司空李農朝夕問候。時支道林聞之曰：「澄公其以季龍爲鷗鳥耶？」及晋軍侵淮泗，季龍怒曰：「吾奉佛供僧，返更致寇，佛無神矣。」澄入見曰：「陛下前身爲商人，經罽賓寺設大會，會有六應真，吾其一也。有聖者曰：『此檀越報盡爲鷄，乃主①晋地。』今陛下爲天子，豈非奉佛供僧而致耶？疆場侵噬，有國之常，何爲怨謗三寶，興毒念乎？」季龍悔謝，因問曰：「佛法不殺，朕爲天下掌生殺，恐違佛戒。」澄曰：「帝王事佛，在恭儉慈忍，顯贊法道，不爲暴虐，不害無辜。民有爲惡，化之不悛者，其可不罰乎？但殺不可濫，刑不可不恤耳。」尚書張離家富，事佛，而所爲不法。澄曰：「事佛在清淨無欲，君雖崇飾寺塔，而貪冒不已，無益也。」及將去世，詣辭，季龍驚曰：「大和尚遽棄我，國有難乎！」澄曰：「出生入死，道之常也，修短分定，無由增損。但道貴行全，德貴不怠，苟德行無玷，雖死如生。咸無焉，千歲尚何益哉？然有可恨者：國家存心佛理，建寺度僧，當蒙祉福。而布政猛虐，賞罰交濫，特違聖典，致國祚不延也。」季龍號慟嗚咽，澄安坐而逝。後有沙門自雍州來，見澄入關，以聞季龍。命發塚視之，唯塊石存焉。季龍大惡之，歎曰：「石，吾姓也。大和尚埋我而去，其能久乎！」未幾，石氏果滅。澄度弟子數千萬人，凡居其所，國人無敢向之涕唾，每相誡曰：「莫起惡心，大和尚知汝。」其道化感物如此。自大教東來，至澄而盛。

---

① 卍新續藏本原註：「主，一作『王』。」歷代通載卷六佛圖澄示寂論作「王」。

論曰：禪師璉曰：「妙道之意，聖人嘗寓之於易，由生民已來，淳樸未散，則三皇之教簡而素，春也；及情竇日鑿，則五帝之教詳而文，夏也；時與世異，情隨日遷，故三王之教密而嚴，秋也；至周衰，先王之法壞，禮義亡，迨爲秦、漢，則無所不至，而天下至有不忍顧聞者，於是我佛世尊入東土，示以性命之理，教以慈悲之行，冬也。」旨哉斯言！觀澄公區區西來，當石勒、季龍磣暴虓噬之際，而能憫物垂範，示以玄言德祥，導以慈悲之行，卒使二暴革心，道化融洽。嗚呼！天有四時，循環以生成萬物，而聖人之教迭相扶持，以化成天下，厥有以哉！

東晋

敘曰：經云「三界無常，有爲非久」，晋氏之基，魏室遠系，及誅曹爽而絕其宗，設帝策而陳其續。金承土運，曆數在躬。平蜀而降大昊①，昇平而布寬政，文既允備，武亦戢戈。百六奄臻，王官失守，天下大亂，莫匪斯焉。於時道俗崩離，朝不謀夕，寄政江表，法隨代興。沙門信士，於是攸集，故就紀之，別號東晋。元帝者，宣皇曾孫、恭王覲之子也，諱睿，字景文。初生之辰，內有神光，一室盡明，白毫生於日角之左。累官都督揚州諸軍事、左丞相。懷湣敗後，百官分離，或走江南，或爲

① 吳，原作「昊」，據歷代通載卷六元帝（有敘）、寬永本改。

俘戮，長安失據，帝幽平陽。江東於時忽有五日並出，都下勸睿宜稱晋王，統攝萬機，以臨億兆。潛帝崩後，遂即居尊，立元建武，因都建鄴，避潛帝諱，改名建康。先是泰康二年吴舊將管恭作亂，太史伍[①]振筮曰：「恭即滅矣。然更三十八年，揚州當有天子。」至是果如其言。又秦始皇時，望氣者云：「吴金陵山五百年後當出天子。」始皇忌之，因發兵鑿金陵山斷，改稱秣陵，冀絶其王。凡自政至睿五百二十六年，有晋金行，奄君四海。又時謡曰：「五馬浮渡江，一馬化爲龍。」永嘉喪亂，宗室中唯瑯瑘、西陽、汝南、南頓、彭城五王獲濟江表，而睿首基爲帝。將知受命，上感天靈，欲跨輿圖，下資地勢。地負其勢，始皇鑿之而弗亡；天降其靈，劉曜殲之而莫盡。爰自建武至於元熙，凡十二主一百四年，華戎道俗譯經律論垂六百卷，而弘法之務至是特盛焉。

永昌元年，天竺沙門吉友抵建康，丞[②]相王導見之曰：「我輩人也。」太尉庾亮、光禄周顗、廷尉桓[③]彝，一時名公，皆造門結友，聲名著搢紳間。甞對王導解帶盤礴，尚書卞望之適至，友正容肅然。有問其故，對曰：「王公風道期人，卞令軌度格物，吾正當以此應之耳。」桓彝欲爲友作目，久之未得，友曰：「尸黎密可謂卓朗。」彝絶嘆，以爲盡品目之極。大將軍處仲聞友爲諸公器重，心未然，及見，不覺手足增敬。周顗爲僕射，領選將入局過，友嘆曰：「爲朝廷選賢得如君，真令人無愧耳！」及顗歿，友慰其孤，對靈作梵唄，清響淩雲，又咒語千餘言而去。王導甞戲之曰：「外國有君，一人

① 卍新續藏本原註：「伍，一作『任』。」
② 丞，原作「亟」，據寬永本改。
③ 桓，原作「柏」，據寬永本改。

而已。」友笑曰：「使我如諸君，今日豈得在此？」時以爲名言。譯孔雀經，梵名尸黎密，蓋讓王位出家，如吴泰伯然。

咸康六年，成帝幼冲，庾冰以元舅輔政，奏沙門應盡禮王者。尚書令何充等議不應致拜，下禮官詳議，博士議與充合，而門下承冰風旨，爲駁尚書令充，僕射褚翌、諸葛恢，尚書馮懷、戴廣等奏曰：「世祖武皇帝以盛明革命，肅祖明皇帝聰聖玄覽，豈於時沙門不易屈膝？顧以不變其修善之法，所以通天下之志也。臣等謂宜遵承先帝故事，於義爲長。」冰固謂應盡敬下，制曰：「夫萬方殊俗，神道難辨，有自來矣，達觀旁通，誠當無怪。况跪拜之禮，何必尚然？當復原先王所以尚之之意，豈直好此屈折而坐遘盤辟哉？固不然矣。因父①子之敬，建君臣之序，製法度，崇禮秩，豈徒然哉？良有以也。既其有以，將何以易之？然則名禮之設，其無情乎？且今果有佛耶？無佛耶？有則其道固弘，無則義將安取？縱其信然，將是方外之事。方外之事，豈方内所體？而當矯形體，違常度，易禮典，棄名教，是吾所甚疑也。名教有由來，百代所不廢，昧旦丕顯，後世猶殆殆之爲弊，其故難尋。而今當遠慕芒昧，依稀未分，棄禮於一朝，廢教於當世，使夫凡流，慠逸憲度，又是吾所甚疑也。縱其信然，縱其有之，吾將通之於神明，得之於胸懷耳。軌憲宏模，固不可廢之於正朝。凡此等類，皆晋民也；論其才智，又常人也。而當因所説之難辨，假服飾以淩度；抗殊俗之慠體，直形骸於萬乘。又是吾所弗取也。諸君並國器也，悟言則當測幽微，論治則當重國典，苟其不然，吾將何述焉！」充

① 父，原作「久」，據寬永本改。

等重抗表曰：「臣等暗短，不足以贊揚聖旨、宣暢大義，伏省明詔，震懼屏營，輒共尋詳，有佛無佛，固非臣等所能定。然攷其遺文，鑽其旨要，五戒之禁，實助王化。賤昭昭之名行，貴冥冥之潛操，行德在於忘身，抱一心之精妙。且興自漢世，迄至於今，雖法有隆衰，而弊無妖妄，神道經久，未有其比也。夫議有損也，況必有益，臣①之愚誠，實願塵露之微，增潤岱嶽；區區之咒②，上裨皇極。今一令其拜，遂壞其法，修善之俗，廢於聖世，習俗生常，必致怨懼，隱之臣心，竊所未安。臣雖愚蔽，詎敢以偏見疑悞聖聽！直謂世經三代，人更明聖。今不爲之制，無虧王度，而幽冥之格，可無壅滯。是以復陳愚誠，乞垂省察。」冰猶以爲不可，復下制曰：「省所陳具情旨，幽昧之事，誠非寓言所盡。然較略其③大④，人神⑤常度，粗復有分例耳⑥。大率⑦百王制法，雖文質⑧隨時，然未有以殊俗參治、恢

---

① 臣，原作「巨」，據歷代通載卷六何充議不應拜俗改。
② 卍新續藏本原註：「呪，一作『況』。」
③ 較略其，弘明集卷十二成帝重詔、集沙門不應拜俗等事卷一庾冰爲成帝出令沙門致敬詔二首作「其較略」。
④ 弘明集卷十二成帝重詔大前有「及」字，集沙門不應拜俗等事卷一庾冰爲成帝出令沙門致敬詔二首「大」前有「乃」字。
⑤ 集沙門不應拜俗等事卷一庾冰爲成帝出令沙門致敬詔二首「神」後有「之」字。
⑥ 耳，歷代通載卷六何充議不應拜俗作「用」。
⑦ 率，弘明集卷十二成帝重詔、集沙門不應拜俗等事卷一庾冰爲成帝出令沙門致敬詔二首作「都」。
⑧ 文質，弘明集卷十二成帝重詔、集沙門不應拜俗等事卷一庾冰爲成帝出令沙門致敬詔二首作「質文」。

誕雜化者也，豈曩聖之不達來①聖之宏通哉！且五戒之小善，粗擬似人倫，而更與②世主略其禮敬耶？禮重矣，敬大矣，爲治之綱，盡於此矣。萬乘之君，非好尊也；區域之民③，非好卑也。而尊卑不陳，王教④則亂，斯曩聖所以憲章體國⑤宜而不惑也。通才博採，往往備其事，脩之家⑥可以，脩之國及朝則不可，斯豈不遠耶。省所陳，果亦未能了有之與無矣。縱其了，猶謂不可以參治，而況都無而當以兩行耶！」充等三上章執奏曰：「臣等雖誠，愚⑦蔽不通遠旨，至⑧乾乾夙夜思循王度，寧苟執偏管而亂大倫⑨？直以漢、魏逮晋，不聞異議，尊卑憲度，無或暫虧也。今沙門之守⑩戒專專，然及爲其禮，一而已矣。至於守戒之篤，亡身不悋，曷敢以形骸而慢禮敬哉。每見燒香祝願，必先國家，欲福裕之，

① 來，集沙門不應拜俗等事卷一庚氷爲成帝出令沙門致敬詔二首作「而末」。
② 與，弘明集卷十二成帝重詔、集沙門不應拜俗等事卷一庚氷爲成帝出令沙門致敬詔二首作「於」。
③ 民，集沙門不應拜俗等事卷一庚氷爲成帝出令沙門致敬詔二首作「人」。
④ 弘明集卷十二成帝重詔、歷代通載卷六何充議不應拜俗「王教」後有「不得不一二之」六字。
⑤ 弘明集卷十二成帝重詔、集沙門不應拜俗等事卷一庚氷爲成帝出令沙門致敬詔二首國後有「所」字。
⑥ 集沙門不應拜俗等事卷一庚氷爲成帝出令沙門致敬詔二首「脩之家」前有「脩之身」三字。
⑦ 愚，弘明集卷十二尚書令何充僕射褚翜等三奏不應敬事、集沙門不應拜俗等事卷一庚氷爲成帝出令沙門致敬詔二首作「闇」。
⑧ 弘明集卷十二尚書令何充僕射褚翜等三奏不應敬事、集沙門不應拜俗等事卷一庚氷爲成帝出令沙門致敬詔二首「至」後有「於」字。
⑨ 集沙門不應拜俗等事卷一庚氷爲成帝出令沙門致敬詔二首「倫」後有「耶」字。
⑩ 守，弘明集卷十二尚書令何充僕射褚翜等三奏不應敬事作「慎」。

備情無極已。奉上崇順，出於自然，禮儀之簡，蓋是專一守法。是以先聖御世，因而弗革也。然天綱恢恢，疎而不失，臣等悽悽(音妻)，以爲不令致拜，於法無虧，因其所利而惠之，使賢愚莫敢不用情，則上有天覆地載之施，下有守一修善之人。謹復陳其愚淺，願蒙省察！」冰議遂寢。

何充，字次道，盧江灊人，魏光禄大夫晏之孫。少以文義見稱，初爲王敦椽。敦兄含，守盧江，貪汙。敦嘗於坐稱之曰：「家兄在郡定佳，盧江士人稱之。」充正色曰：「充即彼郡人，所聞異此。」敦默然然，客皆爲不安①，充晏然自若。丞相庾亮嘗薦之於明帝，曰：「何充器局②方槩，有萬夫之望，若能總録朝端，爲老臣副。」及充拜尚書令，推能用功，不私樹恩，世甚重之。初，阮裕嘗戲之曰：「卿志大宇宙，勇邁前古。」充審其故，裕曰：「我圖數千户郡，尚未能得；卿圖作佛，不亦大乎！」卒年五十有五。其後門世事佛甚精，厥孫尚之及點、胤等，並建大義，闡明佛法云。

興寧二年，哀帝詔法師竺灊講般若於禁中。嘗著履至，殿中人聚觀，歎道德高風。初不省有市朝，時簡文輔政，沛國劉惔(徒鑒切)嘗遇灊於簡文座中，嘲曰：「道人亦遊朱門乎？」對曰：「君自見朱門，貧道以爲蓬户。」及辭還剡山，支遁寓書求買洲③小嶺歸隱。灊答曰：「欲來當給，未聞巢由買山而隱也。」寧康二年卒。武帝下詔曰：「法深理悟虚遠，風鑑清高，棄宰輔之榮，襲染衣之素，山居世

① 寬永本此句作「敦默然，坐客皆爲不安」。
② 局，寬永本作「扃」。
③ 寬永本「洲」前有「沃」字。

外，篤懃匪懈，方賴宣道，以濟蒼生，奄從遷謝，用痛於懷。其賜縎錢十萬，助建塋①塔。」潛字法深。凡中國勑葬沙門，自潛而始。

法師支遁，字道林，與謝太傅安、王右軍羲之厚善。安守吴興，以書抵遁，略曰：「思君日積，比辰尤甚②，知欲還剡自治，爲之愴然③！人生如寄耳，自④頃⑤風流得意事⑥，殆磨滅⑦都盡，唯⑧終日戚戚⑨，遲君一來⑩以晤言消遣⑪之，一日⑫千載也。」及竺潛辭闕，有詔遁繼講法於禁中。一時名士殷浩、郗超、孫綽、桓彦表、王敬仁、何充、王坦之、袁彦伯並與結方外交，天下想見其標致者。劉系謁於白馬寺談莊周，以適性爲逍遥。遁曰：「不然。桀、蹠以殘虐爲性，豈亦逍遥乎？」於是註逍遥

① 塋，原作「瑩」，據寬永本改。
② 比辰尤甚，全晋文卷八十三與支遁書作「計辰傾遲」。
③ 爲之愴然，全晋文卷八十三與支遁書作「甚以悵然」。
④ 全晋文卷八十三與支遁書無「自」字。
⑤ 頃，原作「項」，據全晋文卷八十三與支遁書改。
⑥ 全晋文卷八十三與支遁書「事」前有「之」字。
⑦ 磨滅，全晋文卷八十三與支遁書作「爲」。
⑧ 全晋文卷八十三與支遁書無「唯」字。
⑨ 全晋文卷八十三與支遁書「戚戚」後有「觸事惆悵」四字。
⑩ 遲君一來，全晋文卷八十三與支遁書作「唯遲君來」。
⑪ 全晋文卷八十三與支遁書無「遣」字。
⑫ 全晋文卷八十三與支遁書「日」後有「當」字。

篇，學者宗之。王濛嘗極精思，作數百語詣，遁曰：「與君別久，而君了不長，何也？」濛慚汗曰：「絳鉢之王，何也？」郗超嘗問謝太傅曰：「遁談何如嵇中散？」太傅曰：「嵇努力裁得半耳。」又曰：「何如殷浩？」太傅曰：「亹亹論辯，恐當抗衡；超拔淵源，殷有慚德。」超後與親舊書曰：「林公神理所通，玄拔獨悟，數百年來，紹隆大法，令真理不絕，一人而已。」太和二年，廢帝海西公在位，遁抗表辭還山，有詔資給，敦遣諸公祖餞於征虜亭。蔡子叔者先至，近道林坐，適起而謝，萬亟趨其處，子叔還，合褥舉萬投諸地。萬曰：「幾損我面！」子叔曰：「吾初不爲卿面計。」其爲當時所慕如此。晚居山陰講維摩，許詢爲都講。遁通一義，衆意詢不能難。及詢設難，又意遁不能通。而賓主之難，相尋無窮。聽者多言自得遁旨，詰之輒失。著即色游玄、聖不辨知等論。有遺其馬者，畜之曰：「吾愛其駿耳。」有遺其鶴者，縱之曰：「冲天之物，豈耳目玩哉！」君子多其達。及卒，戴逵過其塔，歎曰：「德音未遠，而拱木已繁。計神理綿綿，不與氣運俱盡也。」

郗超，字嘉賓，少有曠世之度，談論義理，精微標志，慕佛，加好行檀，大將軍桓溫辟爲參軍。時王珣同府，珣爲主薄，超美髯，珣身短小，府中語曰：「髯參軍，短主簿。能令公喜，能令公怒。」謝安、王坦之詣溫府，溫先令超臥帳中，聽其論事。俄風動帳開，安笑曰：「郗生可謂入幕之賓。」超喜隱遁，聞拂衣者，必爲起屋具器用遺之。支道林每謂其造微之功，足參正始，甚重之。又與汰法師厚善，嘗約先歿者，凡幽冥報應，當以相報。俄而汰卒，一夕見夢曰：「向與君約報應之事，今皆不虛。願君無忘修德，以昇濟神明。」超繇是循道彌篤，因著五戒文，其略曰：「不殺則長壽，不盜則常泰，不婬則清淨，不欺則人常敬信，不醉則神理明治。已行五戒，便修歲月齋戒。歲三齋者，正月、五月、九月，每月一至十五日；月六齋者，初八、十四、十五、二十三、二十九、三十。凡齋日不得嚐魚肉，不御妻妾。迎中而食，既中之後，甘香美味，一不得嚐。洗心念道，歸命三寶。悔過自責，行四等心。遠離房室，不著六欲。不得鞭撻罵詈、乘牛駕馬、帶持兵仗。婦人則兼去脂粉、華鈿之飾，端心正意，務存柔順。齋者，普爲先亡見在知識親屬，並及一切眾生。當因此至誠互相感發已，則免罪苦。是以忠孝之士，務加勉勵，良以拯濟之功，非在己故也。」

隆興佛教編年通論卷第三

隆興府石室沙門　祖琇　撰

東晉

寧康元年，法師道安於襄陽檀溪寺建浮圖，鑄銅像。能起自行，至方山而止，光明燭天，傾都瞻拜，歡呼動山谷。秦主苻①堅送外國金飾倚像、金縷、結珠彌勒等，安每講，設以作證。一夕，像光照室，視之，頂有舍利焉。習鑿齒，襄陽高士，先以書通好，乃詣安，自稱曰「四海習鑿齒」，安曰「彌天釋道安」，相得歡甚。即以書抵謝東山，稱「安蓋非常勝士，恨公不一見耳」。孝武帝聞安名，詔曰：「法師以道德照臨天人，使大法流行，爲蒼生依賴。宜日食王公禄，所司以時資給。」安固辭不受。未幾，苻堅攻陷襄陽，得安而喜，謂左右曰：「吾以十萬師取襄陽，得一人半耳。」左右問爲誰，曰：「安公一人，習鑿齒半人也。」安入關，沙門萬數，皆隨師姓而名。安曰：「師莫如佛世尊也，應沙門，宜以『釋』爲氏。」及增一阿含經至，乃云四河入海，無復異名，四姓出家，同稱釋氏，遂與經符合焉，世益重之。又藍田得古鼎，容二十有七斛，復有篆文，朝無識之者，有以問安，安曰：

① 苻，原作「符」，當爲「苻」，下同。

「魯襄公所鑄也。」繇是苻堅勑三舘學士，有所疑，皆師於安。國人語曰：「學不師安，義不禁難。」時苻氏東極滄海，西併龜茲，南包襄陽，北盡沙漠，唯建康未服，堅雅意欲取而有之。群臣諫，不從。太尉符融者，叩頭請安爲蒼生一言，安諾。及堅出東苑，命安升輦同載，僕射權翼進曰：「臣聞天子法駕，侍中陪乘，道安毀形，寧可參廁？」堅怒曰：「安公道德可尊，朕以天下不①易。輿輦之榮，未稱其德！」即詔翼扶安登輦，於是翼跪而掖之。堅顧謂安曰：「朕將與公南遊吴②、越，整六師以巡狩，登會稽以觀滄海，不亦樂乎！」對曰：「陛下應天御世，富有八州，居中而制四海，宜棲神無爲，與堯、舜比靈斯③。今欲以百萬之師，求厥田下下之土，東南地區，勢卑氣厲，昔舜、禹遊而不返，始皇適而不歸，以貧道觀之，未見其可。平陽公懿戚，石越重臣，皆憂國至深，其論可聽。」堅曰：「非區域不廣也。朕欲簡天心，明大運所在耳。順時巡狩，且有格言。儻如高論，則帝王無省方之文乎？」安曰：「必欲往，宜駐蹕洛陽，枕戈畜鋭，傳檄江南。如其不服，伐之未晚。」堅不納。太元七年，堅自將步騎百萬次壽春，爲晋徐州刺史謝玄所敗，單騎遁還。安每疏經義，必求聖證。一日感厖眉尊者降，安出所製似之。尊者欽歎，以爲盡契佛心，仍許以密助弘通。安識其爲賓頭盧也，因設日供祀之。今供賓頭，自安而始。門弟子通其業者數十人，知名於世有法遇者，傳教長沙，門徒數百。有私飲者，遇縱而不舉。安廉知之，即封荆以寄，遇抱荆而泣曰：「董衆無狀，而遠遺師憂！」

① 不，原闕，據高僧傳卷五晋長安五級寺釋道安、出三藏記集卷十五道安法師傳補。
② 吴，原闕，據寬永本、高僧傳卷五晋長安五級寺釋道安、出三藏記集卷十五道安法師傳補。
③ 靈斯，寬永本、高僧傳卷五晋長安五級寺釋道安、出三藏記集卷十五道安法師傳作「隆」。

於是俯伏躬受其譴。太元十四年正月晦日，安命其徒具浴，忽見異僧出入隙中。安以生處問之，僧指西北，即雲開，見樓閣如幻出，曰彼兜率天也。是夕，有數百小兒皆就浴而去，識者以爲應真之侶也。二月八日，跏趺而逝。安兒倪。（他活切。博雅曰可也，二曰輕也。）而姿黑，博學善詞章。諺曰：「溙道人，驚四隣。」左臂有肉，方寸許，隆起如印，時號「印手菩薩」。著僧尼軌範及法門清式二十四條，世遵行之。

論曰：法源濫觴之初，由佛圖澄而得安，由安而得遠公，是三大士化儀軌則或無以異。至於出處操尚若相戾者，何哉？大抵晋室渡江，自明帝之後，當代時君雖無可稱者，然而朝廷紀綱法度未始或虧。當是之際，故遠公得以遂其高，天子臨潯陽，而詔不出山。若澄、安二公，失身偏覇之朝。萬一不區區俯仰，曲徇其情，彼季龍、苻堅，其肯容之高卧山林而不爲之屈耶？此古所謂易地皆然，三大士有之矣。孟軻氏稱伯夷、伊尹、柳下惠皆曰聖人者，良以其道通方而善趨時也。世謂澄、安之操不逮遠公，吾弗信矣。

孫綽，字興公。父楚，有重望。綽博學，美文辭，與高陽許詢俱有高尚之志。初隱稽山，放情山水，作遂初賦以見志。支道林問綽曰：「君何如許？」答曰：「高情遠志，弟子早已伏膺。然一詠一吟，許將北面。」甞作天台賦示友人范①榮期曰：「卿試以擲地，當作金聲。」榮期曰：「恐此金聲，

① 范，原作「茫」，據寬永本改。

非中宮商。」然每至佳句，輒云：「應是我輩語。」於吾道多有論撰，具見弘明等集。年五十八卒，史臣稱綽有匪躬之節，不徒文雅而已。

許詢，字玄度，高陽人，魏中領軍允曾孫也。澡心學佛，甚爲江左諸公卿仰慕。簡文帝高其風，每月白風恬，思清言妙理，必造焉。至其亹亹，簡文不覺前席，達旦忘倦。帝謂親友曰：「玄度才情，故未易有。」劉真長爲時譚宗，而與結清言友，每謂人曰：「吾不見玄度，幾爲輕薄令尹。」又嘗曰：「清風明月，何嘗不思玄度。」初隱永興山，而四方諸侯饋送絡繹。有謂曰：「箕山似不爾。」許曰：「筐筥苞苴，故輕於天下之寶。」許徤而便登陟，時謂其非徒有勝情，亦有濟勝具。每謂自司馬相如、王褒、楊雄諸賢，世尚賦頌體，則詩、騷傍綜百家之言。及建安而詩章大盛，逮西朝之末，潘、陸之徒雖時有質文，而宗歸不異也。正始中，王、何好老、莊玄理之譚，世遂貴焉。過江佛理尤盛，郭璞五言始會道家之意，言而韻之。余及興公又加六世之辭，而詩、騷之體盡矣。（出閣本世說）

大元九年，法師慧①遠以秦亂，來師②於晋。遠出鴈門賈氏，少爲儒生，博極群書，尤邃周易、莊、老。嘗與弟慧③持造安法師席下，聞出世間法而悦之，歎曰：「九流特粃糠耳。」遂出家。安門徒數千，遠居第一座。及關中擾亂，安散其徒，皆諄諄規誨而遣之。遠別，獨不與一言，遠怪問，安曰：「若汝，吾何言哉！」遂自荆州將之羅浮，抵潯陽，見匡山，愛之，廬於山陰。太守桓伊爲刱精舍，一

① 慧，寬永本作「惠」。
② 卍新續藏本原註：「師，一作『歸』。」歷代通載卷七東林惠遠法師作「歸」。
③ 慧，寬永本作「惠」。

昔風雷拔樹，鼓沙石，蕩平其基，致木於上，時以爲神運焉。初，太尉陶侃鎮廣州，有漁於海得文殊像，送塞溪寺。寺嘗經火，而像屋無恙。其後侃鎮武昌，使人迎之，十輩不能舉。既而叢力致之舟，舟輒没，遂失其像。時謡曰：「侃唯劒雄，像以神標。可以誠致，難以力招。」及遠刱寺，心祈之，於是像泠①然自至。時晋室微，而天下奇才多隱居不仕，若彭城劉遺民，豫章雷次宗，鴈門周續之，新蔡畢頴之，南陽宗炳、張士民、季②碩等從遠游，並沙門千餘人結白蓮社，於無量壽像前建齋立誓，期生淨土。及聞羅什法師入關，遠望風敘敬，遣書通好，詞曰：「去歲得姚右軍書，具承德聞。仁者曩日殊域，越自外境，於時音譯未交，聞風而悦。頃承懷寶來遊，則一日九馳，徒情欣雅味，而無由造盡。寓目望途，增其勞佇。夫旃檀移植，則異物同薰；摩尼吐曜，則衆珍自積。且滿願不專美於絶代，龍樹豈獨善於前蹤？今往比量衣裁，願登高座爲著之。」什答曰：「既未言面，又文詞殊隔。導心之路不通，得意之緣圮絶。傳譯來貺，粗述德風。比何如必備③，聞一途可以蔽百。經言：末後東方當有護法菩薩。勗哉仁者，善弘其事！夫財有五備，福戒博聞，辨才深智，兼之者道隆，未具者凝滯，仁者備之矣。所以寄言通好，因譯傳心，豈其能盡？粗酧來意耳。損所致比量衣裁，欲令登法座時著，當如來意。但人不稱物，以爲媿耳。今往常所用鍮石，雙口澡鑵④，可以備法物數也。」並遺偈一章

① 泠，原作「冷」，當爲「泠」。
② 季，寬永本作「李」。
③ 比何如必備，高僧傳卷六晋廬山釋慧遠作「比復如何必備」，三寶記卷七作「比丘何必備」，内典録卷三作「比如必備」。
④ 鑵，高僧傳卷六晋廬山釋慧遠、内典録卷三作「灌」。

曰：「既已捨染樂，心得善攝否。若得不馳散，深入實相否。畢竟空相中，其心無所樂。若悅禪智慧，是法性無照。虛誑等無實，亦非停心處。仁者所得法，幸願示其要。」遠復答以偈曰：「本端竟何從，起滅有無際。一微涉動境，成此頹山勢。惑想更相乘，觸理自生滯。因緣雖無主，開塗非一世。時無悟宗匠，誰將握玄契？來問尚悠悠，相與期暮歲。」初，中國未有涅槃常住之說，但云壽命長劫，遠曰：「佛是至極，至極則無變。無變之理，豈有窮哉！」乃著法性論，略曰：「至極以不變爲性，得性以體極爲宗。」羅什見論，歎曰：「遠未及見經①，暗與理會②，豈不妙哉！」秦王③姚興致書，餉遠龜茲細縷雜變像，以伸款敬。安城侯姚嵩獻珠像，並釋論曰：「大智論新記，龍猛所作，法師當冠以敘文，以昭示萬世，此邦道人，同所欽聞也。」遠以大論文廣，謙讓不諾，乃抄其要爲二十卷而別敘之。桓玄輔政，勸安帝沙汰僧尼。詔曰：「沙門有能伸述經牒、演說義理、律行修整、可宣寄大化者，聽依所習；不者，悉令罷道。唯匡山道德所居，不在搜簡。」遠以書抵玄，陽縱而陰奪之，遂停其詔。遠嘗稽考禪宗別傳之旨、源流所自，及祖師達磨之來，遂皆符合云。陶淵明隱居柴桑，從遠問道，深相敬仰。謝靈運投名入社，遠拒之不內，及宗炳著明佛論，顏延之析達性論，周顒駮夷夏論，鄭道子著神不滅論，皆禀遠是正焉。至隆安中，桓玄重申庾冰之義，欲沙門盡敬王者。朝廷承風旨，多與玄合，因以問遠曰：「此一代大事，不可使朝廷失體也。得八座書，今以似君，君其件件詳論，不敬之

① 遠未及見經，高僧傳卷六晋廬山釋慧遠作「邊國人未有經」，三寶記卷七作「邊國人未見有經」。
② 暗與理會，高僧傳卷六晋廬山釋慧遠作「便闇與理合」，三寶記卷七作「便與理合」。
③ 王，高僧傳卷六晋廬山釋慧遠、三寶記卷七作「主」。

意，以釋其疑，便當行之。」遠答其書，並著沙門不敬王者論五篇，劇陳所以不拜之意。玄始意堅，及得遠論，即緩其事。未幾篡位，乃下書曰：「佛法弘大，所不能測。推奉主之情，欲興其敬。今事既在己，宜體謙冲。應諸道人，勿復致禮也。」安帝避玄，還次潯陽，詔遠見於行在。輔國何無忌勸遠一出，遠固辭以疾。帝再詔問勞，勑九江太守歲時送米資奉。卜居三十年，影不出山跡，不入俗，每送客，以虎溪爲限。弟慧持亦有高行，蓮社衆數千，持居第一座。太尉王珣嘗問豫章刺史范甯：「遠公與持，孰愈？」甯曰：「賢弟兄也。」珣曰：「但令如弟所未易有，况復賢耶！」遠臨終，其徒進蜜漿者，遠懼違律，令左右撿律，未終卷，遂合掌西面而逝，年八十有三。謝靈運製其碑。有匡山集三十卷行於世。

本朝明教大師契嵩過遠影堂，列六事題之，其辭曰：「陸脩静異教學者而送過虎溪，是不以人而棄言也；陶淵明耽湎於酒而與之交，蓋簡小節而取其達也；跋陀高僧以顯異被擯而延且譽之，恙①重有識而矯嫉賢也；謝靈運以心雜不取而果没於刑，蓋識其器而慎其終也；盧循欲叛而執手求舊，蓋自通②道也；桓玄震威而抗對不屈，蓋有大節也。大凡古今人情，莫不畏威而苟免，忘義而避疑，好名而昧實，黨勢而忍孤，飾行而畏累，自是而非人。孰有道尊一代，爲賢者師，肯以片言而從其人

① 卍新續藏本原註：「恙，疑『美』。」歷代通載卷七東林惠遠法師作「蓋」。
② 通，寬永本作「信」。

乎！孰有夙稟勝德，爲行耽①潔，肯交醉卿②而高其達乎！孰有屈人師之尊禮，斥逐之客而伸其賢乎！孰有拒盛名之士，不與於教而克全終乎！孰有義不避禍，敦睦故舊而通③道乎！孰有臨將帥之威，在殺罰暴虐之際，守道不撓而全其節乎！此固遠公識量遠大④、獨出於古今矣。若其扶荷至教，廣大聖道，垂裕於天人者，非蒙乃能盡之，其聖歟賢耶！偉乎！大塊噫氣，六合清風，遠公之名聞也；四海秋色，神山中聳，遠公之清高也；人龍僧鳳，長揖巢許，遠公風軌也；白雲丹壑，玉樹瑶草，遠公棲處也。」

論曰：去孔子百年而有孟軻。當孟軻時，孔子之道幾衰焉，軻於是力行而振起之。自大教東流，凡三百年而有遠公。當遠公時，沙門寖盛，然未有特立獨行、憲章懿範爲天下宗師如遠公者，吾道由之始振。蓋甞謂遠有大功於釋氏，猶孔門之孟子焉。

劉程之，字仲思，彭城人。少孤，事母以孝聞。才藻自負，不委氣於時俗，雖寒餓在已，威福在前，其意湛如也。司徒王謐、丞相桓玄、侍中謝混、太尉劉裕咸嘉其賢，欲相推薦，程之力辭。乃之

① 耽，寛永本、歷代通載卷七東林惠遠法師作「耿」。
② 卿，寛永本、歷代通載卷七東林惠遠法師作「鄉」。
③ 通，寛永本、歷代通載卷七東林惠遠法師作「信」。
④ 大，歷代通載卷七東林惠遠法師作「人」。

匡山，託於遠公。遠曰：「官禄巍巍，何以之①爲？」程之曰：「君臣相疑，疣贅相虧。晉室無磐石之固，物情有累卵之危，吾何爲哉！」遠然其説，大相器厚。太尉裕亦以其志不可屈，與群公議遺民之號旌焉。時雷次宗、周續之、畢潁之、張秀實、宗炳等同依遠公，遠曰：「諸君之來，豈宜忘淨土之遊乎？有心焉，當加勉勵，無宜後也。」以程之最文，使誌其事，號「蓮社誓文」，其辭曰：「維歲在攝提格七月戊辰朔二十八日乙未，法師釋慧遠真感幽興，霜懷特發，乃延命同志息心正信之士雷次宗、劉程之等百有二十三人，集於盧山之陰般若臺精舍阿彌陀像前，率以香華敬薦而誓。惟茲一會之衆，夫緣化之理既明，而三世之傳顯矣；遷感之數既符，則善惡之報必矣。推交臂之潛淪，悟無常之期切，審二報之相催，知險阻之難拔，此其同志諸賢，所以夕惕宵勤、仰思攸濟者也。蓋神者可以感涉而不可以跡求，必感之有物，則幽路咫尺；苟求之無方，則渺茫河津。今幸以不謀而感，僉心西境，叩篇開信，亮情天發，乃機象通於寢夢，欣懽百於子來。於是雲圖表暉，景侔神造，功由理諧，事非人運。茲實天啟其誠、冥運來萃者矣，可不克心克念、重精疊思以凝其慮哉！然景績參差，功福不一，雖晨期云同，而夕歸攸隔，即我師友之眷，良可悲矣！是以慨然胥命，整衿法堂，等施一心，亭懷幽極，誓茲同人，俱遊絶域。其有警世絶倫，首登神界，則無獨善於雲嶠，忘兼全於幽谷。先進後升，勉思彙征之道，然後妙觀大儀，啟心真照，識以悟新，形由化革，籍芙蕖於中流，蔭瓊柯以詠

① 卍新續藏本原註：「之，一作『不』。」歷代通載卷七劉遺民卒作「不」。

言，飄靈衣於八極，汎[①]香風以窮年，體忘安而彌穆，心超樂以自怡，臨[②]三途而緬謝，傲天宫而長辭，紹衆靈而繼軌，指太息以爲期。究兹道也，豈不弘哉！」程之自於西林北澗别立禪房，養志安貧，研精玄理，精勤不倦，具持禁戒，宗張等咸歎仰之。日專坐禪，始涉半歲，即於定中見佛光照大地，皆真金色。既出定已，愈益怡悦。居山十五年，又於念佛中見彌陀佛，身紫金色，毫光散燭，垂手慰接以臨其室。程之慰幸，悲泣自陳曰：「安得如來爲我摩頂，覆我以衣耶！」俄而佛摩其頂，引伽梨以覆之。翌[③]日念佛，又見身入七寶池，池有蓮華，皆青白相間，其水湛湛，若無畔岸。中有一人，項有圓光，胸題卍字，指池謂程之曰：「八功德水，汝可飲之。」遂掬飲之，甘美非常。及寤，猶覺異香發於毛孔，歎曰：「此吾淨土之緣至矣，誰致六和之衆與我證明。」廬阜諸僧既而皆集，程之對像焚香再拜，祝曰：「我以釋迦遺教故，知有無量壽佛。此香當先供養釋迦如來，次乃供養阿彌陀佛，然後供養法華會中佛菩薩衆，至於十方佛菩薩。願令一切有情，俱生淨土。」乃與衆上人敘别，西向端坐，斂手而逝，年五十九。周續之、宗炳、雷次宗等，南史有傳，同修蓮社，世號十八賢。唐白樂天廬山草堂記云，昔永、遠、宗、雷輩十八人同入此山，老死不反。

太元初，苻秦盛時，德星屢現。太史奏：「外國當有智人入輔。」及秦王[④]攻襄陽，得法師道安，

① 汎，歷代通載卷七劉遺民卒作「沈」。
② 臨，歷代通載卷七劉遺民卒作「聽」。
③ 翌，原作「習」，據寬永本改。
④ 王，歷代通載卷七苻秦德星現獲安什作「主」。

喜以爲應。安謙讓不敢當，因勸秦主迎龜茲國法師鳩摩羅什，堅從之。即遣驍騎將軍呂光以鐵騎七萬伐龜茲，謂曰：「若獲羅什，馳驛送歸。」光軍至，什謂龜茲王白純曰：「國運替矣！有勍敵從日下來，宜供承之，勿抗其鋒。」純不納，拒之，大爲光所破，遂獲羅什。光見什齒少，凡人戲之，妻以龜茲王女，什苦辭以爲不可。光飲以醇酒，同閉室中，遂爲所逼。及光還，而苻堅已敗，因僭王姑臧，父子相繼，皆庸材，不知道。什蘊深解，混居其國，亡所宣化。秦主姚萇者，西戎羌也，苻堅之敗，萇爲宿將，率其部屬反叛，堅與之戰，不利，遂爲萇縊殺之於佛寺。萇襲其位，都雍關，改長安爲常安，在御八年。苻堅領鬼兵白日入宫，刺中其陰，出血石餘而崩。子興即位，降帝號而稱天王。未幾，干戈寢息，風化大行，嘉祥還①現，及樹連理㸦生於殿庭，咸謂智人入國之瑞。乃遣姚碩德伐涼呂隆，迎羅什法師至。秦主深加禮遇，待以國師，大闡經論。震旦宣譯，至苻秦並什法師等，兩朝出經、律、論三藏凡八百餘卷云。

隆安四年，姚秦天王於西内㸦逍遥園，命法師羅什宣譯衆經，皆所暗誦。秦主機政之暇，躬與什對譯，尋覽舊經，多所紕繆，什釐正之。沙門僧叡、僧肇等八百餘人傳受其旨，更出經論凡三百餘卷。沙門慧叡精識遠到，隨什傳寫，每與叡言，西方辭體，特重文制，其宫商體韻，以入管絃爲善。凡覲王者，必有贊德經偈，皆其式也。什少時日誦三萬二千言，隨母出家，徧遊西域，淹貫群籍，尤善大

① 還，寛永本作「沓」。

乘，志存敷述。嘗歎曰：「吾著①大乘阿毗曇，非迦旃延②比也。」時無深識者，因悽然而止，獨與秦王著實相論二卷。嘗講經草堂寺，王及朝臣、沙門數千衆肅容觀聽。王謂曰：「法師才明超悟，海内無雙，可使法種不嗣哉！」遂以宫女十輩，逼令受之。什亦曰：「每講，有二小兒登吾肩，欲障也。」自是不住僧房，别立廨舍。諸僧有効③之者，什聚針盈鉢，謂曰：「若相効，能食此者，乃可畜室耳。」舉已進針如常饍，諸僧愧止。初，在龜茲，隣國諸王會同，每請什説法，必跪伏座前，命什踐其肩而登座。嘗與母謁大月支國北山尊者，北山謂其母曰：「善護此沙彌。年三十五，毗尼無缺，度人如優波鞠多，不爾正④俊法師耳。」杯度比丘在彭城聞什入關，歎曰：「吾與此子戲别三百年矣！相見杳然，未期遲於來世耳。」居秦才九年而疾，口出三番神咒，令外國弟子誦之以自救。未及致力，轉覺危殆，於是力疾集衆，告别曰：「因法相逢，殊未盡心，方復後世，惻愴可言，自以闇短，謬充傳譯，所出經論唯十誦律，未及删繁。若義契佛心，焚身之日，舌不焦壞。」言訖而逝。闍維日，舌果若紅蓮色而不壞云。

論曰：漢光武生於南陽，而南陽無賤士；羅什至關中，而奇才畢集。經稱：聖賢出世，皆

① 吾著，釋氏通鑑卷三卑摩羅叉作「吾若著筆作」。
② 延，釋氏通鑑卷三卑摩羅叉作「子」。
③ 効，原作「妨」，據寬永本、歷代通載卷七羅什法師（論）改。
④ 卍新續藏本原註：「正，疑『止』。」

有因中同行開士隨從下生，以佐佑其化，信不誣矣！方魏晋已來，大法草昧，西域沙門至者，例以神跡顯化中國。雖有奇傑間出，然多囿情外學。迨什公之來，然後大法淵源始醇①，學者得以盡心方等而蔑視老、莊。蓋什公有力於法門，豈小補哉！特以夙②障之累，致其居關中才九載，所蘊十未行一，而不克壽，秦王有致什之功，而弗能成其美。嗚呼！使什公峻德梵行，副其所蘊，獲永天年，以光大教之序，雖彌勒出世，尚何加焉！

法師道䂮以奉律精苦爲秦主所重。自什公入關，僧尼以萬數，頗多愆濫，秦主患之，遂置僧正，下詔曰：「大法東遷，於今爲極，僧尼寖多，宜設綱領，宣授遠規③，以濟頹緒。䂮法師早有學誼，晚以德稱，可爲國僧正，給輿吏力，資侍中秩。」傳詔羊車各二人，又以僧遷、禪慧④爲悦衆，以法欽、慧斌爲僧録，班秩有差。尋加親信、仗身、白從各三十人。

時師子國有婆羅門，號聰明，爲異道之宗，聞什在關中，䭾其書至，乞與僧辯論，關中沙門相視缺然。什謂法師道融曰：「子可以當之。」融顧外道經書未讀，乃密使人録其書目，一覽即誦。剋日議論，秦主與公卿大集。婆羅門以能博觀爲誇，融數其書並秦地經史三倍之。什乘勝嘲曰：「卿乃未聞

① 醇，歷代通載卷七羅什法師（論）作「淳」。
② 夙，歷代通載卷七羅什法師（論）作「宿」。
③ 規，歷代通載卷七道䂮僧正作「視」。
④ 慧，歷代通載卷七道䂮僧正作「惠」。

大秦有博學者乎？敢輕遠來！」於是婆羅門愧服，再拜融足下而去。

法師道恒，幼[1]事後母，以孝聞。母亡，去爲沙門，從什公遊。什愛其才，與道標齊名，秦主雅聞二人有經綸術業，令尚書姚顯宣旨，敦勉罷道輔政。恒、標抗表陳情，略曰：「漢光武成嚴陵之節，魏文帝全管寧之高。陛下天縱之聖，議論每欲遠輩堯、舜，今乃冠巾兩道人，反在光武、魏文之下乎？」復命什、碧等勉諭之，必欲遂其心。什、碧等奏[2]章敘其事，略曰：「惟聖人能通天下之志。恒、標業已毀除鬚髮，著不正之衣，今使處簪紳之朝，非其志也。且大秦龍興，異才輩出，如恒、標等，未爲卓越。」王又下書，於是舉衆懇乞，乃得寢。恒歎曰：「名進真道之累。」乃與標去，入琅邪山，終世不出。

法師僧叡，幼有盛名，及從羅什受業，妙悟絶倫。秦王嘗問司徒姚嵩曰：「叡公誰可比？」嵩曰：「未見歸宿。」及朝會，公卿大集，王指以謂嵩曰：「四海僧望也。」叡講成實論，什公曰：「此諍論中有七處破毗曇，子能辨乎？」叡舉以應問，皆當其意，什歎曰：「子真精識！傳譯有賞音，吾何恨焉！」

法師僧肇，幼家貧，爲人傭書，遂博觀子史，尤善莊、老，蓋其粗也。年二十爲沙門，名震三輔。什公在姑臧，肇走依之。什與語，驚曰：「法中龍象也！」及歸關中，詳定經論，四方學者輻凑而至，

① 幼，原作「幻」，據寬永本、歷代通載卷七道恒道標抗表行道改。

② 奉，歷代通載卷七道恒道標抗表行道作「奏」。

設難交攻；肇迎刃而解，皆出意表。著般若無知論，什覽之曰：「吾解不謝子，文當相揖耳①。」傳其論至匡山，劉遺民以似遠公，公撫髀歎息，以爲未嘗有也。復著物不遷等論，皆妙盡精微。秦主尤重其筆札，勅傳布中外。肇卒年三十有二，當時惜其早世云。

論曰：明白覺範曰：「鳩摩羅什至關中而奇才畢集，於是大法勃興。觀其總領庶務有道砉，精義入神有僧肇、道生，以智禦侮有道融，以辯飾經有僧叡，至於機辯驚群如曇②影、抗志不回如道標、道恒者，尚多有焉。夫蚿折足而猶行，輔之者衆也。」明白以「折足」致譏於什，而歸功衆哲，豈知言矣！夫至如生、肇二師，頓悟本性，契佛心宗，藻火大教，其書具在，又奚止精義入神而已哉！

永興元年，天竺尊者弗多羅至秦，義學沙門數百人從之。於中寺出十誦梵本，什公飜譯及半，而弗多卒。會沙門曇摩流支至，亦善毗尼，匡山遠公聞而喜，走書關中，勸流支出其律足成之，流支乃與什公續而終焉。律儀大備，自此而始。

天竺尊者佛陀耶舍至姑臧，聞什公受秦宮女，歎曰：「什如好綿，其可使入棘刺乎！」什聞耶舍爲己遠來，恐相失而返，勸秦王迎之。使至，耶舍曰：「明旨遠降，便當驛馳，副檀越待士之勤。脱

① 文當相揖耳，高僧傳卷六晋長安釋僧肇作「辭當相挹」。
② 曇，原作「雲」，據寬永本改。

如見禮羅什，則貧道當在北山北矣。」使還，王欽佇不已。復遣使盡禮致之，耶舍乃肯來。王郊迎，別剏精舍處之，供設如王者。耶舍一無所受，時至分衛，一食而已。善毗婆沙論而髭赤，時號「赤髭毗婆沙」。後游匡山，爲遠公所重。躬自負鐵於紫霄峰頂鑄塔，以如來真身舍利藏其中，今存焉。

隆興佛教編年通論卷第四

隆興府石室沙門　祖琇　撰

東晋

元興元年，安帝在位，太尉桓玄與八座書，重申何、庾議沙門不敬王者，以謂：「庾意在尊主，而禮據未盡；何出於偏信，遂淪名體。夫佛之爲化，雖誕以茫浩，推乎視聽之外，以敬爲本。此出①處不異，蓋所期者殊非敬恭，宜廢也。老子同王侯於『三大』，原其所重，皆在於資生通運，豈獨以聖人在位，而比稱二儀哉！將以天地之大德曰生，通生理物在②乎王者，故尊其神器而禮實惟隆，豈是虛相崇重，義在君御而已③？沙門之所以生生資存，亦日用於理命，豈有受其德而遺其禮、沾其惠而廢其敬哉？」於時朝士名賢，答者甚衆，雖言未悟，時並互有其美，徒咸盡所懷，而理蘊於情。玄於是亟其書，咨質於虎溪法師遠公，公慨然惜之曰：「悲夫！斯乃交喪之所由，千載之否運。」懼大法之將淪惑，往事之不忘，故著論五篇，究敘微意。庶後之君子崇敬佛教者，或詳覽焉。

① 弘明集卷十二桓玄與八座書論道人敬事無「出」字。
② 在，弘明集卷十二桓玄與八座書論道人敬事作「存」，下一處同。
③ 弘明集卷十二桓玄與八座書論道人敬事「已」後有「哉」字。

沙門不敬王者論·在家第一

原夫佛教所明，大要以出家①爲異。出家之人，凡有四科。其弘教通物，則功侔帝王，化兼治道。至於感俗悟時，亦無世不有。但所遇有行藏，故以廢興爲隱顯耳。其中可得論者，請略而言之②。在家奉法，則是順化之民，情未變俗，跡同方内，故有天屬之愛、奉主之禮。禮敬有本，遂因之而成教。本其所因，則功由在昔。是故因親以教愛，使民知有自然之恩；因嚴以教敬，使民知有自然之重。二者之來，實由冥應。應不在今，則宜尋其本。故以罪對爲刑罰，使懼而後謹③；以天堂爲爵賞，使悦而後動。是皆即其影響之報而明於教，以因順爲通，而不革其自然也。何者？夫厚身存生，以有封爲滯。累根深固，存我未忘。方將以情慾爲苑囿，聲色爲遊觀，躭湎④世樂，不能自强⑤而特出。是故教之所撿⑥，以此爲涯，而不明其外耳。其外未明，則大同於順化，故不可受其德而遺其禮，沾其惠而廢

① 家，弘明集卷五沙門不敬王者論·在家第一作「處」，下一處同。
② 弘明集卷五沙門不敬王者論·在家第一無「之」字。
③ 謹，弘明集卷五沙門不敬王者論·在家第一作「慎」。
④ 湎，原作「面」，當爲「湎」。
⑤ 强，寬永本、弘明集卷五沙門不敬王者論·在家第一作「勉」。
⑥ 撿，弘明集卷五沙門不敬王者論·在家第一作「檢」。

其敬。是故悅釋迦之風者，輒先奉親而敬君；變俗而[1]投簪者，必待命而順動。若君親有疑，則退求其志，以俟同悟。斯乃佛教之所以重資生、助王化於治道者也。論者立言之旨，貌有所同，位夫內外之分，以明在三之志，略敘經意，宣寄所懷。

沙門不敬王者論·出家第二

出家則是方外之賓，跡絕於物。其爲教也，達患累緣於有身，不存身以息患；知生生由於稟化，不順化以求宗。求宗不由於順化，則不重運通之資；息患不由於存身，則不貴厚生之益。此理之與形乖，道之與俗反者也。若斯人者，自誓始於落簪，立志形乎變服，是故凡在出家，皆遯世以求其志，變俗以達其道。變俗則章服不得與世典同禮，遯世則宜高尚其跡。夫然[2]故能拯溺俗於沉流，拔幽根於重劫，遠通三乘之津，廣開天人之路。如令一夫全德，則道洽六親，澤流天下，雖不處王侯之位，亦已惕契皇極，在宥生民矣。是故內乖天屬之重而不違其孝，外闕奉主之恭而不失其敬。從此而觀，故知超化表以尋宗，則理深而義篤；照太息以語仁，則功末而惠淺。若然者，雖將面冥山而旋步，猶或耻聞其風，豈況與夫順化之民、尸祿之賢同其孝敬者哉。

---

① 弘明集卷五沙門不敬王者論·在家第一無「而」字。
② 弘明集卷五沙門不敬王者論·在家第一「然」後有「者」字。

沙門不敬王者論・求宗不順化第三

問曰：「尋夫老氏之意，天地以得一爲大，王侯以體順爲尊。得一，故爲萬化之本；體順，故有運通之功。然則明宗必存乎體極，體極必由於順化，是故先賢以爲美談，衆論所不能異；異夫衆論者，則義無所取。而云不順化，何耶？」答曰：「凡在有方，同稟生於大化，雖群品萬殊，精麤異實①。統極而言，唯有靈與無靈耳。有靈則有情於化，無靈則無情於化。無情於化，化畢而生盡。生不由情，故形朽而化滅。有情於化，感物而動，動必以情，故其生不絶。其生不絶，則其化彌廣而形彌積，情彌滯而累彌深。其爲患也，焉可勝言哉！是故經稱：『泥洹不變，以化盡爲宅；三界流動，以罪苦爲場。化盡順②因緣永息，流動則受苦無窮。』何以明其然？夫生以形爲桎梏，而生由化有。化以情感，則神滯其本而智昏其照。介然有封，則所存唯己，所涉唯動。於是靈轡失御，生塗日開。方隨貪愛於長流，豈一受而已哉。是故反本求宗者，不以生累其神；超落塵封者，不以情累其生。不以情累其生，則生可滅；不以生累其神，則神可冥。冥神絶境，故謂之泥洹。泥洹之名，豈虚稱也哉！請推而實之：天地雖以生生爲大，而未能令生者不死；王侯雖以存存爲功，而未能令存者無患。是故前論云：『達患累緣於有身，不存身以息患；知生生由於稟化，不順化以求宗。』義存於此。義存

① 卍新續藏本原註：「實，一作『貫』。」弘明集卷五沙門不敬王者論・求宗不順化第三作「貫」。

② 順，弘明集卷五沙門不敬王者論・求宗不順化第三作「則」。

於此，斯沙門之所以抗禮萬乘，高尚其事，不爵王侯而沾其惠者也。」

沙門不敬王者論・體極不兼應第四

問曰：「歷觀前史，上皇已來，在位居宗者未始異其原本。本不可二，是故百代同典，咸一其統，所謂『唯天爲大，惟堯則之』。如此，則非智有所不照，自無外可照；非理有所不盡，自無理可盡。以此推視聽之外，廓無所寄。理無所寄，則宗極可明。今諸沙門不悟文表之意，而惑教表之文，其爲謬也，固已甚矣。若復顯然有驗，此乃希世之聞。」答曰：「夫幽宗曠邈，神道精微，可以理尋，難以事詰。既涉乎教，則以因時爲檢。雖應世之具①，優劣萬差。至於曲成在用，咸②即民心而通其分，分至則止其智之所不知，而不關其外者也。若然，則非體極者之所不兼，兼之者不可並御耳。是以古之語大道者③，五變而刑名可舉，九變而賞罰可言，此但方内之階差，而猶不可頓説④，况其外者乎？請復推而廣之，以遠其類⑤。六合之外存而不論者，非不可論，論之或乖；六合之内論而不辨者，非不

① 具，弘明集卷五沙門不敬王者論・體極不兼應第四作「見」。
② 咸，弘明集卷五沙門不敬王者論・體極不兼應第四作「感」。
③ 者，寬永本作「有」。
④ 説，弘明集卷五沙門不敬王者論・體極不兼應第四作「設」。
⑤ 類，弘明集卷五沙門不敬王者論・體極不兼應第四作「旨」。

可辨，辨之或疑；春秋經世先王之志辨而不議者，非不可議，議之①或亂。此三者，皆即其身耳目之所不至以爲關鍵，而不關視聽之外者也。因此而求聖人之意，則内外之道可合而明矣。常以爲道法之與名教、如來之與堯、孔，發致雖殊，潛相影響，出處誠異，終期則同。詳而辨之，指歸可見。理或有先合而後乖，有先乖而後合。先合而後乖者，諸佛如來則其人也；先乖而後合者，歷代君王未體極之主，斯其流也。何以明之？經云，佛有自然神妙之法，化物以權，廣隨所入。或爲靈僊、轉輪、聖帝，或爲卿相、國師、道士，若此之倫，在所變現，諸王、君子，莫知爲誰，此所謂先合而後乖者也。或有始剏大業，而功化未就，跡有參差，故所受不同，或期功於身後，或顯應於當年。聖王即②之而成教者，亦不可稱筭，雖抑引無方，必歸塗有會，此所謂先乖而後合者也。若令乖而後合，則擬步通塗者，必不自涯③於一揆；若令先合而後乖，則釋迦之與堯、孔，歸致不殊，斷可知矣。是故④自乖而求其合，則知理會之必同；自合而求其乖，則悟體極之多方。但見形者之所不兼，故惑衆塗而駭其異耳。因茲而觀，天地之道，功盡於運化；帝王之德，理極於順通。若以對夫獨絶之教、不變之宗，固不得同年而語其優劣，亦以明矣。」

① 弘明集卷五沙門不敬王者論·體極不兼應第四「之」後有「者」字。
② 即，弘明集卷五沙門不敬王者論·體極不兼應第四作「則」。
③ 涯，弘明集卷五沙門不敬王者論·體極不兼應第四作「崖」。
④ 故，寬永本作「哉」。

沙門不敬王者論・形盡神不滅第五

問曰：「論旨以化盡爲至極，故造極者必違化而求宗，求宗不由於順化。是以引歷代君王，使同之佛教，令體極之主①以權居統。此雅論之所託，自必於大通者也。求之實當，理則不然。何者？夫稟氣極於一生，生盡則消液而同無。神雖妙物，固是陰陽之所化耳。既化而爲生，又化而爲死；既聚而爲始，又散而爲終。因此而推，固知神形俱化②，原無異統；精麤一氣，始終同宅。宅全則氣聚而有靈，宅毀則氣散而照滅。散則反所受於天本，滅則復歸於無物。反覆終窮，皆自然之數耳，孰爲之哉？若令本異，則異氣數合，合則同化爾。爲神之處形，猶火之在木，其生必存，其毀必滅。形離則神散而罔寄，木朽則火寂而靡託，理之然矣。假使同異之分昧而難明，有無之説必存乎聚散。聚散，氣變之總名，萬化之生滅。故莊子曰：『人之生，氣之聚。聚則爲生，散則爲死。若死生爲彼之③徒，則④吾又何患？』古之善言道者，必有以得之，若果然耶。至理極於一生，生盡不化，義可尋矣。」答曰：「夫神者，何耶？精極而爲靈者也。精極，則非卦象之所圖。故聖人以妙物而爲言，雖有上智，

① 主，弘明集卷五沙門不敬王者論・形盡神不滅第五作「至」。
② 化，寬永本作「宅」。
③ 莊子・内篇・知北遊無「彼之」二字。
④ 莊子・内篇・知北遊無「則」字。

猶不能定其體狀、窮其幽致。而談者以常識生疑，多同自亂，其爲誣也，亦已深矣。將欲言之，是乃言夫①不可言，今於不可言之中，復相與言②依俙。神也者，圓應無主③，妙盡無名，感物而動，假數而行。感物而非物，故物化而不滅；假數而非數，故數盡而不窮。有情則可以物感，有識則可以數求。數有精麤，故其性各異；智有明闇，故其照不同。推此而論，則知化以情感，神以化傳。情爲化之母，神爲情之根。情有會物之道，神有冥移之功，但悟徹者反本，惑理者逐物耳。古之論道者，亦未有所同，請引而明之。莊子發玄音於大宗，曰『大塊勞我以生，息我以死』④，又以生爲『人羈』，死爲『反真』，此所謂知生爲大患，以無生爲反本者也。文子稱黄帝之言曰：『形有靡而神不化，以不化乘化，其變無窮。』⑤莊子亦云：『特犯人之形而猶喜，若人之形，萬化而未始有極。』⑥此所謂知生不盡於一化，方逐物而不反者也。二子之論，雖未究其實，亦嘗傍宗而有聞焉。論者不尋方⑦方生死之説，而或⑧聚散於一化，不思神道有妙物之靈，而謂精麤同盡，不亦悲乎！火木之喻，原自聖典，失

① 夫，寛永本作「天」。
② 言，弘明集卷五沙門不敬王者論・形盡神不滅第五作「而」。
③ 卍新續藏本原註：「主，一作『生』。」弘明集卷五沙門不敬王者論・形盡神不滅第五作「生」。
④ 「大塊勞我以生，息我以死」，莊子・大宗師作「夫大塊載我以形，勞我以生，佚我以老，息我以死」。
⑤ 「形有靡而神不化，以不化乘化，其變無窮」，文子・守樸作「形有靡而神未嘗化，以不化應化，千變萬轉，而未始有極」。
⑥ 莊子・大宗師原文爲：「特犯人之形而猶喜之，若人之形者，萬化而未始有極也。」
⑦ 卍新續藏本原註：「方，一作『無』。」弘明集卷五沙門不敬王者論・形盡神不滅第五作「無」。
⑧ 或，弘明集卷五沙門不敬王者論・形盡神不滅第五作「惑」。

其流統，故幽興莫尋，微言遂淪於常教，令談者資之以成疑。向使時無悟宗之匠，則不知有先覺之明，冥傳之功，没世靡聞。何者？夫情數相感，其化無端，因緣密搆，潛相傳寫，自非達觀，孰識其會①？請爲論者驗之以實。火之傳於薪，猶神之傳於形；火之傳異薪，猶神之傳異形。前薪非後薪，則知指窮之術妙；前形非後形，則悟情數之感深。惑者見形朽於一生，便以謂神情供②喪，猶覩火窮於一木，謂終期都盡耳。此曲③從養生之談，非遠尋其類者也。就如來論，假令形神俱化，始自天本；愚智資生，同稟所受。問所受者，爲受之於形耶？爲受之於神耶？若受之於形，凡在有形，皆化而爲神矣；若受之於神，是爲以神傳神，則丹朱與帝堯齊聖，重華與瞽瞍等靈，其可然乎！其可然乎！如其不可，固知冥緣之合，著於在昔；明闇之分，定於形初。雖靈均④善運，猶不能變性之自然，况降茲已還乎？驗之於⑤理，則微言而有徵；校⑥之以事，可無惑於大道。」

論成後，有退居之賓，步明⑦月而宵游，相與共集法堂，因而問曰：「敬尋雅論，大歸可見，殆無所間。一日試重研究，蓋所未盡亦少許處耳。意以爲沙門德式，是變俗之殊制、道家之名器，施於君

① 會，寬永本、弘明集卷五沙門不敬王者論・形盡神不滅第五作「變」。
② 卍新續藏本原註：「供，一作『共』。」寬永本、弘明集卷五遠法師沙門不敬王者論・形盡神不滅第五作「俱」。
③ 卍新續藏本原註：「曲，疑『由』。」
④ 均，弘明集卷五沙門不敬王者論・形盡神不滅第五作「钧」。
⑤ 於，弘明集卷五沙門不敬王者論・形盡神不滅第五作「以」。
⑥ 校，弘明集卷五沙門不敬王者論・形盡神不滅第五作「効」。
⑦ 明，弘明集卷五沙門不敬王者論・形盡神不滅第五作「朗」。

親，固宜略於形敬。今所疑者，謂甫創難就之業，遠期化表之功，潛澤無現法之效，來報玄而未應。乃令王公獻供、信士屈體。得無坐受其德，陷乎早計之累；虛沾其惠，貽夫素湌之譏耶！」主人良久乃應曰：「請爲諸賢近取其類。有人於此，奉宣時命，遠通殊方九譯之俗，問王者以當資以糇糧，錫以輿服否？」答曰：「然。」主人曰：「類可尋矣。夫稱沙門者，何耶？謂其能發蒙俗之幽昏，啟化表之玄路。方將以兼忘之道，與天下同往，使希高者揖①其遺風，漱流者味其餘津。若然，雖大業未就，觀其超步之跡，所悟固已弘矣。然則運通之功、資存之益，尚未酧其始誓之心，況荅三業之勞乎！又斯人者，形雖有待，情無近寄，視夫四事之供，若蟭蚊之過乎其前②耳。濡沫之惠，復焉足語哉！」衆賓於是始悟冥塗以開轍爲功，息心以淨畢爲道，乃忻然怡衿，詠言而退。

論曰：遠公著論之明年，安帝竟爲逆賊篡位，蒙塵江表，閱三稔而後返正。方是時，可謂世衰運否，人百其憂，遠獨廩然主盟聖道，推原吾釋與堯、孔同其風，繇是一時賢者，賴以有安。至於敬主之議，區區論辨，蓋負荷宗教，不得不爾。及遠論一出，不特當時群議盡廢，致萬世資以爲案撿。嗚呼！羅什謂西域沙門晨興必嚮風膜拜，稱遠爲東方護法菩薩者，渠不信哉！

義熙二年，天竺尊者佛馱跋陀至長安。什公倒屣迎之，以相得遲暮爲恨，議論多發藥。跋陀曰：

① 揖，弘明集卷五沙門不敬王者論·形盡神不滅第五作「挹」。
② 弘明集卷五沙門不敬王者論·形盡神不滅第五「前」後有「者」字。

「公所譯，未出人意，乃有高名，何耶？」什曰：「吾以年運，已往爲學者妄相粉飾，公雷同以爲高，可乎？」從容决未了之義，彌增誠敬。秦太子姚泓延至東宫，對什論法。什問曰：「法云何空？」答曰：「衆微成色，色無自性，故色即空。」又問：「既以極微破色空，復云何破一微？」答曰：「以一微，故衆微空；以衆微，故一微空。」沙門寶云譯出此語，不省其意，皆謂䟦陀所計，微塵是常，更申請之。䟦陀曰：「法不自生，緣會故生。緣一微，故有衆微。微無自性，則是空矣。寧當言不破一微乎！」時秦崇尚玄化，沙門出入宫闕者數千，䟦陀隤然而已。偶謂弟子曰：「昨見天竺五舶俱發，應合至矣。」又其徒自言得初果，僧正道䂮曰：「佛不許言自所得法。五舶之論，何所窮詰①。弟子輕言誑惑，於律有違，義不同處。」䟦陀遂渡江入匡山，見遠公，議論不爲遠屈。遠高之，遺書關中，雪其枉。後於江都謝司空寺譯華嚴經六十卷，感二青衣童子，每旦自庭沼中出，炷香添瓶，不離座右，暮夜則潛入沼中，日以爲常。至譯經畢，遂絶跡不見。

七年，法師法顯自西域還。初，顯於隆安二年同慧②景、曇整等入西域求法，渡流沙迷失路，以日準東西，視人骨處進行，遭熱風惡鬼不顧。至葱嶺，積雪，有毒龍飛砂路，盤空而進，下顧皆萬仞險處，梯而過者七日。以繩爲梁，躡而濟者，水闊八十步。漢張騫、甘英皆所未至也。過小雪山，寒甚，慧景股栗而死。顯哭之慟，收涕，孤征又三十餘國。至中天竺，去王舍城三十里，入一寺，問耆闍崛

① 詰，原作「詰」，據寬永本、歷代通載卷七佛馱䟦陀被擯改。
② 慧，歷代通載卷七法顯西天取經始作「惠」，下一處同。

山路。僧曰：「日莫①矣。彼多師子，且食人，不可往。」顯念：「吾欲瞻靈境，幸至而晚。今夕若死，吾志不酬。身非所愛，乃畏師子乎！」顯既至，日已夕，遂留山中，流涕拜曰：「我不自知，至此也。」坐樹下誦經。夜三更，師子蹲踞舐齕。顯以手循之曰：「欲肉醉，我遲誦經畢乃可耳。」於是妥尾而去。明日歸，老僧植杖立，揖不答，徐去。有少年來，顯問耆年謂誰，曰：「頭陀大迦葉也。」顯追之至山，有石塞嚴竇，不得往。至南天竺，得摩訶僧祇律、泥洹等經。留三年，學梵字，以經像附商。至師子國，同侶皆無存，翩然自止。會有以紈扇供佛者，顯見之，動東歸之思。又二年，達於青州，太守李嶷躬迎之，護送入於京師。

八年，西域三藏曇無讖由龜茲至姑臧。涼王沮渠蒙遜素奉大法，讖居久之，遍曉華言，譯大般涅槃、大集等經六十餘萬言，猶以涅槃品數未足，復還西域訪求。得之，至涼，譯成四十有二卷，凡一萬偈。讖神異頗多，時託②跋珪王中山，聞讖，思一瞻禮，遣使來迎，遜不許。珪再遣高平公李順策拜遜涼王，加九錫，諭之曰：「曇無讖道德廣大，朕思一奉見，可馳驛送至。」遜曰：「臣奉事朝廷，亡所負。前表乞留讖，今復來追。此臣師也，有死則已，欲往則不可也。」順曰：「朝廷欽③王忠義，故顯加殊禮。今乃以一道人虧損大功，不忍一朝之忿④，吐所不當言，失朝廷待遇之意，切爲大王不取

① 卍新續藏本原註：「莫，通『暮』。」
② 託，歷代通載卷七三藏曇無讖至姑臧作「拓」，下一處同。
③ 欽，原作「歛」，據寬永本、歷代通載卷七三藏曇無讖至姑臧改。
④ 忿，寬永本作「盆」。

也！」遜曰：「如公之言誠美，第恐情不副此耳。」遜竟不遣①讖，於是託跋珪銜之。道進者從讖，求授菩薩戒，讖曰：「當自悔七日，乃來。」既而詣讖，讖忽怒進曰：「此宿障也。」遂精修三年，夢中感釋迦世尊爲授戒法。是夕十餘人同夢，如進所見。於是復詣，讖望見大喜曰：「善哉，已感戒矣！今爲汝作證。」及固辭西歸。遜怒其去，已密遣親信中路刺殺之。初，讖出關日，謂送者曰：「業期至矣，雖上聖不能逃，非愛死而固欲相遠也。」未幾，遜心愧悔，白日見鬼，以劒刺之而卒，其國爲魏所併。

九年，法師道生天縱妙悟。初，涅槃後品未至，生熟讀，久之曰：「阿闡提人自當成佛，此經未來②盡耳。」於是文字之師交攻之，誣以爲邪説，於律當擯。生白衆，誓曰：「若我所説不合經義，願於此身即見惡報。若實契佛心，願捨壽時據師子座。」於是袖手南來，入虎丘山，竪石爲聽徒，講涅槃經，至「闡提有佛性」處，曰：「如我所説，義契佛心否？」群石皆首肯之。後游匡山，居銷景巖。聞曇無讖重譯涅槃後品，至南京，果言闡提皆有佛性。生慰喜不自勝，誓死奉法。

沙門僧群，居羅江霍山。山屹在海中，有石如盆，廣數丈，深六七尺，有泉特甘，群飲之，能不飢，因絶五穀。太守劉夔從群乞其水，即以遺之，出山輒臭。夔躬造焉，方渡海，時晴明，至山之下，忽風雨晦暝。留數日，不得往，歎曰：「正爲山靈勒回俗駕耳。」遂去。群庵側有略彴渡盆泉，一日有

---

① 遣，原作「遺」，據寬永本、歷代通載卷七三藏曇無讖至姑臧改。

② 未來，歷代通載卷七道生法師竪石爲徒作「來未」。

折翅鴨以頭橫略彴，群欲舉杖撥去，恐傷鴨①，因不飲數日而歿，春秋百四十餘。臨終曰：「我少時嘗戲折一鴨翅，此殆現報也。」

論曰：嵩山珪禪師曰「佛不能即滅定業」，又云「定業亦不牢久」，信哉！業不牢久，則有悔滅之理。然曇無讖神異著聞，疑階聖果，且有蒙遜之禍；僧群辟穀澗飲，清修百年，猶不免折翅之報。何哉？至於道進積三年之勤，則感釋尊授戒；道生精悟，冥契佛心，則感石爲肯首。然則四公皆稟權立教者歟。若進與生，蓋示人殊勝事可以精誠而致；若讖與群，則示人罪業不可以爲虚幻而故作。儻不如此，曷有不負幽明、惜一微物而殞不貲之身，真天下之高行也。

元魏者，本姓託跋，鮮卑胡人也。西晋之亂，有託跋盧出居樓煩，晋封爲代王，於後部落分散。經六十餘年，至盧孫拾翼沙②珪。魏書云，珪即魏太祖道武帝也。太元元年，出據朔州東三百里，築城邑，號恒安，爲苻堅護軍。堅敗後，乃即真號。太祖殂，太宗明元帝立。明元殂，世祖太武帝立。自是又四主，至世宗孝文帝遷都洛陽，改姓元氏，去胡衣冠，絶虜語，尊華風。是時天下唯二國，謂之南北朝。終魏世凡十六君一百六十一年，僧至二百萬，寺院三萬餘所，譯經、律、論總一千九百餘卷。自古佛事圖塔之盛，無出於此。

① 鴨，原闕，據寬永本補。
② 沙，當作「涉」。

齊著作魏收著魏書·佛老志，其略曰：

釋氏之學，聞於前漢武帝元狩中，霍去病獲昆耶王及金人，率長丈餘，帝以爲大神，列於甘泉宮，燒香禮拜，此則佛道流通之漸也。及開西域，遣張騫使大夏，還云身毒天竺國有浮圖之教。哀帝元壽中，景憲受大月氏王口授浮圖經。後漢明帝夢金人，項①有日光，飛行殿庭，傳毅始以佛對。帝遣中郎蔡愔等使於天竺，寫浮圖遺範，仍與沙門迦葉摩騰、竺法蘭還洛陽，得四十二章經及釋迦立像。帝令畫工圖之，置清涼臺及顯節陵，緘經於蘭臺石室。浮圖或言佛陀，聲相轉也，譯云淨覺，言滅穢明道爲聖悟也。

凡其經旨，大抵言生生之類，皆因行業而起，有過去、當今、未來三世，神識常不滅也，凡爲善惡，必有報應。漸積勝業，陶冶麤鄙，經無數形，藻練神明，乃至無生而得佛道。其間階次心行，等級非一，皆緣淺以至深，籍微而爲著，率在於積仁順、蠲嗜慾、習虛静而成通照也。故其始修心則依佛、法、僧，謂之三歸，若君子之三畏也。又有五戒，去殺、盗、婬、妄言、飲酒，大意與仁、義、禮、智、信同。奉持則生天人勝處，虧犯則墮鬼畜諸苦。又善惡生處，凡有六道焉。

諸服其道者，則剃落髮鬚，釋累辭家，結師資，遵律度，相與和居，治心修淨行，乞以自給，謂之沙門，或曰桑門，亦聲相近也。其根業各差，謂之三乘——聲聞、緣覺及以②大乘，取其可乘運以至

① 項，寬永本、魏書卷一百一十四釋老志作「項」。

② 及以，疑爲「以及」。

道爲名也。上根者以修六度進萬行，整[①]度億流，彌歷長遠，登覺境而號爲佛也。本號釋迦文，此譯能仁，謂德充道備、戡[②]濟萬物也。降於天竺迦維羅[③]衛國王之子，於四月八日從母右脇而出，姿相超異三十二種，天降嘉瑞亦三十二而應之。以二月十五日而入涅槃，此云滅度，或言常樂我淨，明無遷謝及苦累也。又云諸佛有二義：一者真實，謂至極之體，妙絶拘累，不得以方處期，不可以形量限，有感斯應，體常湛然。二者權應，謂和光六道，同塵萬類，生滅隨時，修短應物，形由感生，體非實有，權形雖謝，真體不遷，但時無妙感，故莫得常見耳。斯則明佛生非實生，滅非實滅也。

佛既謝往[④]，香木焚屍，靈骨分碎，大小如粒，擊之不壞，焚之不焦，而有光明神驗，謂之舍利。弟子收奉，竭香華，致敬慕，建宮宇，謂之爲「塔」，猶宗廟也，故時稱爲塔廟者是矣。於後百年，有王阿育者，以神力分佛舍利，役諸鬼神，造八萬四千塔布於世界，皆同日而就。今雒陽、彭城、姑臧、臨淄皆有[⑤]育王寺，蓋承其遺跡焉。而影跡爪齒，留於天竺，中途往來者，咸言見之。

初説教法，後皆著録，綜覈深致，無所漏失。故三藏十二部經，如九流之異統，其大歸終以三乘爲本。後有羅漢、菩薩相繼著論，贊明經義，以破外道，皆傍諸藏部大義，假立外問而以内法釋之。

---

① 整，魏書卷一百一十四釋老志作「拯」。
② 戡，魏書卷一百一十四釋老志作「堪」。
③ 魏書卷一百一十四釋老志無「羅」字。
④ 往，魏書卷一百一十四釋老志作「世」。
⑤ 魏書卷一百一十四釋老志「有」後有「阿」字。

傳於中國，漸流廣矣。漢初沙門皆衣赤布，後乃易以雜色。

太祖生知信佛。初平中山，經群國，見沙門皆致敬，禁軍旅無有所犯。天興元年，詔曰：「佛法之興，其來遠矣。濟益之功，冥及存没，神蹤遺法①，信可依憑。其敕有司於京城建飾容範、修整宫舍，令信向之徒有所居止。」太宗踐位，京邑四方建立圖像，仍令沙門敷導民俗。皇始中，趙郡沙門法果，戒行精至，開演法籍，詔徵以爲僧統，言多允愜，前後授以輔國、宜城子、忠信侯、安城公之號，皆固辭。太宗嘗幸其居，以門巷狹小，不容輿輦，更廣大之。年八十餘卒，帝三臨其喪，追贈老壽將軍、趙胡靈公云。

論曰：唐太宗世，既修晋書，復有勸修南北七朝史者。太宗以元魏書甚詳，故特不許。以今攷之，信然也。凡佛老典教，於儒者尤爲外學。或欲兼之，自非夙薰成熟、願力再來，莫能窺其彷彿，况通其旨歸而祖述源流者乎。異哉！魏書·佛老志不介馬而馳遷、固之間，御靡旌以摩荀、揚之壘，步驟雍容，有足觀者。然則魏收兼三聖人難兼之學，平四作者不平之心，厥書獨見信於後世，顧不美哉！

時魏光禄卿崔浩被讒，太武命浩以公歸第，因修服食養性之術。初，嵩山道士寇謙之修張道陵術，

① 法，魏書卷一百一十四釋老志作「軌」。

自言嘗遇老子，降命謙之繼道陵爲天師，授以辟穀輕身之術及科戒二十卷，使之清整①道教。又遇神人李譜文，云老子之玄孫也，授以圖籙直經六十餘卷，并出天宫静輪之法。謙之奉其書，獻於太武，朝野多未之信，崔浩獨師事之，從受其術，且上書贊明其事。太武忻然，使謁者奉玉帛牲牢祭嵩嶽，迎致謙之，起天師道場於平城之南，重臺五級，道徒由此而盛。

本朝司馬文正公曰：「老、莊之書，大旨欲同生死、輕去就。而爲神僊者，服餌修鍊以求輕舉，鍊草石爲金銀。其爲術，正相戾矣。是以劉歆七略敘道家爲諸子，神僊爲方技，其後有符水、禁咒之術。至謙之，遂合而爲一，至今循之，其訛甚矣。崔浩不喜佛、老之書，而信謙之之言，其故何哉？昔臧文仲祀爰居②，孔子以爲不智。如謙之者，其爲爰居亦大矣。詩三百，一言以蔽之，曰『思無邪』，君子之於擇術，可不謹哉！」

禪師玄高居麥籍③山，與沙門曇弘友善，聞曇無毗自北山至凉妙禪觀，高往親之，旬日即悟。無毗歎異，以爲勝己。及無毗西歸，有妖比丘嫉高，譖於河南王世子曼曰：「高今聚徒，將爲國害。」曼信之，欲殺高。其父不許，遂擯於河北，居林陽堂山。山蓋地僊所宅，夜有鐘磬聲。高門弟子百餘輩，拔萃者玄紹有神力，嘗指地出水以給衆。如紹者，又十有一人。河南王迎曇弘至，問：「王何以擯高？其人希世之瑞也。」王厚禮迎之，高欲赴命，山中草木爲摧偃，亂石塞路。高曰：「吾志弘道，

① 整，歷代通載卷七北魏崔浩薦寇謙之（論）作「正」。
② 爰居，歷代通載卷七北魏崔浩薦寇謙之（論）作「鶢鶋」，下同。
③ 籍，歷代通載卷七玄高禪師被譖作「積」。

自滯巖竇，無益也。」路乃可行。王郊迎之，禮以爲師。後游涼土，沮渠蒙遜禮遇尤勤。弟子僧印自謂得阿羅漢果，高假以神力，使於定中見十方①無盡世界。及聞諸佛所説之法，各各不同，即於一夏尋其所見不盡，方生愧懼。明年，魏使請高入於平城。託跋燾在位，益加誠敬，令太子晃師事之。

① 方，原作「力」，據寬永本、歷代通載卷七玄高禪師被譖改。

隆興佛教編年通論卷第五

隆興府石室沙門　祖琇　撰

宋

元嘉三年，神僧杯渡初出冀州①，如清狂者，挈一木杯，渡水必乘之，因號「杯渡」。嘗自孟津乘杯，絶岸至金陵。時年四十許，狀寒窶，喜怒不常。遇盛寒，輒穴冰而浴。或著屐登山，或跣足市中行。荷一蘆圈，時造延賢寺，沙門法意遇之尤勤。忽弃去，行瓜步，欲登舟，舟人不即應，遂乘杯絶北岸。廣陵村②有李氏，方飯僧，渡徑入，以蘆圈置庭中，坐席上。衆環目之，渡自若。座有怒者，見蘆圈礙道，移之，饒力不能動。渡食畢，提③之而去，笑曰「四天王」。時有童子竊見圈中有四小兒，皆長數寸，眉目如畫。及追之，失所在。繇此顯跡。及卒後，復時時有人見之云。

六年，天竺求那跋陀羅至金陵，文帝遣使郊迎。跋陀神情爽邁，帝見之大悦，命居祇桓寺，屢延入内供養。僕射何尚之、彭城王義康、南譙王義宣並師事之，請講華嚴。跋陀以未通華言，乞觀音爲

① 州，原作「洲」，據寛永本改。
② 村，原作「杯」，據歷代通載卷八神僧杯渡改。卍新續藏本原註：「杯，一作『材』。」
③ 提，歷代通載卷八神僧杯渡作「掣」。

增智力。夜夢神力士易其頭，旦①起，猶覺疼甚。遂遍曉華言，即爲衆講之。時以跋陀妙大乘宗旨，因號摩訶衍。

九年，文帝幸大莊嚴寺，設大會，親同四衆地坐。及齋，衆疑日過午，不敢下箸。帝曰：「日②才午耳。」法師道生在席，即曰：「白日麗天，令天③言方中，何謂過耶！」舉鉢便食，一衆從之。帝大悦，下詔留生止都下，一時巨公王弘、范泰、顔延之等皆造門結友。生每以經文未能達諸佛之旨，而學者多滯聞見，因著善不報論、頓悟成佛論、二諦論、佛性有常論、法身無色論、佛無淨土論、應有緣論，皆網羅舊説，發其淵奥，皎④如日星。又明年正月庚子，陞法座，詞音朗潤，聽者悟悦。俄麈⑤尾墮地，隱几而化。

十一年，天竺三藏求那跋摩初讓國出家，解四阿含，精貫三藏，誦數百萬言，屬國諸王皆從之稟授歸戒。每謂諸王曰：「道在精通，遇緣即應，但依慈悲，勿故發害意，足矣。」游闍婆國，其王欲出家事跋摩，群臣固請不可。乃令國中曰：「若率土奉大和尚歸，戒勿殺害，賑給貧乏，即從爾請。」於是群臣士民稽首遵命。朝廷雅聞其名，沙門惠觀等白於文帝，請遣使致之。有詔交州刺史津遣沙門道

---

① 旦，原作「具」，據寬永本、歷代通載卷八求那跋陀羅入朝改。
② 日，原作「月」，據寬永本、歷代通載卷八帝幸大莊嚴寺改。
③ 天，原闕，據寬永本補。
④ 皎，原作「皈」，據寬永本改。
⑤ 麈，原作「塵」，據寬永本改。

冲等，航海邀之。冲至，跋摩忻然附舶。抵廣州，詔聽乘驛詣闕，道由始興。愛其山類靈鷲，爲留周朞①。寺有寶月殿，跋摩於東壁戲作定光儒童布髮像，極妙，夜輒有光。嘗在定，累日不出寺，僧遣沙彌候之。見白師子仰，躡柱而戲，彌空皆青蓮花，沙彌驚走大呼，寺僧爭至，豁無所有。至金陵，引對。帝迓勞殊懃，因從容問曰：「寡人每欲持齋，以身應物，不獲所願。法師遠來，陋邦②之幸，何以教寡人？」對曰：「道在心不在事，法由己不由人，且帝王所修，與匹夫異。匹夫身賤名微，言令不威，儻不克己苦節，何以爲用？帝王以四海爲家，萬民爲子。出一嘉言，則士庶咸悅；布一善政，則人臣以和。刑不夭命，役不勞力，則風雨時若③，寒暑應節，百穀滋繁，桑柘鬱茂。以此爲持齋，不殺亦大矣，安在輟半日之飡、全一禽之命，然後爲弘濟耶？」帝撫几歎曰：「俗迷遠理，僧滯近教。如法師之言，可與論天人際矣！」命居祇桓④寺，講法華并十地品，帝率公卿日集座下。法席之盛，前此未聞也。

十二年，京尹蕭謨之請制建寺鑄像，帝以問侍中何尚之、吏部羊玄保，曰：「朕少讀經不多，比日彌復無暇。因果之事，昧然未究，所以不敢立異者，以卿輩時秀率皆信敬耳。范泰、謝靈運皆言六

① 朞，原作「碁」，據寬永本、歷代通載卷八求那跋摩三藏改。
② 邦，原作「卻」，據寬永本、歷代通載卷八求那跋摩三藏改。
③ 卍新續藏本原註：「若，通『順』。」
④ 桓，原作「植」，據歷代通載卷八求那跋摩三藏改。

經法度，本任濟世，必求妙道，當以佛經爲指南北①。見顔延之析達性論、宗炳難白黑論，其説汪洋，大明至理。若使率土之民皆敦此化，則朕坐致太平矣，夫復何事！昨蕭謨之請制，即以相示，委卿增損，必有以戒遏浮淫、無傷弘奬者，乃當著耳。」尚之對曰：「横目之俗，閒不敬信。以臣庸陋，獨有愚勤，實懼缺薄，上玷大法，更蒙奬論，重有愧耳。然前代群英，則不負明詔。自渡江而來，王導、周顗、庾亮、王蒙、謝安、郗超、王坦之、王恭、王謐、郭文、謝尚、戴逵、許詢，及亡②祖兄弟、王元琳昆季、范汪、孫綽、張玄、殷凱，或宰輔冠冕，或人倫羽儀，或致情天人之際，或抗跡雲霞之表，靡不倒心歸依。其間比對，如蘭、護、開、潛、淵、遁、崇、邃，並亞跡黄中，或不測人也。近世道俗較論便爾，若悉舉者，夷夏漢魏，奇傑輩出，不可勝數。惠遠云：『釋迦之化，無所不可。適道固自教源，齊物亦爲要務。』竊味此言，有契至理。何則？百家之鄉③，十人持五戒，則十人淳謹；千室之邑，百人修十善，則百人和睦。傳此風教，以周寰區，編户億千，則仁人百萬。夫能行一善則去一惡，去一惡則息一刑。一刑息於家，萬刑息於國。此明詔所謂坐致太平者是也。故圖澄適趙，二石減暴；靈塔放④光，符健損虐。神道助化，昭然可觀。謨之請制，不謂全非，但傷蠹道俗，本在無行僧尼，然而情僞難分，去取未易耳。至土木之工，雖若靡費，且植福報恩，不可頓絶。臣比斟酌，進

① 歷代通載卷八蕭京尹請制建寺像無「北」字。
② 弘明集卷十一何令尚之答宋文皇帝讚揚佛教事、高僧傳卷七宋京師東安寺釋慧嚴「亡」後有「高」字。
③ 鄉，原作「卿」，據寬永本、歷代通載卷八蕭京尹請制建寺像改。
④ 放，寬永本作「故」。

退未安，今日面奉德音，實用忻抃。」羊玄保進曰：「此談蓋天人之學，非臣愚陋所宜與聞，切恐秦楚論强兵之術，孫吴盡吞并之計，無取於此。」帝曰：「此非戰國之具，良如卿言。」尚之曰：「夫禮隱逸則戰士息，貴仁德則兵氣消，儻以孫吴爲志，動期吞并，則將無取於堯、舜之道，豈特釋教而已哉！」帝悦，謂尚之曰：「釋門之有卿，猶孔氏之有季路也。」自是帝留神釋典，益重玄化。及顔延之著離識論及論檢，勑法師惠嚴辨其同異，酬酢終日。帝笑曰：「卿等殆不愧支、許矣。」

是歲，謝靈運以謀叛棄市。初，靈運與顔延之齊名，其文縱横俊發，過於延之，深邃則弗及。襲封康樂侯，居會稽，與隱士王弘之、孔淳之放蕩爲娱。太守孟顗事佛精懇，爲靈運所輕，嘗謂顗曰：「得道須惠業。丈人生天當在靈運前，成佛必在靈運後。」顗深恨此語。及顗入朝，屢爲裁抑，不得召用。晚爲臨川内史，在郡游放不法，爲有司所糾。司徒遣隨州從事鄭望生收靈運，即興兵叛逸，遂有逆志。望生追禽之，送廷尉。帝愛其才，減死徙廣州。既而復叛，有旨棄市，年四十九。

十三年，駕幸曲水。公卿畢集，帝命賦詩。沙門惠觀詩先成，奏之，句有奇勝之韵。帝悦，以示百官，皆歎服其才。觀與惠嚴、謝靈運等詳定大涅槃經，頗增損其辭。因夢爲神人呵之曰：「乃敢妄以凡情輕瀆聖典！」觀等惶懼而止。時慧琳者以才學得幸於帝，與决政事，時號「黑衣宰相」，致門下車蓋常不容跡。琳妄自驕蹇，見公卿才寒暄而已。著白黑論毁佛叛教，感現報，膚肉糜爛，歷年而死。

論曰：世智辯①聰，人情所歆慕，以爲英靈者也，佛世尊則以爲八難之一，何哉？靈運恃才傲世，以謀叛伏誅；惠琳毁形衣僧伽黎，而窮預②朝政。既叛教矣，復從而毁佛，遂蒙惡報以死。嗚呼！蓋世智之爲難也明矣。觀、嚴二公③，行業高妙④，然妄以凡情輕議聖典，向使不遇神人呵之，則世智之難，亦幾於⑤不免。大哉，跋摩、尚之對制之言！可謂旨窮大體，而識盡精微，真天下之通論也。

是歲，文帝詔求沙門能述生法師頓悟義者，刺史庾登之以釋法瑗聞。召對顧問，瑗伸辯⑥詳明。何尚之歎曰：「意謂生公之殁，微言永絶，今復聞象外之談，所謂天未喪斯文也。」未幾，天保寺成，詔瑗主之。王景文至，值其講。景文歎曰：「所舉皆所未聞，所指皆出意表，真法中龍也！」湘宫寺成，復移瑗居之。帝臨幸聽法，時以爲榮。

十六年，法師靈徹卒。徹從遠公剃髮，以精通經論文學有盛名於世。嘗至匡山之南，拊寒松而舒

① 辯，原作「辨」，據寬永本改。
② 窮預，歷代通載卷八惠琳叛教獲報（論）作「竊與」。
③ 公，歷代通載卷八惠琳叛教獲報（論）作「人」。
④ 歷代通載卷八惠琳叛教獲報（論）無「行業高妙」四字。
⑤ 歷代通載卷八惠琳叛教獲報（論）無「於」字。
⑥ 辯，原作「辨」，據歷代通載卷八詔法瑗主天保寺改。

嘯，谷風遠至，山鳥和鳴，超然自得。歸問遠曰：「律禁管絃，一吟一詠可乎？」遠曰：「觸物興想，亂情妨道，弗足爲也。」徹由是絶弃筆硯，講授大法，學徒宗之。

是歲，魏太子晃被讒，太武疑之，晃求哀沙門玄高，高爲作金光明懺。太武夢其先祖讓之曰：「不當以讒疑太子。」既寤，以所夢語群臣，臣下皆稱太子無過，待之如初。其相崔浩懼太子將不利於己，白太武曰：「太子前實有謀，以術致先帝，恐陛下耳。若不早誅，必爲大害！」太武大怒，收玄高、慧①崇害之。高弟子玄暢時居雲中，聞高遇害，日馳六百里，至魏闕泣曰：「和尚神力，當爲我起。」於是高開眸曰：「大法應化，隨緣盛衰，盛衰在跡，理恒亘然，但惜汝等，行如我耳。②唯玄暢南渡，汝等死後，法當更興，善自修心，無③令中悔！」言訖即化。沙門法進號呼曰：「聖人去世，我何用生！」應聲見高於雲中，進頂禮乞救。高曰：「不忘一切，寧獨棄汝耶。」曰：「和尚與崇公並生何所？」高曰：「我往惡處救護衆生，崇已歸安養矣。」言訖不見。

二十二年，魏主與崔浩皆信重寇謙之而奉其道。浩特不喜佛，每言於魏主，以爲佛法虚誕，爲世費害，宜悉除之。及魏主討④蓋吴至長安，入佛寺，沙門飲從官酒。從入其室，見大有兵器，出白魏

① 慧，歷代通載卷八浩譖太子及僧玄高作「惠」。
② 歷代通載卷八浩譖太子及僧玄高於「行如我耳」後有「或恐過之矣」五字。
③ 無，歷代通載卷八浩譖太子及僧玄高作「毋」。
④ 討，歷代通載卷八魏武詔誅天下沙門作「討」。

主。主怒曰：「此非沙門所用，必與蓋吴同謀，欲爲亂耳。」命有司①按誅合寺沙門，閱其財産，大有釀具及州郡牧守富人所寄物以萬計，又爲窟室以匿婦女。浩因説帝，將誅天下沙門，毁諸經像，帝從之。寇謙之切諫，以爲不可。浩不從，先盡誅長安沙門，焚燒經像，并勑留臺下，四方令一依長安法。詔曰：「昔後漢荒君，信惑邪僞，以亂天常，自古九州之中，未嘗有此②。誇誕大言，不本人情。叔季之世，莫不眩焉。由是政化③不行，禮義大壞，九④服之内，鞠爲丘墟。朕承天緒，欲除僞定真，復羲、農之治，其餘一切蕩除，滅其蹤跡。自今已後，敢有事胡神及造形像泥人、銅人者，門誅！有司宣告征鎮將軍、刺史，諸有浮圖形像及胡經，皆擊破焚燒，沙門無長少⑤，悉坑之。」太子素好佛法，屢諫不聽，乃緩宣詔書，使遠近預聞之，得各爲計。沙門多亡匿獲免，收藏經像，唯塔廟在魏境者無復孑遺。

二十七年，魏太武親總元戎，號稱百萬，來滅宋。文帝詔遣輔國將軍蕭斌等禦之。軍次碻磝，先鋒王玄謨不閑撫馭，士卒畏縮，未戰輒亡遁。斌怒，縛玄謨帳中，將誅之。玄謨夢人告曰：「誦觀世音千遍則免。」及覺而誦之，且得千遍，將就刃，猶不輟。會王慶之驟諫曰：「魏虜威震天下，控弦百

① 司，原作「同」，據寬永本、歷代通載卷八魏武詔誅天下沙門改。
② 未嘗有此，魏書卷一百一十四釋老志作「無此也」。
③ 化，魏書卷一百一十四釋老志作「教」。
④ 九，魏書卷一百一十四釋老志作「五」。
⑤ 長少，魏書卷一百一十四釋老志作「少長」。

萬，豈玄謨所能當。令未陳而斬副將以自弱，非策也。」斌悟，即貸其死，玄謨仍將兵如故。見南史。

是歲，魏司徒崔浩自恃才略，及魏主所寵任，專制朝權。魏主以浩監祕書，其黨閔湛者，勸浩刊所撰國史於石，以彰直筆，浩從之。於是刊石立於郊壇，書魏先世事皆詳實。往來見者，咸以爲言。北人無不忿恚，相與譖①浩於帝，以爲暴揚國惡。帝大怒，使有司案浩罪狀。浩惶惑不能對，遂誅浩及僚屬凡百二十人，皆夷五族。初，浩既勸太武除蕩釋氏，及經像毀廢，浩行路見棄像，必停車溺之。及族誅，屍無收者。又積怨在人，於是競溺浩屍，至糜潰乃止。見北史。

論曰：崔浩之不智，司馬温公論詳矣。大抵託跋氏起自沙塞，未遷都時，性殘忍，殺人如甘美飲食，其俗習然也。初，太子晃被讒，而玄高等數僧受誅，頗見其無辜矣。及罷釋氏，沙門誅而坑之者，豈勝道哉！此雖虜人性凶，亦崔浩當權用法如此。既而浩被讒，跡其所坐，蓋作史之失。使②在唐世，不過黜官□榮、投之荒裔而已，假令誅之，亦不過一己，乃遂夷滅五族，何哉？蓋以無辜而施於人也深，則其報之於己也必厚，此天道常數而不易者也。至於吾釋之經像，於浩庸有傷害哉？而浩每見，必停車而溺之。及浩未旋踵，而屍亦爲人溺之，至糜潰而止。嗚呼！浩不畏聖人之言，而欺天也又如此，故天復爲之速報，以警動乎人世也。可不戒哉！可不戒哉！

① 譖，原作「贊」，據寬永本、歷代通載卷八魏崔皓伏誅（論）改。
② 歷代通載卷八魏崔皓伏誅（論）無「使」字。

二十八年，魏朝元會，沙門曇始振錫至宮門，吏白太武，曰：「趣斬之！」刃下無傷。又白：「臨殿陛矣！」太武怒，抽佩劒自斬之，亦不能傷，劒微有痕如線。令收捕，投虎檻中，虎皆怖伏不敢瞬。左右請以天師試之，虎即娏吼。太武大驚，延始上殿，再拜悔謝。魏書・佛老志云：沙門惠始，清河張氏子，初聞羅什出經，詣長安見之，學習禪定於白渠北，晝入城聽講，夕還①處静，三輔識者高之。武帝滅姚氏，留子義真鎮長安。及義真爲赫連屈丐②所敗，始身被刃而無傷。屈丐怒，召始於前，以所佩寶劒自擊之，又不能害，乃懼而謝。後至魏，多所化導。自初習定至卒，五十餘年，未嘗寢臥。跣行，足不沾泥，愈加鮮白，世號「白足阿練」，太武深加禮敬。始預知終期，齋潔端坐，僧徒滿側，泊然而寂。停屍十日，容色不變。閲十餘年改葬，貌亦如存，舉世歎異。及葬日，送者萬餘人，皆號慕哭之慟。中書監高允爲傳，頌其德云。

二十九年，魏太武帝殂。吴王立，未幾而薨。高宗文成帝即位，乃太武之孫也。群臣勸請，興復釋氏，下詔曰：「夫爲帝王者，必祇奉明靈，縣彰仁道。其能惠著生民，濟益郡品③，雖在往古④，猶

① 還，原作「遠」，據魏書卷一百一十四釋老志、歷代通載卷八沙門曇始至魏救法改。
② 丐，原作「局」，據魏書卷一百一十四釋老志改。
③ 魏書卷一百一十四釋老志「品」後有「者」字。
④ 往古，魏書卷一百一十四釋老志作「古昔」。

序其風烈。是以春秋喜①崇明之禮，祭典載功施之族。况釋教②如來功濟大千，惠流塵境，尋生死者歎其達觀，覽文義者貴其妙門③，助王政之禁律，益仁智之善性，排撥④群邪，開演正覺。故前代已來，莫不崇尚，亦我國家常所尊事⑤，世祖太武皇帝，開廣邊荒，德澤遐被⑥。沙門道士善行純誠，如惠始之倫，無遠不至，風義相感，往往如林。夫山海之深，寧免姦婬之儔⑦，得容假託，講寺之中，致有凶黨。是以先朝因按假釁⑧，戮其有罪。所⑨司失旨，一切禁斷。景穆皇帝每爲慨然，值軍國多事，未遑修復。朕承鴻緒，君臨萬邦，思述先志，以隆斯道。今制諸州郡衆⑩居之所，各聽建佛圖一區⑪。其有

① 喜，魏書卷一百一十四釋老志作「嘉」。
② 教，魏書卷一百一十四釋老志作「迦」。
③ 門，魏書卷一百一十四釋老志作「明」。
④ 撥，魏書卷一百一十四釋老志作「斥」。
⑤ 魏書卷一百一十四釋老志「事」後有「也」字。
⑥ 被，魏書卷一百一十四釋老志作「及」。
⑦ 寧免姦婬之儔，魏書卷一百一十四釋老志作「怪物多有，姦淫之徒」。
⑧ 假釁，魏書卷一百一十四釋老志作「瑕釁」。
⑨ 所，魏書卷一百一十四釋老志作「有」。
⑩ 魏書卷一百一十四釋老志「作衆」前有「縣於」二字。
⑪ 魏書卷一百一十四釋老志「區」後有「任其財用，不制會限」八字。

好樂道法，欲爲沙門①，性行素篤②，鄉里所明者，聽③出家……」於是天下承風，朝不及夕，往時所毀圖寺、經像，並還修復。有罽賓王種沙門師賢者，東游涼城。至魏，值罷教，權假藥術，守道不改，於復教日即爲沙門。同輩五人，高宗親爲下髮，命師賢爲僧統。明年有旨，於五級大寺爲太祖已下五帝鑄釋迦文像五尊，各長丈有六尺，用赤金二十五萬斤云。（出魏書·佛老志）

論曰：梁高僧傳載曇始事跡，與魏書·佛老志殊不類，今合二説兼著之。大抵始與玄高、慧崇皆由禪定發聖，觀其化導民俗，出死入生，超然無礙，詎非願力顯化聖賢者流耶。高宗美述太子晃無辜幽死之志，而目擊崔浩狂悖失措招報之速，詔復釋教，光敷文律，允合明靈。盛矣哉！可謂哲王之舉，適變隨機，顯彰仁道，而成天下之亹亹者歟。

孝建元年，宋孝武帝舉兵誅元凶，而求那跋陀羅逃民間。其後王玄謨軍梁山，孝武令軍中得跋陀者驛馳至臺。俄得之，送金陵引見，帝曰：「企德日久，乃今始遇。間關來歸，亦有恨乎？」曰：「亡所恨，但念夙緣，遇此遂成熟耳。」帝慰之，且戲曰：「尚念譙王乎？」對曰：「古人不忘一飯，王飯我十年，乃敢遽忘耶？今當從陛下求爲王長修冥福。」帝悽然改容。中興寺成，有旨命住持。帝

① 魏書卷一百一十四釋老志「門」後有「不問長幼，出於良家」八字。
② 魏書卷一百一十四釋老志「篤」後有「性行素篤」四字。
③ 魏書卷一百一十四釋老志「聽」後有「其」字。

宴東府，公卿畢集，召跋陀至，皤然清癯。孝武望見，謂謝莊曰：「摩訶衍有機辯，當戲之，必能悟人情。」跋陀趨升陛，帝曰：「摩訶衍不負遠來，唯有一在。」即應聲曰：「貧道客食聖朝二[①]十載，恩德厚矣，所欠者一死耳。」帝大悦，移席相促，一座盡傾。

二年，孝武詔沙門道猷爲新安寺鎮寺法主。初，文帝問惠觀頓悟之理孰精[②]，觀以猷對。有旨召入大內，盛集名流，猷敷宣有緒，法義粲然，聞者開悟。有攻難者，猷必挫以釋之。帝拊髀稱善。至是爲天下法主，甚允時望。（卞和玉也）

法師寶亮居中興寺，中書袁粲見而異之，以書抵其師道明，略曰：「比見亮公，非常人也。日聞所未聞，不覺[③]歲之將暮[④]。然珠生合浦，魏人取以照乘；玉在邯鄲，秦人請以華國。天下之寶，不可自專，當與同之也。」自是亮名益重。晚居靈味寺，講席冠京邑，弟子三千餘。亮英氣駸駸逼人，辭鋒錯逸。議者或蔽於理，亮釋之，莫不涣然。

大明六年九月，右司諫言：「臣聞邃拱凝居，非期弘峻；拳跪盤伏，豈止恭敬。將以昭彰四維，締制六寓，故雖儒、法支派，名、墨條流，至於崇親嚴上，厥繇靡爽。唯浮圖教特異於此，淩滅禮度，偃居尊戚，失隨方之妙跡，迷至化之淵美。臣聞佛以謙儉自牧，以忠順爲道，不輕比丘，逢人必拜；

① 卍新續藏本原註：「二，一作『三』。」歷代通載卷八詔求那跋陀羅作「三」。
② 精，原作「情」，據寬永本、歷代通載卷八詔求那跋陀羅改。
③ 覺，歷代通載卷八中興寺寶亮法師作「知」。
④ 暮，原作「莫」，據歷代通載卷八中興寺寶亮法師改。

目連大士，遇長則禮。寧有屈膝四輩而間禮二親，稽顙耆臘①而直骸萬乘者耶？故咸康刱議，元興再述，而事屈於偏黨，道剉於餘分。今鴻源遠洗，群流仰鏡；九僊賾寶，百神聳職。而畿輦之内，含弗臣之民；階席之間，延抗禮之客。懼非所以澄一風軌、詳示景則者也。臣等參議，以爲沙門接見，皆當盡禮敬之容，依其本俗，則朝徽有序、乘方兼遠②矣。」制可。法師僧遠聞而歎曰：「我剃頭爲沙門，本出家求道，何關於帝王？」即日拂衣歸於林壑。

是歲，吴郡朱靈期者自高麗還，舶爲風攜至一洲，洲有山，因意登之十餘里，聞午梵，知有寺。寺七寶所成，見僧數輩，皆石像。欲返，有呼。靈期再拜，得食，食味香美，非世間有也。有人云：「此去金陵二萬餘里，嘗識杯渡道人否？」靈期曰：「識之。」其人指北壁一囊并瓶錫曰：「乃其鉢具耳，今取附君，并書。」又以青竹杖授之曰：「見杯渡即付之。」令一沙彌送至舶。沙彌命靈期以竹杖置前水中，三日而至石頭淮，遂失竹杖。有頃渡來，得鉢大笑曰：「我不見此鉢且四千年矣。」以擲雲中，又接之，乃去。渡屢示寂，已而復游於世，後至齊諧家，同吕道慧、杜天期、水丘熙三大士在焉。諧大驚，即再拜，渡曰：「年大凶，無忘③修福業。法意道人德高，可親之以禳灾。」俄門楣上一僧呼渡，仰見之，即辭去，後不復見。

太始二年，大士寶誌往來皖山劒水之下，髮而徒跣，著錦袍，俗呼爲誌公。面方而瑩徹如鏡，手

① 臘，寬永本、歷代通載卷八右司陳僧拜俗作「臈」。
② 遠，歷代通載卷八右司陳僧拜俗作「遂」。
③ 忘，寬永本作「志」。

足皆鳥[1]爪。初，金陵東陽民朱氏之婦，上巳日聞兒啼鷹巢中，梯樹得之，舉以爲子。七歲，依鍾山大沙門僧儉出家，專修禪觀。至是顯跡，以剪尺拂子掛杖頭，負之而行。經聚落，兒童譁逐之。或微索酒，或累日不食。嘗遇食鱠者，從求之，食者分啗之，而有輕薄心。誌即吐水中，皆成活魚。時時題詩，初若不可解，後皆有驗。

時邵碩者，本康居國人，大口醜目，狀如狂，小兒得侮慢之。時時從酒徒入肆酣飲，後爲沙門，號碩公，與誌最善。出入經行，不問夜旦，意欲爲之則去。游益州諸縣，皆以滑稽言事，能發人懽笑。因勸以善，家家喜之。將亡，謂沙門法進曰：「願露骸松下，然兩脚須著屐。」進諾之。已而化，舁其屍露之。明日往視，失所在。俄有自郫縣來者曰：「昨[2]見碩公著一履行市中，曰：『爲我語進公，小兒見欺，止與我隻履。』」進驚問沙彌，答曰：「舁屍時一履墮，行急，不及繫也。」

三年，明帝詔僧瑾爲天下僧正，止靈根寺。帝多諱忌，犯者必殺之，瑾每匡諫，賴免者甚衆。時京邑諸師立二諦義，有三宗，宗各不同，於是汝南周顒作三宗論以通其異，然畏譏不敢傳。法師智林者，最有時望，以書抵顒，略曰：「竊聞三宗論鈎深索隱，盡衆生之情，廓而通之，盡諸佛之意。使法燈有種，勝利無窮，借使國城、妻子之施，何以逮此施哉！傳者以爲檀越畏譏評，故欲中輟，詎可特纏疑障自發現行乎？」顒得書，懼然悟，此論遂行於世。林復遺書稱之，略曰：「握麈[3]尾來四十

① 鳥，原作「烏」，據寬永本、歷代通載卷八寶誌大士改。
② 歷代通載卷八康居邵碩公「昨」後有「日」字。
③ 麈，原作「塵」，據寬永本改。

餘載，頗見宗録，唯此塗白黑，無一人得者，爲之發病，不意此音猥來入耳。」

周顒，字伯倫，累遷直侍殿省，深被明帝賞遇。帝頗好玄理，而所爲慘酷，顒不敢顯諫，輒誦經中因緣罪福之事，帝爲少沮。顒於鍾山西别立精舍，休沐則歸之。每賓友會同，虛席晤語，詞吐如流，聽者忘勸。與張融相遇，輒以玄言相滯，彌日不解。清貧寡欲，終年蔬食，雖有妻子，而遠居山舍。宰相王儉問曰：「卿山中何所食？」曰：「赤米，白鹽，緑葵，紫蓼。」蕭子顯戲問：「菜食何味最佳？」顒曰：「春初早韭，秋末晚菘。」其標置①如此。掛冠盛時，居山以壽終。

五年，魏使李道固來朝。帝以中興寺僧鍾有才辯，召爲舘伴，與道固語。日差中，鍾不食。道固曰：「何以不食？」鍾曰：「先佛遺法，過中不食。」固曰：「無乃爲聲聞耶？」鍾曰：「應以聲聞得度者，即現聲聞身而爲説法。」時以爲名對。

論曰：昔子路軍敗，石乞、盂黶以戈擊之，斷纓，子路曰：「君子死，冠不免。」遂結其纓而死。由可謂守夫子之道，死而後已。僧鍾以壞色衣、以瓦鉢食，守先佛戒，亦其職也。對客以日差中而不食。嗚呼！鍾之守道，殆與仲由同科，可貴也。至於杯渡、寶公之流，蓋出世聖賢，未易以蹤跡議也。賢哉，周顒！示有妻子而跡寄雲霞，名書士板而理窮真際，考其出處，蓋有道者也。抑奚暇兄義皇上人而溟涬然弟之哉！

① 置，釋氏通鑑卷四周顒作「致」。

七年，魏王顯宗聰明夙成、剛毅有斷而酷好浮圖之學，每引朝士及沙門共談玄理，雅薄富貴，常有遺世之心。以叔父京兆王子推沉雅仁厚，素有時譽，欲禪以帝位。會公卿大議，群臣固請：「以爲陛下必欲委棄塵務，則皇太子宜承正統，若更別授旁支，恐非先聖意。」帝乃曰：「立太子，群公輔之，於何不可？」遂遜於位，稱太上皇，即於北苑，建鹿野寺於苑之西北[①]，與禪僧數百學習禪定。

元徽二年，沙門曇蘭居始豐赤城山，忽有男子長數丈呼蘭曰：「當自去耳。」又有異狀之獸，變恠百出，蘭宴坐自若，乃再拜曰：「殊欺王，我家舅也，今在韋鄉[②]山。我詣之，以此奉上人。」遂不見。後三年，聞車騎聲，一人著幘，稱殊欺王。通期謁，夫人男女二十三輩，皆都雅如世所畫西王母儇仗，皆願授歸戒。蘭曰：「汝何所處？」曰：「安樂縣之韋鄉山也。」蘭於是秉爐正凡，人人爲授五戒竟，以錢萬蜜[③]兩器爲施而去。蘭弟子十餘輩，侍側見其問答。

---

① 北，寬永本、魏書卷一百一十四釋老志作「山」。
② 鄉，原作「卿」，據寬永本、釋氏通鑑卷三曇蘭改，下一字同。
③ 錢萬蜜，釋氏通鑑卷三曇蘭作「萬錢密」。

隆興佛教編年通論卷第六

隆興府石室沙門　祖琇　撰

齊

建元二年，高祖有事於鍾山，因幸沙門僧遠所居。遠牀坐，辭以老病，不能出迎。高祖將詣牀下見之，左右以房閤狹不容輿蓋，遂駐蹕，遣使勞問卧起而去。遠居山凡五十餘年，初猶有食，食不繼，澗飲二十餘年，天下仰其高行。及終，武帝致書沙門法獻曰：「承遠上無常，弟子夜中已知。遠上此去甚得好處，諸佳非一，不復增悲也。一二遲見法師方可叙瑞夢耳。今正爲作功德，所須可具疏來。」

永明二年，勑沙門法獻、玄暢爲天下僧主。他日會於帝前，對制稱名而不坐。中①興寺僧鍾對帝稱貧道，武帝訝之，以問中書王儉。儉曰：「漢、魏佛法未盛，傳記無載者，獨宋魏始盛，而沙門多稱貧道而預坐。晋庾冰、桓玄皆欲屈之，然竟不可行。今亦稱貧道。」帝曰：「獻、暢二師道行如此，猶稱名。朕以稱名乃得宜，可著令以爲永式。」初，獻公慕法猛西游，自巴蜀出河南，經芮芮國到于闐，欲度葱嶺，會棧道絶，不得往。獲佛牙一枝，舍利十有五粒，并經論梵夾而還。暢公精究經律，博貫

① 中，原作「不」，據寬永本改。

子史百氏之言。初，華嚴未有疏，暢首爲之，學者得以祖述焉。又能舒手出香，掌中流水。風誼高簡，弘道輔世，有功國家，莫年特聽肩輿入殿。時稱黑衣二傑焉。

本朝明教禪師曰：「近古高僧見天子不名，預制書則曰師曰公。鍾山僧遠，鑾輿及門，而牀坐不迎；虎溪慧遠，天子臨潯陽，而詔不出山。當時待其人尊其德，是故聖人之道振，其徒尚德。儒曰貴德何如，以其近於道也。後世之慕其高僧者，交卿大夫尚不得預下士之禮，其出其處，不若庸人之自得，況如慧遠之見天子乎？僧遠之自若乎？望吾道之興吾人之修，其可得乎？存其教而不須其人，存諸何以益乎？惟此未嘗不涕下。」

論曰：明教之稱二遠，不減孔子之美夷齊，誠可仰也。至於傷時之歎，殆不能亡所激而云爾。聖朝自皇祐已來，吾屬預詔命者甚衆，彼特一時之遇，固有素虧醞籍而進退弗得其宜者。唯圓通守訥禪師，當仁考天下太定，機政多暇，思與有道晤言，訥首被命。而師道不可屈，然國命亦不可固違，乃舉門下僧懷璉以代其行。及璉入朝，而仁考待以法友之禮，相得最深，於是朝野浩然欽慕。訥知人而自重如此，吾道由之益振焉。嗚呼！訥公主法之體，可爲萬世師，二遠未足多也，獻、暢二公道亦至矣。而降志稱名，遂失大教尊重之體。二傑著稱，其可取焉。

七年，帝怒大士寶誌惑衆，收逮建康獄。是日，國人咸見大士游行市井，既而檢校，仍在獄中。其夕，語吏曰：「門外有兩輿食，金鉢盛飯，汝可取之。」果文惠太子、竟陵王送供至。建康令呂文顯以聞，帝悔謝，迎至禁中。俄有旨，屏除後宮，爲家人宴，誌例與衆暫出。已而猶見行道於顯陽殿，比丘七輩從其後。帝驚，遣吏至問，吏白：「誌久出在省中。」及視之，身如塗墨焉。帝益神敬之。後在華林園，忽重著三頂布帽，亦不知自何而得之。未幾而帝崩，文惠太子、豫章王相繼而殂，果如其識。靈味寺沙門寶亮者，欲以衲帔遺之，未及有言，誌忽來，牽帔而去。王仲熊問仕何所至，不答，直解杖頭左索與之。仲熊初不曉，後果至尚書左丞焉。建武末，平旦出門，忽褰裳走過曰：「門上血腥①。」及明帝遇害，果以犢車載屍自此門出，舍②閹人徐龍駒宅，而帝頸血流被門限。初，鬱林多害宗室，高士江泌憂南康王，以問誌。誌覆香爐灰示之，曰：「都盡無餘。」徐陵兒時，父携之謁誌，誌拊曰：「天上石麒麟也。」陵後果顯於世。

沙門淨度者，辟穀餌松肪，能講誦禪律，游廣漢間。嘗誦寶積經，及半而疾，命侍者代之，閱遍而化。遠近咸見空中有寶馬負棺而去。

沙門普恒，好在閑處收攝其心，與蜀沙門韜公友善。嘗入火光三昧，自眉間下屬金剛際，於光中見諸色像、先身業報等事。及化時，一蒼頭見其坐③脱，强信之不可，而手屈三指，平生黑瘠，化時白皙。識者知其得三果焉。

沙門法道者，與恒同時。道嘗入定登内院，見彌勒自臍輪放光，照三塗苦道，由此勵精，常坐不

① 腥，南史卷七十六釋寶誌傳作「污衣」。
② 南史卷七十六釋寶誌傳「舍」後有「故」字。
③ 坐，原作「半」，據寬永本改。

卧。及終，而祥瑞與恒絶類。復有釋僧定者，自言得不還果。於時，中興寺法主鳩眾詳斷，令現神足。定曰：「恐犯戒，故不現。」法主曰：「按律有四因緣得現神足：一斷疑網，二破邪見，三除憍慢，四成功德。」定竟不能，遂擯之。

沙門慧嵬者，游長安，久之去山谷中修禪定。夜有無頭鬼忽見，嵬曰：「汝無頭，便無頭痛之累，何快如之！」鬼即没。又作無腹鬼來，嵬曰：「汝無腹，便無飢渴之累，何快如之！」俄一夕雪，有扣户求宿者。燭之，乃好女子，前再拜曰：「我天女，以上人有戒德，天遣我來相慰耳。」嵬曰：「既已見，當自去。汝與我爲障道。」於是女子凌空而去，歌曰：「河水可竭，須彌可傾。彼上人者，不可動也。」

永明中，武帝以中書侍郎徵隱士何點，點辭不赴。南史云，點門世事佛甚精，與張融、孔稚圭爲方外交，招攜勝侣及名行沙門，清言賦詩，優游自得。宰相王儉欲候之，知不可見，乃止。豫章王嶷命駕造點，點由後門遁去。竟陵王子良聞之，曰：「豫章王尚望塵不及，吾當望岫息心。」後點在法輪寺，子良就見之，點角①巾登席，子良對之，忻然無已，遺點嵇叔夜酒杯、徐景山酒鎗而去。點少時嘗病渴，積歲不止。後在吴中石佛寺講維摩，於講堂晝寢，夢沙門形貌壞②異，授丸③一掬，夢中服之即愈，時以爲純德所感。及崔惠景叛圍宫城，惠景素好佛，慕交點，點拒之不許，至是逼召。點裂裙爲

① 卍新續藏本原註：「角，一作『甬』。」
② 壞，寬永本作「瓌」。
③ 丸，原作「凡」，據寬永本改。

袴，往赴之，講經，不及軍事。惠景敗，東昏怒點，欲誅之。宰臣蕭暢諫曰：「點向不誘賊共講，未易可量，以此言之，乃當得封。」東昏納其言而止。點弟胤，博學有重名，甞入鍾山定林寺聽内典，其業皆通。建武中拜中書令，聞謝朏罷吴興郡不還，胤恐後之，即拜表解職不待報。明帝怒，追之不及，有詔許之。胤以會稽多靈異，往游之，居若耶山雲門寺。既與兄偕隱，時號點曰大山，胤曰小山。尋徙居秦望山，起講堂即林成，援因巖爲渚，别刱小閤，寢處其中，躬自啟閉，僮僕無得至者，高風傾天下。初，胤侈於味，食必方丈，至是汝南周顒遺書勸令食菜曰：「變之大者莫過死生，生之重者無逾性命。性命之於彼甚切，滋味之在我可賒，若云三世理誣，則幸矣！如使此道果然而受形未息，一往一來，生死常事，則傷心之慘行亦自及。丈人於血味之類雖不身踐，至於辰鴈夜鯉，能不取備於屠門？財具之經盜手，猶爲廉士之所棄，生性之一啟金刀，寧復慈心之所忍！騶虞雖飢，非自死之草不食。聞其風者，豈不使人多愧！丈人得此有素，聊復片言發啟耳。」胤由此絶去血味。

沙門慧安者，不知何許人，少爲虜，賣之荆州富家役作。性謹愿，主人愛之，年十八聽出家①爲沙彌。止江陵琵琶寺，野人皮相之，當衆僧坐時，輙起行水，自上及下，水用不竭，衆訝之。及受具，靈異益著。甞與沙門惠濟上堂布薩，堂户未開，安綰手自壁而入，出亦如之，濟駭懼不敢言。俄辭濟曰：「我當遠行，今與君訣别。」濟仰見空中皆好華，有管絃聲，天香彌馥。濟愈懼，安曰：「吾與子游，所見謹勿妄言，言即有咎。唯東南有一白衣新發意菩薩，可與之言。」於是辭去。附商入湘中，

① 家，原作「來」，據寬永本、高僧傳卷十宋江陵琵琶寺釋慧安、法苑珠林卷三十一感應緣·宋沙門釋慧安改。

路患痢將死，謂商曰：「我死即靈屍岸上，不須設棺也。」問其故，曰：「吾欲以施虫鳥。」商人如其旨，以屍投岸側，夜輒有火焰從其身出。商大怖，刺舟至湘中，則安已先至。欲就語，又失所在。濟後至陟屺寺，與隱士劉虬夜語及之，虬即遥禮曰：「此得道者火光三昧也。」

沙門曇超者，居錢塘靈苑山。一夕，有異人至，曰：「此邦蒙師留，蒼生之福。然富陽民無故鑿山麓，斷壞群龍之室，龍忿不致雨，今二百日矣。欲法師一往誨龍，爲蒼生請福，豈有意乎？」超曰：「此檀越事，吾何能爲哉。」神曰：「弟子力能吐雲，不能致雨。」超諾之。至赤庭山爲龍説法，俄大雨。因止臨溪，縣令聞超在，辦①舟迎之，超即日遁還靈苑。

隱士劉虬，字靈預，一字德明，南陽人，晉豫州刺史喬七世孫，徙居江陵。虬少而抗節好學，須得禄便隱。泰始中，仕當陽令。罷官，歸家静處，常服鹿皮袷，斷穀餌术及胡麻。齊受禪，以蒲輪束帛徵爲通直郎，不就。竟陵王致書通意，虬答曰：「虬四節卧疾病，三時營灌植，暢餘陰於山澤，託暮情於魚鳥，寧非唐虞重恩、周召宏施？」虬於佛道，最誠信明解，長齋布素，人不堪之。疏華嚴經，以頓、漸二門判教，至今諸家取之。又註法華經，躬自講説，舉時皆高尚其風。建武二年病，方晝，有白雲徘徊簷户之内，又有異香鐘梵之音，其日卒，年②五十八。

逸士顧歡，隱居不仕，尚黄老。南史云，歡以佛、道二家教異，學者玄③相非毁，乃著夷夏論。其

① 辦，原作「辨」，當爲「辦」。
② 年，原闕，據寬永本補。
③ 卍新續藏本原註：「玄，疑『互』。」南史卷七十五顧歡傳作「互」。

略曰：「辨是與非，宜據聖典。道老[1]云：『老子入關之天竺維衛國，王夫人曰淨妙，老子因其晝寢，乘日精入淨妙口。後年四月八日，剖右腋而生，墮地即行七步，於是佛道興焉。』此出玄妙内篇。佛經曰『釋迦成佛，有塵沙之數』[2]，或『爲國師道士，儒林之宗』，出瑞應本起。試論之曰：五帝三皇，未聞有佛。國師道士，無過老、莊。儒林之宗，孰出周、孔？若孔、老非聖，誰或當之？然二經所説，若合符契。道則佛也，佛則道也，其聖則符，其跡則反。或和光以明近，或耀靈以示遠。道濟天下，故無方而不入；智周萬物，故無物而不爲。其入不同，其爲必異，各成其性，不易其事。是以端委搢紳，諸華之容；剪髮曠衣，群戎[3]之服……全形守禮，繼善之風；毁貌易形，絶惡之學。豈伊同人？爰及異物[4]。無盡世界，聖人代興，或昭五典，或布三乘。在鳥而鳥鳴，在獸而獸吼，教華而華言，化夷而夷語。雖舟車均於致遠，而有川陸之節；佛道齊乎達化，而有夷夏之别。若謂其致既均、其法可换者，是車可涉川而舟可行陸乎……屢見刻舟沙門、守株道士，互争小大，交相彈射，或域道以爲兩，或混俗以爲一，是牽異以爲同，破同以爲異，則乖争之由、淆亂之本也。尋夫聖道雖同，而法有左右，始乎無端，終乎無末，泥洹僊化，各是一術，佛號正真，道稱正一，一歸無死，真會無生。

① 老，南史卷七十五顧歡傳作「經」。
② 南史卷七十五顧歡傳「之數」後有「出法華・無量壽」六字。
③ 戎，南史卷七十五顧歡傳作「夷」。
④ 南史卷七十五顧歡傳於「爰及異物」後有「鳥王獸長，往往是佛」八字。

在名則返，在實則合。但無生之教賒，無死之化劫[1]，劫法可以進謙弱，賒法可以退夸强。佛教文而博，道教質而精，精非矗人所信，博非精人所能。佛言華而引，道言實而抑，抑則明者獨進，引則昧者競前。佛經繁而顯，道經簡而幽，幽則妙門難見，顯則正路易遵。此二法之辨也。聖匠無方[2]，方圓有體，器既殊用，教亦異[3]施。佛是破惡之方，道是興善之術，興善則自然爲高，破惡則勇猛爲貴。佛跡光大，宜以化物；道跡密微，宜[4]用爲己。優劣之分，大略在兹。歡雖同二法，而意黨道教。」

司徒袁粲託爲沙門通公駁之，略曰：「白日停光，恒星隱照，誕降之應，事在老先，固[5]非入關，方昭斯瑞。又西域之記、佛經之説，俗以膝行爲禮，不慕蹲坐爲恭；道以三繞爲虔，不尚踞傲爲肅。豈專戎土？爰及[6]兹方。襄童謁帝，膝行而前；趙王見周，三環而上[7]。今佛法垂化，或因或革。清信之士容衣不改，息心之人服貌必變。變本從道，不遵彼俗；俗風自殊，無患其亂。孔、老、釋迦，其人或同；觀其設教，其道必異。孔、老教俗爲本，釋氏出世爲宗，發軫既殊，其歸亦異。又僊化以

① 劫，南史卷七十五顧歡傳作「切」，下一處同。
② 方，南史卷七十五顧歡傳作「心」。
③ 異，南史卷七十五顧歡傳作「易」。
④ 宜，南史卷七十五顧歡傳作「利」。
⑤ 固，南史卷七十五顧歡傳作「似」。
⑥ 及，南史卷七十五顧歡傳作「亦」。
⑦ 上，南史卷七十五顧歡傳作「止」。

變形爲尚，泥洹以陶神爲先。變形者白首爲①緇而未能無死，陶神者使塵惑日損而湛然常住。泥洹之道，無死之地，陶神②若此，何謂其同？」

時何常侍鎮之覩顧歡和同二教，大不平之，以書抵歡，劇言道教不足以擬釋氏。歡答其書，固自封執。鎮之重與之書，曰：「猥辱返釋，究詳淵況，既和光道、佛，而涇渭釋、李。觸類長之，爰至碁弈；然③敷佛彌過，精旨愈昧④。所謂馳走滅跡，跳動息影，焉可免乎……輙復略諸近要，以標大歸……夫太極剖判，兩儀妄立⑤，五陰合興，形識謬彰，識以流染因結，形以愛滯緣生。三⑥皇之前，民多專愚，專愚則巢居穴處、血飲⑦茹毛，君臣父子自相胡越，猶如禽獸，又比童蒙，道教所不入，仁義所未移。及其沉欲淪波，觸涯思濟；思濟則祈善，祈善則聖應。夫聖者何耶？感物而遂通者也。夫通不自通，感不自感，感常⑧在此，通每自彼。自彼而言，懸鏡高堂；自此而言，萬像斯歸。故知

① 爲，南史卷七十五顧歡傳作「還」。
② 陶神，南史卷七十五顧歡傳作「乖詭」。
③ 弘明集卷六謝鎮之重書與顧道士無「然」字。
④ 弘明集卷六謝鎮之重書與顧道士「昧」後有「夫飾櫝貿珍，曜夜不售」九字。
⑤ 立，弘明集卷六謝鎮之重書與顧道士作「構」。
⑥ 三，弘明集卷六謝鎮之重書與顧道士作「義」。
⑦ 血飲，弘明集卷六謝鎮之重書與顧道士、歷代通載卷八司徒袁粲駁夷夏論作「飲血」。
⑧ 常，弘明集卷六謝鎮之重書與顧道士作「恒」。

天竺者，居娑婆之正域，處淳善之嘉會，故能感通於至聖，中土①於大②千，聖應既彼，聲被則此。覩日月之明，何假离朱之察？聞雷霆之音，奚事子野之聽？故卑高殊物，不嫌同道；左右兩儀，無害天均。無害天均，則雲行法教；不嫌同道，則雨施夷、夏。夫道者，一也；形者，二也。道者，真也；形者，俗也。真既猶一，俗亦猶二，盡二得一，宜一其法。滅俗歸真，必其違俗，是以如來制軌，玄、劫同風。假令孔、老是佛，則爲韜光潛導，匡救徧③心，立仁樹義，將近順④情。是以全形守祀，恩接六親，攝生養性，自我外物，乃爲盡善⑤，不爲盡美⑥。蓋是有涯之制，未鞭其後也，何得擬道菩提、比聖牟尼哉？且⑦佛教敷明，要而能博，要而能博則精疎兩級⑧，精疎兩級則剛柔一致，是以清津幽暢，誠規易准。夫以規爲員⑨者易，以手爲員者難，將不捨其所難從其所易耶！道家經籍簡陋，

① 中土，弘明集卷六謝鎮之重書與顧道士作「土中」。
② 大，弘明集卷六謝鎮之重書與顧道士作「三」。
③ 徧，弘明集卷六謝鎮之重書與顧道士作「偏」。
④ 近順，弘明集卷六謝鎮之重書與顧道士作「順近」。
⑤ 善，弘明集卷六謝鎮之重書與顧道士作「美」。
⑥ 美，弘明集卷六謝鎮之重書與顧道士作「善」。
⑦ 弘明集卷六謝鎮之重書與顧道士無「且」字。
⑧ 級，弘明集卷六謝鎮之重書與顧道士作「汲」，下同。
⑨ 卍新續藏本原註：「『員』、『圓』通用。」弘明集卷六謝鎮之重書與顧道士作「圓」，下同。

多生穿鑿，至如靈寶、妙真，採撮法華，制用尤拙。如①上清、黄庭所尚服食，咀石飡霞，非徒法不可効，道亦難同。其中可長，唯在五千之文②全無爲用。全無爲用，未能遣有；遣有爲懷，靈芝何養？佛家三乘所引，九流均接。九流均接，則動静斯得。禪通之理，是三中之一耳，非其極也。禪經微妙，境相精深，以此締真，尚未③能至。今云道在無爲，得一而已。無爲得一，是則玄契千載；玄契千載，不俟高唱。夫明宗引會導達風流者，若當廢學精思，不亦怠哉？豈道教之筌耶！敬尋所辯，非徒④不解佛，亦不解道也。反亂一首，聊酬啟齒。」

亂曰：「運往兮韜韜⑤明，玄聖兮幽幽⑥翳。長夜兮悠悠，衆星兮晣晣。太暉灼兮昇曜，列宿奄兮消蔽。夫輪捔兮殊材，歸敷繩兮一制。苟專迷兮不悟，增上鷩兮遠逝。卞和慟兮荆側，豈偏尤兮楚厲？良筝⑦蔑兮波若，焉相責兮智慧。」時復有朱常侍昭之，因何鎮之書，乃作難夷夏論，而朱廣之作諮夷夏論，並章分句解，以破顧歡之蔽於淺也。汝南周顒、高僧慧通並著駁夷夏論，歡之作遂不勝其謬矣。復有法師紹正者，著二教論，其略曰：「佛明其宗，道全其生，守生者蔽，明宗者通。今道名

① 弘明集卷六謝鎮之重書與顧道士「如」前有「及」字。
② 文，弘明集卷六謝鎮之重書與顧道士作「道」。
③ 未，弘明集卷六謝鎮之重書與顧道士作「不」。
④ 弘明集卷六謝鎮之重書與顧道士「徒」後有「止」字。
⑤ 弘明集卷六謝鎮之重書與顧道士僅有一個「韜」字。
⑥ 弘明集卷六謝鎮之重書與顧道士僅有一個「幽」字。
⑦ 筝，弘明集卷六謝鎮之重書與顧道士作「芻」。

長生不死，名補天曹，大乖①老、莊立言之旨。」

齊文惠太子及竟陵王子良並酷好佛，竟陵著淨住子四部二十卷，闡揚佛教。有吴興道士孟景翼者，頗有時譽，太子召入玄圃，衆僧大會。子良使景翼禮佛，景翼弗禮。子良送十地經與之。景翼造正一論，略曰：「佛以一音演説法，老子抱一以爲天下式。一之爲妙，空玄絶於有境，神化贍於無窮，爲萬物而無爲，處一數而無數，莫之名，而强號爲一。在佛爲『實相』，在道爲『玄牝』。道之大象，即佛之法身。以不守之守守法身，以不執之執執大象。但物有八萬四千行，説有八萬四千法，法乃至於無數，行亦達於無央。等級隨緣，須道②歸一。歸一即回向，向正即無邪。邪觀既遣，億善日新。三五四六，隨用而施；獨立不改，絶學無憂。曠劫諸聖，共遵斯一。老、釋未始於常③分，迷者分之而未合。億善偏修，偏修成聖。雖十號千稱，終不能盡。終不能盡，豈思議哉？」

司徒中即張融作門律云：「道之與佛，逗極無二。吾見道士與道人戰儒、墨，道人與道士辨是非。昔有鴻飛天道④，積遠難亮，越人以爲鳧，楚人爲乙。人自楚、越，鴻常一耳。」以示汝南周顒，顒難之曰：「靈⑤無法性，其寂雖同；位寂之方，其旨則别。論所謂『逗極無二』，爲逗極於虚無，爲無

① 乖，原作「乘」，據寬永本、歷代通載卷八司徒袁粲駁夷夏論改。
② 道，南史卷七十五孟景翼傳作「導」。
③ 常，南史卷七十五孟景翼傳作「嘗」。
④ 道，南史卷七十五孟景翼傳、歷代通載卷八張融作門律鬬之（論）作「首」。
⑤ 靈，南史卷七十五孟景翼傳、歷代通載卷八張融作門律鬬之（論）作「虚」。

二於法性耶？足下所宗本一物，而爲梟①乙耳。駈馳佛、道，無免二末，未知高鑒，緣何識本？輕而宗之，其有旨乎！」（已上出南史）

論曰：自東②漢西域傳范曄論釋氏大槩，陳壽三國志則置而勿言，唐太宗晋書則班班紀著沙門神異之跡，未始輒有一言呰佛。况佛化自晋抵南北朝，始大振於天下。賢哉魏收、李延壽之作！凡③當世帝王公卿從事吾佛者，未甞諱之而不書，書之亦未甞以人事議佛也。及顧歡傳則假手④當時群公評議二教而罪歡曰：「歡雖同二法，而意黨道教。」嗚呼！可謂良史矣。陋哉，歡、翼之論！猶昔人寶燕石者，渠信有真玉哉。

齊高帝蕭道成，臨沂人，受宋禪，相襲五主二十三⑤年，傳譯華戎道俗二十人，所出經、律、論、傳、録等四十七部，凡三百五十卷。外國有所謂天竺沙門僧伽跋陀羅者，師資相傳，云佛涅槃後優波

① 梟，南史卷七十五孟景翼傳、歷代通載卷八張融作門律關之（論）作「鴻」。
② 歷代通載卷八張融作門律關之（論）無「東」字。
③ 歷代通載卷八張融作門律關之（論）無「凡」字。
④ 手，歷代通載卷八張融作門律關之（論）作「乎」。
⑤ 三，歷代通載卷八僧伽跋陀羅律藏作「四」。

離結集律藏訖，即於其年七月十五日受自恣竟，以香華供養律藏，更[①]下一點置律藏前，年年如是。優波離[②]欲涅槃時，付弟子陀寫俱，陀寫俱付弟子須俱，須俱付弟子悉伽婆，悉伽婆付弟子目犍連子帝須，帝須付弟子旃陀跋闍，如是師師相付，至今三藏法師。法師將律藏至廣州，臨上船還本國時，以律藏付弟子僧伽跋陀羅。羅以永明六年共沙門僧猗於廣州竹林寺譯出善見毗婆沙一部十八卷。即[③]共安居，以七年庚午歲七月望，受自恣竟，如前師法，以香化供養律藏，即下一點。當其年，凡得九百七十五點，點是一年也。至梁大同元年，有隱士趙伯休於廬山遇苦行律師弘度，得此眾聖點記年月。伯休因問度曰：「自永明七年後，云何不復見點？」度云：「自彼已前，皆得道聖賢手自下點，度乃凡夫，止可奉持頂戴而已，故不復點也。」伯休因舊點推至大同元年，凡一千二十年。今以此究參諸家傳記，佛世尊誕生入滅之年並不相類，大抵西域山川之廣，國土之多，佛化之盛，各承一宗。此亦一家之說，不可廢，故附著於此。

梁

天監二年，武帝詔曰：「大士寶誌跡拘塵垢，神游冥寂，水火不能燋濡，蛇虎不能侵懼，語其佛

① 更，寬永本、內典録卷四前齊朝傳譯佛經録、歷代通載卷八僧伽跋陀羅律藏作「便」。
② 離，原闕，據內典録卷四前齊朝傳譯佛經録、歷代通載卷八僧伽跋陀羅律藏補。
③ 即，內典録卷四前齊朝傳譯佛經録作「因」。

理則聲聞以上，談其隱淪①則遁僊高者，豈可以俗法②常情空相疑忌③？自今中外任便宣化④。」帝一日問誌曰：「弟子煩惑未除，何以治之？」答曰：「十二。」帝問其旨云何，答曰：「在晝⑤字時節刻漏中。」帝益不曉，他日復問：「國祚有留難否？」誌指其頸示之。帝曰：「朕享⑥國幾何？」答曰：「元嘉元嘉。」帝喜，以爲倍宋文之年。時革命之初，帝臨政刻急，誌假帝神力，令見先君受極苦於地下，由是衈刑。嘗詔畫工張僧繇寫誌像，僧繇下筆，輒不自定，既而以指釐面門，分披出十二⑦面觀音，妙相殊麗，或慈或威，僧繇竟不能寫。他日與帝臨江縱望，有物泝流而上，誌以杖引之，隨杖而至，乃紫旃檀也。即以屬共奉官俞紹，令雕誌像，頃刻而成，神采如生。帝悦，以安内庭。時法雲、雲光二師俱有重望，每講法，天輒雨華。帝疑其證聖，夜於便殿焚疏請誌偕光、雲三大士齋。翌日，誌獨赴，而光、雲俱未知，帝由是益異其體。又嘗與帝登鍾山之定林寺，指前獨龍岡阜曰：「此爲陰

① 淪，高僧傳卷十梁京師釋寶誌作「倫」。
② 法，高僧傳卷十梁京師釋寶誌、法苑珠林卷三十一感應緣·梁沙門釋寶誌作「士」。
③ 疑忌，高僧傳卷十梁京師釋寶誌、法苑珠林卷三十一感應緣·梁沙門釋寶誌作「拘制」。
④ 自今中外任便宣化，高僧傳卷十梁京師釋寶誌作「自今行道來往，隨意出入，勿得復禁」，法苑珠林卷三十一感應緣·梁沙門釋寶誌作「自今行來，隨意出入，勿得復禁」。
⑤ 卍新續藏本原註：「晝，一作『畫』。」高僧傳卷十梁京師釋寶誌、法苑珠林卷三十一感應緣·梁沙門釋寶誌、歷代通載卷九詔誌公任便宣化作「書」。
⑥ 享，原作「亨」，據寬永本、歷代通載卷九詔誌公任便宣化改。
⑦ 卍新續藏本原註：「二，疑『一』。」

宅，則永其後。」帝曰：「誰當得之？」曰：「先行者得。」至十三年，大士示寂，帝憶其言，以金二十萬易其地，建浮圖五級，其上鎮以無價寶珠，勑王筠勒碑。葬日，車駕親臨致奠，大士忽現於雲間，萬衆懽呼，聲震山谷。自是道俗奉祀，奇瑞顯應爲天下第一。凡大士所爲祕讖偈句，多著南史。爲學者述大乘贊十篇、科頌十四篇并十二時歌，皆暢道幽致，其旨與宗門冥合，今盛傳於世。

本朝太平興國七年，舒州民柯萼遇異僧於萬歲山之下，以杖指松根使鑊之，得瑞石，文字粲然，讖聖朝疆之祚。萼進於朝，太宗皇帝覽之增敬。異日，大士降見禁中，太宗親聞緒語，因遣使致齋鍾山，其文略曰：「俾乃龍舒之壤，時惟天柱之峰。始道見於苾蒭，遂披文於琬琰。述祖宗之受命，年曆攸同；昭皇緒以無疆，傳源罕測。祕於内府，播厥策書。綿載祀以居多，藴禎祺而有待。近以至真臨格，寶訓躬聞。審墓緒之由來，積慶靈之永久。詢於故府，獲乃貞珉。覿篆刻之如新，若符節之斯合。詔自今不可以名斥，以顯尊異，宜賜號道林真覺菩薩。」

論曰：寶公十二時歌曰：「食時辰，無明本是釋迦身。坐卧不知元是道，祇麽忙忙受苦辛。認聲色，覓疎親，若①是他家染污人。忙欲②將心求佛道，問取虛空始出塵。」妙哉斯言！寶公既有是說，至達磨之來，武帝漫然蹉過。何也？如帝問達磨：「如何是聖諦第一義？」答曰：「廓然無聖。」又問：「對朕者誰？」答曰：「不識。」茲豈達磨有語哉？問取虛空，蓋亦寶公之

① 若，傳燈録卷二十九寶誌和尚十二時頌作「祇」。

② 忙欲，傳燈録卷二十九寶誌和尚十二時頌作「若擬」。

直指也。又曰：「不住舊時無相貌，外求知識也非真。」昔阿難問迦葉：「世尊傳金襴外，別傳何物？」迦葉召，阿難應諾。迦葉云：「倒却門前刹竿著。」又玄沙見僧禮拜，乃曰：「因我得禮你。」然則求法者與説法者果誰乎？故寶公末後又丁寧曰：「未了之人聽一言，祇這如今誰動口？」噫！寶公歷劫，於一切人行止語默中，常常出現，了無間然也。

是歲，帝妃郗氏者，初生有赤光照室，器皿盡明。及長，性明慧，善隸書，讀史傳，女工之事靡不閑習。宋、齊間諸王求婚，父曄皆不許，後以適帝。生三女，帝爲雍州刺史而妃薨。其性酷妬，及是，化爲巨蟒，入於後宮，通夢於帝。帝體將不安，蟒輒激水騰涌，或現龍形，光彩照灼。因於露井上爲殿，衣服委積，置銀轆盧、金瓶，灌百味以祀之。帝畢世不復議立皇后云。

隆興佛教編年通論卷第七

隆興府石室沙門　祖琇　撰

梁

天監三年四月八日，帝率道、俗二萬餘人升重雲殿，親製文發願，乞憑佛力，永棄道教，不在崇奉，略曰：「經云『發菩提心者即是佛心』，一切散善，不得爲喻。弟子比經荒逆，躭事老君，累葉相承，染此邪法；今捨棄舊習，歸仗正因，願使未來世童男出家，廣弘經教，化度含識，共證菩提，寧在正法中長淪惡道，不樂歸依老子暫得神僊，陟大乘心，永離邪見。」十一日，勑公卿百僚侯王宗族並宜反僞即真，捨邪入正。十四日，公卿抗表，遵承詔命。帝手勑答曰：「能反迷入正，可謂夙植善根、宜加勇猛也。」

是歲，詔隱士何點。點以巾褐入見，帝與之酒，特除侍中。點前席持[①]帝鬚曰：「乃欲臣老子耶？」固辭不受。復詔何胤，胤謂使者曰：「吾年五十七矣，月食四斗米不盡，那復有官情耶！」帝知不可致，有旨給白衣尚書禄。胤苦辭，晚入虎丘之西寺講維摩經。及將終，夢天女六十餘人列於前。

① 持，寬永本作「捋」。

及寤，猶見之如故。即具浴儼衣冠，少頃而卒。何氏自晋司徒充、宋司徒尚之並建大義伸明佛法，累葉遵承，至胤姪侍中敬容而止。

五年，帝註大品，臣僚命法師法雲講之，雲辭疾不赴。帝遣使强起之曰：「將冀流通，非高德無以憑也。」雲始從之。雲最有譽當世，雅爲昭明太子所敬，儒、釋兩優，爲天下第一。

八年，魏主於式乾殿爲諸僧及朝臣講維摩詰經。時魏朝專尚釋氏，不事經籍。中書侍郎裴延儁上疏，以爲：「漢光武、魏武帝雖在戎馬間未甞廢書，先帝行師還都手不釋卷，良以學問多益不可輟故也。陛下升法座，親講大覺，凡在瞻聽，塵蔽俱開；然五經治世之楷模，應務之所先。伏願經書互覽，孔釋兼存，則内外俱周，真俗斯暢。」時洛陽中國沙門之外，自西域來者三千餘人，魏主别立永明寺千餘間以處之。遠近承風，無不事佛。比及延昌州郡，凡一萬三千餘寺，僧至二百萬。

十年，詔法師僧旻入慧輪殿講勝鬘經，帝臨聽，公卿畢集。有旨於莊嚴寺建八座法輪，妙選奇傑，番次主之，時以旻爲第一。當講日，聽者傾都，堂無容足。名士劉業甞謂旻曰：「法師佛學有餘，何故弘義多伸儒旨？」旻曰：「昔生公以頓悟通經，次公以毗曇發論，若貧道，初不以儒釋限，但據文義所向耳。」沙門道超者，頻年力學，慕旻公之講，誓欲齊之，夜夢神告之曰：「旻公毗婆尸佛時預宣法化，君新發意者，何能類之？第自求成名，不必苟齊也。」旻性謙冲，不恃能矜物，一時公卿道俗咸推仰之。

十一年，有旨命寶亮法師撰涅槃經義疏，帝爲之序，略曰：「離文字以設教，忘心相以通道。欲使珉玉異價，涇渭分流。制六師而正四倒，返八邪而歸一味，則法雨降而燋種受榮，慧日升而長夜蒙曉。發迦葉之悱憤，吐真實之誠言。雖復三施等於前，五大陳於後，三十四問，參差異辨，方便勸發，各隨意答，舉要論經，不出兩塗。佛性開其有本之源，涅槃明其歸極之旨。非因非果，不起不作，義高萬善，事絶百非。空空不能測其真際，玄玄不能窮其妙門。自非德均平等、心合無生，則金墻玉室豈易入哉。」

十二年，特進沈約卒。約字休文，婺州東陽人，左目重瞳，腰有紫誌。少爲書生，名聞一時，以風流見稱，而肌體清癯，時謂「沈郎瘦」，甚爲武帝所重，官業具南史。嘗出意撰聲律，以革古詩，後世取則，號曰「四聲」。約甚精佛理，著中食論，理趣甚高。其略曰：「人所以不得道者，由於心神昏惑；心神所以昏惑，由於外物擾之。擾之大者，其事有三：一則勢利榮名，二則妖妍靡曼，三則甘旨肥醲。榮名雖日用，於心要無晷刻之累；妖妍靡曼，方之已深；甘旨肥醲，爲累甚切。萬事紜紜，皆三者之枝葉耳。聖人知不斷此三事，求道無從可得，乃爲之法，使簡而易從。若也直云三事惑本並宜禁絶，而此三事是人情所甚惑念，慮所難遣，雖有禁之之旨，而事難卒從。譬如方舟濟河，豈不欲直至彼岸？河流湍急，會無直濟之理，不得不從流，靡久而獲至。非不願速，事難故也。禁此三事，事宜有端。何則？食之於人，不可頓息，其於情性，三累莫甚，故推此晚食，併置中前。自中之後，清虚無事。因此無事念慮得簡，在始未專，在久自習，於是束以八支，紓以禁戒，靡曼之欲，無由得前，榮名衆累，稍隨事遣，故云往古諸佛過中不飡。此蓋是遣累之筌罤、適道之捷徑，而惑者咸謂止於不食，此乃迷於向方，不知厥路者也。又嘗著設會論，意謂如來在日，衆居伽藍不置食具，時至則分衛持鉢以福衆生。今之僧徒，一皆違廢，不止不持中食，甚者甘腴厨饍豐美飲食。或遇請召，得蔬蔌之具。莫不顰蹙以爲不能甘也。此豈有志於道哉！」其論略曰：「出家之人，本資行乞，戒律炳然，不許立厨帳并蓄淨人。今既取足官寺，行乞事廢，或有持鉢登門，便呼爲僧徒鄙事。既爲衆所鄙耻，不復行乞。悠悠後進，求理者寡，將謂乞食之業不可復行。由淨飯王子轉輪之貴持鉢行乞以福施者，豈不及千載之外凡庸沙門躬命僕竪自營口腹者乎？行乞、受請，二事不殊。今不復行乞，又不赴請，則行乞之法於此永冥。此法既冥，則僧非佛種；佛種既離，則三寶墜地矣。」約有文集百餘卷行於世。

論曰：自晋渡江，衣冠邃窮佛理，妙暢宗極，如孫、許、宗、顔、二何、郗、沈諸賢，不徒一世談宗，抑高風逸韵，竦動天下，灼灼有大過人者。至於郗嘉賓奉法要、沈休文中食論，雖宗尚釋典，然要其旨歸，豈不有意於士民之攝生者乎！且以梁徐俛相高祖二十餘年，勳德最盛，爲梁宗臣。俛以爲（原作謂）儒釋殊塗同歸，因撰會林五十卷，雖不及見是書，足可謂明道君子也。而旻公亦曰：「貧道初不以儒釋限，第據文義所向耳。」嗚呼！古之有道者未始不覩其同，特寡昧自私者異而相訾耳，是可憫而弗足較也矣。

十五年，魏胡太后作永寧、石窟二寺，極土木之美，而永寧尤盛。有真金像高丈八尺，如中人者又十軀；爲浮圖九級，築基下及黄泉，其高九十丈；上立刹，復高十丈。每夜静，鈴鐸聲聞十餘里。

佛殿如太極殿，三門如端門，僧房千楹，玉珠錦綉，駭①人心目。未幾，雷電火爇其塔，遠近咸見煙焰間有塔昇空而没。後月餘，有自東州來者云，此日見塔乘空飛海上，而望海者時亦見之。

十八年，會稽沙門惠皎以寶唱所撰名僧傳頗多浮汎，因著高僧傳十四卷，始東漢永平十年，終於是歲，凡四百五十三載，二百五十有七人，附見者二百餘人，開其德業。大略爲十例。其自敘曰：「前古撰集，多曰名僧。然名者，實之賓也。若實行潛光，則高而不名；若寡德適時，則名而不高。名而不高，茲焉用紀？高而不名，則備今録。」世以爲確論。

釋僧朗者，常誦法華，風度凝遠。飲啗不常，每出，一狗一猴隨之。日循乞，得飲膳即置木盂中。食畢，舉其餘以飼猴狗。善作龜藏，或時足手頭頸俱縮不見。又嘗登舟，初無篙力，朗坐其中，猴狗馴側，舟自泝流而上。

法師道英初隱太行山，禪宴，樹枝縈結，如蓋覆之。居久之，棄去。行龍臺澤，觀游魚，愛之，即解衣入水，宴坐深淵，七日而出。又嘗隆冬覩嚴冰，愛其瑩澈，就卧其上，信宿而起。晚居蒲州普濟寺。一日講起信至真如門，奄爾氣絶。衆意其逝矣，有都講識之，即謂衆曰：「此入滅盡想耳。」三日乃甦焉。

普通元年，帝於禁中築圓壇，將禀授歸戒，妙選德行尤異者爲之師。朝議以慧約法師望高，詔至，約以禮遜讓，不許。夏四月丁巳，帝行問道禮，禀約爲師，授具足戒。方羯磨次甘露降於庭，有三足

① 駭，原作「該」，據寬永本改。

鳥、二孔雀歷階馴伏，帝大悦，賜約別號智者。自是入朝，必設特榻處之，而帝座其側。凡太子諸王公卿道俗從約授戒者四萬八千人。沙門雖在耆艾，亦重稟授，獨法雲公曰：「吾既戒矣，其可以佛法爲人事耶？」於是議者高之。

時有達禪師者，得水觀三昧。每入此定，有窺之者唯見清水凝渟①滿室。沙門道僊從達遊，得火光三昧，所居之室玄夜大明焉。

帝留神法門，時釋子多縱率，主僧懦不能制。帝患之，欲自以律行僧正事，詔下，京城大德無敢議者，獨藏法師以爲佛法淵博，非一人能盡之，執不奉詔。帝訝之，召入光華殿問狀。藏面陳大旨，秉執有據。帝不能奪，遂從之。藏退謂諸僧曰：「上以佛法爲己任，誠當推順，然衣冠家子弟十輩猶不能俱稱父意，今糅雜五方之衆而以一己好惡繩之，戒律將廢矣！諸君不慮此，何也？」法雲公歎曰：「教理深致，未能多謝。一日之事，良可愧服。」

帝自受具，寢處略同沙門，雖宫禁每亦恣僧游覽，獨禁止御座而已。藏公一日昇殿登之，左右呵止之。藏曰：「貧道定光金輪之裔，寧愧此座！儻見殺，不慮無受生處。」帝聞，置之弗罪。藏少時，遇②相者曰：「法師壽不過三十一。」藏懼，日誦金剛般若。至期，夢前人復來告曰：「法師以般若力，故壽倍增矣。」又常夢維摩詰降其房與語，臨別以素麈尾遺之而去，藏自是玄辯日新焉。

---

① 渟，原作「停」，據寬永本改。

② 遇，原作「過」，據寬永本改。

論曰：昔周武王北面受箕子洪範九疇，王受書畢，箕子才預五等之封。至後漢，順帝詔處士樊英設壇席行問道之禮，咨逮得失，而英竟無它能，於是天下處士咸被「純盗虚名」之誚。及武帝稟受約公歸戒，自後約入朝，帝設特榻處之，而自坐其側，以師奉之終其身。嗚呼！武帝尊師重道之體，由漢以來未之有也。而藏法師既非帝師，徒詫金輪之裔而據太極御座，前史以爲美談，非也。吾宗以法空爲座，藏能以法自尊，則隨緣赴感靡不周而常處此菩提座。奚待據人主之座而後爲榮乎？藏可謂不達矣。至於却帝僧正之詔，夢致摩詰之神，若此類，殆與當世諸僧僅有一日之長云。

十八年，魏孝明帝加元服，命沙門、道士講道於禁中。時道士姜斌、沙門曇謨最對論。帝曰：「佛與老子同時否？」姜斌曰：「按開天經云，老子西入化胡，佛充侍者，明是同時。」曇謨最曰：「老子當周何年而生？」斌曰：「定王三年生，簡王四年仕於周，敬王四年年八十五西入化胡。」最曰：「吾佛以周昭王二十四年誕生，穆王五十二年滅度。自世尊滅度至定王三年，凡三百四十五年老子方生。及敬王元年老子西游，則世尊示寂已四百二十五年矣。據此相去懸遠，而言化胡，無乃謬乎？」斌曰：「佛生周昭之世有何文記？」最曰：「周書異記、漢法本内傳並有明文。」斌曰：「孔子制法，於佛迥無文記。何也？」最曰：「孔子有三備卜①經，謂天地人也。佛之文言出於中備。」斌

① 卜，原作「十」，據寬永本改。廣弘明集卷一元魏孝明召佛道門人論前後、法苑珠林卷五十五破邪篇·捨邪歸正均作「卜」。

曰：「孔子聖人，何假卜乎！」最曰：「佛是衆聖之王，達一切含識先後際吉凶終始，不假卜筮。自餘小聖雖曉未然，必籍蓍龜方通休咎。」時侍中劉騰宣敕曰：「姜斌論無宗旨，宜退席。」又問：「開天經何從而得？是誰所説？可疾取來。」及取經至，帝命群臣詳定真僞。時太尉蕭綜、太傅李寔泊公卿士夫百六十餘人覽畢劾奏曰：「老子止著五千文，更無他説。今姜斌所據，文詞鄙俚，宗旨乖謬，既瀆先師，又罔聖聽，罪當惑衆。」制可。將抵以刑，三藏菩提流支奏解斌特流馬邑。曇謨最善大小乘，有律行，初在邯鄲説律，感異比丘六十餘輩降席聽戒。流支每見，稱爲東方開士焉。

魏書·佛老志曰：「道家之源①，出於老子。其自言也，先天地生，以資萬類。上處玉京，爲神王之宗；下在紫微，爲飛僊之主。千變萬化，有德不德，隨機②應物，厥跡無常。授軒轅於峨嵋，教帝嚳於牧德，大禹聞長生之訣，尹喜受道德之旨。至於丹書紫字，昇玄飛步之經；玉石金光，妙有靈洞之説，不可③勝紀。其爲教也，咸蠲去邪累，澡雪精神，積行樹功，累德增善，乃至白日昇天長生世上。是以④秦皇、漢武甘心不息。」勞心竭思，所在追求，終莫之致。退恨於後，故有欒大徐氏之誅，然其道惑人，効學非一。靈帝置華蓋於濯龍，設壇場而爲禮。及張陵授道於鶴鳴，因傳天宮章本千有

① 源，魏書卷一百一十四釋老志作「原」。
② 機，魏書卷一百一十四釋老志作「感」。
③ 魏書卷一百一十四釋老志「不可」前有「如此之文」。
④ 是以，魏書卷一百一十四釋老志作「所以」。

二百，弟子相授，其事大行，齊①祠跪拜，各有成法，於是三元九府百二十宮一切諸神咸所統攝。又稱劫數，頗竊佛經。及其劫終，稱天地俱壞。其書多有禁祕，非其徒不得輒覼。至於化金銷玉、行符勑水，奇方玅術萬等千條。上云羽化飛天，次稱消灾滅禍，故好異者往往而尊事之。初，文帝入賓於晉，從者云登僊伊闕。太祖好老子之言，誦詠不倦。天興中，儀曹郎董謐上服食僊經數十篇，乃置僊人博士，立僊坊煑煉百藥，封西山以供其薪蒸，令死罪者服之，多死無驗。久之，太祖意少懈，乃止。

世祖時道士寇謙之，字輔真，雍州人，早好僊道，修張魯之術，服食餌藥，歷年亡効。有僊人成公興求爲謙之弟子，相與入華山居石室。興採藥與謙之服，能不飢②。又共入嵩山石室，尋有異人將藥與謙之，皆毒虫臭物，謙之懼走。興歎息曰：「先生未僊，正可爲帝王師耳。」未幾興僊去。謙之守志嵩山，忽遇大神乘雲駕龍導從百靈集於山頂，稱太上老君，謂謙之曰：「自天師張陵去世以來，地上曠職。汝文身直理，吾故授汝天師之位，錫汝雲中新科二十卷，自開闢已來不傳於世，汝宣吾新科，清整道教，除去三張偽法、租米錢稅及男子合氣之術。大道清虛，寧有斯事！專以禮度爲首，加之以服食閑練。使玉女九疑十二人授謙之導引口訣，遂得辟穀氣盛顏色鮮麗云。

論曰：魏史敘道教源流洎謙之出處如此。然則謙之有功於道教，非三張之比也，而本朝司馬文正公嘗比謙之於爰居。夫爰居出左氏，不智不靈，特一恠鳥耳。謙之親遇老君，面授秘訣，作

① 齊，寬永本作「齋」。
② 飢，原作「肌」，據寬永本改。

興道教，致後世學者得以祖述焉。借使謙之不得與神僊者流，蓋亦非常勝士也。以之方爰居，不亦甚乎？雖然，文正公言爲百世師，行爲天下法，其意必謂謙之所遇之神，正孔子所不語者也。資此傳授，滋蔓於世，其爲文正公弗與也亦宜。嗚呼！以謙之尚止乎一爰居，矧風斯在下者耶。

普通八年，天竺初祖菩提達磨大師至金陵。師西域南印度國香至王第三子也。王薨，師出家。遇二十七祖般若多羅，付以大法。因問：「我既得法，宜化何國？」多羅曰：「汝得法已，候吾滅後六十餘年，當往震旦國闡化。」曰：「彼有法器，堪繼吾宗。千載之下，有劫難否？」多羅曰：「汝所化方，得菩提者不可勝數。吾滅度後，彼有留難。水中文布，善自降之。汝至時，南方不可久留。聽吾偈曰：路行跨水復逢羊，獨自悽悽暗度江。日下可怜雙象馬，二株嫩桂久昌昌。」復演八偈，皆預爲讖。至多羅示寂，師演化本國。會其姪異見王者輕毀三寶，師遣其徒波羅提微現神力攝化歸正。師以震旦緣熟，即別其衆，而異見王枉駕見師。因告之曰：「當勤修福行，護持三寶。吾去非晚，一①九即回。」王泣曰：「叔既有緣在彼，非吾所留。唯願不忘父母之國，事畢早回。」遂具大舟，實以衆寶，王躬率臣僚送至海濱。師同商馭舟達於南海，廣州刺史蕭昂館之，以表聞奏，有詔迎見。師入朝，帝問：「朕即位以來，造寺寫經，度僧不可勝數，有何功德？」師曰：「並無功德。」帝曰：「何以並無？」師曰：「人天小果，有漏之因，雖有非實。」帝曰：「何謂真功德？」師曰：「淨智妙明，

① 卍新續藏本原註：「二，一作『一』。」歷代通載卷九初祖達磨大師論作「一」。

體自空寂。如是功德，不於世求。」帝曰：「何爲聖諦第一義？」曰：「廓然無聖。」帝曰：「對朕者誰？」曰：「不識。」帝不省玄旨。師遲留數日，遂渡江之魏，止於嵩山少林寺，終日壁觀而已。有僧神光者，因神人發起來見師，師端坐不顧。會天大雪，光立雪中，至積雪過膝。師憫而問曰：「汝久立雪中，求何事耶？」光曰：「唯願大慈開甘露門，廣度群品。」師曰：「諸佛無上妙道，曠劫難逢，豈小德小智、輕心慢心欲冀真乘，徒勞勤苦。」光聞誨勵，喜不自勝，即以利刀自斷左臂置於師前。師曰：「諸佛最初求道重法忘身，汝今斷臂吾前，求亦可矣。」光承其言，即易名慧可。復問曰：「諸佛法印可得聞乎？」師曰：「諸佛法印，匪從人得。」曰：「我心未寧，乞師與安。」師曰：「將心來與汝安。」可曰：「覓心，了不可得。」師曰：「與汝安心竟。」久之，爲可等略辨大乘入道四行。其辭曰：

「夫入道多塗，要而言之，不出二種：一理入，二行入。理入者，謂籍教悟宗，深信含生同一真性，但爲客塵妄想所覆，不能顯了。若捨妄歸真，凝住壁觀，無自無他，凡聖一等，堅住不移，更不隨於文教，此即與理宜①符。無有分別，寂然無爲，名之理入。行入者有四：一報寃行，二隨緣行，三無所求行，四稱法行。謂報寃行者，凡修道人，若受苦時，當念我從往昔無數劫中，棄本逐末，流浪諸有，多起寃憎，違害無限。今雖無犯，是我夙殃惡業果熟，非天非人所能見與，甘心忍受都無怨恨。作是觀時，與理相應，體寃進道，故名報寃行。隨緣行者，衆生無我，並緣業所轉，苦樂齊受，

① 卍新續藏本原註：「宜，疑『冥』，下同。」歷代通載卷九初祖達磨大師論作「冥」。

皆從緣生。若得勝報榮譽等事，皆是過去夙因所感，緣盡還無，何喜之有？得失從緣，心無增減，喜風不動，宜順於道，名隨緣行。無所求行者，世人長迷，處處貪著，智者悟真，安心無爲，萬有皆空，無所希冀，三界久居，猶如火宅，有身皆苦，誰得而安？了達此處，息念無求。故經云『有求皆苦，無求乃樂』，是則無求真爲道行，故名無所求行。稱法行者，性淨之理，因之爲法。此理衆相斯空，無染無著，無此無彼。經云：『法無有我，離我垢故。』智者信解此理，應當稱法而行。法體無慳，於身命財行檀捨施，心無慳惜，達解三空，不倚不著，但爲無垢稱化衆生而不取相。此爲自行亦復利人，莊嚴菩提之道。檀施既爾，餘五亦然，爲除妄想修行六度而無所行，是名稱法行。」

大同二年十月，師將示寂，道副、尼總持、道育、慧可等侍側。曰：「時將至矣！汝等盍各言所得乎？」時道副曰：「如我所見，不執文字、不離文字而爲道用。」師曰：「汝得吾皮。」尼總持曰：「我今所①見，如慶喜見阿閦佛國，一見更不再見。」師②曰：「汝得吾肉。」道育禪師曰：「四大本空，五陰非有，而我見處，無一法可得。」師曰：「汝得吾骨。」大師慧可即禮三拜，復依位而立。師曰：「汝得吾髓。」即顧謂可曰：「世尊以正法眼藏付囑大迦葉，展轉傳授，以至於吾，吾今付汝，汝當護持，并授汝袈裟以爲法信。」可跪受其衣，願聞指示。師曰：「内傳法印以契真心，外付法衣以定宗旨，後代澆薄，疑慮競生，謂吾西土，汝乃此方，憑何得法？以何爲證？或遇難緣，但出此衣，用以表信，其化無礙。至吾滅後二百餘年，衣止不傳。法周沙界，潛符密契，千萬有餘，汝當闡化，勿

① 所，寛永本作「見」。
② 師，原作「得」，據日藏活字本改。

輕未悟，一念回機，便同本有。聽吾偈曰：『吾本來茲土，傳法救迷情。一華開五葉，結果自然成。』」又曰：「吾有楞伽經四卷，亦付與汝，即是如來心地要門。吾自離南印來此東土，見赤縣神州有大乘氣象，遂逾海越漠，爲法求人。際會未諧，如愚若訥，今得汝傳授，吾意已終。」乃與其徒往禹門千聖寺。有期城太守楊衒之問曰：「西天五印，師承爲祖，其道云何？」師曰：「明佛心宗，行解相應，名之曰祖。」衒之曰：「弟子素奉三寶，而智慧昏蒙，願師慈悲，開示宗旨。」師以偈答之曰：「不覩惡而生嫌，不觀善而勤措。不捨智而近愚，不抛迷而就悟。達大道兮過量，明佛心兮出度。不與凡聖同纏，超然名之曰祖。」衒之聞偈，乃稽首曰：「願師慈忍，久住世間。」師曰：「吾化緣已畢，傳法得人，吾即逝矣。」是日端坐而寂，門人奉全身葬熊耳山定林寺。明年，魏使宋雲西域回，遇師於葱嶺，手携隻履，翩翩獨邁。雲問：「師今何往？」曰：「西天去。」及雲歸朝，具言其事，門人啟壙，唯空棺，隻履存焉。梁武帝聞師顯化始末如此，遂親撰碑刻石於鐘山。

論曰：昔嵩明教著傳法正宗記，稱達磨住世凡數百年，諒其已登聖果，得意生身，非分段生死所拘。及來此土，示終葬畢，乃復全身以歸，則其住壽固不可以世情測也。傳燈録云師以九月二十一日至廣州，刺史以表聞奏，帝遣使賫詔迎之，師以十月一日至金陵。然自廣至金陵亡慮三千餘里，將命者往而復師方啟行，豈以十日之間能歷三千里乎？又謂魏孝明帝欽師異跡，三屈詔命，師竟不下少林。及師示寂，宋雲自西域還，遇師於葱嶺，孝莊帝有旨令啟壙。如南史普通八年即大通元年也，孝明以是歲四月癸丑殂，師以十月至梁，蓋師未至魏時孝明已去世。及其子即位，未幾爲爾朱榮所弒，乃立孝莊帝，由是魏國大亂，越三年而孝莊殂，又五年而分割爲東、西魏。然則吾祖在少林時正值其亂，及宋雲之還，則孝莊去世亦五六年，其國至於分割久矣，烏有孝莊令啟壙之説乎！舊唐史云，後魏末有僧達磨航海而來，既卒，其年魏使宋雲於葱嶺回見之，門徒發其墓，但有隻履而已。此乃實録也。又謂光統律師、菩提流支數下毒害師，師遂不救。嗚呼，甚哉！光統、流支，法門龍象，詎能爾乎？是皆立言者悮也。雖然，吾宗從上來事，昭昭若揭日月而行。故二祖禮三拜後依位而立，當爾之際，印塵劫於瞬息，洞剎海於毫端，直下承當，全身負荷，正所謂「通玄峰頂，不是人間」、「入此門來，不存知解」者也，抑烏有動静去來彼此時分而可辨哉！

隆興佛教編年通論卷第八

隆興府石室沙門　祖琇　撰

梁

婺州義烏雙林大士者，姓傅氏，名翕，法號善慧，年十六納劉氏女妙光爲室，生二子普建、普成。嘗有西域沙門嵩頭陀者，見大士曰：「吾與汝毗婆尸佛所同發誓，今兜率宮衣鉢現在，何日當歸？」因與之臨池觀影，見圓光寶蓋，法從甚盛。大士笑曰：「鑪鞴之所多鈍鐵，良醫之門足病人。度生爲急，何思彼樂乎。」居無幾，常見釋迦、金粟、定光三如來放光襲其身。大士喜曰：「吾得首楞嚴三昧。」即捨田宅及賣妻子，得錢五萬，以設法施會。遂於松山之頂，因雙檮樹刱寺而居，名曰雙林。日自營作，夜則行道。有偈云：「空手把鉏頭，步行騎水牛。人從橋上過，橋流水不流。」復一日，於山頂繞連理雙樹行道，感七佛相隨，釋迦前引，維摩接後，唯釋尊頻顧大士共語。由是異跡日顯。大通五年正月十五日，遣弟子傅暀致書於朝，其辭曰：「雙林樹下，當來解脱善慧大士白國主救世菩薩。今欲修上、中、下善，希能受持。其上善略以虛懷爲本，不著爲宗，無相爲因，涅槃爲果。其中善略以治身爲本，治國爲宗，天上人間果報安樂。其下善略以護養衆生，勝殘去殺，普令百姓皆稟六齋。今聞皇帝崇法，欲申論義，未遂襟懷，故遣弟子傅暀告白。」暀投書太樂令何昌，昌曰：「約法師猶置啟翕，是國民，又非長老，殊無謙卑，豈敢呈達？」昛燒手御路，昌乃馳往同泰寺，詢皓法師，皓勸速呈。二月十一日進書，帝覽之，遽遣詔迎。既至，帝問曰：「從來師事何人？」答曰：「從無所從，來無所來，師事亦爾。」昭明太子問：「大士何不論義？」答曰：「菩薩所説，非長非短，非廣非狹，非有邊非無邊，如如正理，復有何言。」帝曰：「何爲真常？」答曰：「息而不滅。」帝曰：「息而不滅，此則有色，有色故鈍，如此，則居士未免流俗。」答曰：「臨財無苟得，臨難無苟免。」帝曰：「居士大識禮。」答曰：「一切諸法，不有不無，大千世界，所有色像，莫不皆空。百川叢注不過於海，無量妙法不出真如。如來何故於三界九十六道中獨超？其最視一切衆生有若赤子，天下非道不安，非禮不樂。」帝默然。大士辭退。異日，帝於壽光殿講金剛經，誌公云大士能耳。帝即召大士，大士對帝執拍板講經，唱成四十九頌，遂還雙林。至陳太建元年四月將示寂，謂其徒曰：「此身甚可厭惡，衆苦所集。要在護持三業，精勤六度。若墮地獄，卒難得脱，常須懺悔！」又曰：「吾滅已，不得移寢牀。七日，當有法猛上人持像及鍾來鎮於此。」弟子問：「既歸寂後，形體如何？」曰：「山頂焚之。」問：「若不遂，復何如？」曰：「勿用棺斂，但累甓爲壇，移屍於上，屏風周繞，絳紗覆之，上建浮圖，隨意安立。」又問：「諸佛滅度時皆説功德，師之發跡可得聞乎？」曰：「我從第四天來，爲度汝等。次補釋迦，故大品云有菩薩從兜率天來，諸根猛利，疾與般若相應，即吾身是也。」言訖，跏①趺而逝，壽七十有三。至七日，上人法猛果持織成彌勒像及九乳鍾來鎮龕所，須臾

① 跏，原作「加」，據歷代通載卷九雙林傅大士改。

不見大士道具十餘事。晉天福中，錢王發塔，取靈骨十有六片，皆紫金色，并道具就府城南建龍華寺，塑像安置。大士嘗著心王銘一篇。其辭曰：「觀心空王，玄妙難測。無名無相，大有神力。能滅千灾，成就萬德。體性雖空，能施法則。觀之無形，呼之有聲。爲大法將，心戒傳經。水中鹽味，色裏膠青。決定是有，不見其形。心王亦爾，身内居停。面門出入，應物隨情。自在無礙，所作皆成。了本識心，識心見佛。是心是佛，是佛是心。念念佛心，佛心念佛。欲得早成，戒心自律。淨律淨心，心即是佛。除此心王，更無別佛。欲求成佛，莫染一物。心性雖空，貪瞋體實。入此法門，端坐成佛。到彼岸已，得波羅蜜。慕道真士，自觀自心。知佛在内，不向外尋。即心即佛，即佛即心。心明識佛，曉了識心。離心非佛，離佛非心。非佛莫測，無所堪任。執空滯寂，於此漂沉。諸佛菩薩，非此安心。明心大士，悟此玄旨①。身心性妙，用無能改。是故智者，放心自在。莫言心王，空無體性。能使色身，作邪作正。非有非無，隱顯不定。心性雖空，能凡能聖。是故相勸，好自防慎。刹那造作，還復漂沉。清淨心智，如世黄金。般若法藏，盡在身心。無爲法寶，非淺非深。諸佛菩薩，了此本心。有緣遇者，非去來今。」

論曰：大士致書武帝，欲條上、中、下善，意則佳矣，然非中夏所能行之。及見武帝，頗不甚契合。至寶公舉大士講經，説者以謂大士入朝，寶公去世凡二十一年矣。然寶公神異著明，雖

① 旨，寬永本作「音」。

殁，而時時降現禁中爲帝言事，茲亦不足疑也。大哉！心王銘詞致高妙，旨與宗門合轍，道與佛祖同源，自非慈氏應身所爲，曷以臻此？昔山谷嘗曰：「若解雙林此篇，以①讀論語，如啖炙自知味矣。不識心而云解論語章句，吾不信也。後世雖有作者，不易吾言矣。」山谷可謂知言也哉。

時隱士阮孝緒，陳留人也，家世仕官。父彦，太尉從事中郎。孝緒年十三，通五經大旨，十六丁家難。終喪，入鍾山聽講。久之，母有疾，孝緒在席，心驚而歸。合藥須生人參，躬入鍾山，探②求未獲。忽一鹿在前，心異之，至鹿息處，果得人參。藥成，母疾得愈。齊尚書令王晏來候之，孝緒惡其人，穿籬而遁。及晏被誅，以非黨獲免。嘗以鹿林爲精舍，環以林池，杜絶交游，世罕得而見之。御史中丞任昉欲訪焉而不敢進，乃指鹿林謂其兄曰：「其室則邇，其人甚遠。」繇是朝貴絶於造請，唯與裴子野交好。天監末，累召不赴，天子以爲苟立虚名以要顯譽，故二何、孝緒並得遂其高焉。南平元襄謂曰：「昔君大父舉不以來游取累，吾弟獨執其志，何也？」孝緒曰：「若麋鹿盡可參馭，何以異乎騄驥哉！」鄱陽忠烈王，其姊夫也，歲時致饋，一無所受。與劉著作同年，劉卒，孝緒曰：「吾其幾何？」即辦後事，數日而亡，年五十八。孝緒博極群書，無一不善，精力强記，爲學者所宗。既卒，門人謚曰「文貞處士」。初，漢劉歆著七略，齊王儉著七志，孝緒普通四年著七録。前五曰内篇，六曰佛法録，七曰僊道録，謂之外篇。劉歆七略則以道家爲諸子，以神僊爲方伎。王儉七志則先道而後佛，

① 豫章先生文集卷二十五跋雙林心王銘「以」前有「則」字。
② 探，寛永本作「採」。

孝緒七録則先佛而後道。蓋所宗有不同，亦由其教有淺深也。七録内外圖書，總四萬四千五百二十六卷，凡天下之遺書秘記，盡於此矣。内佛法録經律論等五部，凡五千四百卷。至隋文帝仁壽間，嘉則殿書凡三十七萬卷。及唐開元中，秘府以甲乙丙丁四部爲次，列經史子集四庫，并唐之學者所著之書，共八萬二千三百七十四卷。今唐書·藝文志四部著録者凡五萬二千一百卷，不著録者二萬七千六百三十卷，共七萬九千八百三十卷。其間釋部特載僧俗二十五家所著之書，凡三百九十五卷而已。此古今書籍之數也。

大同元年，慧約法師垂誡門人，言訖，合掌而逝。帝輟朝三日，素服哭之。葬誌公塔之左方。甞從約授歸戒者四萬八千人，皆服緦麻哭送至塔。約常所乘青牛垂淚悲鳴，及雙鶴繞塔哀淚①，彌月而去。

三年四月，昭明太子薨。太子諱統，字維摩，天監元年生於覇府，三日而建康平，識者以爲天命所集。幼②聰睿，三歲受孝經、論語，五歲遍讀五經，悉能諷誦。八歲於壽光殿講孝經，名儒重臣畢集坐側。太子詞吐華暢，淵源無滯，皆欽服，以爲聖童。年十二，於内省決獄，剖斷平允。自是數使聽訟，賴活者不可勝數。性慈孝，美容止，讀書數行俱下，過目憶誦無違。帝既留心内典，躬自講説。太子亦天性好佛，凡釋部經論披覽略遍。於東宫别立惠義殿，專爲法集之所，招引名僧撰次法事儀註及立三諦等義，世咨美之。母薨，每哭輒慟絶，水漿不入口。帝勅左右宣旨曰：「毁不滅性，聖人所

① 卍新續藏本原註：「淚，一作『唳』。」歷代通載卷九惠約法師作「唳」。
② 幼，原作「幻」，據寬永本改。

制，不勝哀比於不孝。有我在，那得自毁如此。即可强進飲粥。」太子奉旨，始進粥。體素肥，腰帶十圍，至是减削過半。帝尋委以軍國政事，太子處决無留滯。引納天下奇才，賞愛無勌。東宫有書凡三萬餘卷，群賢畢集，文雅之盛，由晋已來未之有也。嘗游後池，乘綵文舸，摘芙蕖①以嬉。姬人蕩舟，没溺而出，感疾動股，恐貽帝憂，不以聞，遂薨，天下哭之如喪其親焉。名士劉勰者，雅爲②太子所重，撰文心雕龍五十篇，家貧不婚娶，依沙門僧祐③，遂博通經論，區别部類而爲之序，定林寺藏經即其銓次也。中書令沈約絶重其文，嘗置几案間。凡都下寺塔及名僧碑碣皆出其手，累官通事舍人，表求出家，先燔鬢自誓，帝嘉之，賜法名惠地。

太清三年夏四月，逆賊侯景陷臺城，以甲士五百人自衛，帶劒上殿。拜訖，帝神色自若，使引向三公坐榻謂曰：「卿在戎日久，無乃爲勞。」景惶懼不能對，出謂左右曰：「吾每據鞍臨敵，矢石交下，了無所怖。今見蕭公，使人畏慴，豈非天威難犯？吾不復見之矣。」及景自稱大丞相而徵求無已，帝憤之，遂寢疾，然齋戒不衰，日夕念佛不絶於口，獨皇太子侍側。五月丙辰，大漸不能進膳，久而口苦索蜜，未至，而舉手曰「荷荷」，遂崩於淨居殿，年八十有六。帝日角龍顔，舌文八字，項有浮光，身映日無影，右手文成武字。幼嘗蹈空而行，所居之室常若雲氣，人或遇者，體輒肅慄，前後受命符瑞凡六十餘事。及即位太極殿，常有六龍各守一柱。其神奇異瑞，自書契已來人君皆所未有。幼

① 蕖，原作「蕖」，據寬永本改。
② 爲，原作「無」，據寬永本改。
③ 祐，原作「裕」，據南史卷七十二劉勰傳改。

而好學，六藝備閑，碁登逸品。至於陰陽、緯候、卜筮、占決、草隸、尺牘、騎射，並洞精微。雖登大位萬機多務，猶手不釋卷，然燭側光，常至戊夜。撰通史六百卷、金海三十卷、五經義註講疏等合二百餘卷、贊序詔語銘誄箴頌牋奏諸文凡一百二①十卷。晚奉佛道，日止一食，膳無鮮腴，唯豆羹糲飯而已。或遇事，擁不暇就食。日才過中，便漱口而坐。製涅槃、大品、淨名、三慧諸經義記數百卷。聽覽餘暇，即於重雲殿、同泰寺講說，名僧、碩學、四部聽衆常萬餘。衣布衣，木綿皂帳，一冠三載，一被二年。自五十外便斷房室，不飲酒，不聽音樂，非宗廟祭祀、大會饗宴及諸法事，未嘗舉樂。勤於政事，每冬月四更竟，即敕把燭看事，執笔觸寒，手爲皴裂。然仁愛不斷，親親及所近倖愆犯多縱捨，坐是政刑弭紊。每決死罪，常矜哀流涕，然後可奏。性方正，雖居小殿暗室，常理衣冠小坐，暑月未嘗褰袒。雖見内豎小臣，如遇嚴賓焉。諡曰武皇帝，廟號高祖。（出南史）史官魏徵曰：「高祖固天攸縱，聰明稽古，道亞生知，學爲博物，允文允武，多藝多才。爰自諸生，不羈之度，屬昏凶肆虐，天倫及禍，糾合義旅，將雪家冤，曰紂可伐，不期而會，龍躍樊、漢，電擊湘、郢，剪離德如振槁，取獨夫如拾遺，其雄才大略，固不可得而稱矣。既懸白旗之首，方應皇天之眷。而布澤施仁，悦近來遠，開蕩蕩之王道，革靡靡之商俗，大修文學，盛飾禮容，鼓扇玄風，闡揚儒業，介冑仁義，折衝樽俎，聲振寰區，澤周遐裔，干戈載戢，凡數十年。濟濟焉，洋洋焉，魏晉已來，未有若斯之盛也。然不能息末敦②本，斲彫爲樸，慕名好事，崇尚浮華，抑揚孔、墨，流連釋、老，幾終夜不寐，或日旰不

① 二，原作「二」，據寬永本、南史卷七武帝紀改。
② 敦，原作「孰」，據寬永本、梁書卷六敬帝紀改。

食，非弘道以利物，唯飾智以驚愚。且心未遺榮，虛廁蒼頭之位；高談脫屣，終戀黃屋之尊。夫人之大欲在乎飲食男女，至於軒冕殿堂，非有切身之急，高祖屏除嗜欲，眷戀軒冕，得其所難而滯其所易，可謂神有所不達，智有所不通矣。

論曰：魏鄭公論梁武帝，可謂天下仁人之言也。而新唐史·蕭瑀傳贊亦曰：「梁蕭氏興江左，實有功在民。厥終無大惡，以浸微而亡，故餘祉及其後裔。」以此驗鄭公之論，益可詳矣。然韓退之嘗曰：「梁武餓死臺城，蓋謂其屏嗜欲，絶午後食。至臨終，齋戒不衰，在恣情豐美享用者視之，近乎餓死耳。」猶孔子稱伯夷、叔齊餓死首陽，其微意乃所以成其美焉，豈謂不得食而餓死哉！凡議得失成敗，如魏鄭公之言，乃春秋責備賢者之旨，得不爲萬世之公道哉。

承聖元年，三藏真諦將歸天竺，至廣州，刺史歐陽頠延之制止寺。沙門慧①愷等請譯起信、俱舍等論。諦有氣宇，風神爽邁，頠之子紇居別墅，在河渚間，諦每訪紇，以坐具敷水面，跏趺其上，飄然往還，坐具略不霑潤；或不敷具，即折荷葉而濟。時好事多圖畫而奉祀之。

荆山居士陸法和，少隱江陵清溪山，服勤沙門，執弟子禮。及長，出游，語音巴楚，容色異常，以操行絶等爲梁湘東王所重，爵以閑散，甚爲諸公欽敬。初，侯景始降，法和知其必叛，以語朱元英，

① 慧，寬永本作「惠」。

元英不了其意。未久，景圍京城，元英求策。和曰：「取果宜待熟。」景遣將任約擊湘東王，法和就乞軍禦之，對壘赤沙湖。賊因風縱火燒廬，法和以白羽扇揮風，風即返，約軍大潰。士卒求約，不獲，法和曰：「洲際有水刹，約在其下也，可往擒之。」果得約，抱刹仰頭出鼻。法和捨之，謂王曰：「他日當得力。」約後果立効法和。所至江湖，必立放生池，切戒刹生。湘東即位，是爲元帝，以法和爲郢州刺史。始，法和欲大舉定魏，帝不許。法和笑曰：「吾嘗不希釋梵天王坐處，豈窺人王位耶！但於空王佛所與王有因緣。如不能用，則奈業何。」帝敗，歸齊。齊宣帝喜其來，封太尉，賜甲第。法和乞爲佛寺，身居偏室，日手持香爐，行道禮佛，燒香凝坐。預期死日，時至坐去，屍縮三尺許。題壁曰：「十年天子爲尚可，百日天子急如火，周年天子遞代坐。」又曰：「二母生三天，兩天共五年。」指婁太后也。人懼，塗削之，終不能去。其神異如此。

後齊

敘曰：元魏將季①，其祚分崩，肅宗孝明帝崇尚佛法，胡太后親臨國政，一紀之内，天下晏然。及帝崩太后死，高歡誅賊爾朱榮於鄴，燒洛陽宫室，奉清河郡王立於鄴，凡一十七載，扶翼魏朝。至太清三年武帝崩，歡亦先殞，世子澄襲相王位，未幾而殂。魏静帝乃遜位於高洋，即歡之第三子也。

① 季，原作「李」，據寬永本、歷代通載卷九齊著作王劭述佛改。

世族武川，仍都鄴下。神用卓詭，智愚混兼，十餘年間，教法中興。僧至二百餘萬，寺院凡四萬餘所，六主相承二十有八年。爲周所滅。

承聖二①年，北齊高帝詔僧稠禪師。稠將啟行，而峰巒振響，飛走悲鳴，如是者三日而止。稠至京師，帝降蹕迎候，命入宮授菩薩戒，盡停五坊鷹犬及傷生之具，禁境内屠殺。稠留禁中四十日，出居外寺。尋有旨罷講席，俾沙門盡習禪觀。稠入諫帝，以爲弘通教理漸誘童蒙正賴講授，願勿禁也，從之。及宣帝即位，嘗謁稠，稠牀坐不迎。其徒有勸迎者，稠曰：「昔賓頭盧尊者迎阿②育王起行七步，致王失國七年。貧道雖寡德，帝獲福耳。」俄以此被譖，帝銜之，將復入寺，按其不敬誅之。稠密知之，及帝入寺，預出十里許候之。帝怪問，稠曰：「恐身血汙伽藍，故遠來就刃耳。」帝懼然悔謝，謂其臣楊遵曰：「朕不明幾，妄黷聖師。」即奉之如故。因從容啟曰：「陛下前身羅刹也。今好殺，蓋餘習耳。」帝問何以知之，稠請以盆貯水，自咒之，命帝臨觀，果見自形正羅刹之狀，仍有群羅刹隨之。帝大驚，自是絶葷，終日坐禪禮佛，行道如旋風焉。

杜弼，字輔言，中山曲陽人。年十三，進士甄琛問策，下筆如流。王澄見所答，歎曰：「王佐才也。」仕高歡，甚見敬使。魏帝知弼深於佛理，問經中「佛性」、「法性」何異。弼曰：「正是一理。」帝曰：「説者言法性寬，佛性狹。如何？」弼曰：「在寬成寬，在狹成狹。若論性體，非寬非狹。」帝曰：「既言成寬成狹，何得非狹非寬？」弼曰：「若定是寬，則不能成狹；若定是狹，亦不能爲

① 二，原作「三」，據寬永本、歷代通載卷九北齊詔稠禪師改。
② 阿，原作「何」，據寬永本改。

寬。以非寬非狹，故能寬能狹。所成雖異，能成常一。」帝曰：「善。」奉使稱旨，既還，文襄問政要，弼曰：「天下大務，莫過刑、賞二端。賞一人而天下喜，罰一人而天下服。二事得中，自然盡善。」文襄悅，曰：「言雖不多，於理甚要。」

紹泰元年，道士陸脩静等初爲梁武所棄，遂奔入魏，至是頗盛。而齊宣帝復事佛，静等忌之，詣闕，請與釋子角法。有旨令上統剋日較勝負，至期，大集公卿。修静等以術咒僧衣鉢及宮殿梁柱，皆飛舉震動。諸僧相顧，鈌然無以對之。於是萬衆喧譁，得以道流爲勝。修静等雀躍魚視，高自矜誇，以己爲神僊輩也。又言：「沙門現一，我即現二，今以小術誘之耳。」帝顧謂上統曰：「佛門豈無人哉，第求之。它日别對。」遂罷。未幾，上統求獲法師曇顯，即抗表請與道流定奪真僞。十月乙卯朔，會於正殿，百僚臨證。顯被酒出衆曰：「甞聞道流有言，沙門現一，我即現二，果爾否？」修静曰：「然。」顯翹一足曰：「我正現一，請卿現二。」道士默無所爲。顯斥曰：「爾曹間者未遇勍敵，敢以小術自肆！」即以稠禪師袈裟置地，使咒之，道流併力作法，逾時不能動。帝勅左右取衣，益十輩不能舉。顯即自取置梁間，使咒梁柱，亦不能動。其徒慚縮無人色，獨修静更欲以頰舌勝之，即曰：「佛家自標爲内教，内則小也；以我道家爲外教，外則大也。」顯應聲曰：「然則天子居九重之内，亦應小於百官？」静氣咽無對，群臣皆呼萬歲，忻躍而罷。顯不知何許人，風度弘曠，趣向叵測，後不知終。是月丙辰，宣帝詔曰：「法門不二，真宗在一，求之正路，寂泊爲本。祭酒道者，中世假託，俗人未悟，仍有祇崇，麴糵是味，喪昧虚宗，既乖仁祀之源，復違祭典之式，宜從禁止，無或遵風應。道士自謂得神僊者，可上三爵臺飛騰遠舉；不能爾者，並宜改迷歸正，詣昭玄上統，剃度出家。」繇是齊境道流遂衰焉。

論曰：陸脩靜晉末訪匡山遠公，公送之過虎溪；及南齊，竟陵王子良亦贈以白羽扇。二公嘗遇如此，則修靜固亦奇士也。由晉抵北齊凡一百七十餘載，其對顯之術極爲疎鄙，疑非修靜所爲也。而南山宣公論衡、僧傳及神清北山録皆有是説，二老非誣人者也。然則修靜向二百歲矣，使其果在，必有非常之術。予意對顯之徒，蓋宗事修靜者。既敗矣，故二公冐其名而罪之。此不得不辨。

法師法上，道德卓冠當時。宣帝詔置詔玄十統，命上爲大統國師，築壇於内，具問道禮儀，請上授歸戒。帝布髪於地，令上踐其髪而陞座。帝授大戒畢，次命八座重臣及妃后戚屬皆授菩薩戒，剏報德寺移上主之。上性儉素，雖當大統位國師而壞衣布褐，未嘗乘肩輿，世益以此重之。諺曰：「四海僧望，道場法上。」及周武廢教，上潛遁山澤，未嘗廢講。大象初，周宣帝復教，上喜甚，方誦勝鬘經，及其半，跏趺而逝。

齊書著作王劭述佛曰：「釋氏非管窺所及，率爾妄言之。又引列禦寇書，述商太宰問孔子聖人事。又黄帝游華胥氏之國，華胥氏之國，在佛游神而已，此之所言，髣髴於佛。石、苻、姚世，經譯遂廣，蓋欲柔伏人心，故多寓言以方便，不知是何神異浩蕩之甚乎。其説人身心善惡、世事因緣，以慈悲喜捨常樂我淨，書辨至精，明如日月，非正覺孰能證之？凡在黔[1]首，莫不歸命。達人則謹其身口，修其定慧，平等解脱，究竟菩提。及僻者爲之不能通理，徒務費竭[2]財力，功利煩濁，猶六經皆有所失，未之深也已矣。」

陳

敘曰：有梁祚微，禍難自作。東魏賊侯景因隙來奔，高祖建議内之，封爲河南王，乘寵作亂，遂陷臺城。先是梁湘東王出鎮荆、陜，使王僧辯、陳霸先等平金陵。未幾，湘東爲西魏所滅。侯景既誅，僧辯仍爲霸先所殺。太平元年，梁帝遜位，霸先即帝位於金陵，以姓爲國，蓋吴興長城人也，素爲豪族，異稟絶倫，長九尺二寸，鬚長三尺，垂手過膝，神明高放，衆所推重。既臨大寶，復梁舊政，崇重釋氏。金陵舊來七百餘寺，侯景焚蕩幾盡，陳高祖登極，悉皆修復，翻經講道，不替前朝。自創國至禎明三年，凡五帝三十三年，國入於隋。其二十四年與周同政，九載與隋同政。時天竺優禪尼國三藏法師拘那陀羅陳言真諦，十四年間隨處譯經論疏傳等四十八部，凡二百三十二卷云。

禪師慧聞者，嘗抽藏經，得中觀論。及開卷，妙悟其旨，即遥禮龍樹爲師。其後慧思依之，於三七日中得宿命智，而習漏未盡。後於定中放身倚壁，未至間豁然悟入法華三昧及旋陀羅尼門。繇是奉

① 黔，原作「順」，據廣弘明集卷二齊書述佛志改。
② 竭，原作「端」，據廣弘明集卷二齊書述佛志、歷代通載卷九齊著作王劭述佛改。

菩薩三聚淨戒，不衣絲綿，苦寒即以熟艾傅其座。道行著聞，時稱思大和尚。或問：「何不下山教化衆生？」思答曰：「三世諸佛，被我一口吞盡，何有衆生可化？」嘗不豫，因念曰：「病由業生，業由心起。心緣不起，外境何狀？業病與身，都如雲影。」作是觀，己身遂輕安。陳高祖徵至都，安置栖玄寺，甚蒙咨揖。久之，辭還南嶽。

法師洪偃，雅爲文帝所重。及齊使崔武子來朝，而武子有專對才，朝廷憚之。帝以偃才學兩優，命舘伴武子，武子加歎而歸。由是朝議欲奪其志，斂以冠巾。偃聞命，即絶食以死自誓。帝以其確誠，從之。時稱偃四絶，謂咨容、德行、文章、草隸。臨終，謂其徒曰：「世人爲貪心之所暗。貪己則惜落一毫，貧①他則永無厭足。至於身死之後，高其墳，重其槨，必謂九泉之下還結四鄰，一何可歎！今瞑目之後，以脯腊鄙形，布施飛走。」及卒，弟子如其誡。有文集二十卷，詔藏秘閣。

法師寶瓊，陳宣帝命爲僧統，緩禦有法，四衆安之。屢入重雲殿講道，帝尊之爲師。初梁魏間，僧統盛飾杖，直僭擬官府，至是，瓊奏罷之，每出，從數陀頭杖笠而已。於時海東十有二國，聞瓊道德，不可見，遂共遣使，奉金帛，求瓊畫像，其爲天下敬慕如此。及卒，法師曇衍繼爲僧統，亦有重名。衍初生下，而四十牙已具，舉世異之。

① 卍新續藏本原註：「貧，疑『貪』。」歷代通載卷十洪偃禪師作「貪」。

隆興佛教編年通論卷第九

隆興府石室沙門　祖琇　撰

周

敘曰：周之蓺祖宇①文覺者，即魏大丞②相泰之世子也。泰舉高陽王爲帝，遷都長安，號西魏，凡一十八年，廢帝，更立齊王爲帝。四年而泰薨，覺承魏禪，當年被廢。立弟毓爲帝，四年而殂。乃立弟邕，邕即周武帝也。閱十餘年至建德初，惑於道士張賓等妖言，惡黑衣之讖，除廢釋氏，毀寺院四萬餘所，僧三百萬悉令還俗。洎滅齊，未幾，改元宣政，五月而殂。太子贇立，自稱天元皇帝，大象二年五月崩。太子衍立，明年二月禪位於隋。周五主，凡二十五年。國除初，宇文泰及大冢宰宇文護並崇重佛法，與西域三藏十餘人宣譯經論、天文等凡百餘卷云。

天和二③年，武帝命名儒、僧、道伸述三教利病，沙門道安作二教論二十篇，以儒、道九流爲外教，釋氏爲内教。意謂上古朴素，墳典之誥未弘；淳風日澆，丘索之文乃著。苞綸七典，統括九流，

---

① 宇，原作「字」，據寬永本、歷代通載卷九周惡黑衣廢釋改。

② 丞，原作「亟」，據寬永本改。

③ 卍新續藏本原註：「二，一作『四』。」歷代通載卷十周武命三教伸述利病作「四」。

咸爲治國之謀，並是修身之具。若派而分之，數應爲九；若總而合之，則同屬儒宗。今乃一化之內令九流爭川，大道之世使小成競辨，豈不上傷皇極莫大之風、下開拘放鄙蕩之弊哉！及闡繹內典，奏之於朝，久而無報。安勤於奉母，凡薪水飲食皆自力營進。其徒有代之者，安曰：「吾母也，豈以勞人哉。」及周武廢教，以安宿望，欲官之，安以死拒絕，尋以大教堙阨，號慟而卒。

建德二年，武帝始欲偏廢釋教，因大集百僚，命沙門與道士辨優劣。預令道士張賓飾詭辭以挫釋子，冀即其義負而擠之。於時法師知炫對帝抗酧，辭吐精壯，帝意賓不能制，即逞天威垂難辭，左右叱炫聽制旨。炫安詳應對，陳義益高，陪位大臣莫不動容欽歎。帝不能屈，明日詔下，遂兼道教罷之。

法師静藹者，聞詔下，慨然曰：「食周之粟而忘其事，謂之忠乎？」即詣闕奉表求見，武帝許之。及引對，極陳毀教禍福報應之事，指證明驗，帝爲改容。顧業已成，既行之，詔不可返，因謝遣之。藹退而泣曰：「大教阨塞，吾何忍見之！」遂遁入終南山。帝尋欲官之，遣衛士求藹。藹聞，徙入太一山，衛士不獲而返。藹以法滅，號泣七日夜聲不絕。撰三寶録二十卷，假設主賓，抑揚飛伏，廣羅文義，弘贊大乘，并録見聞事實，藏諸岩洞，庶後代之再興耳。尋告弟子曰：「吾生無補於世，將事捨身。」衆號泣不許。因令侍者出山，藹瀝血書偈一篇，遂坐盤石，留一內衣，自條其肉布於石上，引腸胃掛於松枝，五藏皆外見，餘筋肉手足頭面咼（音寡）折①都盡，以刀割心，捧之而卒。侍者歸山，猶見捧心而坐，餘骸並無遺血，但白乳傍流，凝於石次。聞者靡不流涕。時年四十有五。

① 折，寬永本、歷代通載卷十静藹以法滅捨身作「拆」。

是歲，周武焚毀經像。有民部侍郎任君者與府屬宴次，仰見雲間有物六段，隱隱而没。一最小者翔空如幡，俄墮其所。任君取視之，乃大般若經第十九卷，自火焰間出而不燼者。因秘之，宣帝復教，任奏上，蓋帝年十有九云。

六年，周武滅北齊，據鄴都，集僧、道宣廢教之旨。略曰：「世法三教，其風彌遠，考定至理，多愆陶化。六經儒教，文通治道，禮義忠孝，於世有宜，須至存立。且真佛無像，遥敬表誠，具見經旨。而世空崇塔廟，麗飾精藍，取以求福，愚人信順，傾竭珍財，虛引糜費。凡是經像，皆從毀滅。父母之恩，罔極之重，沙門不敬，悖逆之甚。應僧尼道士盡宜反服，以崇孝養。朕意如此，卿等若别有理，可盡意對，無退有謗言。」法師慧①遠排衆出對曰：「陛下統臨大國，得一居尊，憲章三教，而明詔曰『真佛無像』，誠如綸旨。然耳目蒼生賴經聞佛、籍教表真，若將廢之，無以興善。」帝曰：「虛空真佛，咸自有之，何假經像？」遠曰：「漢明已前，經像未至此方，生民未見有稱『虛空真佛』者。若不籍教而知，則三皇已前未有文字，應合自知五常。若以泥像無情，事之無益，上古穴居野處，不服仁義，而五帝觀象設教，神而化之，使民則之。今天子七廟施主，亦是敬順之道。詎可廢邪！又詔旨遺僧反服，以崇孝養。孔子曰：『立身行道，以顯父母，孝之終也。』仁者智養，豈必在家始曰爲孝？」帝以遠抗旨，怒見詞色。遠凛然無懼，復進曰：「陛下縱勢力輕毀大教。佛言幽冥禍福之報，初不以貴賤爲等，貧道竊爲陛下惜之。」敕左右引退，不懌而罷。時齊境僧尼二百餘萬並令反服。周武

① 慧，寬永本作「惠」。

既克齊，而威震天下，遠獨抗對不撓。帝高其勁正，不抵以罪，遂遁入汲郡之西山。遠貌豐美，腰十圍，聲如鍾。每臨講席，見者心肅。疏華嚴、涅槃等經。及隋革命，雅爲文帝所重。

七年，周武帝殂，子宣帝即位。終南紫蓋山沙門法藏削髮，具僧儀入都，有司以聞。帝忻然曰：「朕欲興復釋氏，而僧自紫蓋來。」即召見之。問曰：「朕已處分修陟岵寺，將復釋教，而朝議以爲先朝所行，未易遽革。師今遠來，何以教朕？」藏詞旨淺訐，大忤帝意，斥遣之。先是任道琳者，以學業淹博，得近周武，議論二十餘日，酧酢七十番，周武窮極精思不能屈。嘗許以復教，會其崩不果。至是道琳伸請尤力，帝從之，二月二十六日詔曰：「佛法弘大，前古共崇，詎宜沉隱，捨而不行？自今應王公下逮黎庶，並宜修事，知朕意焉。」四月二十八日復詔曰：「教義幽深，神奇弘大。雖以廣開化儀通其修事，而崇奉之徒，勿須剪髮以乖大道；宜規菩薩儀範，權服冠纓，所司條爲儀註。」於是琳等玅選舊沙門懿行貞粹、聲望卓異者百二十人入陟岵寺，仍舊住持。未幾，周祚衰，隋文革命，大復釋氏焉。

論曰：南山宣公誌任道琳對周武論辯，往復七十餘番，而周武多劫持教乘餘論以拒琳。其間亦有可觀者，正如六經垂世本乎致君澤民，而王莽用以文姦，豈不謬歟？美哉，琳公之達！既從其罷道，乃以士褐求見。及對制問，則約儒、釋垂祐於天人義同者優柔啟迪之，周武之惑幾於少解。遽會其殂，而宣帝復教，亦其力也。使琳立朝，處變故之際，雖陳平、狄梁公亡以加焉。炫、遠二公，奮詞鯁正，重法忘軀。周武恃爵位，爲天下勸賞，欲富貴之。彼上人者，豈斯人之徒歟。安、藹二公，教存則生，教滅則亡。嗚呼，顔、段之流也，賢哉！

隋

夫天命有隋，膺斯五運；帝君榮祐，宅此九州。所以誕育之初，神光洞發；君臨已後，靈瑞競臻。故使天兆龜文，水浮五色；地開泉醴，山響萬年。雲慶露甘，珠明石變，聾聞瞽視，啞語躄行。禽獸見非常之祥，草木呈難紀之瑞。是知昔聞七寶，匪局金輪。今則神異四時，遍知①玉②燭；往以赤若之歲，黃屋馭宸。土制水行，興廢毁之佛日；火乘木運，啟嘉號於開皇。高祖以周靖帝大定二年，黃龍降於舊第，卿雲見於城闉。二月十三日，周以帝祚歸禪在隋。景命既臨，服黃替皂，廢周六官，依漢三省。佛日還曜，法水潛通，其冬有周沙門賫西域梵經二百餘部膺期而至，下敕所司，訪人翻譯。開皇二年仲春之月便就宣傳，季夏詔以龍首之山川原秀麗，卉木滋阜，宜建都邑，凡城殿門縣園寺皆以「大興」爲額，三寶慈化，自此而興。萬國仁風，緣兹遠大，伽藍鬱峙，法宇交臨，開士肩聯，信心鍾接。及仁壽啟號，寶塔是興，百有餘州，皆陳瑞應。於斯時也，四海静浪，九州無塵，大度僧尼將三十萬，崇緝寺宇向有五千，翻譯道俗二十四人，所出經論垂五百卷。及煬帝嗣籙，卜宅東都，仍

---

① 知，内典録卷五作「和」。

② 玉，原作「王」，據寛永本改。歷代通載卷十下詔復教、内典録卷五皆作「玉」。

於洛濵上林園置翻經舘，四事供養，無乏於時。今敘一朝兩代三十七年，祖師碩儒高僧法匠十有五人，顯大隋我教之隆盛焉。

開皇初，法師曇延姿度瓌異，長九尺六寸，垂手過膝，目光外射，才望與慧①遠相埒。述諸經義疏，議者謂「標舉綱目，遠不逮延；文句愜當，延不及遠」。齊太祖從之問道，給月俸。會周使周弘正來聘，大臣舉延接伴，弘正恃才氣出人上，見延，悠然意消。及還，求延畫像并所著疏論而歸，帝益重之，進位昭玄上統。周武廢教，延遁入太行山。及隋文受禪，即日削髮，以沙門謁見，文帝大悦，下書復教。久之歲旱，有旨命延率眾祈雨，雨不降，帝問故，對曰：「事由一二。」帝即遣京尹蘇威問「一二」之意。延曰：「陛下躬萬機之政，群臣致股肱之力，雖通治體，然俱愆玄化，欲雨不雨，事由一二也。」帝識其意，敕有司擇日於正殿設儀，命延授以八戒，群臣以次受訖。方炎威如焚，而大雨霈然傾霔。帝悦，自是延每入朝，必親手奉御饌供之。臨終，以表辭帝，託以外護，帝哭之哀甚。葬日，百僚縞素送之，内史薛道衡文祭，略曰：「往逢道喪，玄綱落紐，棲心幽岩，確乎不拔。高位厚禄，不能回其慮；嚴威峻法，不足懼其心。經行宴坐，夷險莫二；戒德威儀，始終如一。聖皇啟運，像法再興，卓爾緇衣，鬱爲稱首。屈震極之重，申師資之義。三寶由之弘護，二諦籍以宣揚。信足以追蹤澄、什，超邁安、遠矣。」

尼智僊者，河東蒲坂劉民女也，少出家，有戒行，長通禪觀，時言吉凶成敗事，莫不奇驗。居般

① 慧，寬永本作「惠」。

若寺，會文帝生於寺，方季夏盛暑，乳母遽扇之，帝寒甚，幾絶，不能啼，左右大驚。尼就視之曰：「兒天佛所祐，宜勿憂也。」即舉之，呼曰「那羅延」，因以爲小字。抱詣太祖語曰：「兒來處絶倫，俗家穢雜，不宜留，請爲養之。」太祖遂割宅爲小門通寺，以兒委僊視育。後皇妣來抱，忽見兒爲龍，驚墮於地。僊失聲曰：「奚爲觸損我兒，令晚得天下！」及帝稍長，僊密告之曰：「汝後大貴，當自東方來。佛法時滅，賴汝而興。」及周武廢教，僊隱其家，内著法衣，戒行彌篤。至是帝果自山東入爲天子，大興釋氏。僊前此而卒，帝每對群臣稱阿闍梨以爲口實。又云：「朕興由佛法，而好食麻豆，前身定從道人中來。少時在寺長育，至今樂聞鍾磬之聲。」

四年，關輔旱，帝引民就食洛州。先是，律師靈藏者，與帝爲布衣交，至是命藏陪駕。既而趣向藏者極盛，帝聞之，手敕曰：「弟子是俗人天子，律師是道人天子。有樂離俗者，任師度之。」藏由是度人前後數萬。間有譖之者，帝曰：「律師化人爲善，弟子禁人爲惡，言雖有異，意則無殊。」

沙門曇詢者，甞遇二虎相鬭，久而不止。詢執錫分之，以身爲翳，語曰：「同居林藪，計無大乖，幸各分路。」虎妥尾受命，即飲氣而散。時法師曇崇①臨終，有白衣童子手捧光明立於座右，弟子問此謂誰，崇曰：「第六天頻來命我，我以諸天著樂有妨修道，竟未之許。吾歿，願生無佛法處教化衆生。慎勿彰言！死後任説。」

八年，李士謙卒。士謙字約，少喪父，事母以孝聞，其族長伯瑒每歎曰：「此子，吾家顔子也。」

① 崇，原作「祟」，據寬永本改。

善天文術數。自以少孤，未嘗飲酒食肉。李氏世豪，每宴集盛饌珍美盈前，士謙先爲設黍，謂群從曰：「孔子稱黍爲五穀之長，荀卿亦云食先黍稷，古人所尚，寧可違乎？」少長肅然。退謂人曰：「既見君子，方覺吾徒之不德也。」嘗有牛犯其田，士謙牽置涼處，飼之過於本主。望見盗刈己黍者，則默爲避之。凶年散穀，合諸藥以救疾癘。如此積三十年。雅好佛，舉止約以戒定。有謂其修陰德，士謙笑曰：「夫陰德其猶耳鳴，唯己知之，人無得而知者。今吾所作，仁者皆知，何陰德之有！」最善玄言，客有疑佛報應之説，士謙喻之曰：「積善餘慶，積惡餘殃，豈非休咎之徵耶？佛曰『輪轉五道，無復窮已』，而賈誼亦云『千變萬化，未始有極』。至若鮌爲黄能，杜宇爲鷤鴂，褒君爲龍，牛哀爲虎，君子爲鵠，小人爲猿，彭生爲豕，如意爲犬，黄母爲黿，宣武爲鱉，鄧艾爲牛，徐伯爲魚，羊祜①前身李氏子，此皆佛家變異形報之驗也。」客又曰：「邢子才云『世有松栢，化爲樗櫟』，僕以爲然。」士謙曰：「此不類之談也。變化皆由心業，豈關木乎！」又問三教優劣。士謙曰：「佛日也，道月也，儒五星也。」客不能難而去。

論曰：北史史官蔣沈等記李君之事詳悉如此，豈非心懷佛德盡己之誠，不敢欺誺後之來者歟？士謙以日、月、星方三教，然乍觀似有優劣，至若照明世界、運轉生靈，則一德也。是三者闕一，則安立不成。故易曰：「乾道變化，各正性命。」賢哉李君！吾見子②深於性命之大原也。

① 祜，原作「枯」，據北史卷三十三李孝伯傳附李士谦傳、歷代通載卷十李士謙喻報應説改。
② 卍新續藏本原註：「子，一作『其』。」歷代通載卷十李士謙喻報應説作「其」。

十三年，二祖慧可大師示寂。師虎牢人，少博極群書，尤精玄理。及覽佛經，超然自得，遂出家，依龍門香山寶静禪師，得度具戒，年甫四十。忽一日定中，神告曰：「將證聖果，無滯於此。」須臾，頓覺頭痛如刺。欲行求治，空中有聲曰：「比[①]換骨耳，非常痛也。」因以是告於師，師視其頂有五峰隆起，乃曰：「神既助汝，可行求道。吾聞天竺達磨近至少林，宜往依之。」師至少林，投機授法，語在達磨章中。及少林歸寂，師繼闡玄化。曾[②]至北齊[③]，遇一居士，不言姓民[④]，且曰：「弟子身纏風恙，請師懺罪。」師曰：「將罪來，與汝懺。」居士良久曰：「覓罪了不可得。」師曰：「與汝懺罪竟，宜依佛、法、僧住。」曰：「今見師，已知是僧。未審何名佛法。」師曰：「是心是佛，是心是法。法、佛無二，僧寶亦然。」曰：「今日始知罪性不在内，不在外，不在中間。其心亦然。佛、法無二也。」師深器之，即爲剃髮云：「是吾寶也，宜名僧璨。」授具戒畢，乃告之曰：「達磨大師來自天竺，以正法眼藏密授於吾。吾今付汝，并達磨信衣。汝當護持，無令斷絶！聽吾偈曰：『本來緣有地，因地種華生。本來無有種，華亦不曾生。』汝受吾教，宜處深山，未可行化，當有國難。」曰：「師既預知，願聞示誨。」師曰：「昔達磨傳般若多羅讖記云：『心中雖吉外頭凶。』吾校年代，正在汝身。當審前言，勿罹世難！然吾亦有夙累，今要償之。」師遂於鄴都隨宜行化。經三十四年，乃晦

① 卍新續藏本原註：「比，疑『此』。」歷代通載卷十二祖惠可大師作「此」。
② 卍新續藏本原註：「曾，一作『嘗』。」歷代通載卷十二祖惠可大師作「嘗」。
③ 齊，原作「齋」，據寬永本改。
④ 卍新續藏本原註：「民，疑『氏』。」歷代通載卷十二祖惠可大師作「氏」。

跡混俗，或過屠門，或入酒家。有怪而問之者，答曰：「我自調心，非關汝事。」最後於筦城縣匡救寺三門下談無上道，聽者雲集。有辨和法師者於寺中講涅槃經，聲①徒聞師說法，稍稍引去。和不勝憤，興謗於邑宰翟伸，侃侃惑其說，加師以非法。遂怡然委順，年一百有七，識真者謂師償債。葬磁州滏縣東北七十里。唐德宗謚太祖禪師。

十七年，詔天台智者大師顗（語豈切）赴命，至剡縣示疾，爲其徒說十如、四不生、十法界、三觀、四智等法。弟子問所居地位，答曰：「吾不領衆。必淨六根，損己利它，獲預五品。」命筆寫觀心偈畢，跏趺而逝。顗生陳氏，目有重瞳。初謁思禪師，示以普賢道場，說四安樂行。顗忻然退居密室，研味法華玄旨，至藥王品「是真精進」之句，豁然大悟。定慧融會，即以告思。思曰：「非汝不證，非吾不識。此法華三昧見前旋陀羅尼也，縱文字阿師千萬，無能窮汝之辯，可繼傳燈，勿作最後斷佛種人。」顗奉付囑。久之，辭游金陵，止瓦宫寺。一夕，夢登高山，下瞰大海，見一比丘名曰定光，以手招之。其後顗領徒至天台山，定光出迎曰：「頗憶往日相招否？」顗熟視，蓋夢中所見者。光曰：「此處金地，吾既有之；佛隴北峰螺溪，銀地，宜居行道。」久之，陳宣帝詔。顗堅卧不起，使者七反。帝遣永陽王諭殷懃意，顗不得已，至都，延入太極殿講説，帝執弟子禮，待爲國師，詔給羊車隊仗，别號「智者」。未幾，帝夢王者羽衛甚盛，傳呼冠達，迎顗法師居三橋。及寤，歎曰：「冠達，梁武帝法名。三橋，今光宅寺也。」即移顗居之。及隋克陳，煬帝居藩，請授五戒。即辭歸佛隴，著法

① 卍新續藏本原註：「聲，疑『聽』。」

華疏、止觀門、修禪法等及淨名疏凡百餘卷，皆出口成章，左右抄寫而不蓄一字。建大道場三十有六，所度僧一萬五千人，寫經一十五藏，造金銅土木等像八十萬軀。嘗説法次，沙門慧①榮者，世稱義虎，辯號懸河，聞顗講法，故來致問。數開徵覈，莫非深隱，顗應對事理，煥然清遣。榮歎曰：「禪定之力不可當也。」其止觀法門，大略即身心而指定慧，即言説而詮解脱，自發心至於成道，行位昭明。由是天下言佛教者，以天台爲司南云。

仁壽三年，文中子王通既冠，慨然有濟世之志。西游長安見帝，帝坐太極殿召見，因奏太平策十有三道。尊王道，推霸略，稽古驗今，恢恢乎運天下於掌矣。帝大悦曰：「得生幾晚！天不以生賜朕也。」下其議於公卿，公卿不悦。時將有蕭牆之憂，通知謀之不用也，作東征之歌而歸。乃續詩、書，正禮、樂，修元經，贊易道，九年而六經大就。門人自遠而至者，河南董常、太山姚義、京兆杜如晦、趙郡李靖、南陽程元、扶風竇威、河東薛收、中山賈瓊、清河房玄齡、鉅鹿魏徵、大原王珪温彦博、潁川陳叔達等，咸稱師北面，受王佐之道，餘往來受業者蓋千餘人。大業中，累徵不就。十三年疾病，聞江都有變，泫然而興曰：「生民厭亂久矣，天其或者將啟堯、舜之運，吾不與焉。命也！」遂卒。門人謚曰文中子。嘗爲中説以擬論語，其周公篇曰：「詩、書盛而秦世滅，非孔子之罪也；玄虚長而晋室亂，非老、莊之罪也；齋戒修而梁國亡，非釋迦之罪也。易不云乎『苟非其人，道不虚行』？」或問佛，子曰：「聖人也。」曰：「其教何如？」曰：「西方之教也。中國則泥。」又曰：「觀皇極讜

① 慧，寬永本作「惠」。

議，三教於是乎一矣。」通弟績，亦著書，號東皐子。

文中子講道於白午之溪，弟子捧書北面，環堂成列。講罷，程生退省於松下，語及周易，薛收歎曰：「不及伏義氏乎，何辭之多也！」俄而有負苓者皤皤然，委擔而息曰：「吾子何歎也？」薛收曰：「叟何爲者，而徵吾歎？」負苓者曰：「夫麗朱者赤，附黑者黑，蓋漸而得之也。今吾子所服者道而猶歎，是六腑五藏不能受也。吾是以問。」薛收曰：「收聞之師，易者，道之蘊也。伏羲畫卦而文王繫之，不逮省文矣。吾是以歎。」負苓者曰：「文王焉病，伏羲氏病甚者也。昔者伏羲氏之未畫卦也，三才其不立乎？四序其不行乎？百物其不生乎？萬象其不森乎？何營營乎而費畫也？自伏羲氏泄道之密、漏神之幾，分張太和，磔裂元氣，使天下之智者詭道逆出，曰我善言象而識物情，陰陽相磨，遠近相取，作爲剛柔同異之説以駭人志，於是知者不知而大樸散矣。則伏羲氏始兆亂者，安得羸歎而嗟文王！」負其苓而行。追而問之居與姓名，不答。文中子聞之曰：「隱者也。」

論曰：本朝司馬文正公曰：「文中子云佛聖人也，審如文中子之言，則佛之心可見矣。第今言禪者好爲隱語以相迷，大言以相勝，使學者倀倀（田良切，失道貌）又狂也，然益入於迷妄。因廣文中子之意，作解禪頌六首。果如此言，雖中國亦可行矣。不然，則吾所不知也。」其卒章曰：「言爲百世師，行爲天下法。爲賢爲大聖，是名佛菩薩。」噫！文正公繼孔、孟、荀、楊爲大賢者也，庸有不知佛哉？觀其頌，則文正公平生所爲皆佛菩薩之心也。特禪之一法，雖吾門亦標表以爲教外別傳，自非積三二十年息心絶慮，則莫能究其旨。謂之隱語大言，似是而實非也。何則？

東皋子猶以伏羲畫卦泄道之密、漏神之機，分張太和、磔裂元氣，使知者不知而大樸散矣。矧不立文字之禪，直指人心於語言形跡之表，詎可以常程義理而求其言説耶？是不獨文正公、文中子、楊、孟諸賢未暇留神，吾徒傳教大法師輩固有不知而興謗者。故先德云：「千人萬人中，撈漉得一箇半箇而已。」夫豈易信也哉。

初，文帝龍潛時，遇梵僧以舍利一裹授之曰：「檀越他日爲普天慈父，此大覺遺靈，故留與供養。」僧既去，求之不知所在。帝登極後，嘗與如法師曇遷各置舍利於掌而數之，或少或多，竟不能定。遷曰：「諸佛法身過於數量，非世間所測。」帝始作七寶箱貯之。至是海内大定，帝憶其事，於是以岐州等三十州各建舍利塔。

仁壽元年六月十三日，詔曰：「仰惟正覺，大慈大悲，救護衆生，津梁庶品。朕歸依三寶，重興聖教，思與四海之内一切人民俱發菩提，共修福業，使當今、現在爰及來世，永作善因，同登妙果，宜請沙門三十人諳解法相兼堪宣導者，各將侍者二人、散官一人、薰陸香一百二十斤，分道送舍利往前件三十州建塔。每州僧三百六十人，爲朕及皇太子諸王内外官人一切民庶七日行道，任人布施，限十文而止，所施之錢，以供營塔。若少不充役，可①丁及用庫物別外州郡，僧尼普爲舍利設齋，限十月

① 卍新續藏本原註：「可，一作『正』。」廣弘明集卷十七隋高祖於國内立舍利塔並瑞應表謝作「正」。

十五日午時同下①石函。總管刺史②以下至縣尉，自非軍機，停常務七日，專檢校行道，務盡誠敬，副朕意焉。」是日，皇帝親以七寶箱奉三十舍利自内而出，置於御座之案，與諸沙門燒香禮拜，願弟子常以正法護持三寶，救度一切衆生。乃取金瓶、琉璃瓶各三十，以琉璃盛金瓶，置舍利於其内，薰陸爲泥，塗蓋而印之。諸沙門各奉舍利而行。初入州境，總管刺史諸官夾道步引，四部大衆威儀齋肅，共以寶蓋幡幢、華臺像輦、佛帳經輿、香山香鉢、種種音樂盡來供養，圍繞贊唄，依阿含經舍利入拘尸那城法。於是沙門對四部大衆作是唱言，至尊以菩薩大慈無邊無際哀愍衆生切於骨髓，是故分布舍利共天下同作善因。又引經文種種方便訶責之、教導之，深至懇惻涕零。及宣讀懺悔文，至舍利將入函，沙門高奉寶瓶，巡示大衆，人人拭目諦視，共覩光明，哀戀號泣，聲響震地。凡是安置之處，悉亦如之。皇帝於十月十五日午時在大興宮之大興殿庭西南執珪而立，延請佛像及沙門三百六十人，幡蓋、香華、贊唄、音樂自大興善寺來居殿堂。皇帝燒香禮拜，降御東廊，親率文武百僚素食齋戒。及舍利入塔畢，皇帝曰：「爾佛法重興，必有感應。」其後處處奏表，皆如其言。（見著作王邵舍利感應記）

論曰：本朝太平興國二年，吴越王錢俶以其地獻於朝。太宗命取佛舍利入禁中，度開寶寺西北地造浮圖十一級，下作天宫以葬舍利。葬日，太宗肩輿微行，自安置之，有白光由塔一角而出。太宗兩涕，其外，都人萬衆皆灑泣，然指焚香於臂掌者無數。内侍數十人願出家掃洒塔下，悉度

① 下，原作「丁」，據寬永本、廣弘明集卷十七隋國立舍利塔詔、歷代通載卷十詔三十州建塔改。
② 史，原作「吏」，據寬永本改。

爲僧。太宗謂近臣曰：「我曩世嘗親佛座，但未通宿命，不能了了見之耳。」揚文公談苑紀述如此，然吾佛世尊果何爲者耶？而舍利威靈，歷二千年而瑞應如新，致古今盛帝顯王欽崇眷慕，不知其所以然而自相符合。雖隋文萬萬不足以擬議太宗神功聖德，然皆夙熏願力出世，固有盡美者焉。

隆興佛教編年通論卷第十

隆興府石室沙門　祖琇　撰

隋

仁壽元年，詔曰：「皇帝敬問章洪山之南谷智舜禪師。冬月極寒，味道安隱，勉勗蒼生，成就聖業。惟慈願力，朕實嘉焉。今遣開府盧元壽宣朕意，起禪師赴闕。」舜以疾辭不赴。初，舜從稠禪師出家習定，或時覺有妄念，即以錐刺股，由是塵慮①不入。至不得已，或出一言，不過戒定慧而已，如是十餘年。稠奇之曰：「汝於人事殆無心哉！而今而後可與言道矣。」後辭入贊皇山，好事者奉米麵供之。舜避去，一不受。或問故，舜曰：「山居橡栗足以禦飢，何煩於人？」其簡易如此。見啗肉者，必慘容戒之曰：「六道殊形，汝無不經。一切有命，皆汝父母；一切有生，皆汝曩形。而食其肉者，是食汝父母，汝心安忍哉！」聞者莫不悛革。

法師曇遷，邃華嚴、維摩、楞伽等經。嘗苦內熱，一夕，夢月墮其懷，擘而食之，覺其冰脆香美。既寤，所苦頓除。後爲弟子説戒必曰：「我於月德前，三説如是戒。」時號「月德比丘」，尤爲文帝所

① 慮，原作「盧」，據寬永本、歷代通載卷十詔三十詔問洪山智舜禪師改。

重。仁壽初，將選名藩建舍利塔，遷贊成之。既而靈瑞光影徧見諸郡，所屬以聞。帝因問遷曰：「民間獲瑞應如此。而朕宮中事佛非不精嚴，獨不覩殊異之相。何也？」對曰：「世有三尊，同休天下。佛曰世尊，道曰天尊，帝曰至尊。彼障業甚者，佛現慈光攝之。陛下光宅四海，萬國咸寧，其光既同，故無異見。」帝悅。

大業二年冬，隋煬帝有事於南郊，詔僧道並同俗拜，道流無敢言者。諸沙門例不奉詔，帝詰之曰：「詔條久頒，卿等固不奉命。何也？」法師明瞻對曰：「陛下若使準制罷道，則微軀敢不奉命？如知大法可崇，則法服之下，僧無敬俗之禮。」帝曰：「何以致拜周武？」瞻曰：「周武任威縱暴，仁德不施，不足爲有國者法。陛下聖政惟仁，不枉非罪，是以貧道得盡忠言。」帝默然而罷。有司以瞻抗制，將抵以罪。瞻曰：「所坐者瞻也。願不以非律加吾徒。」帝壯其不撓，置而不問。凡敬主之議由此而絶焉。

是歲，三祖僧璨大師示寂。師或云徐州人，初以白衣謁可大師。既授衣傳法，屬周武廢教。師往來司空山積十餘年，人無識之者。隋開皇初，始居皖公山，遇沙彌道信禮師曰：「願和尚大慈，乞與解脱法門。」師曰：「誰縛汝？」曰：「無人縛。」師曰：「何更求解脱乎？」信於言下大悟。服勞久之，與授具戒，屢驗以玄犍，知其緣熟，乃説偈付以衣法。又曰：「吾既得汝，能事已畢。」即優游江國，歷羅浮諸山，復還舊止。士民樂其歸，相率致供。師受之，爲四衆説法，次即於衆會中儼立，合掌而逝，唐代宗謚鏡智禪師。著信心銘一篇，其辭曰：

「至道無難，唯嫌揀擇。但莫憎愛，洞然明白。毫釐有差，天地懸隔。欲得現前，莫存順逆。違順相争，是爲心病。不識玄旨，徒勞念静。圓同太虚，無欠無餘。良由取捨，所以不如。莫逐有緣，勿住空忍。一種平懷，泯然自盡。止動歸止，止更彌動。唯滯兩邊，寧知一種。一種不通，兩邊失功。遣有没有，從空背空。多言多慮，轉不相應。絶言絶慮，無處不通。歸根得旨，隨照失宗。須臾反照，勝却前空。前空轉變，皆由妄見。不用求真，唯須息見。二見不住，慎莫追尋。才有得失，紛然失心。二由一有，一亦莫守。一心不生，萬法無咎。無咎無法，不生不心。能隨境滅，境逐能沉。境由能境，能由境能。欲知兩段，元是一空。一空同兩，齊含萬象。不見精麤，寧有偏黨？大道體寛，無易無難。小見狐疑，轉急轉遲。執之失度，必入邪①路。放之自然，體無去住。任性合道，逍遥絶惱。繫念乖真，昏沉不好。不好勞神，何用疎親。欲取一乘，勿惡六塵。六塵不惡，還同正覺。智者無爲，愚人自縛。法無異法，安②有愛著。將心用心，豈非大錯。迷生寂亂，悟無好惡。一切二邊，良由③斟酌。夢幻虚花④，何勞把捉。得失是非，一時放却。眼若不寐，諸夢自除。心若不異，萬法一如。如如體玄，兀爾忘緣。萬緣齊觀，復歸自然。泯其所以，不可方比。止動無動，動止無止。兩既不成，一何有爾。究竟窮極，不存軌則。契心平等，所作皆息。狐疑淨盡，正信調直。一切不留，無可記憶。虚明自照，不勞心力。非思量處，識情難測。真如法界，無他無自。要急相應，唯言不二。不二皆同，

① 卍新續藏本原註：「邪，一作『迷』。」歷代通載卷十三祖僧璨大師作「迷」。
② 安，寛永本、歷代通載卷十三祖僧璨大師作「妄」。
③ 良由，寛永本作「浪自」。
④ 卍新續藏本原註：「花，一作『空』。」

無不包容。十方智者，皆入此宗。宗非促延，一念萬年。無在不在，十方目前。極小同大，忘絶境界。極大同小，不見邊表。有即是無，無即是有。若不如是，必不須守。一即一切，一切即一。但能如此，何慮不畢。信心不二，不二信心。言語道斷，非去來今。」

論曰：甞聞古宗師垂訓學者，每晨興必誦三祖信心銘數番，誠哉斯言！凡歷古以來，詮道之作多矣，至於窮澈法源，妙盡宗極，無出此篇。言約而義豐，旨深而詞雅，所以嗣承祖位，爲大法王真身住世，不如是，豈虛然哉！或謂大師既以大法付四祖，乃祝曰：「謹勿言自我處得法來。」近世嵩明教曰：「此蓋祖師以名跡爲道之累，故雖師承，亦欲絶之。」而覺範亦曰：「大師於時，念達磨、二祖弘法之艱難，皆爲邪師憎害，故痛自謹耳。」然二師之説殆未善。古云：「須信普通年遠事，不從葱嶺付將來。」又賢①沙云：「達磨不來東土，二祖不往西天。」應知勿言自我處得法來，蓋囑累無傳之傳，抑末後全提之旨歟。

四年，始平令楊宏率道士、名儒大智藏寺啟會義法筵，命法師慧淨與道士余永通論義。永通欲先立義，淨曰：「道流入寺，義有主賓，汝安得先？」於是淨問：「老子云：『有物混成，先天地生，吾不知其名，字之曰道。』且道體一故混耶？體異故混耶？若體一故混，則正混之時已自成一，是則

① 卍新續藏本原註：「賢，疑『玄』。」

一非道生；若體異故混，且未混之時已自成二，然則二非一起矣。」永通茫①然不知所對，無言而罷。

神僧法喜者，貌寢陋，年若四十許，嶺表父老咸言兒時見之，談晋、宋間事歷歷可聽。又自言嘗從東林遠公游，語默不常，然皆爲吉凶之兆。煬帝幸維揚，聞其有異，召之。俄一日，繞宫中遍索羊頭。帝惡之，以付廷尉，手足銀鐺，禁衛嚴甚。喜日丐於市，飲食自若。有司以聞，帝命按視，封籥如故。及啟户視之，唯見袈裟覆黄金骨，骨皆連鎖。遽以白帝，勑長安王怛，覈實如狀。詔以香泥樹骨塑之。是夕，喜以泥像起行，言笑如故，遂釋其禁。未幾，示疾。命嘗所善者去其薦，置身簀上，下以熾炭炙之。數日，半身紅爛即死，葬之香山寺側。後數歲，有自海南歸者，見喜無恙。其人發塜視之，唯空棺焉。計是時，喜已三百餘歲。及煬帝於江都遇弑，方悟喜索羊頭之驗云。

論曰：唐杜牧云：「昔有相工稱文帝當有天下，後果簒奪得之。周末，楊氏爲八柱國，公侯相繼久矣，一旦以男子偷竊位號，不三十年，老壯嬰兒皆不得其死，彼知相法，當曰『此爲楊氏禍』，乃可謂善相者。」牧之之論，誠爲警絶。然文帝削平天下，混一寰海，君臨萬國者二十四年，刱置禮樂法度，多爲唐所遵用。仁壽間，天下户至八百七十萬，以唐疆宇之廣，歷五朝至天寶末，纔九百餘萬户。隋文開統而身及太平，固一代之英主也。惜其末年任一楊素，而弗獲其終。嗚呼，豈唯隋文而已哉！凡魏晋已來，苻、石、姚、劉、二蕭、陳、高、宇文、楊氏十三朝興亡，因果

① 茫，原作「范」，據寬永本改。

循環之驗，皆毫①末無差。吾教所以誕敷六合、有大益於天下國家者，其言因果報應之事與天道大合，有以助天爲勸沮也。故鴻經廣論，深切著明，必欲人人自信。因既如是，果亦如之，而莫可逭也。儒雖曰「其事好還」，然未伸勸沮之理。此所以牧之唯詆隋文，而不遠推累朝積習循環之弊。獨唐家之興則異於彼，故其運祚靈長，益足以爲天下之至鑑也。

唐

唐高祖諱淵，字叔德，姓李氏，隴西成紀人也，體有三乳。世爲周、隋顯官，襲封唐公。大業十三年，煬帝南游江都，天下盜起。高祖子世民知隋必亡，謀舉大事，高祖從之。秋七月，舉義師。冬十一月，克京城。明年夏五月，隋帝遜於位，高祖即皇帝位於長安，改國號唐，建元武德。在位九年，内禪太宗。太宗，佛心天子也，創基定業，廓靖方維，傳世二十，凡二百九十年。自開闢以來有天下者，俱未若皇唐之甚盛也。吾教盛衰，常與帝道相望，繇是内外護聖賢之多、典章之備，亦無出此朝。故今通論於唐代，頗稱全書，幸名教君子與夫吾屬後之賢者有以稽考焉。

① 毫，原作「豪」，據歷代通載卷十神僧法喜傳並論改。

武德七年二月丁巳，高祖釋奠①於國學，召名儒、僧、道論義。道士劉進喜問沙門慧②乘曰：「悉達太子六年苦行，求證道果，是則道能生佛，佛由道成，故經曰『求無上道』，又曰『體解大道，發無上心』，以此驗之，道宜先佛。」乘曰：「震旦之於天竺，猶環海之比鱗洲。老君與佛先後三百餘年，豈昭王時佛而求敬王時道哉？」進喜曰：「太上大道先天地生，鬱勃洞靈之中，暲燁玉清之上，是佛之師也。」乘曰：「按七籍九流，經國之典，宗本周易，五運相生，二儀斯闢，妙萬物之謂神，一陰一陽之謂道。寧云別有大道先天地生乎？道既無名，曷由生佛？中庸曰『率性之謂道』，車胤曰『在己爲德，及物爲道』，豈有頂戴金冠，身披黃褐，鬢垂素髮，手執玉璋，居大羅之上，獨稱大道，何其謬哉！」進喜無對。已而太學博士陸德明隨方立義，偏析其要，帝悅曰：「三人者，皆勍敵也。然德明一舉輒蔽之，可謂賢矣。」遂各賜之帛。

八年，太史令庾儉耻以術官，薦傅奕自代。及奕爲令，有道士傅仁均者，頗閑曆學，奕舉以爲太史丞，遂與之附合，上疏請除罷釋教曰：「佛在西域，言妖路遠。漢譯胡書，恣其假託，故使不忠不孝，削髮而揖君親；游手游食，易服而逃租賦。演其妖書，述其邪法，偽啟三塗，謬彰六道，恐詸愚夫，詐欺庸品。凡百黎庶通識者稀，不究根源，信其矯妄，仍追既往之罪，虛擬將來之福。至有躬造惡逆，觸法抵刑，方乃獄中禮佛，口誦梵言，曉夕忘疲，規免其罪。且死生壽夭本於自然，刑德威福

① 奠，寬永本作「尊」。
② 慧，寬永本作「惠」。

關[1]之人君。而愚僧矯託，皆言由佛，竊人主權，攘造化理，其爲害政，良可悲也！書曰：『惟辟作福，惟辟作威，惟辟玉食。』臣無有作福作威玉食，害於而家，凶於而國，自五帝三王皆未有佛法，君明臣忠，年祚長久，至漢明始立胡祠，令西域桑門自傳其法。西晋已前，不許中國之人髡髮出家。洎苻、石亂華，乃弭厥禁，政虐祚短，皆由佛教致灾，梁武、齊宣尤足爲戒。昔褒姒一女熒惑幽王，致亡其國，況今僧尼十萬，刻繒泥像以耗天下者乎。陛下以十萬之衆自相夫婦，十年滋産，十年教訓，自可足食足兵，四海免蚕食之患，百姓知威福所自，則妖妄之風息而淳樸之化還也。且古今忠諫，鮮不逮禍。近北齊章仇子他獻言，僧尼縻損國家，塔寺虛費金帛。爲諸僧尼附會宰相，依託妃主，陽讒陰謗，子他卒死都市。及周武入齊，首封其[2]墓。臣雖不敏，竊希其蹤。」疏奏不報。

九年，太史令傅奕前後七上疏，請除罷釋氏，詞皆激切。帝春秋高而優柔無斷，頗信之，以其疏付群臣雜議。大臣皆言佛法興自累朝，弘善遏惡，冥助國家，理無廢棄。獨太僕卿張道源附奕，稱其奏合理。宰相蕭瑀[3]廷斥奕曰：「佛聖人也。奕爲此議，非聖人者無法，請寘嚴刑。」奕曰：「禮本於事親，終於事君，此則忠孝之禮著，臣子之道成。佛逾城出家，逃背其父，以匹夫抗天子，以繼體悖所親，瑀非出於空桑，而返尊無父之教。臣聞非孝者無親，瑀之謂矣。」瑀合掌曰：「地獄正爲此人設也。」（已上見舊唐史）

① 關，寬永本作「問」。
② 其，原作「基」，據寬永本、歷代通載卷十一傅奕疏請滅釋改。
③ 瑀，原作「璃」，據寬永本、歷代通載卷十一傅奕疏請滅釋改。

帝復以奕疏頒示諸僧，問出家於國何益。時法師法琳作破邪論二卷，博引圖史及道教經籍，大略申明佛教徹萬法之源，而孔、老①立言，特域中之治，未暢遠塗，非盡究竟之理。凡出家者，守志明道，弘善興福，啟迪昏迷，利國非淺。法師明槩作決對弈謗佛僧事八條，法師慧乘作辯正論十喻九箴，破道士李仲卿十異九迷之謬。琳等奉表奏上，并致啟秦王。而門下典儀李師政著内德論三篇，開陳佛化之益，仍自序而進之，其詞曰：「若夫十力調御，運法舟於苦海；三乘汲引，坦夷途於火宅。勸善進德之廣，七經所不逮；戒惡防患之深，九流莫之比。但窮神知化，其言宏大而可驚；去惑絕塵，厥軌清邈而難蹈。華夷仕庶，朝野文儒，各附所安，鮮味斯道。自非研精以考真妄，沉思而察苦空，無以立匪石之信根，去若亡之疑蓋。遠則淨名妙德，弘道勝而服勤；近則天親龍樹，悟理真而敦悦。羅什、道安之篤學，究玄宗而益敬；僧睿、惠遠之歸信，迄皓首而彌堅。邁士安之淫書，甚宣尼之翫易，千金未足驚其視，八音不能改其聽，聞之博而樂愈深，思之深而信彌篤，皆欲罷而不能，則其非妄也必矣。我皇誕膺天命，弘濟區宇，覆等蒼旻，載均厚地，掃氛祲，清八表，救塗炭，寧兆民，五教惟敷，九功惟序。總萬古之徽猷，改百王之餘弊。網羅庶善，崇三寶以津梁；芟夷群惡，屏四部之稊莠。遵付囑之遺旨，弘紹隆之要術，功德崇高，昊天罔喻。但縉紳之士，祖述多途，各師所學，異論蜂起。或謂三王無佛而年永，二石有僧而政虐，損化由②於奉佛，益國在於廢僧。苟明偏見，未申通理，博考興士，足證浮偽。何則？亡秦者胡亥，時無佛而土崩；興佛者漢明，世有僧而國治。周除

① 老，原作「孝」，據寬永本、歷代通載卷十一傅奕疏請滅釋改。
② 由，原作「田」，據寬永本、歷代通載卷十一李師政内德論改。

佛寺，而天元之祚未永；隋弘釋教，而開皇之令無虐。盛衰由布政，治亂在庶官。歸咎佛僧，實非通論。且佛唯弘善，不長惡於臣民；戒本防非，何損治於國家？若人人守善，家家奉戒，則刑罰何得而廣？福亂無由而作。騏驥雖駿，不乘無以致遠；藥石徒豐，未餌焉能愈疾？項籍喪師，非范增之無筭；石氏興虐，豈浮圖之不仁？但爲違之而暴亂，未有遵之而凶虐。由此觀之，亦足明矣。復有謂正覺爲妖神，比淨居於淫祀，訾而謗之，無所不至。聖朝勸善，立伽藍以崇福；迷民興謗，反功德以爲尤。此深訕上，非徒毀佛。愚竊撫心而太息，所以發憤而含毫者也。忝賴皇恩，預霑法雨，切瑳所感，積稔於茲，信隨聞起，疑因解滅。昔嘗苟訾而不信，今則篤信而無毀，近推諸己，廣以量人，凡百輕毁而弗欽，皆爲討論之未究。若令探賾索隱，功齊於澄、什，必皆深信篤敬，志均於名僧矣。師政學匪鈎深，識不臻妙，少有所聞，微去其惑，謹課①庸短，著論三篇：辨惑第一，明邪正之通蔽；通命第二，辨殃慶之倚伏；空有第三，破斷常之執見。覈之以群言，考之以衆善。上顯聖朝之淨福，下析淫祀之虛非。徒有斯意，寔乏其才，屬辭鄙陋，援證膚淺。雖竭愚懃，何宣聖德？庶同病而未愈者，聞淺譬而深悟也。知藩籬之卉，或蠲疾於腹心；藜藿之湌，儻救餧②於溝壑。若金丹在目，玉饌盈案，顧瞻菲薄，良足陋矣。」內德論·辯惑篇第一，其略曰：「有辯聰書生謂忠正君子曰：『蓋聞釋迦生於天竺，脩多出自西胡，名號無儔③於周、孔，功德靡稱於典謨。寔遠夷所尊敬，非中夏

① 課，寬永本作「諌」。
② 餧，寬永本作「餒」。
③ 儔，廣弘明集卷十四辯惑篇、歷代通載卷十一李師政內德論作「傳」。

之師儒。逮攝摩騰之入漢，及康僧會之游吴，顯舍利於南國，起招提於東都，自茲厥後，乃尚浮圖。沙門盛洙①泗之衆，精舍麗王侯之居，既營之於塽塏，又資之以膏腴，擢脩幢而曜日，擬甲第而當衢，王公大人助之以金帛，農商富族施之以田廬，其福利之焉在？何遵崇之有餘也？未若銷像而絶鐫鑄，貨泉可以無費；毁經以禁繕寫，筆紙不爲之貴。廢僧以從編户，益②黍稷之餘税；壞塔以補不足，廣賑恤之仁惠。欲詣闕而効愚忠，上書而獻斯計，竊謂可以益國而利民矣。吾子以爲何如乎？』忠正君子曰：『是何言之過歟！余昔篤志於儒林，又措心於文苑，頗同吾子之言論，良由聞法之遲晚，賴指南以去惑。幸失途之未遠，每省過而責躬，則臨飡而忘飯。子若博考而深計，亦將悔迷而知返矣。竊聞有太史令傅君者，又甚余曩日之惑焉。内自省於昔迷，則十同其五矣。請辨傅君之惑言，以釋吾子之邪執。傅謂佛法本出於西胡，不應奉之於中國。余昔同此惑焉，今則悟其不然矣。夫由余出自西戎，輔秦穆以開覇業；日磾（丁奚切）生於北狄，侍漢武而除危害。臣既有之，師亦宜爾，何必取其同俗而捨於異方乎。師以道大爲尊，無論於彼此；法以善高爲勝，不計於遐邇。若夫尚仁爲美，去欲稱高，戒積惡之餘殃，勸爲善以邀福，百家之所同，七經無以易，但褊淺而未深，至齷齪而不周。廣其恕己及物，孰與佛之弘乎？其覩末知本，孰與佛之遠乎？其勸善懲惡，孰與佛之廣乎？其明空析有，孰與佛之深乎？由此觀之，其道妙矣。聖人之德，何以加焉？豈得生於異域而賤其道，出於遠方而棄其寶？夫絶群之駿，非唯中邑之産；曠世之珍，不必諸華之物。漢求西域之名馬，魏收南海之明珠。

① 洙，原作「沬」，據寬永本、廣弘明集卷十四辯惑篇、歷代通載卷十一李師政内德論改。
② 益，原作「蓋」，據寬永本、廣弘明集卷十四辯惑篇、歷代通載卷十一李師政内德論改。

貢犀象之牙角，採翡翠之毛羽。物生遠域，尚於此而爲珍；道出遐方，獨奈何而可棄！若藥物出於戎夷，禁咒起於胡越，苟可以蠲邪而去疾，豈以遠來而不用之哉！夫滅三毒以證無爲，其蠲邪也大矣；除八苦而致常樂，其去疾也深矣。何得拘夷夏而計親疎乎！況百億日月之下，三千世界之内，則中在於彼域不在此方矣。傅計詩、書所未言，以爲倏多不足尚，余昔同此惑焉，今又悟其不然矣。夫天文曆象之秘奧，地理山川之卓詭，經脉孔穴之診候，針藥符咒之方術，詩、書有所不載，周、孔未之明言，然考之吉凶，有時而徵矣，察其行用而多効矣。且又周、孔未言之物，蠢蠢無窮；詩、書不載之法，茫茫何限？信乎書不盡言，言不盡意！何得拘六經之局教，而背三乘之通旨哉。夫能事未興於上古，聖人開務於後世，故棟宇易橧（子登切）巢之居，文字代結繩之制。飲血茹毛之饌，則先用而未珍；火化粒食之功，雖後作而非弊。彼用捨之先後，非理教之通蔽，豈得以詩、書早播而得隆，倏多晚至而當替？人有幼噉藜藿，長飯粱①肉，少爲布衣，老遇侯服，豈得以藜藿先獲謂勝粱肉之味，侯服晚遇不如布衣之貴乎？萬物有遷，三寶常住，寂然不動，感而皆遇，化身示隱顯之跡，法體絶興亡之數。非初誕於王宮，不長逝於雙樹，何得論生滅於赴感、計倏促於來去乎！傅氏譽老子而毁釋迦，贊道書而非佛教，余昔同此惑焉，今又悟其不然也。夫釋、老之爲體，一而不二矣，同蠲有欲之累，俱顯無爲之宗。老氏明而未融，釋典言臻其極。道若果是，佛固同是而無非；佛若果非，道亦可非而無是。理非矛盾之異，人懷向背之殊，既同衆狙之喜怒，又似葉公之愛畏。至如柱下道德之

① 粱，原作「梁」，當爲「粱」。下一處同。

抑又旨、漆園内外之篇，雅奥而難加，清高而可尚，竊嘗讀之無間然矣，豈以信奉釋典而苟訾之哉！何因類於佛典？論夫死生無窮之緣，報應不朽之旨，釋氏之所創明，黄老未之言及，不知今之道書，何因類於佛典？論三世以勸戒，出九流之軌躅。若目覩而言之，則同佛而等其照；若耳聞而放之，則師佛而遵其説。同照則同不當非，相師則師不可毁，譬道而非佛，何謬之甚哉！傅云佛是妖魅之氣，寺爲淫邪之祀。此其未思之甚也。妖唯作孽，豈弘十善之化？魅必憑邪，寧興八正之道！妖猶畏狗，魅亦懼猫，何以降帝釋之高心、摧①天魔之神力？又如圖澄、羅什之侣，道安、慧遠之儔，高德高名，非醉非狂，豈容捨愛辭榮求鬼魅之邪道，勤身苦節事魍魎之妖神？又自昔東漢至我大唐，代代而禁妖言，處處而斷淫祀，豈容捨其財力，放其土民，營鬼魅之堂塔，入魍魎之徒衆？又有宰輔冠蓋，人倫羽儀，王導、庾亮之徒，戴逵、許詢之輩，置情天人之際，抗跡煙霞之表，並禀教而歸依，皆厝心以崇信，豈容尊妖奉魅以自屈乎？良由覩妙知真使之然耳。又傅氏之先毅，字武仲，高才碩學，世號通人，辨顯宗之祥，夢證金人之冥，感釋道東被，毅有功焉。竊揆傅令之才識，未可齊於武仲也，何爲毁佛謗法與其先之反乎？吴尚書令闞澤對吴主孫權曰：孔、老二家，比方②佛法，優劣遠矣。何以言之？孔、老設教，法天以制用，不敢違天；諸佛説法，天奉而行，不敢違佛。以此言之，實非比對。愚謂闞子斯論，知優劣之一隅矣，凡百君子可不思其言乎？夫大士高僧觀於理也深矣，明主賢臣謀於國也忠矣，而歷代寶之以爲大訓，何哉？知其窮理盡性、道莫之加故也。傅氏觀不深於名僧，思未精於前

① 摧，原作「推」，據寬永本、歷代通載卷十一李師政内德論、釋氏通鑑卷七内德論改。

② 方，原作「文」，據寬永本、廣弘明集卷十四辯惑篇、歷代通載卷十一李師政内德論改。

哲，獨師心而背法，輕絶福而興咎，何其爲國謀而不忠乎，爲身慮而不遠乎？大覺窮神而知化，深觀過患而豫防，惟百齡之易盡，嗟五福之難常，命川流而電逝，業地久而天長。三塗極迍（之倫切）而杳杳，四流無際而茫茫。憑法舟而利濟，籍信翮以翱翔。宜轉咎而爲福，何罔念而作狂也。傅云：趙時、梁時皆有僧反，況今天下僧尼二十萬衆。此又不思之言也。若以昔有反僧而廢今之法衆，豈得以古有叛臣而棄今之名士，隣有逆兒而逐己之順子，昔有亂民而不養今之黎庶乎？夫普天之下，出家之衆非雲集於一邑，實星分於九土。攝之以州縣，限之以關河，無徵發之威權，有憲章之禁約。縱令五三兇險、一二闡提，既無緣以烏合，亦何憂於蟻聚？且又沙門入道，豈懷亡命之謀？女子出家，寧求帶甲之用！何乃混計僧尼之數，雷同梟鏡①之黨？架虚以亂真，蔽善而稱惡。君子有三畏，豈當如是乎！夫青衿有罪，非關尼父之失；皂服爲非，豈是釋尊之咎？僧干朝憲，尼犯俗刑，譬誦律而穿窬，如讀禮而驕倨。但以人禀頑嚚②之性而不遷於善，非是經開逆亂之源而令染於惡。人不皆賢，法實惟善，何因怒惡而反善，咎人而棄法？若夫口談夷惠而身行桀蹠，耳聽桀蹠而口廢詩禮，然則人有可誅之罪，法無可廢之過，但應禁非以弘法，不可以人而賤道。竊篤信千妙法不苟黨於沙門，至於耘稊稗以殖嘉苗，肅姧回以清大教，所深願矣！所深願矣！傅云：道人士梟③，皆是貪逆之惡種。此又不思之言也。夫以捨俗修道，故稱道人，學道離貪逆。若云貪菩提道，逆生死流，則傅子興言未及斯

① 梟鏡，疑爲「梟獍」。下同。

② 嚚，原作「文」，據寬永本、廣弘明集十四辯惑篇、歷代通載卷十一李師政内德論、釋氏通鑑卷七内德論改。

③ 廣弘明集卷十四辯惑篇「土梟」後有「驢騾四色」四字。

旨。觀沙門之律行也，行人所不能行，止人所不能止，具諸釋典，可得而究。蝡（而尹切）動之物猶不加害，况爲梟鏡之事乎？嫁娶之禮尚捨不爲，况爲禽獸之心乎？何乃引離欲之上人匹聚麀之下物，援有道之賢俊比無知之庶類，毁大慈之善衆娩不祥之惡鳥？謂道人爲逆種，以梵行比①獸心，害善一何甚乎！反正頓如此乎！余昔每引孝經之不毁傷以譏沙門之法去鬚髮，謂其反先王之道，失忠孝之義，今則悟其不然矣。若夫事君親而盡節，雖煞身而稱仁；虧忠孝而偷存，徒全膚而非義。論美見危而致命，禮防臨難而苟②免，何得一槩而訶毁傷，雷同而顧③膚髮？割股納肝，傷則甚矣；剔鬚落髮，損乃微焉。立忠不顧其命，論者莫知咎；求道不愛其毛，何獨以爲過？湯恤蒸民，尚焚軀以祈澤；墨敦兼愛，欲磨足而至頂。况夫上爲君父深求福利，鬚髮之毁，何足顧哉？夫聖人之教，有殊途而同歸；君子之道，或反經而合義。則泰伯其人也，廢在家之就養，託採藥而不歸；棄中國之服章，依剪髮以爲飾，反經悖禮，莫甚於斯。然而仲尼稱之曰：泰伯可謂至德矣。其故何也？雖跡背君親，而心忠於家國；形虧百越，而德全乎三護。故太伯弃衣冠之制而無損於至德，則沙門捨搢紳之容亦何傷乎妙道！雖易服改貌，違臣子之常儀；而信道歸心，願君親之多福。苦其身意，修出家之衆善；遺其君父，延歷劫之深慶。其爲忠孝不亦多乎？浪謂沙門爲不忠，未之信矣。傅又云：西域胡人因泥（奴兮切）而生，是以便事泥瓦。此又未思之言也。夫崇立靈像，摸寫尊形，所用多塗，非獨泥瓦。

---

① 比，原作「北」，據廣弘明集卷十四辯惑篇、歷代通載卷十一李師政内德論改。
② 苟，原作「茍」，當爲「苟」。
③ 顧，原作「碩」，據寬永本、廣弘明集卷十四辯惑篇、歷代通載卷十一李師政内德論改。

或彫或鑄，則以鐵木金銅；圖之繡之，亦在丹青縑素。復謂西域士女遍從此物而生乎？且又中國之廟以木爲主，則謂制禮君子皆從木而育邪？親不可忘，故爲之宗廟；佛不可忘，故立其形像。以表罔極之①心，用申如在之敬。欽聖仰德，何失之有哉！夫以善爲過者，故亦以惡爲功矣。傅又云：帝王無佛則國治年長，有佛則政虐祚短。此又未思之言也。則謂能仁設教，皆闡淫虐之風；菩薩立言，專弘桀紂之事。以實論之，殊不然矣。夫殷喪大寶，災興妲己之言；周失諸侯，禍由褒姒之笑。三代之亡，皆此物也。三乘之教，豈斯尚乎！佛之爲道，慈悲喜捨，齊物而等怨親，與安樂而救危苦。古之所以得其民者，佛既弘之矣；民之所以逃其上者，經甚戒之矣。羲、軒、舜、禹之德，在六度而苞籠；羿、浞、癸、辛之咎，總十惡以防禁。向使桀遵少欲之教，紂順大慈之道，伊、吕無用其謀，湯、武焉得行其討？可使鳴條免去國之禍，牧野息倒戈之亂，夏后從洛汭之歌，楚子違乾溪之難。然則釋氏之化，爲益非小，延福祚於無窮，遏危亡於未兆。傅謂：有之爲損，無之爲益。是何言與！是何言與！佛何讎而誣之至此！佛何負而疾之若讎乎！傅又云：未有佛法之前，人皆淳和，世無篡逆。此又未思之言也。夫九黎亂德，豈非無佛之年？三苗逆命，非當有法之後。夏殷之季，何有淳和？春秋之時，寧無篡逆？寇賊奸宄，作士命於皋繇；玁狁孔熾，薄伐勞於吉甫。而傅謂佛興篡逆，盜法佛猶戒之，豈長篡逆之亂乎！一言之競，佛亦防之，何敗淳和之道乎！惟佛之爲教也，勸臣以忠，勸子以孝，勸國以治，勸家以和，弘善示天堂之樂，懲非顯地獄之苦，不唯一字以爲褒，豈

① 之，原作「以」，據寬永本、廣弘明集卷十四辯惑篇、歷代通載卷十一李師政内德論改。

止五刑而作戒。乃謂傷和而長亂，不亦誣謗之甚哉！亦何傷於佛日乎，但自淪於苦海矣。輕而不避，良可悲夫！』於是書生心伏而色愧，避席而謝曰：『僕以習俗生常，違道自佚。忽於所未究，翫其所先述。背正法而異論，受邪言以同失。今聞佛智之玄遠，乃知釋教之忠質，豁然神悟而理攄，足以蕩迷而祛疾。雖從邪於昔歲，請歸正於茲日。謹誦來戒，以爲口實矣。』」

論曰：昔司馬文正公譏元魏崔浩昧於擇術，若傅令者不善擇術，尤可數也。方天意大啟唐祚，而太宗以大權聖人示現出世，爲千載道德盛明之主，豈易遇哉！有文中子者，身任百世師儒，出河、汾間。凡太宗一時宰輔，若凌煙閣上諸公，皆北面稱師，受王佐之道。當是時，使傅令稍知向方，預出王氏之門，則其施設縱非公台之任，亦不失爲名卿①才大夫。徒以卜史占候下伎，位貌既卑，無以自逞，乃以夙昔私憾，謗黷大教，規竊聲譽。及太宗登位，天下文明，諸公雍容廟堂，論道經邦，制禮作樂，雖堯、舜之運亡以加也。此時奕之學素荒而伎且索矣，抱慚自廢於家，其無聊而斃也可知矣。妙哉，李君內德論！熟覽之，蓋天下精識讜論也。其通命一篇，以儒所謂命、釋所謂業，原始要終，合而通之，尤爲警絶，惜辭多未能具載云。

① 卿，原作「鄉」，據寬永本、歷代通載卷十一李師政內德論改。

隆興佛教編年通論卷第十一

隆興府石室沙門　祖琇　撰

唐

武德九年夏四月，太子建成、秦王世民怨隙已成，將興内難；而又邊境屢擾，軍國務殷。傳奕妄生毁佛，乞行廢教之請，復云云未决。及法琳等諸僧著論辨之，合李黄門内德論同進之於朝，帝繇是悟奕等譽道毁佛爲恊私，大臣不獲已，遂兼汰二教而施行焉。五月辛巳詔曰：「釋迦闡教，清淨爲先，遠塵離垢，除去貪欲，所以弘宣勝業，修植善根，開導愚迷，津梁庶品。是以敷演經教，檢括學徒，調伏身心，捨諸染著，衣服飲食，咸資四輩。自大覺遷謝，道法流行；末代陵遲，漸以虧損。乃有猥殘之侣規自尊高，游墮之民苟避傜役。妄爲剃落，託號出家，嗜欲無猒，營求不已。致有出入閭里，周旋闤闠，驅策畜産，聚積貨財。耕織爲生，沽販爲業。事同編户，跡等齊人。進違戒律之文，退無禮典之訓。或有躬行劫掠，身自穿窬；造作奸訛，交通豪猾。每罹憲綱，自蹈重刑，瀆玷真如，虧損妙法，譬夫稂莠有穢嘉苗，類彼淤泥混乎清水。又伽藍之地，本曰淨居；栖心之所，理尚幽清。近代以來，多立寺舍，不求閑曠之地，唯趨諠雜之方。繕綵崎嶇，甍宇殊錯，拓升隱匿，誘納姦邪。或有接延廛邸，隣近屠沽，塵埃滿室，腥羶盈路，徒長輕薄之心，有虧崇敬之義。且老氏垂化，本貴冲虚，養志無爲，遺情外物①。全真守一，是謂玄門。驅馳世務，尤乖宗旨。朕應期御宇，興隆教法，志思利益，情在護持，欲使玉石區分，薰蕕有辨，長存妙道，永固福田，正本澄源，宜從沙汰。諸僧尼道士女冠，有精懃練行守戒律者，並令就大寺觀居止，供給衣食，不令乏短。其不能精進無行業弗堪供養者，並令罷道，各還桑梓。所司明爲條式，務依教法，違制之事②，悉宜停斷。京城留寺三所、觀二所，其餘天下諸州各留一所，餘悉毀之。」六月四日，秦王以府兵平内難，誅太子及齊王，高祖以秦王爲皇太子，付以軍國政事。是月癸亥，大赦天下，停前沙汰二教詔。甲子，高祖遜於位，稱太上皇。太子即位於東宮，是爲太宗。

論曰：舊唐史稱傅奕雖究陰陽之書，亦自不信。又云初庾儉爲太史令，耻以術官，乃薦奕自代。及奕爲令，與儉同列，數排斥其短，儉不以爲恨。識者多儉而嫉奕躁訐。於戲！奕爲人淺狭如此。其後稱巨儒者乃竊其餘論而宗師之，又毀黷釋氏疏。當時正義③大臣皆鄙其説，獨内官張道源稱其合理。高祖雖曰聽之，及觀其詔，始終皆推美吾道，特汰去僞濫虧損大教者耳。令下，閱月而太宗昇儲位，即停其詔。天意人事，良有以夫！

① 遺情外物，歷代通載卷十一詔汰釋道二教作「違情外物」，廣弘明集卷二十五出沙汰佛道詔、釋氏通鑑卷七内德論作「遺情物外」。

② 事，寬永本、釋氏通鑑卷七内德論、歷代通載卷十一詔汰釋道二教皆作「坐」。

③ 義，寬永本作「議」。

貞觀元年，太宗對群臣太息曰：「今大亂之後，其難治乎！」諫議魏徵對曰：「大亂之易治，譬飢人之易食。」帝曰：「古不云乎，善人爲邦百年，而後勝殘去殺。」徵曰：「此不爲聖哲之論。聖哲之治，其應如響，蓋不其難。」僕射封德彝（與基切）曰：「不然。三代之後，澆詭日滋。秦任法律，漢雜霸道，皆欲治而不能，非能治而不欲。徵書生，好虚論，徒亂國家，不足聽。」徵曰：「五帝三王不易民而教，行帝道而帝，行王道而王，顧所行如何耳。黄帝戰蚩尤，七十而戰勝其亂，因致無爲。九黎害德，顓頊①征之，既克而治。桀爲亂，湯放之；紂無道，武伐之。湯、武身及太平。若人漸澆詭不復樸，今當爲鬼爲魅，尚安得而化之哉！」德彝不能對，然腹以爲不可。帝雅以徵對爲然。

他日帝嘗召傅奕，賜之食而謂曰：「佛道微妙，聖跡可師，且報應顯然，屢有徵驗。汝獨不悟其理，何也？」奕對曰：「佛是西方桀黠，欺誅夷狄，及流入中國，尊尚②其教。皆邪僻纖人，模寫莊、老玄言，飾其妖妄，無補於國家，有害於百姓。」帝惡其言，不答。自是終身不齒。

三年七月，蝗害稼。帝在苑中掇蝗而言曰：「民以穀爲命，而汝害之，是害吾民也。百姓有過，在予一人，汝而有靈，當食朕身，無害吾民。」將吞之，左右恐致疾，遽求代。帝曰：「所貴移灾朕躬，何疾之避！」遂吞之。由是終帝世，蝗不爲害。冬十二月癸酉，詔曰：「有隋失道，九服沸騰。朕親總元戎，致兹明罰。其有桀犬，嬰此湯羅，銜鬚義憤，終乎握節，各徇所奉，咸有可嘉。日往月來，逝川斯遠。切恐九泉之下，尚淪鼎鑊；八難之間，永纏冰炭。愀然疚懷，無忘興寢，所以樹立福

① 項，原作「頊」，據寬永本改。

② 尚，原作「向」，據寬永本、歷代通載卷十一帝問群臣治政難易改。

田，濟其營魄。可於建義以來交兵之處，爲義士凶徒殞身戎陣者，各建寺刹，招延勝侣。望法鼓所振，變炎火於青蓮；清梵所聞，易苦海於甘露。所司量定處所，并立寺名，支配僧徒及修院宇，具爲事條以聞，稱朕矜哀之意。」仍命虞世南、李伯樂①、褚遂良、顔師古、岑文本、許敬宗、朱子奢等爲碑銘，以紀功業。（已上見舊史）

論曰：昔周文王之興，澤先枯骨，而天下歸仁焉。太宗方建太平，而亦首刱佛寺，爲殞身戎陣者薦冥福。嗚呼！太宗可謂神道設教，德被幽明，非區區瘞骨之比也。

四年十月，天下斷獄，死罪二十有九人。東南薄海，西極於嶺，北窮玄塞，户不夜②閉③，行旅不賫粮，取給於路，米斗五文，天下大治，蠻夷君長襲衣冠帶刀宿衛。帝喜謂群臣曰：「此魏徵勸朕仁義之効也，惜不令封德彝見之。」因追念初平天下時手誅千餘人，不及享太平，即以御服施諸寺，命僧禮懺薦擢焉。

是歲，雙峰四祖道信大師游匡山，登絶頂，望牛頭山，見紫雲如蓋，下有白氣，横分六道。祖以爲有異人，遂往求之。時法融禪師居其中，每惟宴坐，見人不起，或拜之，亦不顧，世號懶融。祖入

① 卍新續藏本原註：「樂，一作『藥』。」
② 夜，原闕，據歷代通載卷十一勅建寺以度陳亡補。
③ 閉，原作「閑」，據寬永本、歷代通載卷十一勅建寺以度陳亡改。

山，見之問曰：「在此何爲？」融曰：「觀心。」祖曰：「觀者何人？心是何物？」融愕然無對，挺身起曰：「大德自何來？嘗識道信大師否？」祖曰：「即貧道是也。」融再拜，請示心法。祖曰：「夫百千法門，同歸方寸；河沙妙德，盡在心源。一切戒定慧門，神通變化，悉自具足，不離汝心；一切煩惱業障，本自寂①寂；一切因果，皆如幻夢。無三界②可出，無菩提可求。人與非人，性相平等。大道虛曠，絶思絶慮。如是之法，汝今已得，更無欠少，與佛何殊？汝但任心自在，莫作觀行，亦莫息心，莫起貪嗔，莫③懷愁慮，蕩蕩無礙，任意縱横，不作諸善，不造衆惡，行住坐卧，觸目遇緣，皆是佛之妙用。快樂無憂，故名爲道。」融曰：「心既具足，復誰是佛？又誰爲心？」祖曰：「非心不問佛，問佛非不心。」融曰：「既不許作觀行，於境起時，如何對治？」祖曰：「境緣無好醜，好醜起於心。心若不强名，妄情何由起？妄情既不起，真心任徧知。汝但隨心自在，無復對治，即名常住法身，無有變易。吾受璨大師頓宗法門，今以付汝，汝諦受吾言，可止此山，當有五大士紹汝玄化。」祖受法已，歸於雙峰。

七年，三藏法師玄奘游天竺求法，達於王舍城。奘生洛洲偃師陳氏，隋季出家具戒，博貫經籍，每慨前代譯經多所訛略，志游西土，訪求異本以參訂焉。以三年冬抗表辭帝，制不許，即私遁。自原州出玉關，抵高昌。高昌王麴文泰奉奘行資，護送達於罽賓，從僧伽論師决俱舍、因明、大毗婆沙等

① 寂，寬永本、歷代通載卷十二牛頭法融禪師作「空」。
② 界，原作「果」，據寬永本改。
③ 莫，原作「奠」，據寬永本改。

論。至大林國，從婆羅門學中論及異道典籍，時婆羅門七百餘歲。至僕底國，從伏①光法師學對法、宗顯、理門等論。至那伽羅國，從月胃論師學衆事分毗婆沙。至祿那國，從闍那屈多三藏學經部毗婆沙及薩婆多部辨真等論。至麴闍國，從毗邪犀那三藏學二毗婆沙。王有勝兵十萬，雄冠西域。奘與胡商八十許人渡殑伽河，彼俗以人祀天，奘與諸商被執。以奘風度特異，將戮以祭。俄大風作，塵沙漲天，晝日晦暝，彼衆震懼，以奘爲聖人，遂釋之。至中天竺，遇大乘居士，爲奘開瑜伽師地。即入王舍城，彼預聞奘至，具禮郊迎之，安置那蘭陀寺。寺七寶所成，僧以萬數。奘見上方戒賢論師，時春秋一百有六，道德爲西土宗師，號正法藏，國主以十城租賦奉之。奘啟以求法意，賢咨嗟流涕曰：「吾頃疾病且死，忽夢文殊大士謂吾曰：『汝未應厭世，後三年，震旦有大沙門從汝受道。』自爾已來，今三稔矣！」於是慰喜交集，有同宿契焉。奘見王，王給象車，從者三十輩，日供上饌，饌有龍腦、香乳、蘇蜜及大人米，米香聞百步，然國產不多，唯君長與后及主法上德與焉。奘寓其國，從正法藏窮探大乘祕奧，日益智證云。

九年十月，法師玄琬卒於延興寺。遺表陳聖帝明王賞罰三寶不濫，痛憫沙門犯法不應與民同科，乞付所屬，以僧律治之，并上安養論、三德論各一卷，帝嘉納。有詔傷悼，遣皇太子臨吊，敕有司給葬具。唐敕葬沙門由琬而始。

十一月，詔曰：「三乘結轍，濟度爲先；八正歸依，慈悲爲主。流智慧之海，膏澤群生；剪煩

① 卍新續藏本原註：「伏上一有『調』字。」

惱之林，津梁品物。任真體道，理叶至仁；妙果勝因，事符積善。朕欽若①金輪，恭膺寶命，至德之訓，無遠不思；大聖之規，無幽不察。欲使人免蓋纏，家臻仁壽。比緣喪亂，僧徒減少，華臺寶塔，窺户無人。紺髮青蓮，櫛風沐雨，眷言凋毀，良用憮然。其天下諸州有寺之處，宜度僧尼，數以三千爲限。其州有大小，地有華夷，當處所度多少，有司詳定，務取德業精明。其往因減省還俗及私度白衣之徒，若行業可稱，通在取限。必無人可取，亦任其闕數。比聞多有僧徒，溺於流俗，或假託鬼神，妄傳妖恠；或謬稱醫巫，左道求利；或灼鑽膚體，駭俗驚愚；或造詣官曹，囑致贓賄。凡此等類，大虧聖教。朕情在護持，必無寬貸。自今宜令所司依附内律，參以金科，明爲條制。」

論曰：昔董狐書趙盾弑君，孔子聞之曰：「惜也！越境乃免。」蓋越其境則君不得而臣，法無以加也。凡吾沙門氏，始則遵父命而去其家，雖去家矣，猶在乎國。及禀勑命，則即日毁其形，易其服，示無所用於世，故謂之脱塵絶俗之士，奚止越其境而已哉。是以累朝處吾徒於四民之外，而不以臣子之禮遇之。雖本如來之律，其實亦明王之法也。琬公臨終致請，而太宗特下明詔，致其簡練度人之旨及禁遏妖孽敗道之徒，皆與先佛世尊遺教吻（武粉切）合。至於依律制刑，尤協春秋越境之義，使吾徒有以自相爲治也。嗚呼！唯聖人能通天下之志，成天下之亹亹者，太宗是矣。

① 卍新續藏本原註：「若，通『順』。」

十年，皇太子問張士衡曰：「事佛營福，其應如何？」對曰：「事佛在清淨仁恕，如貪婪（力南切）驕虐，雖傾財事之，無損於禍。且善惡必報，若影赴形，聖人之言備矣。爲君明，爲臣忠，爲子孝，則福祚永，反是則禍至矣。」時太子有逆志，故士衡因對以箴之。

是歲，有旨追相州律師惠休赴京城講法，休辭疾不赴。休初講大小乘，而未閑律部，意以爲戒本隨事可用，無勞師授。及開卷探賾，持犯茫然，遂詣洪律師聽四分律，凡三十番尤未極玄旨，因歎曰：「理可虛求，事難通會。吾目見盛名宗匠未有不奉法而循道者，能無希驥乎！」繇是六時行業彌勵焉。一鞋三十年不棄，暫有泥淖，即徒跣。人或問之，曰：「泥軟易踐，正不欲損信施物耳。」暮年奉律尤嚴，或勸耆耋不堪爾者，曰：「懈心易起，塵境難消。吾脫虎口，誓死奉法，豈以衰朽虧素志哉。」嘗誡其徒曰：「吾每聽經論，雖二十遍猶恨功少，欲兼異部，未皇多涉。今時學者薄知文句，則速欲範人，更無通貫。致有窮詰，莫知由緒，此法滅在人，所以長夜慨嘆。況暮年開導，志存成器，斯猶砥礪合其刃耳，安能爐鎚其璞哉，爾等宜深念之！前大吾教，死無恨矣。」卒年九十有八。

十一年有詔：「老子，國家先宗，號位宜居釋氏之右。」於時，法師智實拉同志十人詣闕申理，制不許。及駕幸洛陽，實等隨往抗辭，以爲道士宗三張符水醮籙之事，非出於老子，不宜居釋氏之上。帝壯其志於教，遣宰相岑文本諭旨遣之。實固執，不奉詔，帝震怒，杖實於朝堂，民其服，流之嶺表。實尋以不得志而卒，年三十有八。初，實得罪，有譏其不量進退者，實曰：「吾固知已行之詔不可易，所以争者，欲後世知大唐有僧耳。」及終，遠近聞者莫不歎惜。

論曰：春秋之法，異姓居後。太宗升老氏名位於釋氏上，蓋取諸此也。實公以樹教爲心，犯顔辯諍，雖理不可奪，然大教一旦名位之降，凡釋子者有聖明在上，烏可坐視而不措一辭？孔子曰：「志士殺身以成仁，無求生以害仁。」實公有之矣，賢哉！

十二年，尚書虞世南卒。帝手勑魏王泰曰：「虞世南與我猶一體也，拾遺補過，無日暫忘，當代名臣，人倫準的，吾有小失，必犯顔而争之。今其云亡，石渠、東觀之中無復人矣，痛惜豈可言耶！」未幾，帝賦往代興亡詩一篇，輒歎惜曰：「鍾子期死，伯牙不復鼓琴。朕此詩，將何所示？」因令褚遂良持詣世南靈帳，讀畢焚之，冀其神識感悟焉。明年，夢世南進讜言有如平生，因下詔曰：「故禮部尚書文懿公虞世南，德行純備，文爲辭宗，夙夜盡心，志存忠益，奄從物化，忽移時序，昨因夜夢，倏覩斯人，兼進讜言，有若平生之日。追懷遺美，良用悲悼，宜資冥福，申朕思舊之情。可即其家，齋五百僧，造佛像一軀。」（出舊史·本紀）

秋八月，詔三學秀異於弘文殿論議，道士蔡子晃問法師慧淨曰：「法華稱序品第一，未審序第何分？」淨曰：「如來入定，放光現瑞，假遠開近，爲破二之鴻基，啟一真之由致，此其序也。第者爲居，一者爲始，故曰序品第一。」晃難曰：「第者，弟也。爲弟則不宜稱一，言一則不應稱弟。兩言矛盾，何以會通？」淨曰：「向不云第者爲居，一者爲始？先生不省名義，安能難人？」晃忙亂，曲爲之辭，淨乘勝剉折，遂蒙慚而退。淨雅與房玄齡厚善，尤爲太常褚亮所敬。亮嘗謂人曰：「淨俯視安、遠，顧蔑生、肇。真當世獨步也。」及天竺三藏波頗那羅譯大莊嚴論，詔淨筆授，并敕趙郡王孝恭、詹事杜正倫同監護。

十三年，方士秦世英譖法師惠琳著論訕毀皇宗，有旨捕琳。琳知之，變服自縶，詣闕請讞。制旨曰：「據爾論，有念觀世音者臨刑不傷。今詳罪犯，當坐大辟。賜假七日，爾可勤念之，貴臨刑自免。」琳奉制，一無所念。至期，詔問所念觀音感應如何，對曰：「隋季失德，四海沸騰。陛下廓清寰宇，道洽生靈。琳自七日已來，不念觀音，唯念陛下。」帝訝其言。遣御史韋琮問琳所以念朕之狀，對曰：「觀音至聖，垂形六道，上天下地，皆爲師救。陛下御臨宸極，萬國懽心，文治至平，靈鑒無外，聖與觀音齊等，所以唯念陛下。且琳挺志，蓋弘宣釋氏之法以助皇化，冀民懼報應、畏刑罰而遠惡也，琳何求而敢訕謗哉！陛下察琳忠於所事，則所謂臨刑自免。若唯讒是信，則琳伏屍無地。」琮奏其語，有旨免刑，流於益州。

十四年五月壬午，并州僧道耆老抗表，以太原王業所因，若明年登封，願迂駕臨幸。帝嘉其意，召見武成殿，賜宴，因謂曰：「朕往在太原時，喜群從博戲，寒暑迭更，逾二十年矣。」於時會中，有識帝者相與道舊，懽甚。帝曰：「他人之言，或有面諛。公等皆朕故人，即日政化何如，百姓有疾苦，幸以實告朕。」僧道等避席奏曰：「即日四海太平，百姓懽樂。臣等餘年，日①惜一日，眷戀聖化，不知疾苦。」帝悦。及罷，猶固請臨幸。帝曰：「飛鳥過故鄉，猶躑躅徘徊。况朕於太原起義，遂定天下。復少所游觀，誠所不忘也。若登封禮畢，當與公等相見。」遂厚賜遣之。

---

① 日，原作「月」，據寬永本改。

論曰：本朝太平興國八年，日本國僧奝然至，言其國王傳襲六十四世矣。文武僚吏，皆是世官。太宗顧宰臣等曰：「此蠻夷耳，而嗣世長久。臣下亦世官，頗有古道。中國自唐末海内分裂，五代世數尤促。又大臣子孫少能繼述祖父基業，朕雖不及往聖，然而孜孜求治，未嘗敢暇逸，深以畋獵聲色爲戒。所冀上穹降鑒，亦爲子孫長久計，使皇家運祚永久，而臣僚世襲禄位。卿等各思盡心輔朕，無使遠夷獨享斯美。」嗚呼！觀唐太宗與故老言，必詢訪政治利病；而皇朝太宗與臣僚言，亦諄諄誘以盡心輔導，各爲子孫長久計。然則二太宗皆千百年間世大聖人也，其孜孜爲善，小心翼翼，可謂簡易之至。而崇高博厚之德業，宜與天地永久而無窮也。

是歲有勑曰：「佛道形像，事極尊嚴。伎巧之家，多有造鑄。供養之人，競來買贖，品藻工拙，揣量輕重。買者不計因果，止求賤得；賣者本希利潤，唯在價高。罪累特深，福報俱盡，違犯經教，並宜禁約。自今已後，工匠皆不得預造佛形像賣鬻；其見成之像，亦不得銷除，各令分送寺觀從衆，酬其價直。仍仰所在州縣官司檢校，勑到後十日内使盡。」

相國蕭瑀，字時文，梁明帝子也。九歲封新安王，國除，入隋，晉王妃實瑀姊，官右千牛。嘗疾，不肯呼醫，自信天命，嘆曰：「吾更餘年，則從此遁矣。」及晉王踐祚，姊爲后，聞其言，召責①之，以其不安小官。後病損②。拜内史侍郎，以直言事頗爲煬帝憎。隋亂，瑀出爲河池郡守。唐高祖入關，

① 責，原作「貴」，據寬永本、歷代通載卷十一丞相蕭瑀傳改。
② 損，疑爲「捐」。

以書招之。因挈郡歸，封宋公，委以樞要。帝不名，呼爲蕭郎。瑀家世貴冑，自武帝以來皆奉佛清修，瑀及其孫勉精嚴尤甚。太宗即位，屢入相，既而房、杜得君，事任稍分。瑀不能無少望，嘗乞度爲僧，帝許之，瑀尋度不能而止。事兩朝，凡五入相位，年七十四薨。瑀性忠鯁，雅薄福貴，善屬文，通儒柳顧輩皆高其才。唐史稱之曰：「梁蕭氏興江左，實有功在民。厥終無大惡，以寖微而亡，故餘祉及其後裔。自瑀逮遘，八葉宰相，名德相望，與唐盛衰，世家之盛，古未有也。」

十五年五月戊辰，帝幸弘福寺，召大德道懿等五人，賜坐，諭以剏寺，爲專一追崇穆太后。言發涕零，懿及左右皆哽咽逡巡。自製①疏，施絹二百匹，自稱皇帝菩薩戒弟子。令回向罷，顧謂道懿等曰：「頃以老子是朕先宗，故令名位在前，卿等應恨恨也。」道懿曰：「陛下尊祖宗，降成式。懿等蒙荷國恩，安閑學道。詔旨初下，咸皆懽悦，詎敢有恨？」帝曰：「尊祖重親，有生之大本，故先老子，以別親疎之序，非不留心於佛也。自有國以來，未嘗剏立道觀，凡有功德，並歸僧舍。雖往日操戈臨陣，亦未始縱威濫殺。今所在戰場，皆立佛寺。至於太原舊第，亦以奉佛。朕存心如此，卿等想未諭也。」道懿等遽起趨謝。帝曰：「少坐。此是朕意，不述則人不知。天時向熱，寺宇未備。今所施，可別造經寮。令衆僧寬展行道。」

秋八月，法師法順卒。順姓杜氏，亦稱杜順，少爲隋文帝所重，給月俸供之。百姓有病，順對之危坐，少頃即愈。或生而聾者，順召②之與言，耳即聰；或生而啞者，順就與之語，即能言。或狂而

① 製，原作「裂」，據歷代通載卷十一帝幸弘福寺改。
② 召，寬永本作「名」，卍新續藏本原註：「召，一作『名』。」

癲者，順使人領住，向之禪定少選，彼即拜謝而去。又嘗臨溪，隨侍者懼不可濟，順率同涉，水即斷流。其神跡類如此。而順隤然，初不以介意。尤邃華嚴宗旨，帝素敬重之，嘗引入宫禁，導迎善氣，妃主戚里諸貴奉之有如生佛。集華嚴法界觀門，弟子智儼尊者傳其教。

十六年，三藏玄奘法師發王舍城，入祇羅國，國主郊迎之。已而問曰：「而國有聖人出世，作小秦王破陣樂，試爲我言其爲人。」奘粗陳帝神武削平天下，躬行堯、舜之治，其王大驚，東向稽首曰：「我當朝覲①，與師偕行也。」奘因出所撰制惡見論似之，王欽歎曰：「此論一出，可謂日光既昇，螢火奪明矣！」即以青象名馬助奘馱經而還。

十七年八月四日，原州松昌鴻池谷忽有五石，皆青質白文，成字曰：「高皇海出多子李元王八十年太平天子李世民千年太子李治書燕山人士樂大國主尚注②譚③奘④文仁邁千古大王五王六王七王十風毛才子七佛八菩薩及上果佛田天子文武貞觀昌大聖延四方上不治示孝僊戈八爲善。」原州奏於朝。字初若不甚顯，及群公擬定，遂粲然明著。十一月辛卯，有事於南郊，詔遣使以玉帛詣原州鴻池谷祭之，曰：「嗣天子（諱）祚繼鴻業，君臨寓縣，宿興旰⑤食，無忘於政，道德齊禮，愧於前脩。天有成命，

① 覲，原作「觀」，據寬永本、歷代通載卷十一祇羅國主仰唐聲教改。
② 注，舊唐書卷三十七五行志、新唐書卷三十五五行志二作「汪」。
③ 譚，新唐書卷三十五五行志二作「譚」。
④ 奘，寬永本、舊唐書卷三十七五行志、新唐書卷三十五五行志二作「獎」。
⑤ 旰，原作「肝」，據寬永本改。

具紀李氏表瑞徵符，文字粲然，曆數惟永，既旌高廟之業，又錫眇身之祚，迨於皇太子治亦降貞符，以伸祗於石言，仰瞻霄漢，空名大造，甫惟寡薄，彌增寅懼。敢因大禮，重薦玉帛，上謝冥靈之貺，以伸祗慄之誠。」

論曰：瑞石文發於自然，此所以昭太宗盛德而示靈祚之永也。舊史列於本紀，而歐陽文忠公刪入五行志。以謂則天稱慈氏，中宗號佛光王，即佛菩薩之驗也。夫唐有天下，傳世二十，唯高祖洎武宗與釋氏正信微薄，餘皆佛法地位中人，故七佛八菩薩及上果佛作世界主，隨宜示現、游戲生死耳。奚止中宗、則天而已哉！

隆興佛教編年通論卷第十二

隆興府石室沙門　祖琇　撰

唐

貞觀十九年正月丙子，法師玄奘賫經像歸於京師。留守房玄齡舘於弘福寺，以表聞帝。壬辰，奘如東都。二月己亥，見於儀鸞殿。帝曰：「師去何不相報？」對曰：「當去時，表三上，以誠願微淺，不蒙諒許。無任慕道之至，乃輙私行。專擅之罪，惟深愧懼。」帝曰：「師出家與俗殊隔，能委命求法，惠利蒼生，朕甚嘉焉，固不煩爲愧。但念山川阻遠，方俗異心，恠師能達也。」對曰：「奘聞乘疾風者造天地而非遠，馭龍舟者涉江海而不難。自陛下握乾符，清四海，德籠九域，仁被八區，淳風扇炎景之南，聖威震葱嶺之外。所以戎夷君長每見翔雲之鳥自東來者，猶疑發於上國，斂衽而敬之；況玄奘圓頂方足，親承化育者耶。既賴天威，故得往還無難。」帝曰：「此長者之言，朕何敢當！」因廣問雪嶺以西，印度之境，玉燭和氣、物産風俗、八王故跡、七佛遺蹤，並博望之所不傳、班馬無得而載者。奘既親游其地，記憶無違，隨問而對，皆有條理。帝大悦曰：「師所經一百餘國，可盡撥其山川風俗。撰大唐西域記以遺後來，不亦美乎！」奘奉詔。將罷部，帝謂侍臣曰：「昔苻堅稱道安爲神器，舉國遵敬。朕觀法師詞吐温雅，風節貞峻，非徒不愧古人，實過之遠甚。」司徒長孫無忌曰：

「誠如明詔。道安雖高行博識，然弘法之功，固不如法師躬趨聖域，討論衆妙，究探宗極者矣。」時車駕將問罪高麗，聞法師之還期，暫引見。及對談論，不覺日莫①。帝曰：「怱怱言不盡懷。欲共法師東行省方觀俗，指揮之暇，別更談敘。可乎？」對曰：「玄奘遠歸，兼有疹疾，不堪陪駕。」帝曰：「師向能孤游絶域，今此行如跬步耳，尚何辭？」對曰：「陛下東征，六軍奉衛，伐亂誅姦，必有牧野之功、昆陽之捷，玄奘亡所裨助，虚負道路之費。且兵刃交戰，佛制沙門不得觀視。惟陛下矜察！」帝嘉納而止。奘因奏西域所獲梵本經論凡六百五十七部，乞就嵩山少林寺，爲國宣譯。帝曰：「朕頃爲穆太后刱弘福寺，極爲虚静，可就彼翻譯，所須並與玄齡平章。」奘因進曰：「百姓無知見，奘遠歸，妄有窺看，不徒妨廢法務，兼慮不測之患，願得監門官以防釁隙。」帝悦曰：「師此言可謂保身之計，當爲處分。」及罷，即別有旨差官監護。

二十年七月辛卯，法師玄奘表上新譯菩薩藏經、六門陀羅尼經、顯揚聖教論、大乘雜集論，凡五部五十八卷，請帝爲聖教序。降手勑曰：「省書具悉雅意。法師夙標高行，早出塵表，泛寶舟而登彼岸，搜妙道而闢度門，弘闡大猷，蕩除衆罪。朕學淺心拙，在物猶迷，况佛道幽微，豈能仰贊。側請爲序，非己所聞。」奘重表請曰：「伏奉墨勑，猥垂奬諭，祗奉綸言，精守振越。玄奘行業空疎，謬參緇侶，幸屬九瀛，有截四海。無虞馮皇靈以遠征，恃國威而訪道，窮遐冒險，雖勵愚誠，纂異懷荒，實資朝化。所獲經論，蒙遣翻譯，見成卷軸，未有銓序。伏惟陛下睿思雲敷，天華景爛，理苞繫表，

① 卍新續藏本原註：「莫，通『暮』。」

調逸咸英，跨千古以飛聲，掩百王而騰實。切以神力無方，非神思不足銓其理；聖教玄遠，非聖藻何以序其源。故乃冒犯威嚴，敢希題目。宸睠冲邈，不蒙矜許，撫躬累息，相顧失圖。奘聞日月麗天，既分輝於户牖；江河紀地，亦流潤於巖崖。雲和廣樂，不秘響於聾聵；金玉奇珍，豈韜彩於愚瞽。敢緣此理，重有千祈。伏乞雷雨曲垂，天文俯照，配兩儀而同久，與二曜而俱懸。然則鷲嶺微言，假神筆而弘遠；鷄園奥典，託英詞而宣揚。豈止區區梵衆獨荷恩榮，蠢蠢迷生方超塵累而已？」制許之。

是歲法師慧稜卒。稜以講業爲時宗匠，嘗謂人曰：「夫講説要如履劒刃，决無他顧，乃可自期精到。」至是忽有青衣報天帝請講經，遂卒。俄頃①，遠近皆聞空中殷然有鼓吹迎從之聲。

二十一年，帝得秘讖云：「唐三世而後，女主武王代有天下。」遂密召太史令李淳風訪其事。對曰：「臣據術推之，其兆已成，今在陛下宫中矣。逾三十年當有天下，誅唐子孫殆盡。」帝曰：「疑似者殺之，何如？」對曰：「天命不可易。且真王者不死，徒使疑似之戮，淫及無辜。今既在宫，已是陛下眷屬，更三十年又當哀老，老則心慈。雖受終易姓，於陛下子孫或不甚損。今若戮之，即當復生。少壯嚴毒，况又立讎，則陛下子孫必無遺類。」帝善其言而止。

二十二年六月，帝在玉華宫召法師玄奘，見於玉華殿。帝曰：「朕在京苦暑，故就此宫，泉石既涼，氣力稍佳。然憶法師，故兹相屈涉塗，當大勞也。」奘謝曰：「四海黎庶依陛下而生，聖躬不安，

① 頃，原作「項」，當爲「頃」。

則率土煌灼。伏聞鑾輿至此，御膳順宜，凡預含靈，孰不舞蹈。願陛下永保崇高，與天地無極。玄奘庸薄，猥蒙齒召，銜荷而來，不覺爲勞。」帝以法師德業冲博，儀表絶倫，欲令罷道，共康①庶政，因曰：「昔三五帝王，靡不以六合務廣，萬機事殷，不能遍理，故周憑十亂，舜託五臣，翼亮朝猷，弼諧邦國。彼盛明之后且爾，況朕寡昧而不寄衆哲哉。意欲法師脱緇服，掛纁衣，升鉉路以陳謀，坐槐庭而論道。師意何如？」對曰：「玄奘微生，伏奉明詔。稱三五之君不能獨治，寄諸賢哲共而成之，此陛下盛德，含光謙讓之詞，在理則不爾也。何哉？使臣能至治，桀②、紂相靈之君，豈無臣耶。以此而言，不必由也。伏惟陛下聖哲之治，一人紀綱，萬事咸得其緒。況撫運已來，天地休平，中外寧晏，皆陛下不③荒不矜，不麗不侈，競競業業，雖休勿休，居安思危，爲善承天之所致也，餘何預焉。請粗陳其梗槩：陛下經緯八紘，驅駕豪傑，戡定禍亂，崇闡壅④熙，聰明文思之德，體元合極之姿，皆天之所授，無假於人，一也。敦本棄末，崇儒尚德，移澆風於季俗，反淳政於上古，賦遵薄制，刑用輕典，九州四海，禀識懷生，俱沐恩波，咸遂安逸，此又聖心自化，無假於人，二也。至道旁通，深仁遠洽，東逾日域，西邁崑丘，南盡炎州，北窮玄塞，彫題鼻飲之俗，奔服左衽之人，靡不候風瞻雨，稽顙屈膝，獻琛貢寶，充委夷邸，此又天威所感，無假於人，三也。獫狁爲患，其來自久，五帝

① 卍新續藏本原註：「康，一作『秉』。」
② 桀，原作「傑」，據寬永本改。
③ 不，寬永本作「下」。
④ 壅，寬永本作「雍」。

所不止，三王莫能制，遂使渭河爲被髮之野，酆鄗爲鳴鏑之場，中國陵遲，匈奴得逞，殷周已來，不能攘弭。至漢武窮兵，衛、霍盡力，雖收枝葉，根本猶存，自是而後，無聞良策。陛下御圖，一征斯殄，傾巢倒穴，無復孑遺，瀚海燕然之域盡入提封，單于弓騎之人俱充臣妾。若言由人，則虞舜已來，賢輔多矣，何因不獲？故知有道斯得，無假於人，四也。高麗小蕃，失禮上國，煬帝總天下之師，三自征伐，攻城無傷半堞，掠卒不獲一人，虛喪六軍，狼狽而返。陛下暫行，提數萬騎，摧駐蹕之强陣，破遼蓋之堅城，振旅凱旋，俘馘三十餘萬。用兵御將，其道不殊，隋以之亡，唐以之得，故知由主，無假於人，五也。天地交泰，日月光華，和氣氤氳，慶雲紛郁，五靈見質，一角呈奇，白狼白狐，朱鷹①朱草，昭彰雜沓，無量億千，不可徧舉，皆應德而至，無假於人，六也。明詔乃欲比喻前王，寄功十亂，切爲陛下不取。縱復須才，今亦伊、吕多矣，玄奘庸陋，何足以預之。至於守戒緇門，闡揚遺法，此其誠願，伏乞天慈，終而不奪。」帝大悦曰：「師所陳，並上玄垂祐，及宗廟之靈，卿士之力，朕安能自致哉！師既欲敷揚妙道，亦不固違高志。」中書令褚遂良曰：「今四海廓清，九域寧晏，皆陛下聖德，實如法師之言。」帝笑曰：「不如此。珍裘豈一狐之腋，大廈必衆材②共成，何有君能獨濟？法師欲自全雅操，故濫相光飾耳。」因問比譯何經，對曰瑜伽師地論。帝曰：「明何等義？」對曰：「此彌勒大士所造，明十七地義。」曰：「何謂十七地？」奘曰：「六識相應地、有尋有伺地、無尋唯伺地、無尋無伺地、三摩呬多地、有心地、無心地、聞所成地、思所成地、修所成地、聲聞地、

① 鷹，寬永本作「雁」。卍新續藏本原註：「鷹，一作『雁』。」
② 材，寬永本作「林」。

獨覺地、菩薩地、有餘依地、無餘依地，是爲十七。」及標舉綱目，陳列大義，帝深愛焉。遣使取論入宮，凡一百卷，帝自詳覽，覩其詞義宏奧，非向所聞，謂侍臣曰：「朕觀法師新譯經論，猶瞻天瞰海，莫極高深。頃既軍國務殷，未暇委尋，今而後知宗源杳曠。顧儒道九流，猶汀瀅之方溟渤耳。」因敕有司揀秘書手寫新譯經論各九部，令宣賜九道總管，展轉流布，冀率土之内，同稟未聞之法。

司徒長孫無忌、中書令褚遂良奏曰：「佛教冲玄，天人莫測，言本則甚深，語門則難入。伏惟陛下至道照明，輝光昱日，澤霑遐界，化溢中區，擁護五乘，建立三寶，致法師當叔葉而秀質，間千載而挺生，陟重險以求經，履危塗而訪道，見珍異俗，具獲真文。歸國翻宣，若菴摩之始説；精文奥義，猶金口之新開。皆陛下聖德所感，臣等愚瞽，預此見聞，苦海波瀾，舟航有寄。况天慈廣遠，使布之九州，蠢蠢黔黎，俱飡妙法。臣等億劫忻逢，不勝慶幸！」

二十二年六月，帝撰大唐三藏聖教序成。御慶福殿，百官陪位，宣法師玄奘升殿賜坐，勑弘文館學士上官儀以序對群臣宣讀，霞焕錦舒，極褒揚之美。其辭曰：「蓋聞二儀有像，顯覆載以含生；四時無形，潛寒暑以化物。是以窺天鑑地，庸愚皆識其端；明陰洞陽，賢哲罕窮其數。然而天地包①乎陰陽而易識者，以其有像也；陰陽處乎天地而難窮者，以其無形也。故知像顯可徵，雖愚不惑；形潛莫覩，在智猶迷。况乎佛道冲②虚，乘幽控寂，宏濟萬品，典御十方，舉威靈而無上，抑神力而無

① 包，聖教序作「苞」。
② 冲，聖教序作「崇」。

下。大①則彌於宇宙，細②則攝於毫釐。無滅無生，歷萬③劫而不古；若隱若顯，運百福而長今。妙道凝玄，遵之莫知其際；法流湛寂，挹之莫測其源。固知蠢蠢凡愚、區區庸鄙，投其旨趣，能無疑惑者哉！然則大教之興，基④於西土，騰漢庭而皎夢，照東域而流慈。昔者分形分跡之時，言未馳而成化；當常現常之世，民仰德而知遵。及乎晦跡歸真，遷儀越世，金容掩色，不鏡三千之光；麗像開圖，空端四八之相。於是微言廣被，拯含類於三塗；遺訓遐宣，導群生於十地。然而真教難仰，莫能一其旨歸，曲學易遵，邪正於焉紛糾，所以空有之論，或習俗而是非；大小之乘，乍沿時而隆替。有玄奘法師者，法門之領袖也。幼懷貞敏，早悟三空之心；長契神情，先包四忍之行。松風水月，未足比其清華；僊露明珠，詎能方其朗潤？故以智通無累，神測未形，超六塵而迥出，夐千古而無對。凝心內鏡⑤，悲正法以陵遲；棲慮玄門，慨深文之訛闕⑥。思欲分條析理，廣被⑦前聞，截偽續真，開茲後學。是以翹心淨土，往游西域，乘危遠邁，仗⑧策孤征。積雪晨飛，塗間失地；驚沙夕起，空外

---

① 聖教序「大」後有「之」字。
② 聖教序「細」後有「之」字。
③ 萬，聖教序作「千」。
④ 卍新續藏本原註：「墓，疑『基』。」聖教序作「基」。
⑤ 鏡，聖教序作「境」。
⑥ 闕，聖教序作「謬」。
⑦ 被，聖教序作「彼」。
⑧ 仗，聖教序作「杖」。

迷天。萬里山川，撥煙霞而進影；百重塞①暑，躡霜露②而前蹤。誠重勞輕，求深願達。周游西宇，十有七年，窮歷異③邦，詢求正教。雙林八水，味道飡風；鹿苑鷲峰，瞻奇仰異。承至言於先聖，受真教於上賢。探賾妙門，精窮奥業。一乘五律之道，馳驟於心田；八藏三篋之文，波騰於口海。爰自所歷之國，總將三藏要文，凡六百五十七部，譯布中夏，宣揚勝業。引慈雲於西極，注法雨於東垂。聖教闕而復全，蒼生罪而還福。濕火宅之乾焰，共拔迷途；朗愛水之昏波，同臻彼岸。是知惡因業墜，善以緣昇，昇墜之端，唯人所託。譬夫桂生高嶺，零露方得泫其華；蓮出綠波，飛塵不能污其葉。非蓮性自潔而桂質本貞，良由所附者高，則微物不能累，所憑者淨，則濁類不能沾。夫以卉木無知，猶資善而成善；況乎人倫有識，不緣慶而求慶！方冀茲經流施，將日月而無窮；斯福遐敷，與乾坤而永大。」於是御筆親書，綴於新經之首。法師奉表謝曰：「六爻探賾，局於生滅之場；百物正名，未涉真如之境。遠惟羲冊，覩奥不測其神；遐想軒圖，歷選普歸其美。恭惟陛下玉毫隆質，金輪御天。廓先王之九州，掩百千之日月。廣列代④之區域，納恒沙之法界。遂使給孤精舍盡入提封，貝葉靈文咸歸冊府。玄奘往因振錫，聊謁崛山。經途萬里，怙天威如咫步；匪乘千葉，詣雙樹如食頃。搜揚三

① 卍新續藏本原註：「塞，當作『寒』。」聖教序作「寒」。
② 露，聖教序作「雨」。
③ 異，聖教序作「道」。
④ 卍新續藏本原註：「列代，一作『利伐』。」歷代通載卷十一帝製三藏聖教序謝表附作「利代」、續高僧傳卷四京大慈恩寺釋玄奘傳一作「例代」。

藏，盡龍宮之所儲；研究一乘，窮鷲嶺之遺旨。並已載於白馬，還獻紫宸。尋蒙下詔，勑使翻譯。玄奘識乖龍樹，謬忝傳燈之榮；才異馬鳴，深愧瀉瓶之敏。所譯經論，紕升尤多，遂荷天威，留神製序。文超象繫之表，理括眾妙之門。忽以微生，親聞梵響，踊躍懽喜，如聞授記。無任感荷之極！」手勑答曰：「朕才謝珪璋，言慚博達。至於內典，尤所未聞。昨製序文，深慚鄙拙。穢①翰墨於金簡，標瓦礫於珠林。忽得來書，謬承褒贊，循躬省慮，彌益厚顏。善不足稱，虛②勞致謝。」

時皇太子覩聖序，遂撰述聖記，法師進啟奉謝。帝復覽新譯菩薩藏經，愛其辭旨微妙，因詔皇太子撰菩薩藏經後序，其辭曰：「蓋聞羲皇至賾，精粹止於龜文；軒后幽通，雅奧窮於鳥篆。考丹書而索隱，殊昧實際之源；徵錄錯以研幾，蓋非常樂之道。猶且事光圖史，振薰風於八埏；德洽生靈，激堯波於萬代。伏惟陛下轉輪垂拱而化漸鷄園，勝殿凝流③而神交鷲嶺。總調御於徽號，匪文思之所窺。極般若於綸言，豈象繫之能擬。由是教覃溟表，咸傳八解之音；訓浹寰中，皆踐四禪之軌。遂使三千世界盡懷生而可封，百億須彌入堤封而作鎮。尼連德水，邇帝里之滄池；舍衛菴園，接上林之茂苑。難④復法性空寂，隨感必通；真乘深妙，無幽不闡。所以大權御極，導法流而靡窮；能仁撫運，拂劫石而無盡。體均相具，不可思議，校美前王，焉可同年而語矣？爰自開闢，地限流沙，震旦未

① 聖教序穢前有「唯恐」二字。
② 虛，聖教序作「空」。
③ 卍新續藏本原註：「流，一作『旒』。」歷代通載卷十一太子繼聖教序作「旒」。
④ 卍新續藏本原註：「難，疑『雖』。」歷代通載卷十一太子繼聖教序作「雖」。

融，靈文尚隱。漢皇精感，託夢想於玄宵；晋后翹誠，降修多於白馬。有同蠡酌，豈達四海之涯；取譬管窺，寧窺七曜之奥。洎乎皇靈遐暢，威加鐵圍之表；至聖發明，德被金剛之際。恒沙國土，普襲衣冠，開解脱門，踐真實路。龍宫梵説之偈，畢萃清臺；猊吼貝葉之文，咸歸册府。灑兹甘露，普潤芽莖。乘此慧雲遍霑翾走，豈非歸依之勝業、聖政之靈感者乎！菩薩藏經者，大覺義宗之要旨也。佛修此道，已證無生；菩薩受持，咸登不退。六波羅蜜，關鍵所資；四無量心，根力斯備。蓋彼岸之津涉、正覺之梯航者焉。貞觀年中，身毒歸化，越熱坂而頒朔，跨懸渡而輸琛。文軌既同，道路無壅。法師玄奘振錫尋真，出自玉關，長驅奈苑，於天竺力士生處訪獲此經。歸而奏上，降旨翻譯，於是畢功。余以問安之暇，澄心妙法之寶，奉述天旨，微表贊揚，式命有司綴於卷末。」帝自是情信日篤，平章法義不輟於口，與法師相得之深無時暫間，凡衣服卧具，頻詔换易，如家人焉。

八月丙申，賜奘百金磨衲并寶剃刀，奘奉表謝。略曰：「忍辱之服，彩含流霞；智慧之刀，銛逾切玉。謹當衣以降煩惱之魔，佩以斷塵勞之網。」帝自伐遼而還，氣力不逮平昔，有憂生之慮。既遇法師，留神大教，稍遂平復，因問欲植法門之益何所宜先。奘曰：「衆生寢惑，非慧莫啟。慧芽抽植，法爲之資。弘法須人，即度僧爲最。」帝悦。

九月乙卯，詔曰：「隋季失御，天下分崩，四海塗炭，八埏鼎沸。朕屬當戡亂，新履兵鋒，亟犯風霜，宿於馬上。頃加藥餌，猶未痊除。比日以來，方遂平復，豈非福善之致？即①京城及天下諸州寺……」。

① 卍新續藏本原註：「即，一作『耶』。」歷代通載卷十一賜奘百金磨衲作「耶」，句讀當爲：「豈非福善之致耶？京城及天下諸州寺……」。

寺，各度僧五人。（時天下寺三千七百餘所，度僧凡一萬七千餘人。）

十月，車駕還京師。勑有司於北闕紫微殿西南剏弘法院，留奘居禁中。晝則陪御談論，夜分就院譯經。

十二月，皇太子爲文德皇后剏大慈恩寺成。詔選京城宿望五十大德，各度侍者六人入居新寺。是月丙辰，太子備寶車五十乘迎諸大德，并綵亭、寶刹數百具，奉安新獲梵夾諸經，及瑞像、舍利等。勑太常九部樂及長安萬年音樂，京城諸寺華幡導引入寺。帝御安福門樓，執爐致敬，經像過盡始罷。皇情大悦。

二十三年四月，幸翠微宮，法師玄奘陪駕。每談敘淵奧，帝必攘袂曰：「與法師相值恨晚耳，未盡弘法之意。」夏五月，不豫。詔大尉長孫無忌、中書令褚遂良入卧内，囑曰：「公等忠烈，著在朕心。昔漢武託霍光，劉備囑諸葛亮，朕之後事，一以委卿。太子仁孝，必須盡誠輔導，永保社稷。」無忌等叩頭流涕。帝復執太子手曰：「無忌、遂良在，國家事汝無憂矣。」己巳，崩於含風殿，年五十有三。

唐史贊曰：「甚矣，至治之君不世出也！禹有天下，傳十有六王，而少康有中興之業。湯有天下，傳二十八王，而其甚盛者，號稱三宗。武王有天下，傳三十六王，而成、康之治與宣之功。其餘無所稱焉。雖詩、書所載，有時①闕略，然三代千有七百餘年，傳七十餘君，其卓然著見於後世者，此

① 有時，新唐書卷二太宗皇帝本記贊作「時有」。

六七君而已。嗚呼！可謂難得也。唐有天下，傳世二十，其可稱者三君，玄宗、憲宗皆不克其終。盛哉，太宗之烈也！其除隋之亂，比跡湯武；致治之美，庶幾成、康。自古功德兼隆，由漢以來未之有也。至其牽於多愛，復立浮圖，好大喜功，勤兵於遠，此中材庸主之所常爲，然春秋之法，常責備於賢者，是以後世君子之欲成人之美者，莫不嘆息於斯焉。」

論曰：君子謂立言之難，其實非難，特爲好惡所欺耳。如歐陽文忠公作太宗本紀贊，雖筆高語奇，傑出諸史，至貶太宗復立浮圖、好大喜功、勤兵於遠，類中材庸主所爲而不取。予謂文忠責備之深，而爲好惡所欺也。方貞觀之世，天下昆虫草木咸被其澤，至於日月霜露所至之國，皆欵關而修職貢，獨高麗莫離支叛逆阻命。太宗身任千載道德英雄之主，其肯坐視之，留爲子孫憂而不少假經略乎？蓋其威德之盛，其勢之必然，非好大喜功之謂也。昔黃帝平蚩尤，七十戰而勝其亂；高宗伐鬼方，三年而後克。太宗舉偏師而陰山平，臨駐蹕而高麗服。然黃帝、高宗經孔子而未嘗少貶，文忠特以爲太宗之疵，庸詎非責備之過歟！以太宗盛德大業如此猶曲貶之，將恐後之君子懷免貶之難而無意於功名也。文忠徒欲高尚其事，而不知此亦自蹈好大之失矣。至於復立浮圖，乃所以和順道德而齊天地鬼神之心，以開濟天下後世之人，爲無窮之益也，文忠以爲不當，則是太宗暗於取捨矣。使太宗果暗於此，則當時房、杜、王、魏之流亦因循尸禄而暗於取捨者耶？或曰文忠慕韓愈爲人，故不得不爾。嗚呼，文忠何忍哉！慕人毁佛而兼弃太宗之道德，是不爲好惡所欺耶？孔子立名教者也，老氏則非毁之；及孔子删禮，則曰「吾聞諸老聃」云，然孔子亦以人而廢言乎？亦若世情之好惡耶？況真佛也者。即聖凡本有之體，毀之乃所以自毀之也，詎傷於真佛哉？嘗聞文忠一昔夢爲勇士，數輩攝至太宗之庭，太宗怒而責曰：「吾文武勳烈如此，不能逃子之貶，何也？」文忠震懼而寤。後欲追改之，而業已進書頒行矣，遂不克改。嘗慨然曰：「平懷最難。」此殆非偶然而云耳。

永徽二年九月，四祖道信大師示寂。師姓司馬，世居河内，後徙蘄州。生而超異，幼慕空宗，諸解脱門，宛如夙習。既紹祖位，攝心無寐，脇不至席者僅六十年。隋大業末，領衆至吉州。值群盜圍城，七旬不解，萬衆惶怖。師憫之，教誦摩訶般若。既而賊衆望雉堞間，若有神兵，乃相謂曰：「城中必有異人。」遂即引去。武德中始居破頭山，學徒奔凑。嘗一日，於黄梅道中逢一小兒，骨相秀異。師曰：「汝何姓？」答曰：「姓即有，不是常姓。」師曰：「是何姓。」答曰：「是佛性。」師曰：「汝無性耶。」答曰：「性即空故。」師默識其爲法器，令侍者詣其母，求之出家。母以夙緣故，了無難色。以至，傳衣付法，偈曰：「華種有生性，因地華生生。大緣與信合，當生生不生。」遂以學徒委之。一日，告衆曰：「吾嘗游廬山，登絶頂，望破頭山，見紫雲如蓋，下有白氣，横分六道。汝等會否？」衆皆默然。忍大師曰：「莫是和尚他後横出一枝佛法否？」師曰：「善。」貞觀末，太宗嚮師道味，欲瞻風彩，詔赴京師。師上表遜謝。前後三返，竟以疾辭。第四度命使者曰：「如果不起，即取首來。」使至山諭旨，師乃引頸就刃，神色怡然。使異之，回以狀聞。帝彌加歎慕，就賜珍繒，以遂其志。及是，忽垂誡門人曰：「一切諸法，悉皆解脱。汝等各自護念，流化未來。」言訖，安坐而逝，壽七十有二。塔於本山。明年四月八日，塔户無故自開，儀相如生。爾後門人不敢復閉。代宗謚大醫[1]禪師云。

① 醫，原作「鑒」，據寬永本、傳燈録卷三第三十一祖道信大師、歷代通載卷十二四祖道信大師改。

隆興佛教編年通論卷第十三

隆興府石室沙門　祖琇　撰

唐

永徽四年，禪師慧寬卒。寬生楊氏，父爲道士，號①三洞先生。姊信相，生而知道，終日凝然禪寂。寬五六歲，日與信相譚論，俱非世事。家世奉道，寬獨不喜。父訶厲，使拜天尊。寬不得已跪之，鐵像蹶然崩壞，舉族驚異，因録每與信相所論言句。先是龍懷寺禪師曇相臨終語弟子會曰：「吾報緣當生廣漢綿竹峰頂楊氏家，後七年汝來見吾。」言訖而逝。其後會頗忘之。一昔，夢相責以負約。會驚寤，遂造峰頂而扣其扉。寬曰：「扣扉者誰？」會遽曰：「弟子會也。」寬笑曰：「何以知吾而稱弟子？」會曰：「得師聲，猶昔日聲也。」遂相見。其父出所録每與信相譚論示之，蓋大莊嚴等論。會即奉寬再歸龍懷寺落髮，由是神異日顯，俗呼聖和尚。其姊信相亦隨出家，嘗因淨慧寺異僧入定，滿寺紅焰亘然，而人未識之。信相曰：「此火聚尊者入火光三昧耳。」因其寺入水觀，一室湛然，唯水不見其形。異僧欽歎，以爲得果。時亦號聖尼。寬十世爲大僧，今十生記存焉。累朝賜謚不一。

① 號，原作「魏」，據寬永本、歷代通載卷十二惠寬禪師及姐信相改。

是歲，法師玄奘於慈恩寺將建大塔，奉安所獲經論梵本，以表聞奏。敕中書舍人李義府報曰：「所欲營塔，今已處分大内及東宫掖庭等七宫亡人衣物，助師營辦。」於是法師授以西域制度，躬自負土運甎。未幾而成，其高二百尺，即上層建碑，刊二聖聖教序而藏之。

五年，中天竺國摩訶菩提寺遣僧致法師玄奘書并獻方物，其辭曰：「微妙吉祥世尊金剛座側摩訶菩提寺諸多聞衆所共圍繞上座慧天，致書摩訶支那國於無量經律論妙盡精微木叉阿遮利耶。敬問無量，少病少惱。我慧天苾芻，今造佛大神變贊頌及諸經論比量智等。今附苾芻法長將往，此無量多聞長老大德阿遮利耶智光，亦同前致問，馬①波索迦日授稽首和南。今共寄白氎一雙，示不空心，路遠，莫恠其少。願領。彼須經論録名附來，當爲抄送木叉阿遮利耶。願知。」及法長辭還，奘答長老智光書，其略曰：「往年使還，承正法藏大師無常，奉問摧割，不能已已。嗚呼！苦海舟沉，人天眼滅，遷奪之痛，何可②述歟③……昔大覺潛輝，迦葉紹其④洪業；商那遷逝⑤，鞠多闡其嘉猷。今法將歸真，法師次任其事，惟願清辭妙辯，共四海而弘流；福智莊嚴，與五山而永久。玄奘所將經論，已翻瑜伽師地論等大小三十餘部……即日大唐天子，聖躬萬福，率土安寧，以輪王之慈，敷法王之化。所出經論，

① 卍新續藏本原註：「馬，疑『烏』。」歷代通載卷十二天竺致書奘師（答書附）作「鄔」。
② 可，原作「不」，據寬永本、歷代通載卷十二天竺致書奘師（答書附）改。
③ 何可述歟，三藏法師傳卷七作「何期速歟」。
④ 其，寬永本、歷代通載卷十二天竺致書奘師（答書附）作「宗」，三藏法師傳卷七作「宣」。
⑤ 逝，三藏法師傳卷七作「化」。

並蒙神筆製序，令所司抄寫國内流行，爰及①鄰邦，亦俱遵奉②。雖居像季③之末，而教法光榮④，邕邕穆穆，亦不異室羅筏逝多林之化也。伏願照知。頃信度河⑤，失經一馱，今録名於後，有便⑥請爲附來。并有片物供養，願垂納受。」

是歲，特旨度沙彌窺基爲大僧，入大慈恩寺參譯經正義。基，尉遲敬德猶子也。父宗，右金吾衛將軍。母裴，夢掌月輪吞之而孕。誕夕，神光盈室。甫六歲，能著書。初，法師奘公於西域得一童子，敏悟絶倫，因携之詣宗。宗呼基出拜，奘使誦所著兵書且數千言，奘數目童子。及基誦畢，奘紿之曰：「此古書耳。」宗未之信。奘令西域童子覆誦之，不差一字。宗大怒，以基竊古書罔己，將殺之，奘就丐出家。基曰：「聽我御葷色晚膳，即從出家。不然，寧伏劍死，不爲餓死。」奘愛其俊而許之，遂從入道。每覽疏記，過目成誦，義亦頓解。善大小乘，既參譯經，從奘受瑜伽唯識宗旨，著論凡百部，時號百本論師。然性豪侈，每出必治三車，亦號三車法師。

六年五月，法師玄奘譯因明論，沙門神泰等各造義疏釋之。法師栖玄者，以其論示尚藥奉御吕才。

① 及，三藏法師傳卷七作「至」。
② 奉，三藏法師傳卷七作「習」。
③ 季，三藏法師傳卷七作「運」。
④ 教法光榮，三藏法師傳卷七作「法教光華」。
⑤ 頃信度河，三藏法師傳卷七作「又前渡信渡河」。
⑥ 便，三藏法師傳卷七作「信」。

才，深藝之士也，頗毀其文，作因明註解破義圖，輕薄者聽信之。秋七月，譯經法師慧立致書左僕射千①志寧，斥其謬，辭曰：「聞諸佛之立教，文言奧遠，旨義幽深，等圓穹之寥廓，類滄波之浩瀚，談真如之性相，居十地而尚迷，說小草之因緣，處無生而猶昧。況有縈纏八邪之網、沉淪四倒之流，而欲窺究宗因、辨彰其理者，無乃惑哉？切見大慈恩寺翻經法師慧基早樹，智力夙成，行潔珪璋，操逾松杞，遂能躬游聖域，詢稟微言，擅三藏於胸懷，苞四含於掌握，嗣清徽於曩哲，扇遺範於當今，實季俗之舟航，信緇林之龜鑑者也。所翻聖教已三百餘軸，中有小論，題曰因明，詮論難之旨歸，序折邪之軌式，雖未爲玄門之要妙，亦非造次之所知。近聞尚藥吕奉御以常人之資，竊眾師之說，造因明圖，釋宗因義，不能精悟，好起異端，苟覔聲譽②，妄爲穿鑿，排眾德之正說，任我慢之偏心，媒衒公卿之前，囂誼閭巷之側，不慙顏厚，靡劬神勞，數易炎涼，心猶未已。然奉御於俗事少閑，遂謂真宗可了，何異鼷鼠見釜竈之堪陟，乃言崐、閬之不難；蛛蝥覩棘林之易羅，遂謂扶桑之可網。不量涯分，無以異斯。況大音希聲，大辯若訥，所以淨名契理，杜口毗耶。尼父德高，恂恂鄉黨，未聞誇矜自媒，而獲搢紳之推抑③也。」立致書，其事稍息。

冬十月丁酉，太常博士柳宣以其事寢，作歸敬書并偈，檄譯經大德，求畢其說，於是法師明濬答

① 卍新續藏本原註：「千，疑『于』。」歷代通載卷十二立法師斥吕才論作「于」。
② 譽，原作「舉」，據寬永本改。卍新續藏本原註：「舉，疑『譽』。」
③ 抑，三藏法師傳卷八作「仰」。

還述頌并書。極大教尊嚴，而訓吕才妄舉。柳①宣得書，即㔹吕才，列奏其事。有旨集公卿學士領才詣慈恩寺見法師，受辭悔謝而退。

顯慶元年正月丙寅，立代王弘爲皇太子。是日，於慈恩寺齋僧五千員，勑黄門侍郎薛元超主其事。故因問法師玄奘前代翻經之式，對曰：「漢魏既遠，未可詳論；晉宋已來，翻經皆有監閲詳緝之官。故苻堅時曇摩難提譯經，黄門趙整執筆；姚興時羅什譯經，興及姚嵩執筆；後魏菩提流支譯經，侍中崔光筆授；以至梁、陳、周、隋之代，並亦如之。貞觀初年，波頗那羅譯經，先帝勑趙郡王孝恭詹事，杜正倫監護，今特闕如。又大慈恩寺壯麗輪奐，今古罕儔，尚未建碑。貧道懷此二事，願聞之於上也。」元超奏其語，制可。

是月壬申朝會，中書令崔敦禮宣勑曰：「大慈恩寺法師玄奘，新翻經論，文義須精。宜令左僕射于志寧、吏部尚書來濟、禮部尚書許敬宗、黄門侍郎薛元超、中書侍郎李義府、杜正倫，時爲看閲，或不穩處，隨事潤色。」朝罷，遣内給事王君德報法師曰：「承須友人助翻經，已爲處分于志寧等。其慈恩寺碑，朕望自作。不知師意如何？且令相報。」奘奉旨，即率衆詣闕，抗表陳請。未幾，高宗親製大慈恩寺碑文成，遣長孫無忌遍示群公。其辭曰：「蓋聞乾坤締構之初，品物權輿之始，莫不載形厚土，籍覆穹蒼。然則二曜輝天，靡測盈虚之像；四溟紀地，豈究波瀾之極。况乎法門虚寂，出生不滅之前；聖教牢籠，示有無形之外。故以道光塵劫，化洽生靈。緬惟王宫發跡，蓮披起步之華；神

① 柳，原作「抑」，據寛永本改。

沼騰光，樹曲高堤之幹。演德音於鹿苑，會多士於龍宫。福已罪之群生，興將滅之人代。能使下愚抱道，骨碎寒林之野；上哲欽風，身没雪山之偈。絲流法雨，清火宅以辭炎；輪昇慧日，皎重冥而歸晝。朕逖覽緗史，詳觀道義，福永①劫者其唯釋教歟？文德皇太后憑柯瓊樹，疏派泉源，德照塗山，道光媯汭。流芬彤管，彰懿則於八紘；垂訓紫宫，扇徽猷於萬古。遽而乾精掩月，永戢貞輝；坤維絶紐②，長淪茂疏。撫奩鏡而增感，望陟屺以何追？仲由興歎於千鍾，虞丘致哀於三失，朕之罔極實有切於終身，故載懷興緝，糾斯金地。却背郊③郊，點千莊之樹錦；前臨終嶽，吐百仞之峰蓮。左面八川，皎池光而分鏡；右鄰九達，飛羽蓋以連雲。抑天府之奥區，信上京之勝地。跡④其彫軒架迥，綺閣凌虚。丹空曉烏，焕日宫而⑤泛麗⑥；素天初兔，鑒月殿而澄輝。薰徑秋蘭，疎亭佩紫；芳巖冬桂，密户叢丹。燈皎繁華，焰轉心中之鶴；幡標迥刹，綵縈天外之虹。飛陛參差，含文露而栖玉；輕簾舒卷，網靨面而編珠。霞班低岫之紅，池漠泛煙之翠。鳴珮與宵鍾合韻，和風共晨梵分音。豈真⑦香積天宫，遠慚輪奂，閬風僊闕，遥愧彫華而已哉？有玄奘法師者，實真如之冠冕也。器宇凝邃，若

① 三藏法師傳卷八「永」前有「崇」字。
② 紐，寬永本作「細」。
③ 郊，寬永本作「分」。
④ 跡，三藏法師傳卷八作「爾」。
⑤ 而，寬永本作「之」。
⑥ 麗，三藏法師傳卷八作「彩」。
⑦ 卍新續藏本原註：「真，疑『直』。」歷代通載卷十二御製大慈恩寺碑謝表附作「直」。

清風之肅長松；縟思繁蔚，如綺霜之輝迥漢。騰今照古之智，挺自生知；蘊寂懷真之誠，發乎齠齔。孤標一代，邁生、遠以照前；迥秀千齡，架澄、什而光後。以爲淳風替古，澆俗移今。悲巨夜之長昏，痛微言之永翳。遂投跡異域，廣湌祕教。乘杯雲漢之外，振錫煙霞之表。滔天巨海，漫驚浪而羈游；亘地嚴霜，犯悽氣①而獨遊②。平郊散敘③，衣單雪嶺之風；曠野低輪，肌弊流沙之日。遐征月路，影對宵而暫雙；遠邁危峰，形臨朝而永隻。思窮妙境，探賾至真。心罄玄津，研幾秘術。通昔賢之所不達，悟先典之所未聞。遂得金牒東流，續將絶之教；寶偈西徙，補已闕之文。時睠靈基，栖心此地。弘宣奧旨，葉重翠於祇林；所以④遠闢幽關，波再清於定水。朕之虔心⑤八正，肅志雙林。冀延景福，式資冥助。奉願皇太后逍遥六度，神游丹闕之前；偃息四禪⑥，魂昇紫極之境。悲夫玉燭易往，促四序於炎涼；金箭難留，馳六龍於晷漏。恐波遷樹在，移溟海於桑田；地是勢非，淪高岸而爲幽谷。於是敬刻貞石，式旌真境。」銘不録。

三月庚申，百僚奉表，美揚聖製。別詔禮部尚書許敬宗送碑文示法師玄奘。甲子，奘率徒詣闕，

---

① 氣，歷代通載卷十二御製大慈恩寺碑謝表附作「氛」。
② 遊，寬永本、三藏法師傳卷八、歷代通載卷十二御製大慈恩寺碑謝表附作「逝」。
③ 卍新續藏本原註：「敘，疑『緒』。」
④ 所以，寬永本、三藏法師傳卷八、歷代通載卷十二御製大慈恩寺碑謝表附無。
⑤ 心，寬永本作「誠」。
⑥ 禪，寬永本、三藏法師傳卷八、歷代通載卷十二御製大慈恩寺碑謝表附作「洲」。

奉表謝曰：「造化之功，既播物而成教；聖人之道，亦因辭而見情。然則畫卦垂文，空談形於器宇；設爻分象，實未越於寰域。羲皇之德，尚見稱於前古；姬后之風，亦獨高於後代。豈若開物成務，闡八正以摛章；詮道立言，證三明而導俗。理窮天地之表，情該日月之外。校其優劣，斯爲盛矣。共惟陛下金輪在運，玉曆乘時。化洽四洲，仁覃九有。道苞前聖，功茂乃神。縱多能於生知，資率由於天至。始悲奩鏡，即刱招提；俄樹勝幢，乃敷文律。若乃天華潁①發，睿藻波騰。吞筆海而孕龍宮，掩詞林而包鶴樹。内該八藏，外覈六經。奥而能典，宏而且密。使祇園遺跡，託寶思而彌高；奈苑餘芳，假瓊章而不朽。豈直抑揚夢境，昭晣迷途。諒以鎔範四天、牢籠三界者矣。」奘以其文宜得聖筆自寫，因抗表勸請。制不許。再表，遂許之。四月八日，奘率京城僧尼備幢幡寶輦、香華梵儀、扣芳林門迎御製碑。勅太常九部樂并長安、萬年二縣樂戲及戚里侯王耆耋送之。是日以雨不克，十四日遂迎之。舊史·本紀云：「帝御安福門樓，觀法師玄奘迎御製大慈恩寺碑。導從以天竺法儀，其徒甚盛。帝望之大悦。」

五月法師玄奘寢疾，勅尚藥奉御蔣孝章、針醫上宫琮專視病，又遣北門使者伺氣候遞報消息。奘因陳先朝以釋氏名位次道流之下，先帝晚年許爲改正。又永徽初勅僧尼罪犯情難知者，同俗法推鞫，奘慮疾病委頓，永隔天顔，附内使以聞。即日勅使報曰：「所陳但佛道名位、先朝處分事，須平章其同俗，勅即爲除落。師宜安意將息。」奘疾尋愈。會天后難月，命入宫祈福及分難。神光滿宫，自庭燭

① 潁，寬永本、歷代通載卷十二御製大慈恩寺碑謝表附作「欸」。

天，因號「佛光王」（即中宗也）。初，帝嘗謂奘曰：「若生男子，即聽出家。」至是奘奉表請許佛光王出家，紹隆三寶。制可。

二年夏四月，追僧、道各二七人入宮論議。道士李榮以本際立義，法師義褒徵曰：「既標本際，爲道本於際耶？際本於道耶？」榮曰：「互得。」褒曰：「若道本於際，際爲道本。則亦可際本於道，道爲際源。」榮曰：「亦通耳。」褒曰：「若本際與道，互得相通，則亦可自然與道互相法也。」榮曰：「道法自然，自然不法道①。」褒曰：「若爾，則道本於際，本際不本於道矣。」榮意前言之失，不復主義，以他語嘲褒。褒正色曰：「對萬乘之前立論，申明邪正，以簡帝心，豈以他辭塵瀆天聽！」榮愧服。帝嘉之，令引榮退席。揖黃頤對褒談論，極莫②而罷。

是歲，法師玄奘抗表，辭入嵩山少林寺，專意譯經。降御札報曰：「省表，知欲晦跡巖③泉，追遁、遠而架往；託慮神寂，軌澄、什以標今。仰揖風規，是所欽尚！朕業空學寡，靡究高深，然以淺識薄聞，未見其可。法師津梁三界，汲引四生。智皎心燈，定凝意水。非情塵之所翳，豈識浪之能驚。道德可居，何必太華疊嶺；空寂可舍，豈獨少室重巒。幸戢來言，勿復重請。則市朝大隱，不獨貴於前賢；見聞弘益，更可珍於即代。」奘進啟奉謝，略曰：「昔季重蒙魏君之禮，唯敘睽離；慧遠辱晋后之書，才令給米。未覩辭兼空寂可舍之旨，誨示大隱市朝之情。故知人主之懷，窮真罄俗，綜

① 道，原作「通」，據歷代通載卷十二追僧道論議改。
② 卍新續藏本原註：「莫，通『暮』。」
③ 卍新續藏本原註：「嚴，疑『巖』。」歷代通載卷十二奘法師表辭還山作「巖」。

有該無。超義、軒而更高，駕曹、馬而逾遠者矣。」時奘公道震天下，謀欲禁止舊經，唯弘新典。有禪師法冲者善楞伽宗旨，雅爲房梁公所重，因見奘而諫之曰：「聞君將廢罷舊經，不許弘宣，此未可也。法師頃依舊經入道，今若弃舊崇新，則法師亦當返初，復依新經出家，可乎？」奘悟而止。

四年，帝在合璧宮追僧道論義。法師會隱立五蘊義，法師神泰立九斷知義。道士李榮、黃壽不知名義，茫如夢海，雖事往返，而牢落無歸。遂敕道士立義。於是李榮立道生萬物義。法師慧立問曰：「先生立道生萬物，未審此道是有知耶，是無知？」榮曰：「人法地，地法天，天法道。既爲天地之法，豈曰無知？」立曰：「必若有知，則合唯生於善，何故亦生於惡？既善惡昇沈，叢雜混生，則無知矣。請試劇陳之。如上古未開闢時，何不早生今日聖明？子有黔黎，與之榮樂，乃先誕共工、蚩尤、桀、紂、幽、厲之徒而殘賊斯民耶？人臣之中，何不唯生稷、契、夔、龍之輩，而使飛廉、惡來、靳尚、新莽之儔諛謟其君，致邦國傾亂耶？羽族之中，何不唯生鸞鳳嘉禽，而更生梟鏡惡鳥乎？毛群之中，何不唯生麒麟、騶騶，復生豺狼、豪蝟乎？以至草木等類，美惡不同。既混糅俱生，不別善惡，則道無知，不能生物。云何得稱天地取法而生萬物乎？據佛世尊窮理盡性之教，則天地萬物是業，眾生以業力故所感不同。以善業勝者，則琉璃爲地，黃金爲道，瓊樹蔭陌，玉葉垂亭，甘露充飡，綺衣爲座；惡業多者，沙壤爲地，瓦礫爲衢，稗飯充飢，麻衣蔽體，泥行雨宿，霜穫暑耕，皆自業所感，無人使之。吾子心迷不識，妄言道生一，何可憫！」榮愕然不知所對。慧立乘機拂弄，榮亦杜默，遂赧然下座，揖黃壽前席，立老子名義。法師會隱以老子國家先宗，既難其名，恐有觸犯，即奏曰：「黃壽身預黃冠，不知諱忌。城狐社鼠，猶事依憑國家，遠承龍德之後。陛下老氏子孫，豈有對人子孫而公談祖諱！至如五千言中大有好義，壽不能標列而説聖人之名。計罪論刑，死有餘及。」帝肯首曰：「固當別立義。」壽既遭沮挫，慚汗失圖，雖事言對，而次序乖越。及罷，帝曰：「朕觀二家之論，宗旨竟未分明。」法師慧立驟對曰：「二家之論，宗旨未明，實如明詔。何則？衆僧立義，道士不識其源。既耻無辭，遂鑛闟謾語。至如會隱立五藴義，黄頤以蔭名來難。且蔭以覆蓋爲宗，藴以積聚爲義。如色有十一，聚在色名之下；識有八種，積在一名之中。舉統以收，稱爲藴義；若以蔭名見難，義理全乖。又神泰立九斷知義，道士生來未聞此名。論座雖登，不知發問之處，無以遮慚，遂浪作餘語，由是宗旨不明。浼瀆天聽，過在道士。然佛法大宗，因緣爲最，故云未嘗有一法不從因緣生。且如目見殿柱，須具五緣：一識心不亂，二眼根不壞，三籍以光明，四有境現前，五中間無障。必具此緣，方得見柱。若曦光已没，龍燭未明；縱有朱槐，何由可見？又如嘉穀陽和之月，假水土人工則能萌芽，夏盛甕中，冬藏地陷，緣不具，故畢竟不生。而人亦然，内則業感爲因，外則父母爲緣，身方得生。父母乖違，終無生理。乃至羽毛萬彙，悉亦如之。故經云：『深入緣起，斷諸邪見。』由佛智慧，窮法實相，是稱無上正覺爲人天師。外道之輩則不如是，或計諸法自然，即同此方莊、老。或言無因，或云宿作，並是邪宗，不明法本。」又對御説依他、遍計、圓成三性之義。及辭出宫。少選，敕内給事王君德傳宣曰：「師等因緣義甚好，何不早論。」詣道士李榮等傳勑曰：「何不學佛經？」於是榮等羞縮，爲之氣塞。

麟德元年二月，法師玄奘寢疾。命弟子大乘光録所譯經論凡一千三百三十有五卷，造彌勒像十俱胝。及疾革，口誦：「色藴不可得，受想行識不可得，眼界不可得，乃至意識界不可得，無明不可得，乃至菩提不可得，不可得亦不可得。」復令左右同聲三唱：「南謨慈氏如來，應正等覺，願與含識，速奉慈顏。南無慈氏如來所居内院，願捨壽已，必生其中。」遂右脇安卧而逝，春秋六十有三。是夕，白虹四道自北亘南貫井宿，直慈恩寺塔。訃聞於朝，帝哭之甚哀，顧左右曰：「朕失國寶矣！」輟朝三日，自終及葬，五降御札，哀録遺典，勤卹喪事。俄異僧奉旃檀末香至，請依天竺法用塗法師之體，大乘光等以掩龕日久不欲開。其僧曰：「別奉進旨，儻見拒，即具奏。」遂啟龕，而顔色如生，香氣馥郁。其僧塗畢，恍然不見，識者以爲兜率内院人也。夏四月，勅準佛世尊故事，斂以金棺銀槨，塔於滻東門。弟子神泰、栖玄、會隱、慧立、明濬、義褒、大乘光等，皆法門之龍象焉。

論曰：自大教東流，沙門行侔先聖則有遠公，妙盡法源則有羅什，道德尊重爲帝王師則婁約、法上諸公，然皆未遇盛明之主。獨奘出貞觀至治之世，道契太宗，中興佛法。跡其翻宣至教，功比羅什；風規峻美，庶幾遠公；道振一時，尊逾約上。自古功德兼隆，由滕、蘭已來，未之有也，使夫大教巍巍，後世得以安其成式。嗚呼，可謂既聖矣！

乾封二年八月，南山律師道宣卒。有詔追悼，仍敕天下寺，並宜圖形塑像，以爲標範。宣姓錢氏，父吏部尚書郎。母夢月輪貫懷而孕，既而又夢梵僧語之曰：「所孕者，祐律師也。願自愛。」及宣年壯，而退然無經世意。母憶所夢，聽出家。性與道合，所至必感神物翊衛，供奉天饌。有雲室山人嘗訪宣，見左右皆天童給侍。莫[1]年以戒壇未合律，躬負土準律新之。壇成日，有異比丘至禮壇曰：「佛滅已來，像法住世，中興毗尼，賴師一人而已。」復有厖眉皓首尊者降壇，與宣論道，久之而去。弟子躡跡追之，不知所往，時以爲賓頭盧也。又嘗中夜行道，臨砌蹶且仆。有少年介胄擁持之，因問汝謂誰而見德如此。曰：「弟子博叉天王子張瓊也。以師戒德高妙，故來給衛耳。」宣遂廣問如來世尊在世及滅度時事，瓊一一爲宣言之。及別，授宣佛牙并寶掌二物，表信而隱。又常感異人徵難律相輕重，亦授以祇桓圖，及付囑儀十卷，皆世所未有者。故南山律疏妙盡隨相之義，以其通神明而然也。既歿，弟子文綱弘其教，天下宗師之，目爲行事防非止惡宗，謂之南山教。律師嘗問天神觀音大士緣起，天神對曰：「往昔過去劫有王曰莊嚴，夫人曰寶應，生三女。長曰妙顔，仲曰妙音，季曰妙善。妙善始孕，夫人夢吞月。及誕之夕，大地震動，異香天華遍及内外，國人駭異。既生，不浴而鮮潔，梵相端嚴，五色雲覆其身，國人曰聖人出世之徵也。父母雖奇之，然心邪，遂惡。菩薩長成，自然慈婉，衣服華鮮，日中一食，宫中號曰佛心娘子。宫娥沐化，咸遷善離欲。王稍憎之，將欲擇配。妙善廉知曰：『富貴不長有，榮華如泡幻。雖陵以賤役，絶無悔心！』王同夫人召而誘之，則曰：『若免三患，當從嚴命。』王曰：『何謂三患？』妙善曰：『一者世人少時，面如珂月；及老，髮白面皺，行住坐卧，百不如少。二者肢體康强，步武若飛；忽一病，至卧於床枕，無一可喜。三者姻戚集會，骨肉滿前；一旦無常，父子雖親，豈能相代！三患若免，從婚[2]可得；若未能者，不如出家務道。了

①卍新續藏本原註：「莫，通『暮』。」
②婚，寬永本作「婿」。

達本心，諸患自滅。』王怒，責令治圃，裁損飲膳。二姉亦私往奪其志，妙善固守不回。夫人親諭之，妙善曰：『一切世間，恩愛纏縛，無有出期，骨肉會合，當必離散。願母自寬，幸有二姉虞侍，無以妙善爲意也。』夫人及姉因奏王捨之出家，王怒，召諸尼誡之，必欲苦楚令退志。尼等恐懼，以麤務柴水杵臼園蔬任之。感圃蔬冬茂，厨側湧泉。久而妙善無退意。王聞有泉蔬之異，大怒，遣武士取首并殺尼衆。使者將至，忽雲①霧如山，咫尺莫辨，及霽，獨失妙善所在。爲神捧至他巖卜居。神曰：「地薄不任。」凡三遷②，而後得令香山。妙善居之，木食澗飲。久之，王得迦摩羅疾，徧身腐爛，寢食輟然，國醫皆莫能差。將殂，有僧言善療，然須無嗔人手目，王甚難之。僧曰：「王境内西南香山有菩薩修行，王若遣使求之，二物必得。」王不獲已，命内侍往道其意。妙善曰：「我父不敬三寶，毁滅正教，誅無罪之尼，此招報也。」即忻然刲目，斷臂授使者。復告以勸王改往趣善，無惑邪法，及奉二物。僧以成藥，王餌之立効，厚謝醫僧。僧曰：「謝我何爲？當謝施手目者。」僧忽不見。王驚神助，遂命駕，同夫人二女入山謝菩薩。相見未語，夫人識之乃妙善也，不覺哽噎涕淚。妙善曰：「夫人憶妙善否？我念父王之恩，報以手目。」王及夫人聞語，抱持哭之慟。夫人欲以舌舐其目，未及之間，忽然祥雲周覆，天樂發聲，動地雨華，乃現千手千眼聖像，當空堂堂，從者萬數，慶悲之聲，震響山谷。須臾，菩薩還復本身，儼然而逝。王及夫人二姉闍維，收舍利，即山建塔。」宣又問：「菩薩處處化身，豈應獨在香山耶？」神曰：「今震旦境内，唯香山最殊勝。山在嵩嶽之南二百里，今汝州香山

① 雲，寬永本作「靈」。
② 遷，寬永本作「選」。

是也。」天神又爲宣説阿育王佛舍利塔在震旦境中者十有九處，後皆顯驗云。

論曰：南山宣公，蓋梁祐律師之後身也。以持律聲震五天，致果位聖人數數爲宣降現，平章法義，以至天厨奉供，天童給侍。本朝祥符間，猶有梵僧遠來禮宣塔者，自非古佛法道爲之昇濟神明，曷能若是乎？至於天神談舍利靈塔所在及觀音大士緣起之跡，然無盡世界普門示現，烏可既言哉！妙善特無刹塵數中之一耳。菩薩萬行報得之身，應緣而現，初非男女定相。如首楞嚴所謂從聞思修入三摩地者，諒爲大士根本緣起也歟。

隆興佛教編年通論卷第十四

隆興府石室沙門　祖琇　撰

唐

總章元年，追僧道會於百福殿，定奪化胡經真偽。百官臨證，僧法明者預選入，方三教首座議論紛紜，明察其非是，即排衆出曰：「老子化胡成佛之際，爲作華言化之耶？爲作胡語誘之？若作華言，則胡人未善；必作胡語，既傳此土，須假翻譯。未審道流所謂化胡經者，於何朝代翻譯？筆授、證義當復爲誰？」於是舉衆愕然，無能應者，公卿列辟，咸服其切當，忻躍而罷。有敕搜聚天下化胡經焚弃，不在道經之數。既而洛京恒道觀桓彦道等奉表乞留。詔曰：「三聖重光，玄元統敘；豈忘老教，偏意釋宗？朕志欵還淳，情存去偽。理乖事升者，雖在親而亦除；義符名當者，雖有冤而必録。自今道經諸部有記及化胡事者，並宜削除。」有司條爲罪制。

論曰：初元魏道士姜斌等撰造所謂太上開天經，盛言老子化胡事。及與曇謨最對辯，斌眼①

① 眼，釋氏資鑑卷六唐上作「服」。

其妄，而名臣瓶①鸞者乃著笑道論三十有六篇，掊擊化胡成佛之謬，今載藏中。至隋，僕射楊素曰：「道經稱老子化胡，胡人不受化；乃令尹喜變佛形而化之，胡人乃始受化。審爾，則老子不能化胡，胡人奉佛有素明矣。」又甞入道宮，指化胡像問道流曰：「老子安用化胡爲？佛何不化胡爲道？」道流無對。此言尤足以盡揭其謬矣。今觀法明之辨，精切允當，則又過素遠甚。其妖妄，宜消落不復存矣。至會昌以來，此說尚衒惑於世，何哉？

上元二年，五祖弘忍大師示寂。師蘄州黄梅周氏子，生而岐嶷。兒時，有異僧歎曰：「是子闕七種相，不逮如來。」後遇信大師，得法嗣化於破頭山。咸亨中，有盧居士者，名慧能，自遠來參。師問：「汝自何來？」答曰：「嶺南。」師曰：「欲求何事？」曰：「唯求作佛。」師曰：「嶺南人無佛性，若爲得佛？」曰：「人即有南北，佛性豈然？」師知其異人，乃訶之曰：「著槽廠去！」能禮足而退，便入碓坊，服勞於杵臼之間。經旬月，師知付法時至，遂告衆曰：「正法難解。不可徒記吾言，將爲己任。汝等各自隨意述一偈，若語意冥符，則衣法皆付。」時會七百餘衆，神秀居第一座，學通内外，衆所推仰。秀亦自負無出其右者，不復思惟，乃於廊壁間書一偈云：「身是菩提樹，心如明鏡臺。時時勤拭拂，莫遣有塵埃。」師因經行次見偈，心知秀之所爲，因紿曰：「後代依此修行，亦得道果。」衆聆此語，各諷誦。他日能在碓坊聞偈，乃問同列此誰爲之。同侣告以和尚，將欲付法，各令

① 卍新續藏本原註：「瓶，一作『甀』。」當爲「甀」。

述偈，此乃秀上座所爲。能曰：「美則美矣，了則未了。」同侶共訶其謬妄。能至莫夜，命童子引至廊間，能自執燭，令童子於秀偈之側寫偈曰：「菩提本無樹，明鏡亦非臺。本來無一物，何假拂塵埃？」師復見此，默念必能之所爲，因故爲之辭曰：「此誰作？亦未見性。」衆以師弗許，皆莫之顧。即於是夕，潛使人自碓坊呼能至，告之曰：「諸佛出世，爲一大事因緣。隨機小大而引化之，遂有十地、三乘、頓漸等法以爲教門，然以微妙秘密圓明真實正法眼藏付於上首迦葉尊者，展轉傳授二十八世。至菩提達磨大師，届於此土，得可祖承襲，以至於吾。吾今授汝，并所傳袈裟，用以表信。汝善護持，勿令斷絶！聽吾偈曰：『有情來下種，因地果還生。無情既無種，無性亦無生。』」能跪受畢，乃曰：「法則既受，衣付何人？」師曰：「昔達磨初至，人未之信。故傳此衣，以明得法。今信心已熟，衣乃争端。止於汝身，勿復傳也。且當遠引，俟時行化。所謂受衣之人，命如懸絲。」能曰：「當隱何所？」師云：「逢懷且止，遇會即藏。」能禮足捧衣而出，通夕南邁，衆皆未知。師由是三日不上堂，衆疑之，因致問。師曰：「吾道行矣。」又問衣法誰傳，師曰：「能者傳之。」衆意盧居士名能，必此人也。共力推尋，能已不在。至有相率而物色追之者。師既付法已，復經四載而寂，塔於東山。代宗帝謚大滿禪師。

舊唐史云，後魏末，有僧達磨者，本天竺王子，以讓國出家，入南海，得禪宗妙法。云自釋迦相傳，有衣鉢爲記，世相傳受。達磨將衣鉢航海而來，初至梁國，見武帝。問以有爲之事，達磨不悦，乃之魏，隱於嵩山少林寺，遇毒而卒。其年，魏使宋雲於葱嶺回見之。門徒發其墓，但有衣履而已。達磨傳慧可，可嘗斷臂以求其法。可傳僧璨，璨傳道信，信傳弘忍。忍姓周氏，黄梅人，與信並住東山寺，世謂其法爲「東山法門」。

論曰：舊史敘諸祖雖簡略，然大要與寶林、傳燈之説皆合。至謂達磨遇毒而卒，及魏使復於葱嶺見之，則毒與卒果有之乎？世稱五祖前身蓋栽松道者，往見四祖，將付以衣法，俄惜之曰：「汝耄矣，雖嗣化，能復幾何？儻再來，可也。」五祖因託質周氏女，無父而生。母幾受禍。僅死而免。四祖果忍死以遲其來，果以大法。噫！吾祖出入死生，正游戲耳。自非果位上聖，孰能與於此哉！

儀鳳元年，北印度尊者佛陀波利至五臺清涼山。逢一叟，問曰：「爾來何爲？」波利曰：「求禮觀文殊也。」曰：「持佛頂尊勝咒來未？」曰：「未也。」叟曰：「此土衆生滋惡，而出家者犯四棄尤多，不持此咒隨行，遠來奚益？能回取之，以流此土，可乎？」波利作禮而返。以開耀五年取其咒至於長安。有旨命日照三藏翻譯。帝聞此咒靈驗特異，秘之禁掖。波利頻奏請布中外，高宗不得已從之。波利即辭入五臺，後不知終。

時南天竺有菩提流志，習頭陀行。從耶舍瞿沙受道，爲西域宗師，名震中夏。帝聞風而悦之，因使西域，有詔敦請。

永淳元年，慈恩法師窺基卒，年五十有一。有詔傷悼，御製畫像贊，敕葬樊川北渠，近奘公之塋。基貌豐碩，長八尺，氣概萬夫。項有玉枕，十指紋皆盤折如印，見者讋伏，然心慈善誨人。晚節祈生内院，循戒彌篤。嘗造玉文殊像及金寫大般若經，皆獲瑞應。初，南山宣律師以弘律名震五天，感天厨供饌，每薄基三車之玩，不甚爲禮。基嘗訪宣，其日過午而天饌不至。及基辭去，天神乃降。宣責以後時，天曰：「適見大乘菩薩在此，翊衛嚴甚，故無自而入。」宣聞之大驚。於是遐邇增敬焉。先是奘公親授西域戒賢師瑜伽師地唯識宗，而基盡領其妙，恢廓源流，天下後世尊之，目爲三乘法相顯理宗，謂之慈恩教。是歲，隱士孫思邈卒，年百餘。思邈善莊、老及陰陽、推步、醫藥之術，尤重釋典，世稱孫真人焉。

二年，法師玄暉卒。暉字道世，或云名道世，以避太宗偏諱，故以字行。三學洞貫，嘗慨教藏及古今圖史之博而學者難以備究，因撰法苑珠林凡一百卷，各開門類。識者重其精博云。

弘道元年，帝崩，中宗即位。數月，天后廢爲盧陵王，幽於房州。天后臨朝稱制，是爲則天。明年七月，沙門十輩詣闕，上大雲經，盛稱則天當即宸極。則天大悦，賜十沙門紫方袍銀龜袋，頒經於天下郡國，各建大雲寺。九月，則天革唐命，改國號周，自稱聖神皇帝。

論曰：新唐史極惡大雲之妄。然其後菩提流志、不空三藏、清凉國師諸公皆未有考其所以來而黜絶之，今是經猶列於藏中，跡其真妄，固未易詳也。則天革命，當太宗時已著秘讖，安在臨朝稱制而獻大雲經哉？是十沙門者，以律按之，其顯異之罪自當擯斥，不得列於僧數。則天欲遂己之私而寵貴之，是不獨革唐命，抑亦兼壞釋氏法矣。悲夫！

延載元年，則天加號「天册金輪聖神皇帝」，作七寶。復聞于闐國梵本華嚴大經，即遣使奉玉帛往求之，并請彼國善梵學者一人隨經以來。於是于闐主以實叉難提妙華嚴宗旨，遣赴命。則天見之大悦，詔入大遍空寺，同三藏菩提流志法師、神惻、玄景、復禮等翻譯華嚴。則天時幸其寺，親施供饌焉。

萬歲通天元年，詔沙彌康法藏於太原寺，開示華嚴宗旨。方緒經題，感白光，昱然自口而出，須臾成蓋，停空久之。萬衆懽呼嘆異。都講僧恒奏其事，則天悦，有旨命京城十大德爲藏授滿分戒，賜號賢首，詔入大遍空寺參譯經。

是歲，詔嵩嶽慧安禪師入禁中問道，與神秀禪師同被欽重。則天嘗問安甲子幾何，對曰：「不記。」曰：「何以不記？」安曰：「生死之身，有若循環。環無起盡，焉用記爲？况識心流注，無有間斷。見漚起者，乃妄想耳。從初識至動相滅時，亦只如此。何年月而可記乎？」則天嘆美久之。時安春秋百餘，而天下之人慕之，稱爲老安國師。

聖曆元年五月戊辰，三藏法師義淨自西域還，獲梵本經論四百餘部，及金剛座真容舍利三百餘粒。則天降蹕上東門迎勞，安置佛授記寺。未幾，詔入大遍空寺，同實叉難提等譯經證義。明年十月，譯新華嚴經成，實叉難提等奉表奏上。則天親製序，御太極殿宣示百官。

久視元年，詔斂天下僧錢日一文，聚作大像於白馬阪。宰相狄仁傑上疏諫曰：「爲政之本，必先人事。陛下矜念群生迷謬，弱喪無歸，欲令像法兼行，覩相生善。然今之伽藍，制過宫室，窮奢極壯，刻繪盡功。寶度①殫於綴嚴，瓌材極於輪奐。工不役鬼，物不天來，既皆出於民，將何以堪之？且生之有時，用之無度，編户所奉，常若不充，痛切肌膚，不辭捶楚，游僧一説，矯陳禍福，剪髮解衣，仍慚其少。亦有離間骨肉，事均路人，身自納妻，謂無彼我，皆託佛法，掛誤愚人。里陌動有經坊，闤闠尤多精舍。化誘諄切，倍於官徵；法事供需，嚴逾制勑。膏腴物業，水磑莊園，富有其多，不知厭斁，逃丁避罪，駢集法門。且一夫不耕，猶受其弊；浮食者眾，又劫人財。臣每念之，實切悲痛！昔梁武、簡文捨施無筭，及三②淮浪沸，五嶺煙騰。列刹盈衢，莫救危亡之禍；緇衣蔽路，豈有勤王之功？況比風塵屢擾，征役稍繁，遽興此務，力所未堪。伏惟功德無量，何必興建大像以勞費爲名乎？雖斂僧錢，百未及一，尊容既廣，不可露居，覆以百層，尚憂未遍。臣今兼採眾議，咸以爲如來設教以慈悲爲主，普濟群品是其用心，豈以勞人而存虛飾哉！」疏奏，則天不納。

論曰：法師支遁曰：「沙門之於世也，猶虛舟之寄大壑耳。其來不以事，退亦乘閑，四海之內，竟自無宅，邦亂則振錫孤游，道洽則忻然共萃。」蓋謂吾徒於天下固無事人也。至末法敗道之徒，苟安衣食者，於狄梁公之論，殆不可得而諱焉。嗚呼，是豈真沙門者所爲哉！疏謂如來設教，以普濟群品爲心，詎以勞人而存虛飾，此不獨匡則天之失，抑有以輔吾佛之正教也。與夫後世泛然排佛、老以苟名者，雲泥矣。

① 度，寬永本、歷代通載卷十二斂僧錢鑄佛像（論）作「技」。
② 卍新續藏本原註：「三，一作『二』。」

長安元年，則天將建大像。御史張廷珪復上疏諫曰：「夫佛者，以覺知爲義，因心而成，不可以諸相見也。經云：『若以色見我，以音聲求我，是人行邪道，不能見如來。』此真如之果，不可以外求也。陛下信心歸依，發弘誓願，壯其塔廟，廣其尊容，已遍於天下久矣。蓋有爲住相布施，非最上第一希有之法。何以知之？經云：『若人滿三千大千世界七寶，以用布施，其福甚多。不如有人於此經中受持四句偈等，爲人演説，其福勝彼。』如佛所説，則陛下傾四海之財，竭萬夫之力，窮山之木以爲塔寺，極冶之金以爲尊像。勞則多矣，費則甚矣，其所獲福，乃不若禪房之匹夫。菩薩所作福德，不應貪著，蓋有爲之法，不足高也。況此營建，事因土木，或開發盤礴，峻築基階；或塞穴洞，通轉採斫，碾壓虫螘，動盈巨億，豈佛標坐夏之義，憫蠢動而不忍害其生乎！又役鬼不可，惟人是營，通計工匠，率多貧窶，朝歐暮役，勞筋苦骨，簞食瓢飲，晨炊星飯，飢渴所致，疾疹交集，豈佛標徒行之義，愍畜産而不忍苦其力乎？又營築之役，僧尼是税，雖展轉乞丐，窮乏尤多，州縣徵輸，星火逼迫，或謀計靡所，或鬻賣以充，怨聲載路，和氣不洽，豈佛標喜捨之義，愍愚蒙而不忍奪其産乎？且邊朔未寧，軍裝日急，天下虚竭，海内勞弊，伏惟陛下慎之重之！思菩薩之行，爲利益一切衆生。應如是布施，則其福德若東西南北四維上下虚空不可思量矣。何必勤於住相，彫蒼生之業，崇不急之務哉。臣以時政言之，則宜先邊境，畜府庫，養人力；以佛教論之，則宜救危苦，滅諸相，崇無爲。伏惟察臣之言，行佛之行，務以理爲尚，無以人廢言。」疏奏，則天大悦，御長生殿召見廷珪，賜以金帛。

是歲，詔賢首法師法藏於東都佛授記寺講新華嚴經，至華藏世界品，感大地震動，逾時乃息。即日召對長生殿，問帝綱、十重玄門、海印三昧，參合六相總别同異成壞之義。藏敷宣有緒，玄旨通貫。則天驟聞，茫然驚異，伸請再三。藏就指殿隅金獅子，爲曉譬之，至所謂「一毛頭獅子，百億毛頭獅子」，則天豁然領解。繇是集其語，目爲「金獅子章」。初，靈華寺儼尊者傳杜順華嚴宗旨，藏執侍儼，盡傳其教。及儼去世，藏以巾情説法。於是京城耆德連名抗表，乞度爲僧。凡藏落髮受具，皆則天特旨。又嘗爲則天以十圓鏡置八隅上下，皆使相向，中安佛像，然燭照之，則鏡鏡現像，互相攝入，及觀之者，交羅齊現，以表刹海十界普容無盡之旨。藏没，清涼國師澄觀宗其教，天下學者宗之，目爲一念圓融具德宗，謂之賢首教。

三年，則天鑄像之費將具，納言李①嶠上疏諫曰：「臣聞法慈慜，菩薩護持，唯志利益群生，非假修崇土木。伏聞造像税非户口，錢出僧尼，非假州縣，祇承不能濟辨。且天下編户，貧弱者衆，或傭力客作以濟糇粮，或賣田貶舍以供王役。今造像錢數已有一十七萬緡，若以散施，廣濟貧窮，人與一千，尚濟一十七萬户。拯饑寒之弊，省勞役之勤，順諸佛慈悲之心，廣人主亭毒之意，則人神胥悦，功德無量。」則天不納。是冬像成，率百僚禮祀。

神龍元年正月，大臣張柬之、桓彦範等五王以兵誅姦臣，復皇太子於位，是爲中宗皇帝。徙則天於上陽宫，流宰相房融於高州。夏四月，融於廣州遇梵僧般刺蜜諦賫楞嚴梵夾至，刺史請就制止②道場宣譯，融筆授。及譯經十卷畢，般刺復攜梵本歸於天竺。

① 李，原作「季」，據寬永本改。
② 止，原作「上」，據寬永本、歷代通載卷十二房融潤文譯楞嚴改。

是月，中宗降御札，召曹溪六祖慧[1]能入京，其辭曰：「朕請安、秀二師宮中供養，萬機之暇，每究一乘，二師並推讓云：『南方有能禪師，密授忍大師衣法，可就彼問。』令遣內侍薛簡馳詔迎請，願師慈念，速赴上京。」師以表辭疾，願終林麓。薛簡曰：「京城禪德皆云，欲得會道，當須坐禪習定。若不因禪定而得解脱者，未之有也。未審師所説法如何？」師曰：「道由心悟，豈在坐耶！經云：『若見如來若坐若卧，是行邪道。』何則？無所從來，亦無所去。若無生滅，是如來清淨禪；諸法空寂，是如來清淨坐。究竟無證，豈況坐耶。」簡曰：「弟子回朝，主上必問。願師慈悲，指示心要，今得見性明道。」祖曰：「道無明暗，明暗是代謝之義。明明無盡，亦是有盡。」簡曰：「明喻智慧，暗況煩惱。學道人儻不以智慧照破煩惱生死，憑何出離？」師曰：「若以智慧照煩惱者，此是二乘小兒羊車等機，上智大根悉不如是。」簡曰：「何謂大乘見解？」師曰：「明與無明，其性無二。無二之性，即是實性。實性者，處凡愚而不減，在聖賢而不增，住煩惱而不亂，居神定而不寂，不斷不常，不來不去，不在中間及其內外，不生不滅，性相如如。常住不遷，名之曰道。」簡曰：「師説不生不滅，何異外道。」師曰：「外道將滅止生，以生顯滅，滅猶不滅，生説無生。我説本自不生，今亦無滅，所以不同外道。汝欲知心要，但一切善惡都莫思量，自然得入清淨心體，湛然常住，妙用恒沙。」簡禮辭歸闕，表上師語，帝咨美久之。尋遣使賜袈裟瓶鉢等，諭天子嚮慕之意。

二年三月，大通禪師神秀卒。中書令張説製碑曰：「譔夫總四大者，成乎身矣；立萬始[2]者，主

---

① 慧，寬永本、歷代通載卷十二詔六祖不起作「惠」。
② 始，張燕公集卷十四唐玉泉寺大通禪師碑作「法」。

乎心矣。身是虚哉，即身見空，始同妙用；心非實也，觀心若幻，乃等真如。名數入焉妙本乖，言説出焉真宗隱。故如來有意傳要道，力持至德，萬劫而逢付法印，一念而頓授佛身，誰其弘之？實大通禪師其人也。禪師尊稱大通，諱神秀，本姓李，陳留尉氏人也。心洞九流，懸解先覺，身長八尺，秀眉大耳，應王霸之像，合聖賢之度。少爲書生，游問江表。老、莊玄旨，書、易大義，三乘經論，四分律儀，説通訓詁，音参吴、晋，爛乎如襲孔翠，玲然如振金玉。既獨鑒潛發，多聞旁施，逮知天命之年，自拔人間之世。企聞蘄州有忍禪師，禪門之法胤也。自菩提達磨天竺東來，以法傳慧可，可傳僧璨，璨傳道信，信傳弘忍，繼明重跡，相承五世。乃不遠遐阻，飜飛謁詣，虚受與沃心懸會，高悟與真乘同轍。縷指①忘識，湛見本心，住寂滅境，行無是處。有師而成，即燃燈佛所；無依而説，是空王法門。服勤六年，不捨晝夜。大師歎曰：『東山之法盡在秀矣！』命之洗足，引之並座，於見涕辭而去，退藏於密。儀鳳中，始隸玉泉，名在僧録。寺東七里，地坦山雄，目之曰：『此正楞伽孤峰、度門蘭若，蔭松籍草，吾將老焉。』雲從龍，風從虎，大道出，賢人覩。岐陽之地，就去成都；華陰之山，學來如市，未云多也。後進得以拂三有，超四禪，升堂七十，味道三千，不是過也。爾其開法，大略則忘念以息想，極力以攝心。其入也品均凡聖，其到也行無前後。趣定之前，萬緣盡閉；發慧之後，一切皆如。特奉楞伽，遞爲心要。過此以往，未之或知。久視年②中，禪師春秋高矣，詔請而來，

---

① 縷指，張燕公集卷十四唐玉泉寺大通禪師碑作「盡捐」，唐文粹卷六十四荆州玉泉寺大通禪師碑銘（并序）作「纗指」。

② 年，寬永本作「寺」。

趺坐覲君，肩輿上殿。屈萬乘而稽首，洒九重而宴居。傳聖道者不北面，有盛德者無臣禮。遂推①兩京法主、三帝國師。仰佛日之再中，慶優曇之一現。然②處都邑，婉其秘旨，每帝王分座，后妃臨席，鴛鷺四匝，龍象三繞。時熾炭待礦，故對默而心降；時診③飢投味，故告約而義領。一雨普霑於眾緣，萬籟各吹於本分。非夫安住無畏、應變無方者，孰能至爾乎！聖敬日崇，朝恩代積。當陽初會之所，置寺曰度門；尉氏先人之宅，置寺曰報恩。軾閭名鄉，表德非擬。局厭諠④譁，長懷虛壑，累乞還山。既聽中駐久矣，衰憊無他患苦。魄散神全，形遺力謝。神龍二年二月二十八日夜中，顧命趺坐，泊如化滅⑤。禪師武德八年乙酉受具千⑥天宮寺，至是年丙午復終於此寺，蓋僧臘八十矣。生於隋末，百有餘歲，未嘗自言，故人莫審其數也。三界火心，四部水⑦背，榱崩梁壞，雷動雨泣。凡諸寶身，生是金口，故其喪也，如執親焉。詔使吊哀，王侯歸賵。三月二日，册謚『大通』，展飾終之義，禮也。

---

① 推，歷代通載卷十二大通神秀禪師（張説作記）作「稱」，張燕公集卷十四唐玉泉寺大通禪師碑、唐文粹卷六十四荆州玉泉寺大通禪師碑銘（并序）「推」後皆有「爲」字。
② 然，張燕公集卷十四唐玉泉寺大通禪師碑作「混」。
③ 診，唐文粹卷六十四荆州玉泉寺大通禪師碑銘（并序）作「賑」。
④ 諠，張燕公集卷十四唐玉泉寺大通禪師碑作「諠」。
⑤ 滅，寬永本、歷代通載卷十二大通神秀禪師（張説作記）作「域」。
⑥ 卍新續藏本原註：「千，疑『于』。」歷代通載卷十二大通神秀禪師（張説作記）作「于」。
⑦ 水，寬永本、張燕公集卷十四唐玉泉寺大通禪師碑、唐文粹卷六十四荆州玉泉寺大通禪師碑銘（并序）、歷代通載卷十二大通神秀禪師（張説作記）作「冰」。

時厥五日，假安闕塞，緩及葬之期，懷也。宸駕臨訣至午橋，王公悲送至伊水，羽儀陳設至山龕。仲秋既望，還詔乃下。帝諾先許，冥遂夙心。太常卿鼓吹導引，城門郎監護喪葬。是日，天子出龍門，泫金襯，登高駐蹕，目盡迴輿，自伊及江，扶道哀候。幡華百輦，香雲千里。維十月哉生魄明，即舊居後岡安神起塔，國錢嚴飾，賜逾百萬。巨鍾蓋先帝所鑄，群經乃後皇所錫。金榜御題，華幡内造。塔寺尊重，遠稱標絶。初，禪師形解東洛，相見南荊，白霧積晦於禪山，素蓮寄生於坐樹。則雙林變色，泗水逆流。至人違代，同符異感。百日卒哭也。在龍華寺設大會八千人度二十七人，二祥練縞也。咸就西明道場，數如前會。萬回菩薩乞施後宮。寶衣盈箱，珍價敵國。親舉寵貴，侑供巡香。其廣福博因存没如此。日月逾邁，榮落相推。於戲！法子永戀宗極，痛慈舟之遽失，恨涌塔之遲開。石城之歎也不孤，廬山之碑焉可作，竊比夫子貢之論夫子也。生於天地，不知天地之高厚；飲於河海，不知河海之廣深。强名其跡，以慰其心。銘曰：頷珠内隱，匪指莫効。心鏡外塵，匪磨莫照。海藏安静，風識牽樂。不入度門，孰探法要。倬哉禪伯，獨立天下。功收密詣，解却名假。詣無所得，解亦都捨。月影空如，現於悟者。無量善眾，爲父爲師。露清熱惱，光射昏疑。冀將住世，萬壽無期。奈何過隙，一朝去之。嗟我門人，憂心斷續。進憶瞻仰，退思付囑。盡不離定，空非滅覺。念茲在茲，敢告無學。時岐王範及徵君盧鴻皆勒碑製碣，舊唐史有傳，稱沙門被王者禮敬，古未之有。」

景龍元年三月，國師慧安誡其徒曰：「吾氣盡，將屍置林中，恣野火焚之。」偶神僧萬回至，與安握手言論。其徒側聆，俱莫之省。至八日，合户偃身而寂，春秋一百二十八。其徒奉命舁屍林中，果野火至闍維之，得舍利八十粒。五粒最巨，而紫紅色光焰奪目，詔入留禁中云。

是歲，再詔于闐國三藏實叉難提至，帝降蹕迎勞，備兩街法儀旌幢鼓吹迓之。載以青象，安置薦福寺。難提風神宏曠，儀韻秀整，善大、小乘，通華、梵兩音。

隆興佛教編年通論卷第十五

隆興府石室沙門　祖琇　撰

唐

景龍三年，禪師法儀者，琅邪王之子也。王以附徐敬業舉兵誅天后不利，宗族覆滅，儀時尚少，逃匿民間，遇沙門攜之出家爲大僧。至是，中宗詔求琅邪之後，主事者以儀名聞於扶風太守。太守獲儀而喜之，舘於後堂，奏名於朝。已而太守夫人悦儀風度，逼罷道，欲妻以愛女，儀堅拒不許。一日，夫人攜女子就見儀，且使蘗近魔魅之，以傾奪其意。儀不獲已，紿之曰：「在塗久，可得一浴，而後成禮。」夫人喜，以爲誠然，趣使具浴。儀入室，即以利刃自斷其陰。婢子竊見，遽呼内人，排户救之，獲甦。太守高其操，執事之。及赴京引見，帝命襲琅邪王爵。儀具以本志懇辭，陳義甚高，帝嘉美之，聽從便。其後禪觀通悟，雅爲時賢推揖。

是歲，召律師道岸入宫，爲妃主授歸戒，因留禁中。别日，帝至，諸師皆避席，岸獨逡巡長揖而已。帝高其量，圖形於林光宫。御製贊曰：「戒珠皎潔，慧流清淨。身局五篇，心融八定。學妙真宗，觀通實性。維持法務，綱紀德政。律藏冀兮傳芳，像教因而光盛。」時以爲榮焉。

景雲元年六月，韋后作亂，中宗崩。七月，臨淄王舉兵平内難，皇弟相王即皇帝位，是爲睿宗。

是月庚辰，下詔曰：「釋典玄宗，理均跡異；拯人化俗，教别功齊。自今[①]每緣法事聚集，僧尼、道士、女冠等宜齊行並集。」初，太宗以老子爲皇宗，升於釋氏之上。至則天朝，復在釋氏之下。今此已往，遂爲永式，令齊班並集云。

八月乙卯，以高祖舊第興聖寺有柹樹天授中枯死，至是忽重榮。因大赦天下，賜百官封爵，普度僧尼道士凡數萬。

九月，詔三藏菩提流志於北苑白蓮池甘露亭譯大寶積經，勑中書陸象先、尚書郭元振、宰相張説潤文。經成，凡五十九會，總一百二十卷。

十月，詔神僧萬回入宫，賜號法雲公，舘於集賢院，給二美人奉事。未幾，忽求閿鄉[②]河水，左右倉皇莫能得。又曰：「第六堂前地可得也。」既得之，回飲水畢，湛然而逝。贈號國公，圖形集賢院。初，回幼時，能三千里致兄書，朝往莫[③]歸，因號萬回。高宗聞其名，詔入宫，度爲沙門。則天在位，延之禁中，賜錦衣，令宫人給侍。莊惠太子始生，則天抱之示回，回曰：「此西域樹精，養之宜兄弟。」及安樂公主桔韋后將謀逆，回遇之，望塵唾曰：「血腥不可近。」未幾，安樂果誅。玄宗在藩，嘗私謁回，回拊其背曰：「五十年太平天子。」睿宗爲相王，每將出，回必告市人曰天子來，少頃而相

① 唐大詔令集卷一百一十三僧道齊行並進敕「自今」前有「豈有於其中間，妄生彼我。不遵善下之旨，相高無上之法，有殊聖教，頗失道源」等語。
② 鄉，原作「卿」，據寬永本、歷代通載卷十二神僧萬回法雲公（論）改。
③ 卍新續藏本原註：「莫，通『暮』，下同。」

王至。其神異類如此。

論曰：法雲公嘗有偈曰：「明暗兩忘開佛眼，不繫一法出蓮叢。真空不壞靈智性，妙用常①恒無作功。聖智本來成佛道，寂光非照自圓通。」熟味厥旨，蓋大乘了悟之言也，而法雲特以小乘神異顯化。至於佛菩薩出世宏正法眼，必涵②光混世，未始泄露密機，直至臨終，方有付囑。然則法雲章章顯異，抑聖賢之權歟。

三年，詔泗州大士僧伽入宮供養，度慧儼、慧岸、木叉三人爲侍者。帝親書所居寺額曰「普光王」。未幾，遷止薦福寺。明年，京畿旱，有旨命大士致雨。僧伽以瓶水散洒，即有濃雲自所居而涌，大雨傾注。又明年三月示寂，壽八十有三，神采如生。敕就薦福寺塑身建塔，即穢氣滿城。帝炷香祝之，許送歸淮，言訖，異香郁然，傾都歎異，遂奉全身歸泗州之普光王寺建塔。帝嘗問法雲公萬回曰：「僧伽何如人？」對曰：「觀音大士化身耳。」神化事跡，具如蔣頴叔所著傳。

是歲三月，敕東都留守韋安石賫詔，起嵩山沙門一行赴闕。行辭疾，不赴，遁入荆州之當陽山。舊唐史云，行姓張氏，初名遂，剡國公公瑾之孫、武功令擅之子。少聰敏，覽觀子史。嘗詣道士尹崇借太玄經讀之，數日而還。崇曰：「此經精微，吾尋積年尚未曉，子宜研究無忽也。」行曰：「已究

① 常，寬永本、歷代通載卷十二神僧萬回法雲公（論）作「嘗」。
② 涵，寬永本作「涵」。

其義。」因出所撰太衍玄圖并義決。崇覽之大驚，因與談其淵奥。退謂人曰：「此後生顏子也。」由此知名於世。初，武三思慕其學行，就請結交，行遁匿避之。尋出家，遍歷天下，訪求異術。至天台國清寺，見別院古松數十，門有流水。行立門屏，聞僧於庭中布筭聲，而語其徒曰：「今日當有弟子自遠來，求吾筭法，已合到門，豈無人導引乎。」即除一筭曰：「門前水當西流，弟子亦至矣。」行返顧，溪水果已西流，遂承其言遽趍①入，再拜，咨求其法。彼盡授與之，遂洞曆象、陰陽、推步之學。回入嵩山，依普寂禪師參決禪門宗旨。及遁當陽山，又從律師慧悟學毗尼。凡經籍一覽，畢世不忘。

先天元年，曹溪六祖能大師示衆曰：「諸善知識！各各淨心，聽吾説汝②。汝③等諸人，自心是佛，更莫狐疑。外無一物而能建立，皆是本心生種種法，故經云『心生種種法生，心滅種種法滅』。若欲成就種智，須達一相三昧、一行三昧。若於一切處而不住相，於諸法中不生憎愛，亦無取捨，不念利益成壞等事，安閑恬静，虚融淡泊，此名一相三昧；若於一切處行住坐卧，純一直心，不動道場，即成淨土，名一行三昧。若人具二三昧，如地有種，能含藏長養，成就其實。一相一行，亦復如是。我今説法，猶如時雨，普潤大地。汝等佛性，譬如種子，遇茲沾洽，悉得發生。承吾言者，決獲菩提；依吾行者，定證妙果。」師説法度人，往來學者嘗逾千數。明年七月，辭歸新州故宅國恩寺。其

① 趍，歷代通載卷十二詔一行赴闕不起作「趨」。
② 卍新續藏本原註：「汝，一作『法』。」歷代通載卷十三六祖惠能大師作「法」。
③ 汝，原闕，據寬永本補。

徒泣曰：「師歸當復來否？」師曰：「業①落歸根，來時無口。」又問：「師之法眼，何人傳授？」師曰：「有道者傳，無心者通。」至國恩寺，以八月三日示衆曰：「吾受忍大師衣法，今爲汝等説法，不付其衣。蓋汝等信根已熟，決定無疑，堪任大事。聽吾偈曰：『心地含諸種，普雨悉皆萌。頓悟華情已，菩提果自成。』」復謂衆曰：「其法無二，其心亦然。其道清淨，亦無諸相。汝等不用觀靜及空其心，此心本淨，無可取捨。各自努力，隨緣好去，吾涅槃時至。珍重！」即跏趺而逝。於是山林變白，鳥獸哀鳴，綵雲香霧，連日不開。既而廣州都督韋據率韶、新二郡官吏迎奉全身，歸於曹溪寶林寺建塔，真身今尚存焉。舊唐史曰：「則天聞神秀名，詔至都，肩輿入殿，親加跪禮，敕當陽山刱度門寺，以旌其德。時王公已下及京城士庶，聞風争來謁見，望塵拜伏，目②以萬數。初，神秀與慧能同師弘忍，而行業相埒（力輟切）。及忍卒，能住韶州廣果寺。韶陽山中舊多虎豹，一夕去盡，遠近驚歎，咸歸伏焉。秀嘗奏則天，請召能赴闕，能固辭，秀復自作書重邀之。能謂使者曰：『吾形貌矬陋，北土見之，恐不敬吾法。又，先師以吾南中有緣，亦不可違。』及中宗召之，竟不度嶺而卒。天下散傳其法，謂秀爲北宗，能爲南宗。」

論曰：舊史雖絶未諭吾祖之道，然其紀事有可稱者。如秀被遇兩朝如此，而力讓曹溪，曹溪堅臥不赴。秀則不掩人之善，曹溪則拳拳伏膺師教，懼人以貌而慢法，是皆賢者去就之大體也。

---

① 卍新續藏本原註：「業，當作『葉』。」歷代通載卷十三六祖惠能大師作「葉」。
② 卍新續藏本原註：「目，疑『日』。」寬永本作「日」。

今傳燈不著前賢克讓之美，頗載兩宗相忌之辭。宜乎後世泛泛者略有位貌，則偃然自大，視天下以爲莫己若者，往往專務詆斥爲勝。噫！宗師化儀軌範蔑然亡之矣，後來者安所述哉。

開元二年十月，永嘉玄覺禪師示寂。師博貫三藏，精天台止觀圓妙法門，與東陽策禪師偕謁六祖。師至，振錫携瓶繞床一匝。祖曰：「夫沙門者，具三千威儀、八萬細行，大德自何方而來？生大我慢。」師曰：「生死事大，無常迅速。」祖曰：「何不體取無生，了無速乎？」師曰：「體即無生，了本無速。」祖曰：「如是如是。」師乃具威儀參禮，須臾告辭。祖曰：「返太速乎？」師曰：「本自無動，豈有速耶！」祖曰：「誰知非動？」曰：「仁者自生分別。」祖曰：「汝甚得無生之意。」師曰：「無生豈有意邪？」祖曰：「無意誰當分別？」曰：「分別亦非意。」祖曰：「善哉善哉！少留一宿。」時謂「一宿覺」。及回，學徒奔萃，師著證道歌一篇。梵僧傳歸天竺，彼皆欽仰，目爲東土大乘經。又著禪宗悟修圓旨十篇及觀心十門，並盛傳於世。

三年八月，玄宗遣禮部郎中張洽賫詔詣當陽山，起沙門一行赴闕。行以再命不許辭，赴之，有旨安置光泰殿。帝數訪以安國撫民之要，行啟陳無隱。未幾，永穆公主出降，詔依太平公主故事，優厚發遣。行諫，以爲高宗末年唯有一女，所以特加①優禮；而太平竟以驕僭得罪，不應引以爲例。帝納其言，遽追敕但依常禮。其忠諫多類此。或謂行優於憶誦，帝一日命出宮籍示之，行閱畢，令內侍執

---

① 加，原作「如」，據寬永本、歷代通載卷十三詔一行禪師赴闕、舊唐書卷一百九十一一行傳改。

本，對帝復之，不差一字。帝驚異，顧謂左右曰：「聖人也！」自是頻召咨質佛心之要。行雍容啟沃，聖眷日隆。天下之人以帝從之問道，稱爲天師焉。

四年，嵩岳元珪禪師示寂。師居嶽之龐塢，一日，有異人峨冠盛服擁衛而至。珪曰：「善來仁者，胡爲而至？」彼厲聲曰：「師寧識我耶？」珪曰：「吾觀佛與衆生等，吾一目之，豈分別耶？」曰：「我此嶽神也，能生殺於人。師安得一目我哉！」珪曰：「吾本不生，汝安能殺？吾視身與空等，視吾與汝等，汝能壞空與汝乎？使果能之，吾則不生不滅也，況汝不能。焉能生殺我耶！」神稽首曰：「我聰明正直，過於餘神。詎知師有廣大智慧，願授以正戒，令我度世。」珪曰：「汝既乞戒，即既戒矣。所以者何？戒外無戒，又奚戒哉。」神曰：「此理也，我聞茫昧。止求師戒，我身願爲門弟子。」珪即張座秉爐正几曰：「付汝五戒，若能即曰能，不爾即曰否。」神曰：「謹奉教。」曰：「汝能不婬乎？」神曰：「亦娶也。」曰：「非謂此也，謂無罪欲也。」神曰：「能。」曰：「汝能不盜乎？」神曰：「無乏我也，安有盜取哉？」曰：「非謂此也，謂饗而福淫，不供而禍善。」神曰：「能。」曰：「汝能不殺乎？」神曰：「實司其柄，焉得不殺？」曰：「非謂此也，謂有濫悞疑混也。」神曰：「能。」曰：「汝能不妄乎？」神曰：「我惟正直，焉有妄哉？」曰：「非謂此也，謂先後不合天心也。」神曰：「能。」曰：「汝不遭酒敗乎？」曰：「能。」曰：「如上是爲佛戒也。以有心奉持而無心拘執，以有心爲物而無心想身，能如是，則先天地生而不爲精，後天地死而不爲老，終日變化而不爲動，畢竟寂滅而不爲休。悟此，則雖娶非妻也，雖饗非取也，雖柄非權也，雖作非故也，雖醉非惛也。是爲無心而已，無心則無戒，無戒則無心、無佛、無衆生，無汝亦無我。無汝則孰爲戒哉？」神曰：「我神通去佛幾何？」曰：「汝神通則十句五不能，佛則十句七能三不能。」神竦然避席曰：「可得聞乎？」珪曰：「汝能戾上帝東天行而西七曜乎？」曰：「弗能也。」珪曰：「汝能奪地祇融五嶽而結四海乎？」曰：「弗能也。」珪曰：「是謂五不能也。佛能空一切相、成萬法智，而不能即滅定業；佛能知群有性、窮憶劫事，而不能化導無緣；佛能度無量有情而不能盡衆生界。是謂三不能也。然定業亦不牢久，無緣亦謂一期。衆生界本無增減，廓無一人能主有法。有法無主，是謂無法；無法無主，是謂無心。如我解佛，亦無神通也，但能以無心通達一切法耳。」神曰：「我誠淺昧，未聞空義，師所授戒，我當奉行。今願報慈德，効我所能。」師曰：「吾觀身無物，觀法無常，了然更有何欲？」神曰：「師必命我爲世間事，展我神功，使已發心、未發心、信心不信心等人目我神蹤，知有佛有神，有能有不能，有自然有非自然者。」師曰：「吾無用是爲。」曰：「佛亦使龍神護法，師寧隳叛佛耶？第隨意示誨。」師不得已，曰：「東巖寺之障莽然無樹，北岫有之；然而背非屏擁，汝能移北樹於東嶺乎？」神曰：「既聞命矣。恐昏夜必有喧動，願師無駭。」即作禮辭去。師門送而且觀之，見儀衛逶迤，如王者之狀，嵐靄煙霞，紛綸間錯，幢幡環佩，凌空隱没。是夕，果有暴風迅雷、奔雲震雹，棟宇揺蕩，宿鳥驚呼。師謂衆曰：「無怖！神與我契矣。」拂旦和霽，則北山之松盡移東嶺，森然行植焉。師誡其徒曰：「吾没後，無令外知。若爲口實，人將妖我矣。」師伊闕人，姓李氏，幼歲出家，具戒，得法於老安國師，壽七十有三云。

論曰：荊國王文公嘗問張文定公曰：「去孔子百年而有孟軻，此後追孔孟者爲誰？何吾道之寥寥乎！」文定沉吟久之，曰：「有人，第恐過之耳。」曰：「誰耶？」文定曰：「南嶽讓，嵩山珪，馬祖、石頭、丹霞、無業，若此類，孔孟之教轡勒不住，故歸釋氏矣。」文公深肯之。其後張公無盡聞之，歎曰：「達人之論也！」然嵩山蓋祖庭之旁出者也，其感應超絕、說法沛然如此，則南嶽而下的傳正續宗師，世教轡勒不住，端可見矣。二三公之讜論，渠不信夫！

是歲，天竺三藏法師無畏至京師。帝嗣位之初，一夕，夢梵僧謁見，風度瓌異。異①寤，追憶不已。因追畫工，授以形段，圖於殿壁。及畏至，入對，帝熟視，蓋夢中所見僧也，竦然異之。舘於西明寺，寧、薛諸王皆降禮欽重。其後秋旱，帝廉知無畏能致龍，遣內使傳詔請雨。畏難之，奏以旱數當然，若苦召龍，恐暴物。帝再遣諭旨，曰：「人苦秋暑，雖暴風疾雨，適足快意。」畏諾之。有司設壇儀，華綵光麗。畏笑曰：「是可以致雨耶？」命撤去之。獨持滿鉢水，以小刀攪之，誦咒語百餘番，即有微物如虯龍從鉢矯首水面，頃之復沉。畏咒遣之，白氣自鉢騰涌。語詔使曰：「速歸。」雨即至矣。」詔使馳出，回顧。有雲如練自講堂盤旋而上，頃刻，風雷震電。詔使趨入奏，御衣巾透濕。於是震風凌雨，飄蕩廬舍，士民悚懼，彌日而息。又嘗霖霪逾時，詔畏止之。畏於寺捏泥媼五軀，向之作梵語，若斥罵者，即刻而霽。其神驗類如此，帝敬之若神。未幾，通華言，譯虛空藏、毗盧遮那、蘇息地、羯羅等經十餘部，禪師一行、三藏、寶月等參預其事。畏性簡靜，好禪觀，每勸學者習之。累

① 卍新續藏本原註：「異，疑『及』或『雖』。」寬永本作「及」。

表求還，帝堅留不許。

是歲，廣州節度宋璟入曹溪禮祖塔，誓曰：「弟子願畢世外護大法，祈一祥瑞表信。」言訖，微風飄香，氤氳襲人。俄而甘雨傾注，唯遍一寺之內。璟忻躍，賦詩而去。未幾召入，與姚元崇相繼執政。世稱姚、宋爲中興賢相。

九年四月，朝庭①以麟德曆署日蝕比不驗，詔禪師一行改撰新曆。行受詔，推大衍數，立術以應之，較經史所書氣朔日名度數可考者，皆合而著之。久之，道士邢和璞謂太史令尹愔（揖淫切）曰：「一行其聖人乎！昔洛下閎造大初曆，嘗記曰：『八百年後當差一日，必有聖人出世糾止之。』今年期差滿，而一行推大衍數以糾數家之謬，閎之言不誣矣。」愔亦以爲然。行復欲知黃道進退，而太史無黃道儀，表請刱置之，制可。

是歲，沙門智昇上釋教經律論目録凡二十卷，銓次大藏經典及聖賢論譔凡五千四十八卷，自是遂爲定數。

十一年十月癸酉，禪師一行製黃道儀成，帝自爲之銘，詔安武成殿庭以示百官。其儀準圓天之像，具列宿、赤道及周天度數，注水激輪，令其自轉，一晝夜而天運周。外絡二輪，綴以日月，令得運行。每天東行一周，日西行一度，月行十三度以②十九分度之七。二十九轉有餘而日月會，三百六十五轉而日周天。以木匱爲地平，令儀半在地下，晦明、朔望，遲速有準。立木人二於地平，其一前置鼓以候

① 庭，寬永本作「廷」。
② 新唐書卷三十一天文志一無「以」字。

刻，至一刻則自擊之；其一前置鍾以候辰，至一辰亦自撞之。皆於地中略施輪軸，關鎖交錯相持。當時稱其妙，以爲神功。無幾，銅鐵漸澁，不能自轉。遂藏之於集賢院。

十二年，沙門牛雲者，少不慧，因詣五臺山禮文殊。初至東臺，見老人，問曰：「胡爲而來？」曰：「願見大聖求聰慧耳。」老人曰：「文殊居北臺，爾往見之。」雲奉教，趨北臺，老人亦在彼矣。雲意其即文殊也，遂拜之。老人曰：「汝沙門也，不應禮俗士。」雲拜不已，老人怜之，爲入定，觀雲前身，蓋牛也。以甞馱經，故獲比丘報。老人起定，爲雲言之。復云：「汝性昏坐，胸中有淤肉在，當爲汝钁去之。」因戒雲閑①目無輙開，雲如約。頗覺老人以钁劚其胸，然不甚楚。少頃，心懷開豁，頓異往時。及開眸，見老人者現身爲文殊，妙相端嚴。謂雲曰：「與汝聰慧竟。」雲喜躍作禮，及起身，而文殊隱不見。雲自是聰持辯悟，爲時導師，以夙因，故以「牛雲」稱焉。

十四年，日本國沙門榮叡、普照等至於楊州，奉僧伽黎十②領，其上綴以山川異物之狀，蓋其國主附之，以施中國高行沙門。於時律師鑒真受其衣，歎外國人有佛種性，欲往化之。會叡（于倚切，與睿同）、照等亦勸請，遂附舶而東，爲惡風飄入魚蛇等海，以真律行高，皆脫禍。既至日本，彼王預知，枉駕迎勞，舘於毗盧遮那殿。未幾，請真授歸戒，夫人群臣皆以次稟授。日本自是始有律教。

十五年，三藏菩提流志卒，春秋一百五十有六。流志南印土國王之子，以讓位出家。高宗聞名，有詔要之。以垂拱中至京師，凡四十年。如華嚴、寶積等經皆出其手，帝及重臣敬之如生佛。葬日，

① 閑，寬永本作「閉」。
② 卍新續藏本原註：「十，一作『千』。」

特給鹵薄羽儀，塔於龍門之西原，賜謚曰「開元一切遍知三藏」。名德之盛，古未有焉。時嵩山破竈墮和尚者，不稱名氏，言行叵測。初見老安國師，契悟心要。隱居嵩山，山有廟，靈甚。殿中唯安一竈，遠近祭祀，烹宰無虛日。師領徒入廟，以杖擊竈三下云：「咄！此竈泥瓦合成，聖從何來？靈從何起？恁麼烹宰物命？」又擊三下，竈乃傾破墮落。須臾，有一人青衣峨冠，設拜師前曰：「我本此廟竈神，久受業報。今蒙師說無生忍，得脱此處，當生天上。特來禮謝。」師曰：「是汝本有之性，非吾强言。」神再拜而去。少選，徒衆問師：「某等久在和尚左右，未蒙指示。竈神得何徑旨，便得生天？」師曰：「我只向伊道是泥瓦合成，别無道理爲伊。」衆無語。師良久云：「會麼？」衆云不會。師曰：「本有之性，爲什麼不會？」衆僧乃禮拜。師曰：「破也破也，墮也墮也！」於是其衆皆悟玄旨。後有義豐禪師舉問安國師，國師歎曰：「此子會盡物我一如，可謂如朗月處空，無不見者。只是難湊伊語脉。」豐曰：「未審什麼人湊他語脉？」安曰：「不知者。」又僧問：「物物無形時如何？」師曰：「禮即唯汝非我，不禮即唯我非汝。」其僧禮謝。師曰：「本有之物，物非物也。所以道若能轉物，即同如來。」有僧從牛頭處來，師曰：「來自何人法會？」僧進前，叉手繞師一匝而出。師曰：「牛頭會下不可有此人。」僧乃回上邊，叉手而立。師云：「果然，果然。」僧却問：「應物不由他時如何？」師曰：「争得不由他。」僧云：「恁麼即順正歸原去也。」師曰：「歸原何順？」曰：「若非和尚，幾錯招愆。」師曰：「猶是未見四祖時道理，見後道將來。」僧乃繞師一匝而出。師曰：「順正之道，今古如然。」又僧侍立次，師曰：「祖祖佛佛，只説如人本性本心，此外别無道理。會取會取！」僧禮謝。師以拂子打之曰：「一處如是，千處亦然。」師後不知終。

十五年十一月己丑，禪師一行寢疾於華嚴寺。舊唐史云，帝一夕夢游其寺，見一室繩床竹窗，氣象蕭索。及旦，行以疾聞。帝遣中使候問。使還，奏行居處之狀，與所夢冥合。帝歎久之，有旨命京城十大德爲行結壇祈福。既而行疾少間，詔陪駕幸新豐。未幾，行疾革，帝親候問，遂沐浴端坐而逝，春秋四十有五。帝哭之哀甚，輟朝三日。有詔傷悼，聽停龕三七日，與中外瞻禮。行容貌如生，而鬢髮日長。帝親製碑，書之於石。出内庫錢五十萬建塔銅人原，謚曰大慧禪師。帝嘗從容問國祚幾何，有留難否。行曰：「鑾輿有萬里之行，社稷終吉。」帝驚問故，不答。退以小金合進之曰：「至萬里即開。」帝一日發合視之，蓋當歸少許。及禄山亂，駕幸成都，至萬里橋忽悟，未幾果歸。昭宗初封吉王，而唐以昭宗而滅，故云「終吉」。有里媪素供行，而媪一子坐殺人。將之刑，媪悲泣請救。行怜之，令弟子捕生物，得雉豕七。行日藏其一於甕中，爲梵語咒之七日，北斗盡没。朝廷震①驚，太史奏將有變，請避正殿禳之。帝密以問行，對曰：「此無他，蓋妖魔也。凡嗔心壞一切善，慈心降一切魔，若肆赦天下，則妖不能爲。」帝然之，遂大赦。媪子由是得免。行日出一豕，則一星現；至七日，而斗復如故。其秘術多此類。著易論十二卷，大衍論二十卷，開元大衍曆五十二卷，七政長曆三卷，釋氏系録、大衍玄圖、心機筭術、括遁甲十六局、六壬連珠歌、六壬髓經、天一太一經、太一局遁甲經各一卷，五音地里經十五卷，宰相李吉甫奉詔撰一行傳一卷，並見唐·藝文志。

十六年，詔特進張説、曆官陳玄景等編次一行所撰大衍曆施用。三月駕幸温湯，道②由一行塔所，

① 震，寬永本作「霽」。
② 道，原闕，據寬永本補。

帝爲駐蹕徘徊，令品官謁①塔，告以出豫之意。賜帛五十匹，令蒔塔前松柏。其爲聖眷如此。

本朝史官歐陽文忠曰：自太初至麟德，曆凡二十三家，與天雖近而未密，至一行則密矣。其倚數立法，固無以易也。後世雖有改作者，皆依倣而已。

沙門道泓者，生黄州，與侍郎張敬之厚，善能言吉凶，亡不明驗。甞爲中書張説視宅，戒曰：「無穿東北，壬②隅也。」他日見説，曰：「宅氣索然，云何？」與説共視，隅有三坎丈餘，泓驚曰：「公富貴一世而已，諸子將不終。」説懼，將平之。泓曰：「客土無氣，與土脉不連，譬身瘡痏補佗③肉，無益也。」其後，説諸子皆污禄山，以斥死，果如其言。

論曰：歐陽文忠公雅嫉吾釋，未始略有假借，獨於唐志尊一行大衍之作。而宋景文於方技篇削一行、玄奘等傳，而獨著道泓地理之説。或者以爲唐浮圖行業，無足爲二公取者，故止於是而已。夫豈然哉！蓋大衍所以統天時，地理則切於人事，是宜史筆取也。若吾釋之盛，莫盛於唐。凡三百年間，以道德爲天下宗師者，不可悉數。歐、宋以爲奉異方之教，故諱之而不書。猶春秋時雖老聃、郯子之賢，返不若江人、黄人得書於經，豈亦老氏不足取哉！蓋國經之典，凡禮樂刑政所及，貴賤必書；若吾浮圖大絶世累潁脱塵表者，刑政何與焉？宜其不參於世典也。由是言

---

① 謁，原作「誨」，據寬永本改。
② 壬，新唐書卷二百零四杜生傳作「王」。
③ 佗，新唐書卷二百零四杜生傳作「它」。

之，歐、宋黜吾釋，其微意乃所以尊之也。盛哉一行，前膺洛下閎八百年之讖，當時則明，天子跪之，稱爲聖人。及其製作，施於後世，緼天地，貫幽明，歷數百年而其術益驗。果聖歟賢耶？吾弗得而知矣。

隆興佛教編年通論卷第十六

隆興府石室沙門　祖琇　撰

唐

開元十七年，太師燕國公張説薨。説爲唐宗臣，朝廷大述作多出其手。爲文屬思精壯，尤善釋典。嘗謫岳州，而詩益悽婉，時人謂得江山之助，天下不稱姓而曰燕公。著石刻般若心經序曰：「萬行起於心，心，人之主；三乘歸於一，一，法之宗。知心無所得是真得，見一無不通是玄通。如來説五蘊皆空，人本空也；如來説諸法空相，法亦空也。知法照空，見空捨法，二者知見，復非空耶。是故定之與慧，俱空法中，入此門者爲明門，行此路者爲超路，非夫行深般若者，孰能證於此乎？駙馬都尉滎①陽鄭萬鈞，深藝之士也。學有傳僻，書成草聖，乃揮洒手翰，鐫刻心經，樹聖善之寶坊，啟未來之華業。佛以無依相而説，法本不生；我以無得心而傳，今則無滅。道存文字，意齊天壤②。國老張説聞而嘉焉，贊揚佛事，題之樂石。」又製法池院二法堂贊并序曰：「法池西三歸院二法堂，兹院長老初上禪師所造也。禪師姓彭氏，名知。至性篤孝，執親之喪，七日不食。微言密行，志道探玄，究易、

① 滎，原作「榮」，當爲「滎」。

② 卍新續藏本原註：「壞，疑『壤』。」歷代通載卷十三般若心經序張説作作「壤」。

老、莊太一之旨。善正書，擅鍾、王品格，其點畫婉秀，毫縷必見，如折槁荷、磨文石，筋理洒颯，固非人力之所致也。中朝名士、山藪高尚、法流開勝遠近慕焉。及晚年，專意於禪頌，平生事業脱若遺塵矣。常歎帝王、父母許我出家，雨露生成，恩惟一揆，依如來教刱是功德萬一乎。獻福二宫，潛祐七祖，將與一切，咸登道場。於是三歸堂以長安元年辛丑子月望日癸卯立，善法堂以開元元年癸丑丑月望日戊辰建。禪師母弟仁婉、弟子啟疑及沙彌令哲，左右斯業，實有力焉。而作贊曰：敬告諸佛子，一心清淨觀。欲求正真道，當從信根入。是佛虚空相，是法微妙光。定慧不相離，是僧和合義。人空法亦空，二空亦復空。住心三空寶，是名三歸處。至哉初上人，建立善法堂。彩翠三世佛，莊嚴清淨眼。能運無礙心，普入於一切。見若不染色，知若不取識。是名真實見，亦名解脱知。佛觀離生滅，諸法等如是。」

二十年八月壬申朔，三藏金剛智告其徒曰：「白月圓時吾逝矣。」至時，遶毗盧像，頂梵夾退歸寢室，跏趺而逝。賜謚灌頂國師，敕中書杜鴻漸撰紀德碑。智，西域人，本王種，出家從龍智阿闍梨傳密教。及來東土，初達南海。廣州節度聞於朝，有旨驛馳，赴闕入見。帝大悦，舘於大慈恩寺。未幾夏旱，詔智祈雨。智結壇，圖七俱胝像，約開眸即雨。閲三日，像果開眸。有物自壇布雲彌空，斯須而雨。帝特降詔褒美。明年，辭游鴈門，不允，遂遷薦福寺。爲人語默興居，容止凝粹，喜愠不形於色，見者莫測其涯。所至必結灌頂道場，弟子不空傳其教。初不空事智，智授以梵本悉曇章及聲明論，不逾旬而誦之。智奇其駿，引入金剛道場，以擲華驗之，智以爲勝己。不空因求授瑜伽五部，智未之許。不空擬入天竺求之，智一夕夢京城佛像皆東行，及寤，以誥不空。空啟以西游意，智曰：「汝有授道之資，吾何靳哉！」即授以五部及毗盧遮那經、蘇息地①軌範。及智没，不空奉遺教游天竺，增廣其學。

論曰：自大教東流，諸僧間以神異助化，是皆功行成熟，契徹心源，自覺本智，現量發聖，絶非咒力幻術所致也。始自東晋尸利密已降，宣譯秘咒，要其大歸，不過祀鬼神驅邪妄、爲人禳灾釋患而已。其間往往不無假名比丘自外國來，挾術驚愚。有所謂羅漢法者，正么麼邪術下劣之技，亦猶道家雷公法之類也，茲豈高道巨德弘禪主教者齒哉？及開元中，西域金剛智、無畏、不空三大士始傳密教，以玄言德祥，開佑至尊。即其神効顯効，幾與造化之力均焉。故三大士雖宏密教，抑本智現量發聖歟。嘗慨資治通鑒稱貞觀中有僧自西域來，善咒術，能令人立死，復咒之使蘇。太宗擇飛騎中莊②者試之，皆如其言，因以問傅奕。奕曰：「此邪術也。臣聞邪不干正，請使咒臣，必不能行。」帝命僧咒奕，奕初無所覺，須臾③，僧忽僵仆，若爲物所擊，遂不復甦。此恐好事者曲爲之辭，何則？若使果有是，則僧非真僧，咒非真咒，正謂邪術耳，固不足以張吾教之疵也，矧萬萬無此理。向使彼能自西域遠至長安，厥術能死人而復蘇，乃不暇自衛其身，對常人無故而僵死，雖兒童莫之信也。又當是時，三大士者雖俱未至，若京城大德僧慧乘、玄琬、法

① 寬永本、釋氏通鑑無「地」字。
② 莊，寬永本、歷代通載卷十三不空三藏降狂象（論）作「壯」。
③ 臾，原作「更」，據寬永本、歷代通載卷十三不空三藏降狂象（論）改。

琳、明贍諸公，其肯坐視絶域偽僧破壞教門，不請峻治，乃留帝命傅弈辯耶？佛制戒律，雖春蹊生草，猶不許比丘踐之，恐害其生，况説斷人命咒傳於世乎！故予謂好事者曲爲之辭，斷可見矣。

是歲，禪師義福卒。舊唐史云：福得法於神秀禪師，初止藍田化感寺，處方丈之室二十餘年，未嘗出宇之外。嘗隨駕幸東都，蒲、號二州刺吏及官吏士民皆齎幡華迎之，所在塗路充塞。及卒，有旨賜號大智禪師。葬伊闕之上，送者數萬人。中書嚴挺之爲製碑。初，神秀雖德行爲禪門之傑，得帝王欽重，而未嘗聚徒開堂傳法。至義福、普寂，始於京城傳教二十餘年，人皆仰之。

二十一年，恒州刺史韋濟奏方士張果有長年秘術①，自言數百歲矣。則天嘗召之，果佯死不赴，今復見之。帝聞，遣中書侍郎徐嶠賚璽書迎之。果至，帝聞其變化不測而疑之。時邢和璞者善筭，能知人壽夭。帝令筭，果懵然莫知其甲子。又有師夜光者，善視鬼。帝召果與之密坐，令夜光視之，夜光不能見。帝聞飲堇汁無苦者真奇士，會天寒，以堇汁賜之，果飲三巵，醺然如醉，顧左右曰：「非佳酒也。」頃之，取鏡視齒，則盡燋黑。命左右取鐵如意擊齒墮盡，更出神藥傅其斷寢。頃之，齒復粲然如故。帝始信之。將妻以公主，果預知，苦辭獲免。後懇辭歸山，下制曰：「恒州張果先生，游方之外者也。跡造高尚，深入窈冥。早渾光塵，應詔城闕。莫詳甲子之數，且謂羲皇上人。問以道樞，盡

① 術，原作「衍」，據寬永本改。

會宗極。今特行朝禮，爰昇寵命，可銀青光禄大夫，號通玄先生。」其年果入恒山，後不知終。

二十三年，三藏無畏卒，春秋九十有九。詔鴻臚丞李現監護喪事，塔於龍門之西山廣化寺，藏其全身。畏本釋種，蓋甘露飯王之後，以讓國出家，道德名稱爲天竺之冠。所至講法，必有異相。初在烏茶國演遮那經。須臾，衆會咸見空中有「毗盧遮那」四金字，各尋丈①排列，久之而没。又嘗過龍河，一托駞負經没水，畏懼失經，遽隨之入水。於是龍王邀之入宫講法，不許，彼請堅至，爲留三宿而出，所載梵夾，不濕一字。其神異多類此。

論曰：初，南山宣公以律行聲震五天，或謂無畏初至，宣不甚禮。一夕，揣虱置地。無畏隔房呼曰：「律師能不慈念衆生而撲佛子乎？」宣竦然心服。明日，攝衣悔謝。此傳者訛也。宣没於乾封二年，凡五十有一載無畏始至。又舊唐史·五行志：天寶九年，洛陽有巨蛇出芒山下，其長百餘丈，人觸氣即死。有詔命無畏咒之。畏驚曰：「是將混洛陽爲潴者也！」咒之，三日而斃。然自畏示寂至天寶九年亦十有五載，當是不空三藏咒蛇也。史以無畏神跡特盛，故件件冐其名。雖然，不空果位中人，以佛心爲心，必運神功，導蛇神識脱離惡形而轉生善處耳，非謂直咒蛇令其遽死也。

① 丈，原作「文」，據寛永本、歷代通載卷十三三藏無畏卒、全唐文卷五百三十八三藏無畏不空禪師塔記改。

是歲，三藏不空於師子國從普賢阿闍梨，求開十八會金剛灌頂及大悲胎藏建壇之法。其王一日調象，俄而群象逸，莫敢禦之者。不空遽於衢路安坐，及狂象奔至，見不空，皆頓止跪伏，少頃而去。由是舉國神敬之。

二十六年，沙門法秀者，夢異僧勸置袈裟五百領，施迴向寺僧。既覺歎異，遂乞丐造之，然遍訪所謂迴向寺者，咸無得焉。一日，道逢一僧，逆而問曰：「託置袈裟，今成未？」秀曰：「成矣。」僧曰：「吾導汝入迴向寺，汝可裹粮載燧從吾以往。」秀曰：「諾。」翌日，隨之入終南山。行二日，至深絕處，所見唯雲物掩苒，崑洞崎嶇。進遇石壇，共止其上。僧命秀鑽燧出火，炷香望層霄拜之，忽雲開見崖，半有朱門高聳，刹幡飛揚。秀忻然與之攀躋而上。漸聞午梵清圓，鍾磬交作。須臾，望見其寺，有額曰「迴向」。其僧即趍而入，命閽者授秀舘。因具儀謁上方老宿，次見諸僧，皆奇偉雍穆相勞問。明日，秀出袈裟，遍寺施之。老宿謝畢，携秀入一空房，呼侍者取尺八。俄頃，侍者持玉簫至，老宿曰：「此唐天子舊居之室也，向在此好聲樂，故降爲人主，久當復歸。」秀止再宿，不得留。老宿授與玉簫并袈裟，囑曰：「持歸獻唐天子。」即遣僧送秀出寺。行未遠回望，而雲霧四合。秀慨歎而還，詣闕表上所寄，帝覽之。因取玉簫調弄，宛如夙御焉。其後燕沉香亭，詔李白爲辭。帝吹玉簫，楊妃起舞。懽甚，疑飄搖而僊去。

論曰：贊寧高僧傳稱秀入迴向寺與上方老宿語次，忽有神介胄立於堂下。秀驚問曰：「此神謂誰？」老宿曰：「不日大亂唐國者也。」後安禄山果亂天下。嗚呼，書此者謬之甚也！何則？

秀以是歲得玉簫而進之，又十有六年而禄山反。然則秀見神時，禄山無慮已三四十歲矣。誠使禄山未生而秀見其神，則尚庶幾；詎有已生在世而更有神在彼耶？雖自古鬼神恍惚之事，怪怪奇奇，不可以端倪，然固有可信有不可信者。使禄山徽有一毫異於人，猶可以鬼神出没難測恕之。且禄山至下愚，至不義，父子相賊殺，而爲家奴李猪兒剖其腹而死，是豈神僊境中現身者耶？贊寧書此，能不厚迴向寺諸公之玷乎！故今削之。怙掩寧之大謬，抑不得已而辨也。

二十八年三月，長者李通玄卒。長者以七年至太原盂縣，有高僊奴者識其爲賢者，舘之。齋中每旦①唯服棘十顆、栢葉餅如匕大者一枚。終日濡毫臨帋，未嘗接人事。如是三稔。遷馬氏古佛堂側，築土室以居。盡日危坐而已。閱十年，忽囊負經書而去。行二十里，遇②一虎當塗馴伏。長者撫之曰：「吾將著論釋華嚴經，能爲擇棲止處否？」即以經囊負其背而隨之，至神福山原下土龕之前蹲駐。長者取其囊置龕中，虎即妥尾而去。其龕瑩潔，廣六七肘，圓轉上下，稱之蓋天。設以畀，有道，非人力所爲也。長者著論之夕，心窮玄奥，口出白光以代燈燭。於時忽有二女子容華絶世，皆可笄年，衣布衣，俱以白巾幪首。日爲畏者汲泉炷香奉帋墨，每於卯、辰之間，輙具淨饌置長者前。齋畢，徹③器則引去，莫測所之。如是五載。至長者著論畢，遂滅跡不見。長者美髭髯，朗眉目，丹唇紫肌，冠樺皮，

① 旦，原作「且」，據寛永本改。

② 遇，原作「偶」，當爲「遇」。

③ 卍新續藏本原註：「徹，疑『撤』。」

衣麻衣，長裙博袖，散腰徒跣而行，放曠人天，靡所拘執。嘗一日出山，遇里人高會燕樂，長者就語之曰：「汝等好住，吾將歸矣。」眾驚其去，有送入山者，至龕而謝遣之。即於是夕煙雲凝布，嵓谷震蕩，有二白鶴翔空哀唳，其餘飛走，悲鳴滿山。翌日，里人共往候之，則已端坐示寂於龕中，壽九十有五。著華嚴論四十卷、决疑論四卷、會釋二卷、十門玄義排科釋略及緣生解迷十明論各一卷，十玄六相、百門義海、普賢行願、華嚴緣觀偈贊詩賦等，里人聚於方山逝多蘭若。大曆中，沙門超廣始獲之，遂行於世。

論曰：華嚴大教，吾佛氏之極談也。重翻於則天之朝，其文始備，時惟賢首國師邃其宗旨。至貞元間，清涼國師始造華嚴新疏。長者之論雖成於清涼之前，而當世未顯，久乃抗衡焉。觀其憲章大義，區別宗趣，啟法身本爾之用，顯即心成佛之機，使文殊不動智體，普賢甚深境界，皆廓廓披露，頓見無遺。至於倚數表法，則約易象以佐之，是以宗門玄學之士多所歆慕，而後世搢紳作者亦由是而知大教之尊焉。或謂長者唐之宗室，少博極群書，以則天革命，遂長往山林，世莫有識之者。嗚呼！自非聖賢示跡，宏宣大教，其孰能與於此哉！

十二月，清原行思禪師示寂。師初見六祖，問：「當何所務，即不落階級？」祖曰：「汝曾作什麼？」師曰：「聖諦亦不爲。」祖曰：「落何階級？」師曰：「聖諦尚不爲，何階級之有？」祖深器之。及居清原，有沙彌希遷者見師。師問：「子何方而來？」曰：「曹溪。」師曰：「將得什麼來？」

曰：「未到曹溪亦不失。」師曰：「恁麼則用去曹溪作什麼？」曰：「若不到曹溪，爭知不失？」遷問：「曹溪還識和尚否？」師曰：「汝今識吾否？」曰：「識又爭能得？」師曰：「衆角雖多，一麟足矣。」他日又問遷：「汝什麼處來？」曰：「曹溪。」師乃竪起拂子云：「曹溪還有這箇麼？」曰：「非但曹溪，西天亦無。」師曰：「子莫曾到西天否？」曰：「若到即有也。」師曰：「未在更道。」曰：「和尚也須道取一半，莫全靠學人。」師曰：「不辭向汝道，恐已後無人承當。」又令遷往南嶽讓和尚處下書，曰：「汝達書了速回，吾與汝箇斧子住山去。」遷至彼，未呈書便問：「不重己靈、不求諸聖時，如何？」讓曰：「子問太高生，何不向下問？」遷曰：「寧可永劫沉倫①，不慕諸聖解脱。」讓便休。遷回，師問：「子返甚速，書達否？」遷曰：「信亦不通，書亦不達。」師曰：「作麼生？」遷舉前話了，便云：「去時蒙和尚許斧子，便請。」師垂下一足，遷禮謝，辭往石頭。即石頭和尚是也。及是師既歸寂，門人咸共尊之爲七祖焉。

是歲，京都興唐寺神師普寂卒。舊唐史云：寂生河東馬氏，少時遍尋高僧學經律，師事神秀凡六年。秀奇之，盡以其道授焉。秀入京，因薦與則天，得度爲沙門。秀没，天下好釋氏者咸師事之。中宗聞其高行，特下制令代神秀統其法衆。開元十三年，有旨移寂於都城居止，時王公士庶爭來禮謁。寂嚴重少言，來者難見其和悦之容，遠近尤以此重之。及卒，凡京城士庶曾謁見者，皆制弟子之服。有勑賜號「大照禪師」。葬日，河南尹裴寬及其妻子並襄麻列於門徒之次，士庶傾城哭送，市易幾廢。

① 倫，寛永本作「淪」。

天寶元年九月，太子詹事嚴挺之卒。挺之少有風操，累登顯用，皆著聲績，天下引領望其爲相，帝亦知其賢，欲遂相之。晚爲李林甫所抑，鬱鬱不得逞。至是，預爲墓誌曰：「天寶元年，挺之自絳州刺史抗疏陳乞，天恩允從，許養疾歸閑，兼授太子詹事，前後歷三十五官。每承聖恩，常忝獎擢，不盡驅策，駑蹇何階，仰答鴻造？春秋七十，無所展用，爲上士所悲。其年九月，寢疾於洛陽之私第，以某月某日葬於大照和尚塔次之西，禮也。盡忠事君，叨載國史，勉拙從事，或布人謠。陵谷可以自紀，文章焉用爲飾。」初，挺之師事大照禪師惠義，深明釋典。及遺命葬大照塔次，示不忘其德。見舊唐史。

二年，帝遣中使楊庭光入司空山採常春藤①，庭光因詣無相寺問本淨禪師曰：「弟子慕道斯久，願和尚慈悲，略垂開示！」師曰：「天下禪宗碩學咸會京城，天使足可咨決。貧道隈山傍水，無所用心。」庭光再拜，師曰：「天使休禮貧道。天使爲求佛耶？問道耶？」曰：「弟子昏昧，未審佛之與道其義云何。」師曰：「若欲求佛，即心是佛；若欲會道，無心是道。」曰：「云何即心是佛？」師曰：「佛因心悟，心以佛彰。若悟無心，佛亦不有。」曰：「云何無心是道？」師曰：「道本無心，無心名道。若了無心，無心即道。」庭光跪受。迴闕，具以山中所遇聞奏，即敕庭光賫詔起師。以是冬十二月到京，安置白②蓮亭。明年正月上元日，追兩街名僧碩學赴内道場，共師闡揚佛理。有遠禪師者問：「如禪師所見，以何爲道？」師曰：「無心是道。」遠曰：「道因心有，何得言無心是道？」師

① 卍新續藏本原註：「藤，一作『藤』。」歷代通載卷十三詔本淨禪師赴闕作「藤」。
② 白，寛永本作「百」。

曰：「道本無名，因心名道。心名若有，道不虚然。窮心既無，道憑何立？二俱虚妄，總是假名。」遠曰：「禪師見有身心是道已否？」師曰：「山僧身心本來是道。」遠曰：「適言無心是道，今又言身心本來是道，豈不相違？」師曰：「無心是道，心泯道無，心道一如，故言無心是道。身心本來是道，道亦本是身心。身心本既是空，道亦窮源無有。」遠曰：「觀禪師形體甚小，却會此理。」師曰：「汝只見山僧相，不見山僧無相。」遠曰：「請禪師於相上説出無相。」師曰：「淨名經云：『四大無主，身亦無我。無我所見，與道相應。』大德若以四大有主是我，若有我見，窮劫不可會道也。」遠慚汗而退。如①遠者又七人，往復論道，師皆縱口，詞辯傾注，帝及四衆莫不稱善而罷。

三年，南嶽懷讓禪師示寂。元和中，名儒張正甫製其碑曰：「天寶三載，觀音大師終於衡嶽，春秋六十八，僧臘四十八。元和十年，故大師弟子道一之門人曰惟寬、懷暉，感塵劫遽遷、塔樹已拱，懼絶故老之口，將貽後學之憂，不若②貽謀，思揚祖德，乃列景行，託於廢文，强名無跡，以慰乎罔極之思。曰：自騰、蘭演教於此土也，殆將千歲。達磨傳心至六葉也，分爲二宗。不階初入，頓入佛慧，曹溪教旨，於是乎傳。弘而信之，觀音其人也。大師諱懷讓，京兆杜氏，其先因家安康，即爲郡人。髫年駿發，聰悟絶衆，群言所涉，一覽無遺。居常而未或好弄，在醜而不可褻近。嘗嘿觀止水，因而顧影，形儀顒若，宛在鏡中，三反厥像，如初沛然，而心乎獨得。還步未輟，聞於空中曰：『佛法津梁，俟子而大。既應付囑，爾盍勉之！』乃深割愛緣，亟從剃落，以荆土律藏之微密也。大士智

① 如，原作「知」，據寬永本改。
② 卍新續藏本原註：「若，通『順』。」

京在焉，攝衣從之。既進，而儀法峻整，冠於等輩。以嵩嶽禪之泉海也，長安長老在焉，稽首咨之。既授①，而身心自在，超出塵垢，厭離文字，思會宗元，周法界以冥搜，指曹溪而遐舉。能大師方弘法施，學者如歸，涉其藩閫者十三焉，躋其堂室者又十一焉。師以後學弱齡，分於末席，虛中而若無所受，善閉而唯恐有聞。能公異焉，置之座右。會一音吹萬有，衍方寸彌大千，同焉而支暢，異焉而脗合，同受秘印，因爲宗師。乃陟武當，窮棲十霜，揭來衡嶽，終焉是託。般若勝槩有觀音道場，宴居斯宇，因以爲號。或微言析理，辨士順風而杜其口；或杖屨將撰，山靈惜留而現於夢。遠自梁益，近從荆吴，雲趨影附，風動川至。靈山聖會，古今一時，至矣哉！未始聞也。一公見性同德，弘教鍾陵。鬱爲名家，爾揚木鐸而施及寬暉；繼傳心燈，共鎮國土乃追琢琬琰。揭於故山，揚其耿光，以示來劫。其受法弟子亦序列於左，式明我教之有開焉。」

是歲，秘書監太子賓客賀知章夢游帝居，數日寤，乃請爲道士，還鄉里。詔許之。以宅爲千秋觀而居，又求周宫湖數頃爲放生池。有詔賜鏡湖剡川一曲。既行，帝賦詩，皇太子百官②餞送。卒年八十有六。知章晚節尤誕放，遨嬉里巷，自號「四明狂客」及「祕書外監」。每醉，輒屬辭，笔不停書，咸有可觀，而未始刊飾。善草隸，好事者具笔硯從之，意有所惬不復拒。然紙纔數十字，世傳以爲寶。字季真。陸象先少與之善，嘗謂人曰：「季真清談風流，吾一日不見則鄙吝生矣。」

四年，召遺士吴筠見大同殿。帝問道要，對曰：「深於道者無如老子五千文，其餘徒喪紙扎耳。」

① 全唐文卷六百一十九衡州般若寺觀音大師碑銘並序「授」後有「記」字。

② 官，原作「宫」，據新唐書卷一百九十六賀知章傳改。

復問神僊治鍊法，對曰：「此野人事，積歲月求之，非人主宜留意。」筠每開陳皆名教世務，以微言諷天下，天下重之。沙門嫉其見遇，而高力士素事佛，共短筠於帝。筠知不得留，辭還山，下詔爲立道館。後徙①茅②山，由會稽剡中卒。初，筠見惡於力士而斥，故文章深詆釋氏，議者譏其背向。時浙西觀察使陳少游大惡筠所爲，因命法師神邕者著論折之。邕著翻迷論以訂其妄，筠論遂廢。給事中竇紹見邕論，歎曰：「邕可謂塵外摩尼、論中獅子。」

天寶五年五月，制天下度僧尼，並令祠部給牒。今謂之祠部者，自是而始。

是歲，不空三藏自西域還。詔入内，結壇爲帝灌頂，賜號智藏國師。時方士羅思遠者以術得幸，有旨令與不空驗優劣。他日會於便殿，思遠持如意向之言論次。不空就取如意投諸地，命思遠舉之。思遠饒力不能動，帝擬自取，不空笑曰：「三郎，彼如意影耳。」即舉手中如意示之。思遠欽服而罷。不空凡祈禱必張繡座，手持木神，誦咒擲之。神自立于③座，四衆環視，必見其神，目吻瞬動。所禱雖造化之功可奪也，朝野奉之如佛焉。

十一年，潤州鶴林寺徑山大師玄素卒。左補闕李華製碑，其略曰：「嗚呼！菩提位中，六十一夏；父母之生，八十五年。赴哀位者，可思量否？至有浮江而奠，望寺而哭，十里華雨，四天香雲，幡幢蓋網，光蔽日月。以其月二十一日，四衆等號捧全身，建塔於黃鶴山西原，象法也。州伯邑宰執

①徙，原作「徒」，據寛永本、歷代通載卷十三詔道士吴筠問道改。
②茅，原作「芽」，據歷代通載卷十三詔道士吴筠問道、新唐書卷一百九十六吴筠傳改。
③于，原作「千」，據歷代通載卷十三詔不空驗羅思遠改。

聲喪師之禮，率中哀慕，江湖震悼。曩於寺內移居，高松互偃；涅槃之夕，椅①桐雙枯。虎狼哀號，破山谷，人祇慘慟，天地晦冥。及發隱登原，風雨如掃，慈烏覆野，靈鶴徊翔，有情無情，德至皆感。門人法鏡、法海親奉微言，繕崇龕座菩薩戒弟子：故吏部侍郎齊翰，故刑部尚書張均，故江東採訪使劉日正，故廣東都督梁昇，故潤州刺史徐嶠、韋昭理，故給事中韓延賞，故御史中丞李丹。道流人望，莫盛於此。弟子嘗聞道於徑山，猶樂正子春之於夫子也，洗心瞻仰，天漢彌高。鏡公門人悟甚深者，大理評事楊諧。過去聖賢，諸功德藏，志之所至，無不聞知，魯史從告，況乎傳信。」其文曰：「濁金清鏡，在爾銷鍊。磨之瑩之，功至乃見。膏漬注然，光明外遍。陽升律應，草木皆變。啟迪瘖聾，唯吾大師。息言成教，捨法興悲。辰極不動，風波自移。境由心寂，道與人隨。杳然玄默，湛入無爲。性本非垢，云何淨除。身心宴寂，大極淪胥。內光無盡，萬境同如。甘露正味，琉璃妙器。遍施大千，無同無異。度未度者，化周緣備。道樹忽枯，涅槃時至。我無生滅，隨世因緣。吉祥殿上，應化諸天。寂寂靈塔，滔滔逝川。恒沙劫壞，智月常圓。」

十二年，西蕃寇圍涼州，帝命三藏不空祈陰兵救之。空誦仁王密語數番，有神介冑而至，帝親見之。問曰：「神謂誰？」空曰：「北方毗沙門天王長子也。」空誦密語遣之，數日涼州捷報，有神兵至，威武雄盛。賊畏懼，卷甲而去。帝悅，詔天下軍壘皆立毗沙門天王祠。

① 椅，寬永本作「猗」。

隆興佛教編年通論卷第十七

隆興府石室沙門　祖琇　撰

唐

天寶十三年，左溪玄朗禪師卒。師如意中得度，就會稽印宗法師商略律部，依恭禪師研究心法，行頭陀教。初，南嶽惠聞禪師悟法華宗旨，以授慧思禪師，思授天台智者，智者授灌頂，頂傳縉雲威大師，縉雲威傳東陽威；朗奉事東陽，盡傳其道。重山深林，怖畏之地，獨處岩穴凡三十年。宴坐左溪，因以爲號。每曰：「泉石可以洗昏蒙，雲松可以遺身世，吾以此始，亦以此終。」建立精舍，約而不陋，跪懺其間，奉觀音上聖。願生兜率，親近彌勒。心不離定，口不嘗藥。或衣弊食絶，布紙而綻，掬泉而齋，如繒纊之温，如滑甘之飽。或問：「萬行俱空，云何苦行。」答曰：「本無苦樂，妄習爲因。衆生妄除，我苦障①盡。」又問：「山水自利，如聚落何？」對曰：「名香挺根於海岸，如來成道於雪山，未聞籠中比夫寥廓也。」一日，告門人曰：「吾五印道成，萬行無得。戒爲心本，爾等師之！」言訖而逝，春秋八十有二。弟子神邕、玄淨、法燈、清辨、湛然等數十人傳其教。補闕李華誌

① 障，寬永本、全唐文卷三百二十故左溪大師碑作「隨」。

其碑陰，略曰：「禪師誨人匪勌，講不待衆。一鬱多羅四十餘載，一尼師壇終身不易。食不重味，居必偏廈。非披閱聖教，不空然一燭；非瞻禮尊儀，不虚行一步。其微細修心，皆修律法之制，是以遠方沙門、隣境耆宿擁室填門，若①冬腸夏陰不召而自至也。」其後，翰林梁肅深得台教之旨趣，嘗著天台法門，議曰：「修釋氏之訓者務三而已，曰戒、定、慧。斯道也，始於發心，成於妙覺，經緯於三乘，道達於萬行，而能事備矣。昔法王出世，由一道清淨，用一音演法，機感不同，所聞益異。故五時五味、半滿權實、偏圓小大之義播於諸部，粲然殊流，要其所歸無越一實。故經曰『雖説種種道，其實爲佛乘』，又曰『開方便門，示真實相』，喻之以衆流入海，標之以不二法門，自他兩得，同詣祕密，此教之所由作也。洎鶴林滅而法網散，神足隱而宗塗異，及各權所得，互爲矛盾。更作其中，或三昧示生，四依出現，應機不等，持論亦別。故攝論、地持、成實、唯識之類分路並作，非有、非空之談莫能一貫，既而去聖滋遠，其風東扇。説法者桎梏於文字，莫之自解；習禪者虚無其性相，不可牽復。是此者非彼，未證者謂證。慧解之道，流以亡反；身口之事，蕩而無章。於是法門之大統或幾乎息矣。既而教不終否，至人利見，慧聞、慧思或躍相繼，法雷之震未普，故木鐸重授於天台大師。大師像身子善現之超悟，備帝堯大舜之休相，贊龍樹之遺論，從南嶽之妙解，然後用三種止觀，成一事因緣。括萬法於一心，開十乘於八教。戒、定、慧之説，空、假、中之觀，坦然明白，可舉而行。故其是故教無遺法，法無棄人；人無廢心，心無擇行。行有所證，證有其宗，大師教門，所以爲盛。故其

① 若，原作「乍」，據寬永本、歷代通載卷十三台宗左溪玄朗禪師改。

在世也，光照天下，爲帝王師範；其去世也，往來上界，爲慈氏輔佐。卷舒於普門示現，降德爲如來所使。階①位境智，蓋無得而稱焉。於戲！應跡雖往，微言不墜，習之者猶足以抗折百家，昭示三藏。又況聞而能思，思而能修，修而能信，信而不已者歟。斯人也雖曰未證，吾必謂之近矣。今之人，正信者鮮。啟禪關者，或以無佛無法何罪何善之化化。中人已下，馳騁愛欲之徒，出入衣冠之類，以爲斯言至矣，且不逆耳；故從其門者若飛蛾之赴明燭，破塊之落空谷。殊不知坐致燋②爛而莫能自出，雖欲益之，而實損之，與夫衆魔外道，爲害一揆。由是觀之，此宗之大訓，此教之旁濟，其於天下爲不侔矣。自智者傳法五世，至今湛然大師中興其道，爲予言之如此，故録之以繫於篇。」

是歲，魯山令元德秀卒。德秀字紫芝，河南人。少孤，事母孝，舉進士不忍去左右，自負其母至京師，母亡，廬墓側，刺血寫佛經數千言，絶筆，感異香芬馥，彌日而息。食不鹽酪，籍無茵席。調南和尉，德秀不及親在而娶，不肯婚。人以爲不可絶嗣，答曰：「兄有子，先人得祀，吾何娶爲！」初，兄子襁褓喪親，無資得乳媪。德秀自乳之，數日湧流，能食乃止。家苦貧，求爲魯山令，歲滿，笥餘一縑。駕柴車還，愛陸渾佳山水，乃定居。家無僕妾，歲飢，日或不爨。嗜酒，陶然鼓琴以自娱。房琯每見德秀，歎息曰：「見紫芝眉宇，使人名利之心都盡。」蘇源明嘗語人曰：「吾不幸生衰俗，所不恥者，識元紫芝也。」及卒，家唯枕履簞瓢而已。族弟元結哭之慟，或曰：「子哭過哀，禮歟？」結曰：「若知禮之過，而不知情之至！大夫弱無固，壯無專，老無在，死無餘，人情所躭溺喜愛可惡

① 階，原作「皆」，據寬永本、歷代通載卷十三台宗左溪玄朗禪師改。
② 燋，寬永本作「燃」。

者，大夫無之。生六十年，未嘗識女色、視錦綉，未嘗求足苟、辭佚色，未嘗有十畝之地、十尺之舍、十歲之僮，未嘗完布帛而衣、具五味而湌。吾哀之，以誡荒婬貪佞綺紈粱①肉之徒耳！」

論曰：凡諸史雜傳俱未有卓行篇，唐史特設此題，載元魯山數人而已。觀魯山行己之操，及其弟元結所稱，儼然一高僧耳。置唐史數千人中，遂嶄然傑出，顧不美哉！舊史稱其居母喪刺血寫佛經數千言，絶筆，感異香芬馥，彌日而息，而新史削之。夫魯山居喪所爲出乎至誠，宋景文何嫌而削之！若謂惡求福於佛，佛固未嘗邀魯山。魯山自爲之而不疑，何佛之嫌！若以身體髮膚受之父母不應毀，則乳亦婦人之事，非男子有也。魯山尚能出乳以食兄之子，獨不當以血爲母寫經，何也？景文深存名教。然君子百行，殊塗同歸，奚必嶄嶄然以儒釋歉哉？

至德元年六月，逆賊安禄山陷長安，帝幸蜀。或謂車駕入蜀之初，有守臣與禄山偕反者，其人曾爲閬守，有畫像在路次。玄宗忽見之，不勝大怒，命侍臣以劍斬像首。其人時在陝西，不覺其首無故忽墮於地。

又，帝嘗從容問禪師一行曰：「國祚幾何，有留難否？」行曰：「鑾輿有萬里之行，社稷終吉。」帝驚問故，行不答，退以小金合進之，且祝至萬里即開。及行去世，帝一日發視之，合中但有當歸少

① 粱，原作「梁」，當爲「粱」。

許。及是車駕至成都渡萬里橋，忽悟讖當歸，於是洗然忘憂云。秋七月，皇太子即位於靈武，是爲肅宗。旬日諸鎮節度兵至者數十萬，乃以房琯爲相兼元帥討賊。未幾，爲禄山所敗。於時寇難方剡，或言宜憑福祐。帝納之，引沙門百餘入行宫結道場，朝夕諷唄。帝一夕夢沙門身金色，誦寶勝如來名。以問左右，或對曰：「賀蘭白草谷有新羅僧名無漏者，常誦此佛，頗有神異。」帝益訝之，有旨追見，無漏固辭不赴。尋勑節度郭子儀諭旨，無漏乃來見於行在。帝悦曰：「真夢中所見僧也！」既而三藏不空亦見於行宫，帝併留之，託以祈禱。

論曰：玄宗斬畫而其人首墮，雅與古將傾巵酒於江而三軍飲江皆酒者相類，蓋誠心格物不思議之妙也。房琯乃則天宰相融之子，琯在天寶間名冠天下，四海引領望其作相，爲李林甫所抑，不得用。至是，帝以朝野屬望，遂相之。及王師敗績，議者不以尤琯，頗恨肅宗用遺①其才。初，道士刑和璞者嘗與琯游，至夏口佛祠，和璞使人钁於古松之下，得大甕，甕中有畫一軸。展視之，乃婁師德與永禪師像。和璞謂琯曰：「能憶此乎？」琯罔然不知。和璞令静默少頃，琯忽悟前身乃永禪師也。嗚呼！琯門世與佛有緣，而前身後身夙命通悟昭著如此。凡富貴得失，其何足云哉？異僧無漏誦寶勝佛名，乃幽靈發揮大唐中興之瑞兆也。

① 卍新續藏本原註：「遺，一作『違』。」

二年正月，安禄山子慶緒弑禄山而自立。九月，副元帥郭子儀破安慶緒，復京師。十月，帝至自靈武。十二月，太上皇至自西蜀。未幾，於禁中立内道場，講誦贊唄甚嚴。宰相張鎬諫曰：「天子之福，要在養人，以一函宇善風俗，未聞區區佛事能致太平。願陛下以無爲爲心，不以小乘擾聖慮。」帝不納，尋敕五嶽各建寺，妙選高行沙門主之。聽白衣能誦經五百帋者度爲僧，或納錢百緡請牒剃度亦賜明經出身。及兩京平，又於關、輔諸州納錢度僧道萬餘人，進納自此而始。

乾元元年，新羅僧無漏示寂，於右閤門合掌凌空而立，足去地尺許。左右以聞，帝驚異，降蹕臨視，得遺表，乞歸葬舊谷。有護送舊居建塔，至懷遠縣下院，輒舉不動，遂以香泥塑全身，留之下院。

是歲，遣使詣韶州曹溪，迎六祖能大師衣鉢入内供養。

二年，詔南陽慧忠禪師赴闕。忠越州諸暨人，自受曹溪心印，居南陽黨子谷中凡四十年，足不下山門。嘗示衆曰：「禪宗學者應遵佛語一乘了義，契自心源，不了義者，互不相許，如師子身虫。夫爲人師若涉名利，别開異端，則自他何益？如世大匠，斤斧不傷其手；香象所負，非驢所堪。」及是赴詔，初安置千福寺。一日，帝問：「如何是十身調御，忠起身而立曰：「會麼？」帝曰：「不會。」忠顧左右云：「與老僧過淨瓶來。」帝又問：「如何是無諍三昧？」答曰：「檀越踏毗盧頂上行。」帝曰：「此意如何？」忠曰：「陛下莫認自己清淨法身。」帝益不曉，於是齋沐，别致十問。其一曰：「見性已後，用布施作福否？」忠對：「無相而施合見性。」二曰：「日夕作何行業合得此道？」忠答：「無功而修合此道。」三曰：「或有病難，將何道理修行抵擬？」忠對：「無功而修了業，本空得不動轉。」四曰：「臨終時作麼生得清涼自在無疑？」忠以努力自信道爲對。五曰：「煩惱起時，將何止息？」忠以本心湛然煩惱回歸妙用爲對。六曰：「見性已去，用持戒念佛求淨土否？」忠對：「性即是佛，性即是淨土。」七曰：「捨此陰了當生何處？」忠以無捨無生自在生爲對。八曰：「臨終時有華臺寶座來迎，可赴否？」忠以不取相爲對。九曰：「作麼生得神通似佛國？」忠以見性如貧得寶如民得王對。十曰：「只依此本性修，定得作佛否？」。忠對：「定得作佛，佛亦無相，無得乃爲真得。」前十對皆廣有其辭，今約科目爲對耳。帝由是凝心玄旨。

三月己丑，詔天下州各致放生池。冬十月，昇州刺史顔真卿撰有唐天下放生池碑銘并序曰：「皇唐七葉，我乾元大聖光天文武孝感皇帝陛下，以至聖之姿，屬艱虞之運，無少康一旅之衆。當祿山强暴之初，乾鞏勞謙，勵精爲理。推誠而萬邦胥悦，克己而天下歸仁。恩信侔於四時，英威達於八表。功庸格天地，孝感通神明。故得迴紇、奚霫、契丹、大食、循蠻之屬，扶服萬里，决命而争先；朔方、河東、平盧、河西、隴右、安西、黔中、嶺南、河南之師，虓闞五年，推鋒而効死。權元惡如拉朽，舉兩京若拾遺。慶緒遁逃，已蒙赤族之戮；思明跧伏，行就沸鼎之誅。拯已墜之皇綱，據再安之宗社。迎上皇於西蜀，申子道於中京。一日三朝，大明天子之孝；問安侍膳，不改家人之禮。蒸蒸然，翼翼然，真帝皇之上儀！誥誓所不及，已歷選内禪。生人以來，振古及隋，未有如我皇帝者也。而猶嫗煦萬類，憂勤四生，乃以乾元二年歲次己亥春三月己丑，端命左驍衛右郎將史元琮、中使張廷玉，奉明詔，布德音，始於洋州之興道，洎山南、劒南、黔中、荆南、嶺南、浙西諸道，迄於昇州之江寧、秦淮太平橋，臨江帶郭，上下五里，各置放生池凡八十一所，蓋所以宣皇明而廣慈愛也。易不云乎「信及豚魚」？書不云乎「洎鳥獸魚鱉咸若」？古之聰明睿智神武而不殺者，非陛下而誰？昔殷湯克仁，猶存一面之綱；漢武垂惠，纔致銜珠之答。雖流水救涸，寶勝稱名。蓋事止於當時，尚介祉於終古。豈我今日動者植者、水居陸居，舉天下以爲池，罄域中而蒙福，乘陀羅尼加持之力，竭煩惱海生死之津，揆之前古，曾何髣髴。微臣職忝方面，生丁盛美，受恩寖深，無以上報，謹緣皐陶、奚斯歌虞頌魯之義，述天下放生池碑銘一章。雖不足雍容聖明萬分之一，亦臣之精懇也。」碑銘不録。

上元元年，尚書左丞王維卒。維字摩詰，臨終無病，遺親故書數幅，停筆而化。工草隸，善畫，名盛於開元、天寶間，豪英貴人虚左以迎之，寧、薛諸王待以師友。畫思入神，至山水平遠，雲勢石色，繪工以爲天機所到，非由學致也。客有以按樂圖示者，無題識，維曰：「此霓裳第三疊，最初拍也。」客未然，引工按曲，乃信。與弟縉皆篤志奉佛，食不葷，衣不文綵。别墅在輞川，地奇勝，有華子岡、歌湖、竹里舘、柳浪、茱萸沜、辛夷塢，與裴迪游其間，賦詩相酧爲樂。喪妻不娶，孤居三十年。母喪，表請以輞川第施爲佛祠。

寶應元年四月庚戌，楚州龍興寺尼真如恍若有人接之昇天。見天帝，帝授以十三寶，謂真如，曰：「中國有灾，宜以第二寶鎮之。」甲子，楚州刺史崔侁奉表獻於朝。其一曰玄黄天符（形如笏，長八寸，闊二寸，黄玉也。有文云：『辟兵疫①』），二曰玉鷄②（毛文悉備，白玉也），三曰穀璧（徑六寸，粟粒自然，白玉也），四曰西王母環（二枚，徑七寸，白玉也），五曰碧色寶（圓而有光），六曰如意珠（形如卵，光如月），七曰紅靺鞨（大如巨粟），八曰琅玕珠（二枚，長二寸），九曰玉玦（如環，四分缺其一），十曰玉印（有文如鹿，以印物，則鹿形著），

① 疫，原作「後」，據新唐書卷三十五五行志二改。
② 新唐書卷三十五五行志二「玉鷄」後有「毛」字。

十一曰皇后採桑鈎（長六寸，形如著屈其末，色如金，又如銀），十二曰雷公斧（長二寸，闊二寸），十三曰□□□（史失其名）。帝覽之，大悅。以置日中，則白氣屬天，名之曰「定國寶」。帝以獻自楚州，即皇太子始封之國，又聞中原有災，宜以第二寶鎮之，遂詔皇太子攝政事，大赦天下，改元寶應。五月，太上皇崩，年七十有八。帝自春至夏多不豫，及太上皇崩，哀感號慟致疾，相距十四日而崩，年五十四。皇太子即位，是爲代宗。

論曰：初，忠國師答肅宗十身調御等問，則高峻其門風，略無少假。殆帝未諭而致十問，忠方從容曲盡其意，凡數百千言，帝於是相得之深，此蓋宗師傳道之大體也。及天帝授十三寶與真如，告以中原有災，宜以第二寶鎮之，其寶入朝。未幾，果肅宗崩而代宗即位。凡自肅宗至昭宗，十三帝而唐亡，然則上帝告以其祚如此之審。新史則著十三寶於本紀，復列於五行志，而未始明其所以讖。嗚呼，異哉！

永泰元年九月，鑄金銅佛像於光順門，率百僚拜祀之。十月，吐蕃寇逼京師。内出仁王經二輦送西明諸寺，置百尺高座講之。寇平，帝夢六祖慧能大師請衣鉢歸於曹溪，翌日遣中使送還。是時寇難屢逼，帝寖以爲憂，宰相王縉曰：「國家慶祚靈長，福報所憑，時雖多艱，無足道者。禄山、思明毒流方煽而皆有子禍，僕固懷恩臨敵而踣，群戎來寇未及戰輒去，非人事也。」帝由是篤意佛道，修祀祠，詔天下官司無箠辱僧尼。禁中講誦仁王護國經，詔命不空三藏重譯舊本，帝親爲之敘。官不空特進鴻臚卿。

是歲，詔法師良賁於大明宮之桃園造新仁王經疏。疏成，賁以表進呈，略曰：「洗心滌慮，扣寂求音。發明啟自天宮，加被仰憑佛力。咸紛經論，演暢真宗，亦猶集群玉於荊山，約百川於溟海。火生於木，並兩曜而俱明；識轉於如，體一相而等照。成道者法也，載法者經也。廣度群有，同於大通。足菩提心，如陛下意。」帝覽之，稱善。

大曆元年七月壬午，始作盂蘭盆會於禁中，設高祖太宗已下七聖位。備鑾輿，建巨幡，各以帝號標其上。自太廟迎入內道場，鐃吹鼓舞，旌幢燭天。是日，立仗百寮，於光順門迎拜導從，自是歲以爲常。癸未，太廟二室生靈芝，帝賦詩美之，百寮皆屬和。

二年七月，宰相杜鴻漸出撫巴、蜀。至益州，遣使詣白崖山，請禪師無住入城問法，曰：「弟子聞金和尚說無憶、無念、莫妄三句法門，未審此三句是一是三？」無住曰：「無憶名戒，無念名定，莫妄名慧。然一心不生，則具戒定慧，非一非三也。」曰：「後句妄字莫非從心否？」無住曰：「從女者是。」曰：「有據否？」無住曰：「法句經云，若起精進心，是妄非精進；若能心不妄，精進無有涯。」又問：「師還以三句接人否？」對曰：「初心學人，還令息念。澄停識浪，清水影現。悟無念體，寂滅現前，無念亦不立也。」時庭樹鵶鳴，公曰：「師還聞否？」曰：「聞。」又問：「師今聞否？」曰：「聞。」公曰：「鵶去無聲，云何言聞？」無住顧四眾曰：「正法難聞，各宜諦聽。聞與不聞，非關聞性。本來不生，今亦不滅。有聲之時是聲塵自生，無聲之時是聲塵自滅。而此聞性不隨聲生，不隨聲滅。悟此聞性，則免聲塵流轉，乃至色、香、味、觸亦復如之。當知聞無生滅，聞無去來。」公與僚屬喜躍稱善。又問：「弟子頃著起信論疏二卷，得名解佛法否？」曰：「夫造疏皆用心思量分別，但可著成，傳益初學。據論云：『知一切法，從本以來，離言説相，離文字相，離心緣相，畢竟平等，無有變異。唯是一心，故名真如。』今相公著言説相，著名字相，著心緣相，既著種種相，何由體解佛法？」公稽首曰：「師今從理確論，合心地法門，實不思議。然何由得不生不滅契解脱去？」答曰：「見境心不起、名不生，不生即不滅，既無生滅，即不被前塵所縛，當處解脱。」公曰：「何謂識心見性？」答曰：「一切學道人隨念流浪，蓋爲不識真心、不見本性。真心者，念生亦不順生，念滅亦不依寂，不來不去，不定不亂，不取不捨，不沉不浮，無爲無相，活鱍鱍，平常自在。此心體畢竟不可得，無可知覺，觸目皆如，無非見性也。」鴻漸由是棲心禪悦，嘗有詩云：「長願追禪理，安能挹化源。」晚以疾辭宰相，釋位三日而薨。臨終沐浴，儼朝服加僧伽黎，剃鬚髮而逝，遺命依沙門法葬。

論曰：無住説法簡當明妙，雅合首楞嚴所謂聞無生滅之旨，宜乎聞者悟悦而信解也。鴻漸靈武策立功臣，家世奉佛，其臨終沐浴，剔髮鬚、服僧衣，遂與聖朝王文正公旦肖焉。雖文正公巨德元勳，完名高節，卓冠名臣之表，非鴻漸所能彷彿，然莫年付囑諸子及其友楊文公大年，丁寧曲折，文公談苑著之甚詳，茲可想見知佛之深而見道之明也。嗚呼！吾宗直指當人見聞覺知，一段大事，本爾現成，奈何人自棄昧，往往終身役役，爲他閑事長無明者，天下碌碌皆是。若二公能自回頭，存心後世，打徹大事，夫豈易得也哉！

三年，帝召國師慧忠入内，引太白山人見之。帝曰：「此人頗有見解，請師驗之。」忠曰：「汝蘊何能？」山人曰：「忝識山識地識字善筭。」曰：「山人所居之山是雄山是雌山？」山人茫然不能對。忠曰：「識地否？」曰：「識。」忠指殿上地問曰：「此是何地？」答曰：「容弟子筭方知。」忠曰：「識字否？」曰：「識。」忠於地上畫一畫曰：「此甚字？」山人曰：「是一字。」忠曰：「土上一畫是王字，何謂一字耶？」又問：「能筭否。」曰：「能。」忠曰：「三七是多少？」山人曰：「國師玩弟子。三七豈非二十一？」忠曰：「却是山人弄貧道。三七是十，何謂二十一？」復問：「更有何能？」答曰：「弟子縱有，亦不敢向國師開口。」忠曰：「縱汝有能，亦俱未是。」師却謂帝曰：「問山不識山，問地不識地，問字不識字，問筭不解筭，陛下何處得此懵漢來？」帝謂山人曰：「朕有國位不足爲寶，師乃國寶也。」山人曰：「陛下真識寶者矣。」

是歲，詔徑山道欽禪師至闕下，帝親加瞻禮。一日，師在内庭見帝起立，帝曰：「師何以起？」欽曰：「檀越何得向四威儀中見貧道？」帝悦，謂忠國師曰：「朕欲賜欽師一名。」忠欣然奉詔，遂賜號國一禪師。後辭歸本山，馬祖大師令門人智藏問十二時中以何爲境，師曰：「待汝回去時有信。」藏曰：「只今便回。」師曰：「傳語却須問取曹溪。」又僧問：「如何是祖師西來意？」師曰：「汝問不當。」曰：「如何得當？」師曰：「待吾滅後，却向汝説。」至貞元八年示寂。賜謚大覺禪師。

四年，牛頭慧忠禪師示寂。師得法於威師，爲牛頭宗第六祖。平生一衲不易，器用唯一鐺。甞有供僧穀二廩，盗者窺伺，虎爲守之。縣令張遜者入山頂謁，問師有何徒弟。曰：「有三五人。」遜曰：

「可得見否？」師敲牀三下，有三虎哮吼而出，遜驚怖而退。及移居莊嚴寺，將建法堂，有古樹群鵲巢其上。師謂巢曰：「此地建堂，汝可速去。」言訖，群鵲遷巢他樹。及築基，有二神人定其四角，潛資夜役，不日而成，繇是學徒雲集。師有安心偈曰：「人法雙淨，善惡兩忘。直心真實，菩提道場。」至是將終，石室前掛鐺樹掛衣，藤無故枯死，師集眾布薩訖，淨髮浴身。是夕，有瑞雲覆其院，空中復有天樂之聲。詰旦，怡然坐化。俄頃，風雨暴作，震折林木，有白虹貫於岩壑云。

五年，西域大耳三藏至京師，自云得他心慧眼。帝令入光宅寺，請國師慧忠試驗。忠問：「汝得他心通耶？」對曰：「不敢。」忠曰：「汝道老僧即今在什麼處？」三藏云：「和尚是一國之師，何得往天津橋看弄猢猻？」忠又問：「老僧即今在什麼處？」三藏曰：「和尚是一國之師，何得去西川看競渡？」忠第三問語亦如前，三藏良久罔知去處。忠叱曰：「這野狐精，他心通在什麼處？」三藏無對。

論曰：四祖下融大師橫説豎説，猶未知向上關捩子，此黄蘗運公語也。以黄蘗大機大用，逸格手段，作如是説，則其然矣。異時學人相似語言以爲禪道者，凡貶剝諸方，往往猶不止於此。嗚呼！世謂學不躐等，矧吾宗單傳心印用以了生死者，其可以躐等乎。觀牛頭諸祖，道盛一時，於死生之際感驗昭著。有生而百鳥銜華虎狼給侍者，有滅而鳥獸哀鳴逾月乃止者；有異香經旬而歇者，有山林變白溪澗絶流者；有空中神幡從西而來遶山數匝者，有所居舊院林木變白七日而復者。及是忠禪師所感皆不思議事，出於造化之表。自非神德妙行蔽天地而不耻關百聖而不慚者，曷以臻此邪！如大耳三藏分證小果，得五神通，及見國師，初、二度國師以有所緣心，則灼見其處。及第三度，國師入甚深秘密大寂定門，大耳於是茫然不知。然則，證果有階級，大道有淺深，端不誣矣。或謂巫咸相壺子堪擬國師者，自性圓通，與夫區區術數，烏可同年而語哉？

隆興佛教編年通論卷第十八

隆興府石室沙門　祖琇　撰

唐

大曆五年，大廣智三藏不空示疾，誡門人曰：「普賢行願出無邊法門，汝等勤而行之，宜觀菩提心。本尊大印直詮阿字，了法無生，證大覺身。」又命弟子趙遷執筆，授所撰涅槃軌範以貽後世，使準此送終。以表辭帝，詔遣内使賜湯藥勞問，就加開府儀同三司、蕭國公，食邑三千户。辭讓數四，不允。不空歎曰：「吾以法濟世，不意垂死濫汙封爵！」乃以先師金剛智所付法物因中使李憲誠進之，遂沐浴更衣，吉祥安卧而寂。闍維頂骨不壞，中含舍利，光彩奪目。御史嚴郢撰紀德碑，太常徐浩書之於石，其辭曰：「和尚諱不空，西域人也，氏族不聞於中夏，故不書。玄宗燭知至道，特見高仰，迄肅宗、代宗三朝，皆爲灌頂國師，以玄言德祥開佑至尊。代宗初，以特進大鴻臚褒表之。及示疾不起，又就卧内加開府儀同三司、蕭國公。皆牢讓，不允。特賜法號曰大廣智三藏。大曆五年夏六月癸未，滅度於京師大興善寺。代宗爲之廢朝三日，贈司空，追謚大辯正廣智三藏和尚。荼毗日，詔遣中謁者齎祝文祖祭，申如在之敬，睿詞深切，加薦令芳，禮冠群倫，舉無與比。明年九月，詔以舍利起塔於舊居寺院。和尚性聰朗，博觀前佛法藏要旨，緇門獨立，邈蕩蕩其無雙。稽夫真言字儀之憲度，灌頂升壇之軌跡，即時成佛之速，應聲儲祉之妙，天麗且彌，地普而深，固非末學所能詳也，敢不槩見序其大歸。昔金剛薩埵親於毗盧遮那佛前受瑜伽最上乘義，後數百年傳於龍猛菩薩，龍猛又數百年傳於龍智阿闍黎，龍智傳金剛智阿闍黎，金剛智東來傳於和尚。和尚又西游天竺、師子等國，詣龍智阿闍黎，揚擢十八會法。法化相承，自毗盧遮那如來至於和尚，凡六葉矣。每齋戒留中，導迎善氣，登禮皆答，福應較然，溫樹不言，莫可紀已。西域隘巷，狂象奔突，以慈眼視之，不旋踵而象伏不起；南海半渡，天吴鼓駭，以定力對之，未移晷而海静無浪。其生也，母氏有毫光照燭之瑞；其没也，精舍有池水竭涸之異。凡僧夏五十，享年七十。自成童至於晚暮，常飾供具，坐道場，浴蘭焚香，入佛知見。五十餘年晨夜寒暑，未嘗有傾歌懈倦之色，過人絶遠乃如是者。後學陞堂誦説，有師法者非一，而沙門慧朗受補處之記，得傳燈之旨。繼明佛日，紹六爲七，至矣哉。於戲！法子永懷，梁木將絶，本行託予勒崇。昔承微言，今見几杖，光儀眇漠，壇宇清愴，慕書昭銘，小子何讓。銘曰：嗚呼大士，起我三宗。道爲帝師，秩爲儀同。昔在廣成，軒后順風。歲逾三千，復有蕭公。瑜伽上乘，真語密契。六葉授受，傳燈相繼。述者牒之，爛然有第。陸伏狂象，水息天吴。慈心制暴，慧力降愚。寂然感通，其可測乎。兩楹夢莫，雙樹變色。司空寵終，辨正旌德。天使祖祭，宸衷悽惻。詔起寶塔，舊庭之隅。下藏舍利，上飾浮圖。跡殊生滅，法離有無。刊石爲碑，傳之大都。」

論曰：初，菩提流志三藏歷則天、中、睿、玄宗四朝，以窮佛之學紛澤大教，及終，玄宗賜謚開元一切遍知三藏。盛矣哉！蓋謚同如來也。不空始見流志、無畏二公，而師事金剛智。智没，復游天竺，以廣其道。及還東土，神用無方，感應微妙，玄宗尊爲國師。既而天寶之亂，肅宗託以祈禳。及其卒，遂預公台之贈。嗚呼！苟非其人，疇能及此哉？况神道助化，天人之通理也。方吐蕃再犯京畿，郭汾陽以單騎入虜圍，群虜以父稱之。是時雖曰國家威福及子儀忠義所感，庸非神道爲之陰助乎？惜哉大曆之後，用事者微遠，略致群盗跋扈，王室寖微，繼以元載、王縉之敗，後世議者，遂以福力爲不足憑。悲夫！

六年，越州律師曇一卒，補闕梁肅製其碑曰：「釋氏先律師諱曇一，字覺胤，報年八十，僧夏六十一。以大曆六年十二月七日滅度於越州開元寺，遷座起塔於秦望山之陽，製縗會葬者以千百數。大師南陽張氏，曾祖隋太常恒，始家會稽之山陰。大師誕，鍾粹氣，聰悟夙發，幼學五經，因探禹穴。至雲門寺，遂①依沙門諒公出家。景龍中剃度，尋受具戒。天縱辯慧，益以軌儀，翕然已爲人望矣。開元初西游長安，觀音亮律師見而奇之，授以毗尼之學。又依崇聖寺壇子法師學俱舍、唯識，從印度大沙門無畏受菩薩戒。探道覩奥，出類拔萃，暮月之間，名動京師。大師崖岸峻峙，機神坦邁，體識詳稚，應用虚明，得三藏之隱賾，究諸宗之源②底，加以素解玄儒，旁總曆緯，長老聞風而悦服，公卿下榻以賓禮。由是與少保、兖國公陸公象先，賀賓客知章，李北海邕，徐中書安貞，褚諫議庭誨爲儒釋之游、莫逆之友。其導世皆先之以文行，弘之以戒定，入蘭室而馨香自發，臨水鏡而毫髮必鑒，不知

①　遂，原作「逐」，據寬永本改。

②　源，寬永本作「深」。

其所由然矣。開元二十六年復歸會稽，謂人曰：『三世佛法，戒爲根本。本之不修，道遠乎哉！』故設教以尸羅爲主，取鄴郡律疏合終南事鈔，括其同異，詳發正義，學徒賴焉。大凡北際、河朔、南越、荆閩，四分之宗自我而盛，烈炬之破昏黑，群流之赴澗澤。適來之時，行化也如彼，有爲而生，乘化而息，草木潛潤，慈雲無心；適去之時，處順也如此，人世遷轉，道存運往，瞻望不見，寂寥空山。哀哉！銘曰：越水漫漫，崇山回合。大師化滅，式建靈塔。緬慕上士，誕修淨法。有威有儀，不窪不雜。德溥化洽，雲從海納。勒銘垂後，千萬億劫。」

是歲，淮南節度使楊州牧御史大夫張延賞狀舒州三祖行實，請謚於朝。夏四月，天子賜謚曰鏡智禪師。刺史獨孤及製賜謚碑曰：「按前志，禪師號僧粲，不知何許人。出見於周、隋間，傳教於慧可大師。摳衣鄴中，得道於司空山。謂身相非真，故示有瘡疾。謂法無我，故居不擇地。以衆生病爲病，故所至必説法度人。以一相不在内外中間，故必言不以文字。其教大略以寂照妙用攝群品，流注生滅，觀四維上下，不見法，不見身，不見心，乃至心離名字，身等空界，法同夢幻，無得無證，然後謂之解脱。禪師率是道也，上膺付囑，下拯昏疑，大雲垂廕，國土皆化。謂南方教所未至我，是以有羅浮之行。其來不來也，其去無去也。既而以袈裟與法俱付悟者，道存影謝，遺骨此山，今二百歲矣。皇帝即位後五年，歲次庚戌，某剖符是州，登禪師遺居，周覽塵跡，明徵故事。其荼毗起塔之制，實天寶景戌中別駕、前河南尹趙郡李公常經始之。碑版之文，隋内史侍郎河東薛公道衡、唐相國河南房公琯繼論撰之。而尊道之典、易名之禮，則朝廷方以多故而未遑也。長老比丘釋湛然誦經於靈塔之下，與潤松俱老，痛先師名氏未經邦國焉，與禪衆寺大律師澄俊、同寅叶恭丞以爲請。會是歲嵩山大比丘釋慧融至自廣陵勝業寺，大比丘釋開悟至自盧江，俱纂我禪師後七葉之遺訓，曰：『相與歎塔之不命，號之不崇，懼象法之根本墜於地也，願申無邊衆生之弘誓，以紓罔極。』楊州牧御史大夫張公延賞以狀聞，於是六年夏四月，上霈然降興廢繼絶之詔，册謚禪師曰鏡智，塔曰覺寂，以大德僧七人掃洒供養。天書錫命，輝焕崖谷。衆庶踴躍，謂大乘中興，是以大比丘衆議立石於塔東南隅，紀心法興廢之所以然。某以謂初中國之有佛教，自漢孝明始也，歷魏、晋、宋、齊及梁武，言第一義諦者不過布施持戒，天下惑於報應，而人未知禪，世與道交相喪。至菩提達磨大師，始示人以諸佛心要，人疑而未思。慧可大師傳而持之，人思而未修。造禪師三葉，其風寖廣。真如法味，日漸月漬，萬木之根莖枝葉悉沐我雨，然後空王之密藏、二祖之微言始行於世間，浹於人心。當時聞道於禪師者，其淺者知有爲無非妄想，深者見佛性於言下，如燈照物，朝爲凡夫，夕爲聖賢。雙峰大師，道信其人也。其後信公以傳宏忍，忍傳慧能、神秀，秀公傳普寂。寂公之門徒萬人，陞堂者六十有三，得自在慧者一，曰弘正。正公之廊廡龍象又倍焉，或化嵩洛，或之荆吴，自是心教之被於世也，與六籍侔盛。於戲！微禪師，吾其二乘矣，後代何述焉？庸詎知禪師之下生，不爲諸佛故現比丘身以救濁劫乎？亦猶堯、舜既往，周公制禮，仲尼述之，游、夏弘之，使高堂、后蒼、徐孟、戴慶之徒可得而祖焉。天以聖賢所振爲木鐸，其揆一也。諸公以爲司馬子長立夫子世家，謝臨川撰慧遠法師碑銘，今將令千載之後知先師之全身、禪門之權輿、王命之追崇在此山也，則揚其風，紀其時，宜在法流。某嘗味禪師之道也久，故不讓。其銘曰：人之静性，與生偕植。智誘於外，染爲妄識。如浪斯鼓，與風動息。淫駭貪怒，爲刃爲賊。生死有涯，緣起無極。如來憫之，爲闢度門。即妄了真，以證覺源。啟迪心印，貽我後昆。間生禪師，俾以教尊。二十八世，迭付微言。如如禪師，應期弘宣。世溷法滅，獨與道全。童蒙來求，我以意傳。攝相歸性，法身乃圓。性身本空，我爲説焉。如如禪師，道既棄世。將二十紀，朝經乃屆。皇明昭賁，億兆膜拜。凡今後學，入佛境界。於取非取，誰縛誰解。萬有千歲，此法無壞。」

七年，魯郡公顏真卿撰撫州寶應寺律藏院戒壇記曰：「如來以身、口、意業難調伏也，淨尸羅以息其内，行、住、坐、卧四威儀攝善心也。明布薩以昭其外，故曰『波羅提木叉是汝之師』，則憍陳如之善來，迦葉波之尚法，諸聲聞三歸約衆。十四年以八敬度尼、羯磨相承，其致一也。漢靈帝建寧元年，有北天竺五桑門支法領等，始於長安譯出四分戒本兼羯磨，與大僧受戒。至曹魏，有天竺十尼自遠而來，爲尼受具。後秦姚興弘始十一年，有梵僧佛陀耶舍譯出四分律本。而關中先行僧祇，江南盛行十誦。至元魏法聰律師始闡四分之宗，聰傳道覆，覆傳慧光，光傳雲暉願，願傳隱樂洪雲，雲傳遵，遵傳智首，首傳道宣，宣傳法勵、滿意，意傳法成，成傳大亮、道賓。亮傳曇一，賓傳①岸超、慧澄，澄傳慧欽，皆口相授受，臻於壼奧。欽俗姓徐，洪州建昌人也，蓋漢孺子之後，年二十二尋師於臨川楮山，後五歲削髮，隸於高安龍崗寺，遂受戒。有唐義淨，則譯經上足曰洪州之②靈傑，其秉宣羯磨者，曰兩京滌法鋭③。欽智度冲深，神用高爽，行無權實，身絶開遮，闡律藏而日月光明，騁辯才而龍象蹴踏，江嶺之外，凛然風生。開元末，北游京師，充福先大德，常誦涅槃經而講之，兼明俱舍論、

① 賓傳，原作「道」，據全唐文卷三百三十八撫州寶應寺律藏院戒壇記改。
② 全唐文卷三百三十八撫州寶應寺律藏院戒壇記無「之」字。
③ 滌法鋭，全唐文卷三百三十八撫州寶應寺律藏院戒壇記作「清滌使法慧」。

維摩、金剛經，又登講座，其下日有二三千人，由是名動輦轂。屬禄山作亂，杖錫南歸，居於西山洪井雙嶺之間，慕高僧觀顯之遺蹤，於寺北剏置蘭若，山泉之美，頗極幽絕。欽雖堅持律儀，而志在弘濟。好讀周易、左傳，下笔成章，著律儀輔演十卷，嘗①撰本州龍興寺戒壇碑，頗見稱於作者。三年，真卿添刺撫州，東南四里有宋侍中臨川内史謝靈運翻涅槃經古臺，基局儼然，軒陛摧圮，高行頭陀僧智清者首事修葺，安居住持。明年秋七月，真卿績袟將滿，有觀察使尚書御史大夫趙國魏公，願以我皇帝降誕之辰奏爲寶應寺，仍請山林高行僧三七人。冬十月二十三日，聖恩允許。於是鼎新輪奂，其興也勃焉，乃請止觀大師法源法泉、襄陽乘覺、清凉善弘、羅浮圓覺、佛跡本喻、餘杭慧達洎當州海通、海岸等同住薰修，以資景福。僉以爲學徒雖增，毗尼未立，明年三月，乃請欽登壇而董木鐸焉。仍俾龍崗道榦、天台法裔、招提智融、白馬法胤、衡嶽智覺、司德義盈、香城藏選、龍興藏智、開元明徹等同秉法事。於是遠近駿奔，道場側塞，聖像放光而龍王不雨者四旬。僧尼等三百五十七人，而文士正議大夫前衛尉少卿張廷臯脱俗歸真，其法名曰瓌綱，爲稱首焉。又欽此年已來爲受具者凡一萬餘人，江嶺湖海之間幅員千里，像法於②變，皆欽化道之力焉。臨川在嶺隅，未嘗弘律，於是二衆三百餘人請法裔敷演而依止之。後有上都資聖寺高德曰還本律主，偉兹能辯，深嗟嘆而贊美之，謂於寺東南置普通無礙禪院，内立鎮國觀音道場，請善弘居之，以開悟心要。曇一上足曰：『智融精持本事，如會尊衆。』乃命智晃等於普通道場東置律藏院，剏立戒壇，以行欽公之來儀，且施肇紀之不朽。經營

① 嘗，原作「常」，據全唐文卷三百三十八撫州寶應寺律藏院戒壇記改。
② 卍新續藏本原註：「於，通『兹』。」

未幾，壇殿鬱興肅乎。渡海浮囊，分毫絶羅刹之請；嚴身瓔珞，照耀有摩尼之光。則入佛位而披伽黎者，名香普熏，神足無極，其①可勝紀而無絶乎。有唐大曆辛亥歲，行撫州刺史魯郡開國公顔真卿書而志之。」

論曰：魯公碑稱漢建寧元年天竺沙門譯出戒本，與大僧受戒，而梁僧傳及隋三寶録皆謂曹魏嘉平中西域曇柯羅始出戒本，予讀後漢・笮融傳②，謂融於漢末每歲佛生日輒多設飲飯，敷席幡員五六里，其來就食及觀者常數萬人，以此驗漢時未有戒律，凡齋事法如祠祀狀。戒律自魏時方來，信矣！魯公之説，疑爲傳之者悮，當以僧傳爲正焉。

九年。道士史③華以術得幸，因請立刃梯與沙門角法。有旨兩街選僧，剋日較勝負。沙門崇慧者，不知何許人，常誦首楞嚴咒，表請挫之。帝率百僚臨觀。史④華履刃梯而上，命慧登之。慧躡刃而昇，往復無傷。慧乘勝命聚薪於庭，舉烈焰，慧入火聚，呼史華，令入。華慚汗，不敢正視。帝大悦而罷，賜崇慧號護國三藏。後不知終。

---

① 其，原作「半月」，據全唐文卷三百三十八撫州寶應寺律藏院戒壇記改。
② 傳，原作「陣」，據寬永本改。
③ 卍新續藏本原註：「史，疑『臾』，次同。」
④ 史，原作「臾」，據歷代通載卷十四史華與僧崇惠角法改。

論曰：史華、崇慧事跡，見唐佛道論衡并高僧傳，其信然歟！昔周穆王時有化人自西極而來，出入火聚，越牖透垣，千變萬化，不可名狀，世疑爲佛世尊所遣化者也。崇慧得非教所謂證應真果者，具六通三明一十八變，常住世間，隨機赴感，必此之流也歟。

本朝政和末，有道士林靈素者，本温州人，善妖術，輔以雷公法，甞往來不逞，於宿、亳、淮、泗間乞食，諸寺群僧薄之。至楚州，與慧世相毆擊，訟於官府。倅石仲問焉，喜其辯捷輕俊，脱之。置舘中，問吐納、燒鍊、蜚神之術。七年正月，仲携入京，謁宰相蔡京，京致見上。靈素大言曰：「天上有神霄玉清府，長生帝君主之，其弟青華帝君，皆玉帝子。次有左相僊伯，并書罰僊吏褚慧等八百餘官。」謂徽宗即長生帝君，京乃左相僊伯，靈素即褚慧。上忻然信之，賜號金門羽客，作通真宫處之。尋改天下大寺觀爲神霄玉清，萬壽宫設長生青華帝君像，置道學科。靈素見上，必力詆釋氏，請除之。

宣和元年正月乙卯，詔革釋氏舊名，禁銅鐃塔像。三月，京城大水，黿鼉出於市民廬舍。上遣靈素治水，久之絶無驗，士民益懼。一日，僧伽大士忽現禁中，上就命禳水。大士振錫，登城誦密語，頃之，水用頓減至竭涸。靈素頗氣沮。既而衝皇太子節，不避，太子擊之。訴於上，冬十一月乙卯，上惡之，特放還温州，遂死於路。噫！若僧伽崇慧者，信乎不般涅槃，常住世間，護持國土，垂祐生民，殆可見矣。

沙門圓澤者，寓東都慧林寺，與隱士李源厚善。慧林，即源舊第也。父憕，守東都，爲禄山所害。

源以故不仕，常居寺中，與澤談噱終日。偶相率游峨嵋山，源欲自荆州泝峽以往，澤欲由長安斜谷，源以爲久絶人事，不欲復入京師，澤不死强，遂自荆州。舟次南浦，見婦人錦襠負甖而汲者，澤望而泣曰：「所不欲由此者爲是！」源驚問故，澤曰：「婦人孕三稔矣！遲吾爲之子，不逢則已，今既見之，無可逃者，公當以符咒助我，令速生。三日浴兒，願公臨顧，以一笑爲信。後十三年於杭州天竺寺外當與公相見。」源悲哀具浴，至暮而澤亡。婦乳三日，源往視之，兒見源，果軒渠而笑，即具以語其家。葬訖，源返寺中。後如期自洛之吴，赴其納，至期，於葛洪井畔聞有牧童扣牛角而歌曰：「三生石上舊精魂，賞月吟風莫要論。慚愧情人遠相訪，此身雖異性常存。」源曰：「澤公健否？」答曰：「李君真信士！然世緣未盡，且勿相近。惟勤修不惰，乃復相見。」又歌曰：「身前身後事茫茫①，欲話因緣恐斷腸。吴越江山尋已遍，却回煙棹上瞿塘。」遂隱不見，源復歸慧林。至長慶初年八十矣，御史中丞李德裕表薦曰：「源天與至孝，絶心禄仕，五十餘年常守沉默，理契深要，一辭開祈，百慮洗然，抱此真節，弃於清世，臣竊爲陛下惜之！」穆宗下詔以源守諫議大夫，不赴，尋以壽終。

十年，國師慧忠將終，耽源問：「百年後有人問極則事，作麽生？」忠曰：「幸自可怜生。須要箇護身符子作麽？」乃入辭代宗。代宗曰：「師滅度後，弟子將何所記？」忠曰：「告檀越造取一所無縫塔。」帝曰：「請師塔樣。」忠良久曰：「會麽？」帝曰：「不會。」忠曰：「貧道去後，有侍者應真却知此事。」以十二月九日右脇而寂。門弟子奉全身於黨子谷建塔，賜謚大證禪師。帝尋召應真入

① 茫茫，原作「范范」，據寬永本改。

内，舉前語問之。真良久曰：「聖上會麼？」帝曰：「不會。」真述偈曰：「湘之南，潭之北，中有黄金充一國。無影樹下合同舡，瑠璃殿上無知識。」代宗嘗在便殿指天下觀軍容使魚朝恩謂忠曰：「朝恩亦解些子佛法。」朝恩即問忠曰：「何者是無明？無明從何而起？」忠曰：「佛法衰相今現。」帝曰：「何也？」忠曰：「奴也解問佛法，豈非衰相今現？」朝恩色大怒。忠曰：「即此是無明，無明從此起。」朝恩復抗聲曰：「有人言師今是佛得否？」忠曰：「朝廷有人言汝是天子果否？」朝恩伏地曰：「死罪，死罪！朝恩實非天子。」忠曰：「我不是佛，所以二尊不並化。」朝恩曰：「師應長作凡夫，無成佛時耶？」忠曰：「我向後必當作佛。汝姓什麼？」朝恩曰：「姓魚。」忠曰：「我向後作佛不名慧忠，汝向後若作天子改却姓，莫不姓魚否？」朝恩仍伏地曰：「死罪，死罪！朝恩此去，實不敢向師論佛法。」忠謂帝曰：「幾怕殺此奴。」

論曰：古云傳聖道者不北面，有盛德者無臣禮。大曆初，魚朝恩以中貴秉天下兵權，帝以舊恩優容之，遂驕蹇抗敵，一時雖郭尚父猶憚之，莫敢誰何，可謂權侔人主而富貴震天下，忠乃以奴呼之。未幾，朝恩果以罪伏誅，茲可以想見忠之識量。謂之國師，不是過也。佛世尊曰：「我爲法王，於法自在。」嗚呼，忠殆庶幾焉！

十二年，宰相元載、王縉有罪。載伏誅，籍其家，鍾乳五百兩，胡椒八百斛，他物稱是。縉貶括州刺史。縉素奉佛，不茹葷，晚節尤謹。妻死，以第爲佛祠。初，帝未知重佛，每從容問縉所以然，縉必開陳福業報應，帝意向之。由是宮中祀佛，梵唄齋重無少懈，群臣承風旨言死生報應，故人事置而不修。議者以縉與杜鴻漸泥佛太過云。

十四年，天柱山崇慧禪師示寂。師彭州人，得法於牛頭威禪師，後居天柱寺。僧問：「達磨未來此土，還有佛法也無？」師曰：「未來時且置，即今事作麼生！」曰：「某甲不會。」師曰：「萬古長空，一朝風月。」良久又曰：「闍黎會麼？自己分上作麼生？干他達磨來與未來作麼？他家來，大似賣卜漢相似。見汝不會，爲汝錐破卦文，才生吉凶，在汝分上，一切自看。」僧問：「如何是解卜底人？」曰：「汝才出門時，便不中也。」問：「宗門中請師舉唱。」答曰：「石牛長吼真空外，木馬嘶時月隱山。」問：『如何是西來意？』曰：『白猿抱子歸青嶂，蜂蝶銜華綠蘂間。』」及是遷化，肉身不壞，數百年猶在。

時華嚴疏主澄觀，字大休，會稽夏侯氏之子，至德中得度具戒，即以十事自勵曰：「體不捐沙門之表，心不違如來之制，坐不背法界之經，性不染情礙之境，足不履尼寺之塵，脇不觸居士之榻，目不析非儀之綵，舌不味過午之餚，手不釋圓明之珠，宿不離衣鉢之側。」從牛頭忠徑山欽問西來宗旨，授華嚴圓教於京都詵禪師。至大曆三年，代宗詔入內，與大辯正三藏譯經，爲潤文大德。既而辭入五臺山大華嚴寺，覃思華嚴，以五地聖人，栖身佛境，心體真如，猶於後得智起世俗心學世間解，繇是博覽六藝圖史、九流異學、華夏訓詁、竺經梵字及四圍五明聖教世典等書，靡不該洽。至是建中四年，將下笔著疏，先求瑞應。一夕，夢金容當陽山峙，光相顒顒，因以手捧咽面門，既覺而喜，以謂獲光明遍照之徵，自是落筆無停思。乃以信、解、行、證分華嚴爲四大科，理無不包。觀每慨舊疏未盡經旨，唯賢首國師頗涉淵源，遂宗承之，製疏凡歷四年而文成。又夢身爲龍，矯首南臺，尾蟠北臺，宛轉淩虛，鱗鬣耀日。須臾，變百千數，蜿蜒青冥，分散四方而去，識者以爲流通之像也。初爲衆講之，感景雲凝停講堂庭前之空中。又爲僧叡等著隨疏演義四十卷、隨文手鏡一百卷云。

元興元年，南嶽明瓚禪師者，不知何許人。初，宰相李泌乾元中辭入衡岳，瓚隱居上封，泌往謁之。瓚誦經，其聲先悲悽而後悅豫。泌雅知音，因謂曰：「將非避隱者有雲霄意乎？」瓚唾之曰：「莫相賊，莫相賊！」泌色不爲動。瓚久之見泌立候不懈，乃曰：「飯未？」泌曰：「未也。」瓚撥火出羊①食，泌與語，久之辭去。瓚撫其背曰：「好做十年宰相。」至是，泌用事，爲帝言其高行，有詔徵之。使者至石窟宣麻命曰：「尊者起謝恩！」瓚寒涕垂頤凝坐，略不以介意。使者歎其淳正，不之迫，回奏其事，帝咨美之，數四不已。瓚嘗著歌一篇，其辭曰：「兀然無事無改換，無事何須論一段。直心無散亂，他事不須斷。過去已過去，未來猶莫筭。兀然無事坐，何曾有人喚。向外覓功夫，總是癡頑漢。粮不蓄一粒，逢飯但知�。世間多事人，相趂渾不及。我不樂生天，亦不愛福田。飢來喫飯，困來即眠。愚人笑我，智乃知焉。不是癡鈍，本體如然。要去即去，要住即住。身披一破衲，脚著娘生袴。多言復多語，由來轉相悞。若欲度衆生，無過且自度。莫謾求真佛，真佛不可見。妙性及靈臺，何曾受熏鍊。心是無事心，面是娘生面。劫石可移動，箇中無改變。無事本無事，何須讀文字。削除人我本，冥合箇中意。種種勞筋骨，不如林下睡兀兀。舉頭見日高，乞飯從頭摙。將功用功，展轉昏

① 卍新續藏本原註：「羊，一作『等』，疑『等』歟。」釋氏通鑑卷九懶瓚、歷代通載卷十四南岳明瓚禪師作「芋」。

蒙。取即不得，不取自通。吾有一言，絶慮忘緣。巧説不得，只用心傳。更有一語，無過直與。細如毫末，大無方所。本自圓成，不勞機杼。世事悠悠，不如山丘。青松蔽日，碧澗長流。山雲當幙，夜月爲鈎。卧藤蘿下，塊石枕頭。不朝天子，豈羡王侯。生死無慮，更復何憂。水月無形，我常衹寧。萬法皆爾，本自無生。兀然無事坐，春來草自青。」

隆興佛教編年通論卷第十九

隆興府石室沙門　祖琇　撰

唐

元興元年，荆溪湛然禪師臨終謂其徒曰：「大道無方無體，生歟死歟，其旨一貫。吾歸骨此山，報盡今夕，聊與汝等談道而决。夫一念無相謂之空，無法不備謂之假，不一不異爲之中。在凡爲三因，在聖爲三德。爇炷則初後同相，涉海則淺深異流。自利利人，在斯而已，爾其志之！」言訖而化。翰林梁肅題其碑陰曰：「聖人不興，必有命世者出焉。自智者以法付灌頂，頂再世而至左溪，明道若昧，待公而發，乘此寶乘，焕然中興。其受業身通者三十九人，而搢紳先生高位崇名屈體受教者數十。師嚴道尊，遐邇歸仁，自非命世亞聖，曷以臻此？」

貞元二年，翰林梁肅修天台止觀論成，著止觀統例曰：「夫止觀何爲也？導萬化之理而復於實際者也。實際者何也？性之本也。物之所以不能復者，昏與動使之然也。照昏者謂之明，駐動者謂之静，明與静，止觀之體也。在因謂之止觀，在果謂之智定。因謂之行，果謂之成。行者，行此者也；成者，證此者也。原夫聖人有以見惑足以喪志，動足以失方，於是乎止而觀之，静而明之，使其動而能静，静而能明，因相待以成法，即絶待以照本，御大車以禦正，乘大事而總權，消息乎不二之場，鼓舞於説三之域，至微以盡性，至賾而體神，語其近則一毫之善可通也，語其遠則重玄之門可闢也。用至圓以圓之，物無偏也；用至實以實之，物無妄也。聖人舉其言，所以示也；廣其目，所以告也。優之柔之，使自求之；擬而議之，使自至之。此止觀所由作也。夫三諦者何也？一之謂也。空、假、中者何也？一之目也。空、假也者，相對之義；中道也者，得一之名。此思議之説，非至一之旨也。至一即三，至三即一，非相含而然也，非相生而然也。非數義也，非强名也，自然之理也。言而傳之者，跡也。理謂之本，跡謂之末。本也者，聖人所至之地也；末也者，聖人所示之教也。由本以垂跡，則爲小爲大，爲通爲別，爲頓爲漸，爲顯爲秘，爲權爲實，爲定爲不定；循跡以返本，則爲一爲大，爲圓爲實，爲無住，爲中爲妙，爲第一義，是一三之藴也。所謂空也者，通萬法而爲言者也；假也者，立萬法而爲言者也；中也者，妙萬法而爲言者也。破一切惑，莫盛乎空；建一切法，莫盛乎假；究竟一切性，莫大乎中。舉中則無法非中，自假則何法非假，舉空則無法不空。成之謂之三德，修之謂之三觀。舉其要，則聖人極深研幾窮理盡性之説乎。昧者使明，塞者使通。通則悟，悟則至，至則常，常則盡矣；明則照，照則化，化則成，成則一矣。聖人有以彌綸萬法而不差，旁礴萬劫而不違，燾載恒沙而不有，復歸無物而不無。寓名之曰佛，强號之曰覺，究其旨，解脱自在，莫大極妙之德乎。夫三觀成功者如此，所謂圓頓者，非漸次，非不定，指論十章之義也。十章者，恢演始末通道之關也；五略者，舉其弘綱截流之津也；十境者，發動之機立觀之諦也；十乘者，妙用所修發行之門也。始於正觀而終於見境者，義備故也。闕其餘者，非修之要也。乘者何也？載物而運者也。十者何也？成載之事也。知其境之妙不行而至者，德之上也。乘一而已，豈籍夫九哉！九者，非他相生之説，未至者之所踐也。故發心者發無所發，安心者安無所安，徧破者徧無所破。爰至餘乘，皆不得已而説也。至於别其義例，判爲章目，推而廣之不爲繁，統而簡之不爲少，如連環不可解也，如貫珠不可雜也，如懸鏡不可揜也，如通川不可遏也。議家多門，非諍論也；按經正義，非虚説也。辯四教淺深，事有源也；成一事因緣，理無遺也。噫！止觀其救世明道之書乎？非夫聖智超絶卓爾獨立，其孰能爲乎！非夫聰明深達得意忘象，其孰能知乎！今之人乃專用章句文字，從而釋之，又何疎漏耶？或稱不思議境與不思議事，皆極聖之域，等覺至人，猶所未盡，若凡夫生滅心行，三惑浩然，於言説之中推上妙之理，是猶醯鷄而説大鵬，夏虫之議層冰，其不可見，明矣。今止觀之説，文字萬數，廣尋果地，無益初學。豈如暗然自修，功至自至，何必以早計爲事乎？是大不然。凡所謂上聖之域，豈隔闊遼，敻①與凡境杳絶歟？是惟一性而已。得之謂悟，失之謂迷，一理而已。迷而爲凡，悟而爲聖。迷者自隔，理不隔也；失者自失，性不失也。止觀之作，所以離異同而究聖神，使群生正性而順理者也。正性順理，所以行覺路而至妙境也。不知此教者，則學何所入？功何所施？智何所發？譬如無目，昧於日月之光，行於重險之處，顛踣墮落，可勝既乎？噫！去聖久遠，賢人不出，庸昏之徒，含識而已。致使魔邪詭惑，諸黨並熾，空有云云，爲坑爲穽。有膠於文句不敢動者，有流於滯浪不能住者，有太遠而甘心不至者，有太近而我身即是者，有枯木而稱定者，有竅號而稱慧者，有奔走非道而言權者，有假於鬼神而言通者，有放心而言廣者，有罕言而爲密者，有齒舌潛傳而爲口訣者，

① 敻，寛永本作「夐」。

凡此之類，自立爲祖，繼祖爲家，反經非聖，昧者不覺。仲尼有言：『道之不明也，我知之矣。』由物累也。悲夫！隋開皇十八年智者去世，至皇朝建中，垂二百載，以斯文相傳凡五家師，其始曰灌頂，其次曰縉雲威，又其次曰東陽小威，又其次曰左溪朗公，其五曰荆溪然公。頂於同門中慧解第一，能奉師訓集成此書，蓋不以文辭爲本故也。或失則繁，或得則野，當二威之際，緘授而已，其道不行。天寶中，左溪始弘解説，而知者蓋寡。荆溪廣以傳記數十萬言，網羅遺法，勤矣備矣！荆溪滅後，知其説者適三四人。古人云：『生而知之者上也，學而知之者次也，困而不學又其次也。』夫生而知之者蓋性德者也，學而知之者天機深者也。若其嗜欲深，耳目塞，雖學而不知，斯爲下矣。今夫學者内病於蔽，外役於煩，没世不能通其文，數年不能得其益。是則業文爲之屨校，梏足也；棼句爲之簸糠，眯目也。以不能之師，教不領之弟子，止觀所以未光大於時也。子①常戚戚於是，整其宏綱，撮其機要。其理之所存，教之所急，或易置之，或引伸之；其義之迂，其辭之鄙，或薙除之，或潤色之。大凡浮疎之患，十愈其九；廣略之宜，三存其一。於是袪鄙滯，導蒙童。貽諸他人，則吾豈敢！若同見同行，且不以止觀罪我，亦無隱乎爾。建中上元甲子首事笔削三年歲在析木之津功畢云爾。」

論曰：梁肅文集二十卷，友人崔恭爲之序。稱肅天台大師元浩之門弟子也，累官太子侍講、史舘修撰、翰林學士，卒年四十有三。凡釋氏之製作，粹美深遠，天下無以抗敵。今觀統例之作，

① 卍新續藏本原註：「子，疑『予』。」歷代通載卷十四止觀統例梁肅作作「予」。

信哉斯言也！厥後五十餘年，李翶習之，著復性書，嘗邃窮淵源。蓋從其規模而出，往往造端立意皆合，特引證與開列名相差異耳。然則肅之文章得於台教而深遠無敵，習之從而効之。教有所謂四攝者，二公將無同布施深妙愛語，攝化同類奇傑之士，復其性而知有本地風光也歟？

貞元四年二月，江西馬祖大師道一示寂。師漢州十邡人，容貌豐偉，牛行虎視，引舌過準，足下有二輪文。遇懷讓禪師密契心法，始自建陽，遷臨川，次南康，所至聚徒説法，刱建禪林，大曆中始居豫章開元寺。嘗示衆曰：「汝等諸人各信自心是佛，此心即佛。達磨大師自南天竺國來此中華，傳上乘一心之法，令汝等開悟，又引楞伽經文以印衆生心地，恐汝顛倒不自信此一心之法各各有之，故楞伽經云：『佛語心爲宗，無門爲法門。』又云：『夫求法者，应无所求。』心外無別佛，佛外無別心。不取善，不取惡，淨穢兩邊，都不依怙。達罪性空，念念不可得，無自性故。故云三界唯心，森羅及萬像，一法之所印。凡所見色，即是見心，心不自心，因色故有，但隨時言説，即事即理都無所礙，菩提道果亦復如是。於心所生，即名爲色，知色空故，生即無生。若了此意，乃可隨時著衣喫食、長養聖胎，任運過時，復有何事？汝受吾教，聽吾偈曰：『心地隨時説，菩提亦祇寧。事理俱無礙，當生即不生。』」師於開元示寂。先是，師嘗經由豫章泐潭之石門，愛其山水奇勝，洞壑平坦，顧謂其徒曰：「吾朽質之日，歸骨於此。」至是門弟子奉靈骨舍利建道場於石門。相國權德輿爲之碑，宣宗賜謚大寂禪師。得法弟子凡百三十有九人，各爲一方宗主，轉化無窮，禪宗至此大盛於世。

大珠慧海禪師者，建州人。初參馬祖，祖問：「從何處來？」曰：「越州大雲寺來。」祖曰：

「來此擬須何事？」曰：「來求佛法。」祖曰：「自家寶藏不顧，拋家散走作什麼？我這裏一物也無，求什麼佛法！」師遂禮拜問：「那箇是慧海自家寶藏？」祖曰：「即今問我者是汝寶藏。一切具足，更無欠少。使用自在，何假向外求覓？」師於言下，自識本心不由知覺。禮謝畢，服勞久之。後以受業師年老，歸奉養，乃晦跡藏用，外現癡訥。撰頓悟入道要門一卷，爲好事竊出。及馬祖見之，即告衆曰：「越州有大珠，圓明光透，自在無遮障處也。」衆中有知師本姓①朱者，遂共尋訪，師繇是道望顯著。說法波翻海湧，浩然無礙。有頓悟門及廣語行於世。

六年，石頭希遷禪師示寂。師得法於青原，天寶中居衡山南寺。寺東有石，其狀如臺，乃結庵其上，時號石頭和尚。南嶽鬼神，多見身聽法，師皆與之授戒。大曆中，江西主大寂，湖南主石頭，往來憧憧，並湊二大士之門。甞示衆曰：「吾之法門，先佛傳授，不論禪定精進，唯達佛之知見，即心即佛。心、佛、衆生，菩提、煩惱，名異體一。汝等當知，自己心靈，體離斷常，性非垢淨。湛然圓滿，凡聖齊同。應用無方，離心意識。三界六道，唯自心現。水月鏡像，豈有生滅。汝等知之，無所不備。師初閱肇論云「會萬物爲己者，其唯聖人乎」，遂豁然曰：「聖人無己，靡所不己。」因著參同契，其辭曰：「竺土大僊心，東西密相付。人根有利鈍，道無南北祖。靈源明皎潔，枝派暗流注。執事元是迷，契理亦非悟。門門一切境，回互不回互。回而更相涉，不爾依位住。色本殊質像，聲元無②樂苦。暗合上中言，明明清濁句。四大性自復，如子得其母。火熱風動摇，水濕地堅固。眼色耳音聲，

① 姓，原作「性」，據歷代通載卷十四大珠惠海禪師改。
② 卍新續藏本原註：「無，疑『異』。」

鼻香舌鹹醋。然依一一法，依根葉分布。本末須歸宗，尊卑用其語。當明中有暗，勿以暗相遇。當暗中有明，勿以明相覩。明暗各相對，比如前後步。萬物自有功，當言用及處。事存函蓋合，理應箭鋒拄。承言須會宗，勿自立規矩。觸目不會道，運足焉知路。進步非遠近，迷隔山河固。謹白參玄人，光陰莫虚度。」

論曰：石頭參同契頌，清涼大法眼註之。其深禪妙句，使人讀之三歎不已。黄山谷曰：「甞問衲子，牧護歌是何等語，而皆不能説。後見劉夢得作夔州刺史時樂府有牧護歌，似是賽神曲，然亦不可曉。及在黔中聞賽神者夜歌曰『聽説儂家牧護至』，末後云『莫①酒燒錢歸去』，乃知蘇溪嘉州人故作此歌學巴人曲，猶石頭學魏伯陽作參同契也。」予謂山谷説牧護歌則已然矣，至參同契乃幽贊曹溪密旨而建立石頭宗風，真萬世不刊之典也，奚暇學人而爲之哉！

十二年，宣河東節度使、禮部尚書李詵備禮，迎法師澄觀入京。觀至，有旨命同罽賓三藏般若翻譯烏茶國所進華嚴後分梵夾。帝親預譯場，一日不至，即差僧寂光依僧欲云：「皇帝國事因緣，如法僧事，與欲清淨。」觀承睿旨，翻宣既就，進之。帝命開示華嚴宗旨，群臣大集。觀陞高座曰：「我皇御宇，德合乾坤，光宅萬方，重譯來貢。東風入律，西天輸越海之誠；南印御書，北闕獻朝宗之敬。

① 卍新續藏本原註：「莫，疑『奠』。」

特迴明詔，再譯真詮，光闡大猷，增輝新理。澄觀顧多天幸，欽屬盛明，奉詔譯場，承旨幽贊。抃躍兢惕，三復竭愚。露滴天地，喜含百川之味；塵培①華嶽，無增萬仞之高。極虛空之可度，體無邊涯，大也；竭滄溟而可飲，法門無盡，方也；碎塵剎而可數，用無能測，廣也；離覺所覺，朗萬法之幽邃，佛也；芬敷萬行，榮耀眾德，華也；圓茲行德，飾彼十身，嚴也；貫攝玄微，以成真光之彩，經也。總斯七字，爲一部之宏綱。將契本性，非行莫階，故說普賢無邊勝行，行起解絶，智證圓明，無礙融通，現前受用。」帝大悅，賜觀紫方袍，號教授和尚。其後相國齊抗、鄭餘慶、高郢請撰華嚴綱要三卷，相國李吉甫、侍郎歸登、駙馬杜琮請述正要一卷，又爲南康王韋皐、相國武元衡著法界觀玄鏡一卷，僕射高崇文請著鏡燈說文一卷，司徒嚴綬、司空鄭元、刺史陸長源請撰三聖圓融觀一卷，節度使薛華、觀察使孟簡、中書錢徽、拾遺白居易、給事杜羔等請製七處九會華藏界圖心鏡說文十卷。又與僧錄靈邃大師十八首座十寺三學上流製華嚴、圓覺、四分、中觀等經律論關脉三十餘部，皆古錦鈍金隨器任用云。

釋皎然者，字晝，謝靈運十世之孫，有逸才，風度凝遠，尤長於詩。爲大師顏魯公，相國于頔，名士韋蘇州、吳季德、李華、梁肅諸公所敬，結爲林下交。時陸羽隱松江，扁舟放浪，每至霅川，見晝必清談終日忘返，天下士大夫服其標致。然恥以文章名世，嘗歎曰：「使有宣尼之博識、胥臣之多聞，終日目前矜道侈義，適足以擾真性。豈若松岩雲月，禪坐相偶，無言而道合，至靜而性同。吾將

① 卍新續藏本原註：「培，或作『倍』。」

入杼山矣！」於是哀所著詩文火之。後中丞李洪刺湖州，枉駕訪書，請及詩文。曰：「貧道役筆硯二十餘年，一無所得。冥搜物累，徒起我人。今弃之久矣。」洪搜之民間，僅得十卷。皎然没，相國于頔序之進於朝，德宗詔藏秘閣。

律師靈澈，居越州雲門寺，一時公卿負才望若劉長卿、嚴維、皇甫曾皆投刺結友。澈詩句與皎然、僧標齊名，嘗有辭韋蘇州「山邊水邊待月明」之句，皎然稱賞，以爲絶倫。中丞包公亦歎曰：「見澈公山水之句，令人閣笔。」著律宗行源二十一卷。初，澈游京師，名聞輦轂。緇流嫉其盛，造飛語激動中貴人。浸誣得罪，徙汀州，入會稽，遂終老於吴越間。相國權德輿以序餞之曰：「昔廬山遠公、鍾山約公皆以文章廣心地，用贊後學，俾學者乘理以詣，因言而悟，得非玄律之一派乎。吴興長老晝公掇六藝之菁英，首冠方外，入其室者有沃州澈上人。上人心冥空無而跡寄文字，故語甚夷易，如不出常境，而諸生思慮終不可至。其變也，如風松迭韵，冰玉相扣，層蜂千仞，下有金碧，悚鄙夫之目。初不敢視，三復則淡然。天和晦於其中，故觀其容，鑒其詞，知其心，不待境静而静。况會稽山水，自古勝絶，東晋逸民多遁世於此。夏五月，上人自鑪峰言旋，復於是邦。予知夫拂方袍，坐輕舟，泝沿鏡中静得佳句，然後彌入空寂，萬慮洗然，則向之境物，又其稊稗也。鄙人方景行企向之不暇，烏敢以離群爲歎哉。」德輿又與玄禪師厚善，玄辭歸天竺寺，德輿以序餞之曰：「度門之教根於空寂，因修以取證，階有以及無，不踐精深之習而悟虚無之理者，未之有也。未得謂得，則其病歟。僕久味斯法，思與言者，既而得玄禪師。禪師早誦大乘經數萬言，晚得觀門之學，今則色空如一，哀樂不入矣。桑門之患，爲外見所雜；既得之患，爲内見所縛。今玄公翛然一見之間，不外不内，冥夫至妙，身戒心慧，合於無倪。且以勾吴山水之絶境，天竺又經行之淨界，振錫而往，其心浩然。蓋隨緣生興，觸物成化，而不爲外塵所引也。幅巾男子權德輿稽首。」

僧標者，幼而神字①清茂。甫七歲，嘗戲於門，有異沙門見之，撫其頂曰：「目秀如青蓮，真吾門之威鳳！苟能捨家，必有重名。不然，乘雲霓薄天漢，不可得而知也。」父母聞而大喜，即使出家。至德中，肅宗有旨，白衣能誦經七百紙者，許度爲僧，標首中此選。後習毗尼，有高行，結庵杭之西嶺，吴中士大夫雅與之游。而相國李吉甫、僕射韓皐、尚書孟簡與之結塵外交。吴人爲之語曰：「杭之標，摩雲霄。越之澈，洞氷雪。霅川晝，能清秀。」右庶子李益嘗得標所爲樂府，持歸京師以爲誇耀。景陵陸羽見標，稱之曰：「日月雲霞，吾知爲天標；山川草木，吾知爲地標；推能歸美，吾知爲德標。閑居趣寂，得非名實在公乎？」杭人尊之而不名，呼西嶺和尚。

十五年四月帝誕節，敕有司備儀輦迎教授和尚澄觀入内殿，闡揚華嚴宗旨。觀陞高座曰：「大哉真界，萬法資始！包空有而絶相，入言象而無跡。妙有得之而不有，真空得之而不空，生滅得之而真常，緣起得之而交映。我佛得之，妙踐真覺，廓淨塵習，寂寥於萬化之域，動用於一虚之中，融身剎以相含，流聲光而遐燭。我皇得之，靈鑒虚極，保合大和，聖文掩於百生，淳風扇於萬國，敷玄化以覺夢，垂天真以性情。是知不有大虚，曷展無涯之照？不有真界，豈淨等空之心？華嚴教者，即窮斯旨趣，盡其源流，故恢廓宏遠，包納冲邃，不可得而思議矣。指其源也，情塵有經，智海無外，妄

① 卍新續藏本原註：「字，疑『宇』。」

惑非取，重玄不空。四句之火莫焚，萬法之門皆入。冥二際於不一，動千變而非多。事理交徹而兩忘，性相融通而無盡。若秦鏡之互照，猶帝珠之相含。重重交光，歷歷齊現。故得圓至功於頃刻，見佛境於塵毛。諸佛心内，衆生新新作佛；衆生心中，諸佛念念證真。一字法門，海墨書而不盡；一毫之善，空界盡而無窮。語其定也，冥一心於無心，即萬動而常寂。海湛真智，光含性空；星羅法身，影落心水。圓音非叩而長演，果海離念而心傳，萬行忘照而齊修，漸頓無得而雙入。雖四身廣被，八難頓超；而一極唱高，二乘絶聽。當其器也，百城詢友，一道棲神。明正爲南，方盡南矣；益我爲友，人皆友焉。遇三毒而三德圓，入一塵而一心淨。千化不變其慮，萬境順通於道。契文殊之妙智，宛是初心；入普賢之玄門，曾無別體。失其旨也，徒修因於曠劫；得其門也，等諸佛於一朝。諦觀一塵，法界在掌，理深智遠，識昧辭單。塵黷聖聰，退座而已。」帝時默湛海印，朗然大覺，顧謂群臣曰：「朕之師，言雅而簡，辭典而富。扇真風於第一義天，能以聖法清涼朕心，仍以清涼賜爲國師之號。朕思從來執身心我人及諸法定相，斯爲甚倒。」群臣再拜稽首，頂奉明命。繇是中外台輔重臣，咸以八戒禮而師之。

論曰：儒者韓退之有送澄觀詩，雖美其才能而禮甚倨。凡吾徒先達，皆以謂觀七帝門師，退之不應凌篾君父之師。然非也，蓋觀以貞元十三年被召，至是始稱國師。退之由宣武、武寧二節度推官，入爲四門博士，轉監察御史，以罪貶山陽令，行次洛陽。贈觀詩，蓋在洛陽時作也。是時觀未赴召，而退之由御史罷而與之詩，禮倨固士大夫待吾人之常態也。或謂退之嫉觀名盛，故冐其名與之詩而厭之。或謂當時別有同名者。是皆不然。當以出處顯晦考之，則輕重之情見矣。凡自觀位國師之後，壽至一百有二歲而亡。雖當代賢宰相齊抗、高郢、鄭餘慶、武元衡、裴度諸公，皆稱門弟子，執經問大義，豈退之獨倨見哉？

是歲，廬山東林律大德熙怡卒，許堯佐製其碑曰：「大師熙怡，姓曹氏，桂陽人也。舊勳前烈，垂休積慶，史氏詳之矣。夫真如不遠，其要在乎無垢；妙理不深，其要在乎見性。本於真實，暢其虛無，俾聆芳咀潤，孜孜請益，則大師之教也。大師體識深靜，風度端敏，受具戒於南嶽，修律儀於東林，常趺坐一室，而四方學者差肩繼踵，發此柔軟，納其歸依，堯言玉振，微文氷釋，故崇德雅美，臨壇持法垂五十年。嘗以至德初隸東林寺，居耶舍塔院，數逾二紀，而信心長者懷甘奉贄紛然並進，監厨守藏不遑祇受，既而悉歸精舍，頒於衆僧，大師率同門人布衣糲食而已。故推己以見相，因相而歸空，搜閱精微，鑽研旨要。嘗苦背悶而針石不能及也，故於中夜累歎，有神人撫背，殊形駭物，斯須乃去。自茲窮討經論，切磋心要，加以律儀端静，受持勤至，感通之應，故難盡書。至於山鹿歸仁，林鳥効祉，大①師之室，不足駭也。大曆五年，躋五老峰，望彭蠡，臨瀑布，乃刱凌雲精舍爲經行之地。旁引泉竇，以滌塵迷；近躡松壑，以求清涼。丹崖雲岫，勢若屏牖，然趨風望景、攀危輦重、翼如而至者，難以數記。積十餘年，乃至大林精廬，淬法刃，燃慧炬，俾夫恂恂圍繞者，割其縛，導其

① 大，原作「火」，據寬永本、歷代通載卷十四東林熙怡律師碑改。

迷，洸然而自得。貞元中，歸東林戒壇院，以吾道已成，吾教已行。十五年秋七月，召門弟子曰：『吾隨化還。』須臾寂滅，僧臈五十，報齡七十一。大師精貫六藝，旁達百氏，甞與故太師魯國公顔真卿、故丞相趙公憬、故御史大夫盧公群、今吏部侍郎楊公於陵爲參禪之侶。幽鍵洞發，玄言兩得，門人法粲等十餘人傳其教焉。」高僧傳誌熙怡異跡尤多，而堯佐之文美雅，故録其文而不載其傳。

十六年，逸士劉軻游廬山之黄石岩，遇高僧，異之，因爲記曰：「古老有言，太極之氣積成山嶽，洩爲川①瀆，然則匡阜之境，其大者乎？庚辰歲，山客劉軻來拾怪異，自麓至頂，却下半里餘，次於黄石岩。岩中有棲禪子，不知其幾臘，乃蹟其輕重，頗見其宅心之地。及問其住年，但以手指松桂曰：『毫髮我植，今環人臂，烏飛兔走，吾復何齒？矧卯戌②之昏日，霜炎之凍灰。生落之榮顇，去留之沿泝，雖云云自彼，而於我蔑如也。』於戲！向非岩房峭絶，僧行孤峙，則人境兩失其宜也，復何言哉！觀夫雲煙雜乎履寫，嵐靄生於襟袖，群形浩擾，併人眸子。每煙雨初霽，山光澄練，泠泠僊語，如在耳右。况又聳淩競上冥冥，焉知不能與洪崖接袂，浮丘連駕，盈縮造化，吐納顥氣，絶嘶顔於厚面，遠喧卑於臊穢乎？不得而然者，蓋鈎也餌也。名爲利鈎，利爲名餌，吞鈎食餌，手足羈鎖，彼焉得跳躍於此乎？夫禪子脱去桎梏，四支宣展，動與雲無心，静將石何機，物我一致，端邪徑塞③，僕所謂非斯人不能住斯境也。禪師生宜春，姓黄氏，名常進，以師久住，遂以其姓，易其岩名焉。」

① 川，原作「小」，據寬永本、歷代通載卷十四黄石岩記改。
② 戌，原作「戎」，據歷代通載卷十四黄石岩記改。
③ 塞，原作「寒」，據寬永本、歷代通載卷十四黄石岩記改。

隆興佛教編年通論卷第二十

隆興府石室沙門　祖琇　撰

唐

貞元十七年，南嶽雲峰律師法證示寂。師族郭氏，色厲而仁，行峻而周，道廣而不尤，功高而不有，毅然居山之北峰以爲儀表，世之所謂賢人大臣者。至南方咸用嚴事，由其內者聞大師之言律義，莫不震動悼懼，如聽誓命；由其外者聞大師之稱道要，莫不悽欷忻踴，如獲肆宥。故時推人師則專其首，詔求教宗則冠其位，凡度學者五萬人，壽七十有八，僧臘五十七。河東柳子厚銘其塔，復爲之碑曰：「乾元元年某月日，皇帝曰：『予欲俾慈仁怡愉，洽於生人，惟浮圖道允迪。』乃命五嶽求厥元德，以儀於下。惟茲嶽上於尚書，其首曰雲峰大師法證，凡涖事五十年，貞元十七年乃没。其徒曰詮，曰遠，曰振，曰巽，曰素，凡三千餘人。其長老咸來言曰：『吾師軌行峻特，器宇弘大。有來受律者，吾師示以尊嚴整齊，明列義類，而人知其所不爲；有來求道者，吾師示以高廣通達，一其空有，而人知其所必至。元臣碩老稽首受教，髫童毀齒踴躍執役，故從吾師之命而度者凡五萬人。吾師冬不襖①

① 襖，寬永本、歷代通載卷十四雲峯法證律師作「燠」。

裘，飢不豐食，每歲會其類讀群經，俾聖言必出，有以見其大。又率其伍，伐木輂土，作佛塔廟洎經典，俾像法益廣，有以見其用。』將没，告門人曰：『吾自始學至去世，未嘗有作焉。』然後知其動無不虛，静無不爲，生而知未始來，没而知未始往也。其道備矣！願刻山石，知教之所以大。」其詞曰：師之教，尊嚴有耀，恭天子之詔，維大中以告，後學是効；師之德，簡峻淵默，柔慧以直，涣焉而不積，同焉而皆得，兹道惟則；師之功，勤勞以庸，維奥秘必通，以興祠宫，遐邇攸從；師之族，由號而郭，世德有奕，從佛於釋；師之壽，七十有八，惟終始罔闕，丕冒遺烈，厥徒蒸蒸，惟大教是膺，惟憲言是懲，溥博恢弘，如川之增，如雲之興，如嶽之不崩，終古其承之。」

十九年，隱士陸羽卒①。羽字鴻漸，初爲沙門，得之水濵，畜之。既長，以易自筮，得蹇之漸，曰「鴻漸於陸，其羽可用以爲儀」，乃以陸爲姓氏，名而字之。師教以旁行書，答曰：「終鮮兄弟，而絶後嗣，得爲孝乎！」逃去爲優人。天寶中，大守李齊物異之，授以書。貌侻陋，口吃而辯。上元中，隱苕溪，與沙門道標、皎然善，自號「桑苧翁」，闔門著書。召拜太子文學，不就。嗜茶，著茶經三卷，言茶之原之法之具尤備，天下②益知飲茶矣。時鬻茶者至陶羽形，置置③突間，祀之爲茶神。初，開元中有逸人王休者，居太白山，每至冬，取溪水，敲其精瑩者，煑茗共客飲之。時覺林寺僧志崇取茶三等，以驚雷莢自奉，以萱草帶供佛，以紫茸香待客，赴茶者至以油囊盛其餘滴以歸。復有常伯熊

① 卒，原作「率」，據歷代通載卷十四陸羽傳改。
② 下，原闕，據寬永本補。
③ 卍新續藏本原註云：「置，疑『於』。」寬永本、歷代通載卷十四陸羽傳無後面的「置」字。

者，因盧仝①茶詩深信飲茶之益，乃取羽之論復廣著茶功。御史李季卿宣慰江南，知伯熊善煑茶，召之，伯熊執器而前，季卿爲再舉杯。時又有舉羽者，召之，羽野服挈具而入。季卿不爲禮，羽愧之，更著毀茶論。其後尚茶成風，致回紇入朝驅馬市茶焉。

是歲，東都聖善寺大師凝公卒，翰②林白居易作八漸偈弔之，其序曰：「居易嘗求心要於師，師賜八言焉，曰觀，曰覺，曰定，曰慧，曰明，曰通，曰濟，曰捨，繇是入於耳貫於心。嗚呼！今師之報身則化，師之八言不化。至哉八言，實無生忍觀之漸門也。故自觀至捨次而贊之，廣一言爲一偈，謂之八漸偈。蓋欲以發揮師之心教，且明居易不敢失墜也，既而升於堂，禮於牀，跪而唱，泣而去。」偈曰：「觀——以心中眼，觀心外相。從何而有，從何而喪。觀之又觀，則辨真妄。覺——惟真常在，爲妄所蒙。真妄苟辨，覺生其中。不離妄有，而得真空。定——真若不滅，妄即不起。六根之源，湛如止水。是爲禪定，乃脱生死。慧——專之以定，定猶有繫。濟之以慧，慧則無滯。如珠在盤，盤定珠慧。明——定慧相合，合而後明。照彼萬物，物無遺形。如大圓鏡，有應無情。通——慧至乃明，明則不昧。明至乃通，通則無礙。無礙者何？變化自在。濟——通力不常，應念而變。二相非有，隨求而見。是大慈悲，以一濟萬。捨——衆苦既濟，大悲亦捨。苦既非真，悲亦是假。是故衆生，實無度者。」

① 仝，原作「全」，據歷代通載卷十四陸羽傳改。

② 卍新續藏本原註：「翱，疑『翰』。」歷代通載卷十四東都聖善凝公作「翰」。

時盤山寶積禪師示徒曰：「夫心月孤圓，光呑萬象。光拜[1]照境，境亦非存。光境俱亡，復是何物？禪德譬如擲劒長空，莫論及之不及，斯乃空輪無跡，劒刃無虧。若能如是，心心無知，全心即佛，全佛即人，人佛無異，始爲道矣。禪德可中學道，似地擎山不知山之孤峻，如石含玉不知玉之無瑕。若如此者，是名出家。故導師云：『法本不相礙，三際亦復然。』所以靈源獨耀，道絶無生；大智非明，真空無跡。真如凡聖，皆是夢言；佛及涅槃，並爲增語。禪德且須自看，無人替代。三界無法，何處求心？四大本空，佛依何住？璿機不動，寂爾無言。覿面相呈，更無餘事。」

是歲，監察御史柳宗元送濬上人歸淮南，序曰：「金僊氏之道，蓋本於孝敬，而後積以衆德，歸於空無。其敷演教戒於中國者，離爲異門，曰禪，曰法，曰律，以誘掖迷濁，世用宗奉。其有修整觀行，尊嚴法容，以儀範於後學者，以爲持律之宗焉。上人窮討秘義，發明上乘，奉威儀三千，雖造次必備。嘗以此道宣於江湖之人，江湖之人悦其風而受賜，攀慈航望彼岸者，蓋千百計。天子聞之，徵至闕下，御大明秘殿以問焉。導揚本教，頗甚稱旨。京師士衆方且翹然？仰大雲之澤以植德本。而上人不勝顧復之恩，退懷省侍之禮，懇迫上乞，遂無以奪，由是杖錫東顧，振衣晨往。右司員外郎劉公深明世典，通達釋教，與上人爲方外游。始榮其至，今惜其去，於是合郎署之友，詩以貺之，退使孺子執簡而序之。因繫其詞曰：『上人專於律行，恒久彌固，其儀形後學者歟；誨於生靈，觸類蒙福，其積衆德者歟；覲於高堂，視遠如邇，其本孝敬者歟。若然者，是將心歸空無，捨筏登地，固何從而

[1] 卍新續藏本原註：「拜，當作『非』。」

識之乎？古之贈禮，必以輕先重，故鄭商之犒先乘韋，魯候之贈後吴鼎。今餞詩之重，皆衆吴鼎也，故乘韋之比，得序而先之，且曰由禮而不敢讓焉。』」

二十年，南嶽般舟和尚卒，柳子厚作第二碑，其詞曰：「佛法至於衡山及津大師始修起律教，由其壇場而出者爲得正法。其大弟子曰日悟和尚，盡得師之道，以補其處爲浮圖者，宗世家於零陵蔣姓也。和尚心大而行密，體卑而道尊，以爲由定發慧，必用毗尼爲之室宇。遂執業於東林恩大師，究觀秘義，乃歸傳教，不覩文字，懸判深微，登壇蒞事，度比丘衆歲凡千人者三十有七，而道不圂。以爲去凡即聖，必以三昧爲之軌道。遂服勤於紫霄遠大師，修明要奥，得以觀佛，浩①入性海，洞開真源。道場專精，長跪右遶不衡不倚凡七日者，百有二十而志不衰。初，開光②中詔定制度，師乃居本郡龍興寺。肅宗制，天下名山置大德七人，茲嶽尤重，推擇居首，師乃即崇嶺，是作精室，闢林莽，刳巖巒，殿舍宏大，廓廡修直，不命而獻力，不祈而薦貸。凡南方人顓念佛三昧者必由於是，命曰般舟臺焉。和尚生十三年而始出家，又九年而受具戒，又十年而處壇場，又三十七年而當貞元二十年正月十七日化於茲室。嗚呼！無得而修，故念爲實相；不取於法，故律爲大乘。壞衣不飾，揣食不味，覆薦服役，凡出於生物者擯而勿用。不自知其慈③，攝取調御，凡歸於正真者，動而成群；不自知其教，萬行方厲，一性恒如，寂用之涯不可得也。有弟子曰景秀，嗣居法會，欲廣其師之德，延於罔極，故申

① 浩，歷代通載卷十四南嶽般州和上碑作「活」。
② 卍新續藏本原註：「光，疑『元』。」歷代通載卷十四南嶽般州和上碑作「元」。
③ 慈，原作「茲」，據歷代通載卷十四南嶽般州和上碑、全唐文卷五百八十七南嶽般州和尚第二碑并序改。

明陳辭，俾刊之茲碑。銘曰：像教南被，及津而尊。威儀有嚴，載闢其門。吾師是嗣，增濬道源。度衆逾廣，大明群昏。乃興毗尼，微密是論。八萬總結，影於一言。聲聞熙熙，遐邇來奔。如木既拔，有植其根。乃法般舟，奥妙斯存。百億冥會，觀於化元。同道祈祈，功庸以敦。如水斯壅，流之無垠。帝求人師，登我先覺。赫矣明命，表茲靈嶽。於彼南皐，齋宫爰作。負揭致貸，時靡要約。祖奮程力，不呼而諾。是刈是鑿，既塗既斲。層架孔碩，以延後學。出不牛馬，服不絮帛。匪安其躬，亦菲其食。勤而不勞，用在①恒寂。縱而不傲，在捨恒得。洪融混合，孰究其跡。懿茲遺光，式是嘉則。容貌往②矣，軌儀無極。其徒追思，賡薦茲石。」

永貞元年九月，太尉中書令韋皐薨。皐初生，厥父飯僧祈福，忽有應真尊者至，齋畢，乳媪抱兒求咒願。尊者起謂衆曰：「此兒諸葛武侫③也，它日有美政於蜀，宜以武字之。」言訖，恍然不見。其後皐游宦出處，節義功名，大槩與武侯相類。治蜀二十有一年，封南康郡王。有德在民，四川至令④奉祀之。雅好釋氏法，嘉州石像初成，皐爲之記，略曰：「頭圍千尺，目廣二丈，其餘相好，一一稱是。」世美其簡而雅。又甞訓鸜鵒念佛，鸜鵒斃，以桑門故事闍維之，得舍利。皐爲之記曰：「元精以

① 用在，寬永本、歷代通載卷十四南嶽般州和上碑作「在用」。
② 往，原作「住」，據寬永本、歷代通載卷十四南嶽般州和上碑改。
③ 卍新續藏本原註：「侫，疑『侯』。」歷代通載卷十四鸜鵒舍利記韋皋作作「侯」。
④ 卍新續藏本原註：「令，疑『今』。」歷代通載卷十四鸜鵒舍利記韋皋作作「今」。

五氣授萬類，雖鱗介毛羽，必有感清英純粹者矣。或炳耀离火，或禀其蒼精，皆應乎人文，以奉若①時政，則有革彼禽類習乎能言。了空相於不念，留真骨於已斃，殆非元聖示現，感於人心，同夫異緣，用一真化？前歲有獻鸚䳇鳥者曰：『此鳥聲容可觀，音中華夏。』有河東裴氏者，志樂金僊之道，聞西方有珍禽群嬉和鳴，演暢法音，以此鳥名載梵經，智殊常類，意佛身所化，常狎而敬之。始告以六齋之禁，比及辰後非時之食。終夕不視，固可以矯激流俗，端嚴梵倫。或教持佛名號，曰當由有念以至無念，則仰首奮翅，若承善聽。其後或俾之念佛，則默然而不答。或謂之不念，即唱言阿彌陀，歷試如一，曾無爽異。余謂其以有念爲緣生，無念爲真際。緣生不答，以爲緣起也；真際雖言，言本空也。每虚室戒曙，發和雅音。穆如笙篁②，静鼓天風。下上其音，念念相續。聞之者莫不洗然而嘉③善矣。於戲，生有辰乎？緣其盡乎？以今年七月悴爾不懌，七日而甚，馴養者知將盡，乃鳴磬而告曰：『將西歸乎？爲爾擊磬，爾其存念。每一擊磬，一稱彌陀佛，洎十擊磬，而十念成，斂翼委足，不震不仆，撴然而絶。按釋典，十念成，往生西方，又云得佛慧者歿有舍利，知其説者固不隔殊類哉。遂命以闍維之法焚之，餘燼之末，果有舍利十餘粒，烱爾耀目，瑩然在掌，識者驚視，聞者駭聽，咸曰：『苟可以誘迷利世，安往而非菩薩之化歟？』時有高僧慧觀，甞詣三學山巡禮聖跡，聞説此鳥，涕淚悲泣，請以舍利於靈山，用陶甓建塔旌異之。余謂此禽存而有道，歿而有徵，古之所以通聖賢階

---

① 卍新續藏本原註：「若，通『順』。」

② 卍新續藏本原註：「篁，或作『簧』。」

③ 嘉，原作「喜」，據寬永本、歷代通載卷十四韋臯作鸚䳇舍利記改。

至化者。女媧蛇軀以嗣帝，中衍鳥身而建侯，紀乎册書，其誰曰語怪？而況此鳥有弘於道流，聖證昭昭，胡可默已。是用不愧，直書於辭。」

是歲八月，順宗遜於位，皇太子立，是爲憲宗。初，順宗嘗在東宮，問佛光如滿禪師曰：「佛從何方來？滅向何方去？既言常住世，今佛在何處？」答曰：「佛從無爲來，滅向無爲去。法身等虛空，常住無心處。有念歸無念，有住歸無住。來爲衆生來，去爲衆生去。清淨真如海，湛然體常住。智者善思惟，更勿生疑慮。」帝又問曰：「佛向王宮生，滅向雙林滅。住世四十九，又言無法說。山河及大海，天地及日月。時至皆歸盡，誰言不生滅。疑情猶若斯，智者善分別。」滿復答曰：「佛體本無爲，迷性妄分別。法身等虛空，未曾有生滅。有緣佛出世，無緣佛入滅。處處化衆生，猶如水中月。非常亦非斷，非生亦非滅。生亦未曾生，滅亦未曾滅。了見無心處，自然無法說。」帝聞大悦。又嘗問心要於清涼國師，國師答之，其略曰：「至道本乎其心，心法本乎無住。無住心體，靈知不昧，性相寂然，包含德用。該攝内外，能深能廣，非有非空，不生不滅，無終無始。求之而不得，棄之而不離。迷現量則惑苦紛然，悟真性則空明廓徹。雖即心即佛，唯證者方知。然有證有知，則慧日沉没於有地；若無照無悟，則昏迷掩芘於空門。若一念不生，則前後際斷，照體獨立，物我皆如，直造心源，無智無得，不取不捨，無對無修。然迷悟相依，真妄相待，若求真去妄，如棄影勞形；若體妄即真，似處陰影滅；若無心忘照，則萬慮都捐；若任運寂知，則衆行爰啟。放曠任其去住，靜鑑覺其源流。語默不失玄微，動静未離法界。言止則雙亡知寂，論觀則雙照寂知，語證則不可示人，說理則非證不了。是以悟寂無寂，真知無知，以知寂不二之一心，契空有雙亡之中道。」

元和二年，詔鵝湖大義禪師入麟德殿論義，帝臨聽。有法師問：「何謂四諦？」答曰：「聖上一帝，三諦何在？」又問：「欲界無禪，禪居色界，此土憑何而立？」答曰：「法師只知欲界無禪，不知禪界無欲。」曰：「如何是禪？」義以手點空，法師無對。帝笑曰：「法師講無窮經論，只這一點尚不柰何。」義却問衆師曰：「行住坐卧，畢竟以何爲道？」有對：「知者是道。」義曰：「不可以智知，不可以識識，安得知者是道？」有對：「無分別是道。」義曰：「善能分別諸法相，於第一義而不動，安得無分別是道乎？」有對：「四禪八定是道。」義曰：「佛身無爲，不墮諸數，安得四禪八定是道耶？」復有數人致對，義皆乘機挫之。即舉順宗甞問尸利禪師「大地衆生如何得見性成佛去」，尸利對曰：「佛性如水中月，可見不可取。」因謂帝曰：「佛性非見必見，水中月如何捉取？」帝却問：「如何是佛性？」答曰：「不離陛下所問。」憲宗默契玄旨，由是益重禪宗。

時寒山子者，不知其氏族鄉里，隱於台州唐興縣寒巖，故父老以寒山子稱之。爲人癯野，好冠樺皮冠、著木履①，裘納繿縷，狀若風狂，笑歌自若。其所居近天台國清寺，寺僧豐干者，亦非常人也，每自薪水，力於杵臼，以給衆用，與寒山子爲方外友。先是，豐干甞行赤城道中，偶聞兒啼草萊間，往視之，見孩童約十餘歲。問其鄉黨，初無言對，心異之，引歸寺，令掃除。以其得之於野，因名之曰拾得。既長，頭陁苦行，精敏絶倫。其爲豐干、寒山所器，與之偕遊。三人者相得歡甚，寺僧皆訝之，然中心疑而莫之省也。拾得日常滌器，冀有殘饍，着以筒留餌。寒山二子皆能詩，或時戲村保。

① 卍新續藏本原註：「履，一作『屐』。」歷代通載卷十五寒山拾得豐干作「屐」。

寓事感懷，輒有詩以見意，或書石壁，或樹葉間，或酒肆中，語皆超邁絶塵，雖古名流未能髣髴也。其自述云：「元非隱逸士，自號山林人。在魯蒙白幘，且愛褭跣巾。道有巢許操，耻爲堯舜臣。獼猴罩帽子，非學避風塵。」又曰：「欲得安居處，寒山可長保。微風吹幽松，近聽聲愈好。不①有班白人，喃喃誦黄老。十年歸不得，忘却來時道。」又曰：「有身與無身，是我復非我。如此審思量，迁延倚岩坐。足間青草生，頂上紅塵墮。以見世間人，靈床施酒果。」又曰：「玉堂掛珠簾，中有嬋娟子。顔皃勝神僊，容華若桃李。東家春霧合，西舍秋風起。更足三十年，還如甘蔗滓。」其句語若此者甚夥。拾得嘗掌供獻，至食時對佛而食。又於憍陳如像前訶斥之曰：「小根敗種，何爲者耶！」寺僧深怪之，不使直供。又伽藍神粥飯多爲烏鳶所殘，拾得杖擊神而嫚罵曰：「汝食猶不能護，焉能護伽藍乎！」神徧夢寺僧曰：「拾得鞭我。」至旦互以語及，一一皆同，由是衆駭之。

豐干出雲遊，貞元末閭丘胤出守台州，欲之官，俄病頭風，名醫莫瘥。豐干偶至其家，自謂善療此疾，閭丘聞而見之。干命水噀濡之，須臾所苦頓除，因是大喜，甚加敬焉。問所從來，曰：「天台國清。」曰：「彼有賢達否？」曰：「有之，然不可以世故求也。寒山、拾得，吉利、普賢示跡，二子混於國清。公若之官，當就見，不宜後也。」閭丘南來，上事未久，入寺訪豐干遺跡，但見茆宇蕭條，虎伏舍側。復入寺謁二大士，寺僧引至後厨。閭丘拜謁，二大士起走曰：「饒舌彌陀汝不識，禮我何爲？」遽返寒岩。次日，閭丘令遺贈，寒山見使至，罵曰：「賊！賊！」遂隱入岩石。拾得亦

① 卍新續藏本原註：「不，一作『下』。」歷代通載卷十五寒山拾得豐干作「下」。

潛去，後不知終。

論曰：昔寶覺心禪師嘗命太史山谷道人和寒山子詩，山谷諾之，及淹旬，不得一辭。後見寶覺，因謂更讀書作詩十年，或可比陶淵明。若寒山子者，雖再世亦莫能及。寶覺以謂知言。山谷，吾宋少陵也，所言如此。大凡聖賢造意，深妙玄遠，自非達識洞照，亦莫能辨。嘗深味其句，語正如天漿甘露，自然淳至，決非世間濟以鹽梅者所能髣髴也。近世妄庸輩或增其數而穢雜之，嗚呼，惜哉！

三年，長沙龍安寺禪師如海卒，永州司馬柳宗元爲之碑曰：「佛之生也，遠中國僅三萬里；其没也，距今茲僅二千歲。故傳道益微，而言禪最病。拘則泥乎物，誕則離乎真，真離而誕益勝，故今之空愚失惑縱傲自我者，皆誣禪以亂其教，冒於嚚昏，放於淫①荒。其異是者，長沙之南曰龍安師。師之言曰：『由釋迦至師子二十三世而離，離而爲達磨；至忍五世而益離，離而爲秀、爲能。南北相訾，反戾鬭狠，其道遂隱。嗚呼！吾將合焉。且世之傳書者，皆馬鳴、龍樹道也。二師之道，其書具存，徵其書，合於志，可②以不慁。』於是北學於慧隱，南求於馬素，咸黜其異，以蹈乎中。乖離而愈同，空洞而益實。作安禪通明論，推一而適萬，則事無非真；混萬而歸一，則真無非事。推而未嘗推，故

① 淫，原作「溪」，據全唐文卷五百八十七龍安海禪師碑并序改。
② 寬永本無「可」字。

無適；混而未嘗混，故無歸。塊然趣定，至於旬時，是之謂施用；茫然同俗，極乎流動，是之謂真常。居長沙，在定十四日，人即其處而成室宇，遂爲寶應寺。去於湘之西，人又從而負大木、礱密石，以益其居，又爲龍安寺焉。尚書裴公某、李公某，侍郎呂公某、楊公某，御史中丞房公某，咸尊師之道，執弟子禮。凡年八十一，爲僧五十三朞，元和三年二月九日而没。其弟子玄覺泊懷直、浩初等狀其師之行，謁余爲碑，曰：『師周姓，如海，名也。世爲士，父曰擇交，同州録事參軍。叔曰擇從，尚書禮部侍郎。師始爲釋，其父奪之志，使仕，至成都主薄，不樂也。天寶之亂，復其初心。常居京師西明寺，又居岣嶁山，終龍安寺，葬其原。』銘曰：浮圖之修，其奥爲禪。殊區異世，誰得其傳？道隱乖離，浮遊散還。莫徵旁行，徒聽誣言。空有互鬭，南北相殘。誰其會之？楚有龍安。龍安之德，惟覺是則。苞井絶異，表正失惑。皃昧形静，功流無極。動言有爲，彌寂而默。祠廟之嚴，我居不飾。貴賤之來，我道無得。逝耶匪追，至耶誰抑？惟世之機，惟道之微。既陳而明，乃去而歸。象物徒設，真源無依。後學誰師，嗚呼兹碑！」

海有弟子浩初，與子厚善。子厚有序送初，其辭曰：「儒者韓退之與予善，嘗病予嗜浮圖言，訾予與浮圖遊。近隴西李生礎自東①都來，退之又寓書罪予，且曰『見送元生序不斥浮圖』。浮圖誠有不可斥者，往往與易、論語合，誠樂之。其與情性奭然，不與孔子異道。退之好儒，未能過楊子②。楊子之書，於莊、墨、申、韓皆有取焉。浮圖者，反不及莊、墨、申、韓之恠僻險賊耶？曰：以其夷也。

① 東，原作「東」，據寬永本改。卍新續藏本原註：「東，疑『東』。」

② 子，原作「之」，據釋氏通鑑卷十浩初、全唐文卷五百七十九送僧浩初序改。

果不信道而斥焉以夷，則將友惡來、盜跖而賤季札、由余乎？非所謂去名求實者矣。吾之所取者，與易、論語合，雖聖人復生，不可得而斥也。退之所罪者，其跡也。曰髡而緇，無夫婦父子，不爲耕農蠶桑而活乎人。若是，雖吾亦不樂也。退之忿其外而遺其中，是知石而不知韞玉也。吾之所以嗜浮圖之言以此，與其人游者，非必能通其言也。且凡爲其道者，不愛官，不争能，樂山水而嗜安閑者爲多。吾病世之逐逐然唯印組爲務以相軋也，則捨是其焉從？吾之好與浮圖游以此。今浩初閑其性，安其情，讀其書，通易、論語，唯山水之樂，有文而文之。又父子咸爲其道，以養而居，泊焉而無求，則其賢於爲莊、墨、申、韓之言，而逐逐然唯印組爲務以相軋者，其亦遠矣。李生礎，與浩初又善。今之往也，以吾言示之。因北人寓①退之，視如何也。」

論曰：子厚南嶽諸僧碑，東坡以爲妙絶古今，蓋其旨歸合吾佛聖人教意而然也。甞以新、舊唐史參閱，雖魏鄭公、駱賓王、陸宣公章疏，新史亦剸削過半，獨子厚與韓退之文辭不易一字，餘則盡變其辭而特存其意耳。至於封建、復讎等議論，一經子厚剖擊，凡衆説俱廢焉。嗚呼！海師碑稱空愚失惑縱傲自我者，皆誣禪以亂其教，計當時禪宗方盛，未必皆然。迄今垂四百載，遂果如其言。妙哉，送浩初序使世之儒者待吾人若此，頋不幸歟！

① 寓，原作「禺」，據寬永本、全唐文卷五百七十九送僧浩初序改。

四年，憲宗問侍臣：「政之寬猛孰先？」宰相權德輿對曰：「唐家承隋苛虐，以仁厚爲先。太宗皇帝見明堂圖即禁鞭背刑，列聖所循，皆尚德教，故天寶大盜竊發俄而夷滅，蓋本朝之化感人心之深也。」帝曰：「誠如公言。」德輿善辨論，開陳古今本末以覺悟人主，爲輔相，寬和不爲察察名。文章雅正，贍縟當時，公卿侯王功德卓異者，皆所爲銘紀。雖動止無外飾，其醞籍風流自然可慕，貞元、元和間爲搢紳羽儀。德輿嘗著草衣禪師宴坐記，曰：「信州南嶽有清淨宴坐之地，而禪師在焉。師所由來，莫得而詳。初，州人析薪者遇之於野中，其形塊然，與草木俱。咨於州長，乃延就茲地三十年矣。州人不知其所以然也，遂以『草衣』號焉。足不蹈地，口不嘗味，日無晝夜，時無寒暑，寂默之境，一繩牀而已。萬有囂然，此身不動，其内則以三世五蘊皆從妄作，然後以有法諦觀十二緣，於正智中得真常真我。方寸之地，湛然虛無，身及智慧，二俱清淨，微言軟語，有時而聞。涉其境之遠近，隨其根之上下，如雨潤萬物，風行空中，履其門閾，皆獲趣入。若非斡玄機於無際，窮實相之源底，則四時攻於外，百疾生於内矣。古所謂遺物離人而立於獨者，禪師得之。嗚呼！世人感物以游心，心遷於物，則利害生焉，吉凶形焉，牽靡儶瑣，蕩而不復。至人則反静於動，復性於情，夭壽仁鄙之殊由此作也。斯蓋世諦之一説耳，於禪師之道，其猶稊稗耶。建中二年，予吏役道於上饒，時左司郎崔公出爲郡佐，探禪師之味也，孰爲予詳言之。拂拭纓塵，携手接足，洗我以善，得於儀形，且以爲楞嚴之妙旨、毗耶之密用皆在是矣，又焉知此地之宴坐不爲它方之説法乎！故粗書聞見，以志於石。」

隆興佛教編年通論卷第二十一

隆興府石室沙門　祖琇　撰

唐

元和五年，帝問國師澄觀曰：「華嚴所詮，何謂法界？」奏曰：「法界者，一切衆生之本體也。從本以來，靈明廓徹，廣大虛寂，唯一真境而已。無有形貌而森羅大千，無有邊際而含容萬有，昭昭於心目之間而相不可覩，晃晃於色塵之内而理不可分，非徹法之慧目、離念之明智，不能見自心如此之靈通也。故世尊初成正覺，歎曰：『奇哉！我今普見一切衆生，具有如來智慧德相，但以妄想執着而不能證得。』於是稱法界性，説華嚴經，全以真空簡情，事理融攝，周遍凝寂。」帝天縱聖明，一聽玄談，廓然自得。於是敕有司備禮鑄印，遷國師統冠天下緇徒，號僧統清涼國師。是歲三月丙申，敕諫議孟簡、補闕蕭俛於醴泉寺監護譯經潤文。（見舊史·本紀）

論曰：譯經自漢歷晋南北朝，十有六國而至於唐，皆有梵僧自天竺來，及華人善竺音者，迭相翻譯。迄開元間，智昇録經、律、論及聖賢撰集，總五千四十八卷，稍爲定數。其後，貞元間又別録不空等新譯①二百餘卷。及是元和以後，譯經遂廢。本朝太平興國初有梵僧法賢、天息灾、施護三人自西竺來，雅善華音。太宗夙承佛記，建譯場於太平興國寺，悉取國庫所貯梵夾，令三梵僧擇未經翻者集兩街義學僧詳定譯之。并募童子五十人，令習梵字。獨惟淨者，江南李主之子，敏悟絶人，遍曉竺文，久之，亦能翻譯。太宗御製新譯聖教序。洎真宗即位，初，陳恕建議，以爲譯經費供億，願罷之。上以先朝留意，不許。至大中祥符間，凡新譯經、論五百餘卷，真宗御製繼聖教序，於是譯衆乞如開元造録。有旨命譯經潤文，趙安仁、楊億撰次爲二十卷。尋内降太宗所作釋氏文字，令編入録。安仁等再表請御製釋教文章，上賜法音前集七卷，附太宗文集之次，以冠東土聖賢撰集之首。嗚呼！由真宗以後，去世尊滅度，茫然遠甚，經教固多翻譯，正不必有也。凡令學者雖有如是千經萬論，日爲榮利所牽，漫然未嘗以之掛眼，罔念先聖建立之艱難，惟此未始不涕下也。

時禪者無著入五臺山求見文殊大士，至金剛窟前炷香作禮瞑坐。少頃，聞有叱牛者，著遽開眸，見山翁野貌瓌異，牽牛臨溪而飲。著起揖，山翁曰：「爾來何爲？」曰：「願見文殊大士。」翁曰：「大士未可見。汝飯未？」著曰：「未也。」翁牽牛歸，著躡跡隨之。俄入一寺，翁呼均提，有童子應聲出迎。翁縱牛，引著升堂，堂宇皆金璧所成，翁踞牀，指綉墪命著坐。童子俄進玳瑁杯，貯物如酥

① 寬永本「譯」後有「經」字。

酪。揖與對飲，著納其味，頓覺心神卓朗。翁曰：「近自何來？」著曰：「南方。」翁曰：「南方佛法如何住持？」著曰：「末代比丘少奉戒律。」翁曰：「多少衆？」曰：「或三百，或五百。」著問：「此間佛法若何住持？」翁曰：「龍蛇混雜，凡聖同居。」曰：「衆幾何？」翁曰：「前三三，後三三。」遂談緒及暮夜，著欲留，翁不許。著戀戀不即去，翁投袂起，叱童子引著出之。著不得留，行未遠，問童子：「適何寺？」童子曰：「般若寺也。」著悽然悟彼翁者即文殊也。不可再見，即稽首童子足下，願丐一言爲別。童子隱身而歌曰：「面上無嗔供養具，口裏無嗔吐妙香。心内無嗔是珍寶，無垢無染即真常。」著因駐錫五臺，往往頻與文殊會晤云。

本朝元豐間，太尉呂公惠卿，字吉甫，學通内外，嘗註法界觀及出新意解莊子。因戒①邊，暇日游臺山，至中臺，忽雲霧四合，暴風雷雨，聲震林壑，從者驚悚潛伏。斯須有物，狀若蒼虬，半出雲霧間，太尉駭甚。移時稍霽，外望見一童子，體黑而被髮，以蒲自足纏至肩，袒右膊，手執梵夾，問太尉曰：「官人何見而震駭如此？」太尉曰：「夙有障緣，遇茲惡境。」童子曰：「今皆滅矣。官人何求而來？」太尉曰：「願見大士。」童子曰：「欲見菩薩何爲？」曰：「嘗覽華嚴大教，旨深意廣，欲望大士發啟解心，庶幾箋釋，流行世間，使幽夜頓獲光明，大心者即得開悟。」童子曰：「諸佛妙意，善順事理，簡易明白，先德注意可解。如十地一品，釋文不過數帋，今時枝蔓註近百卷，而聖意逾遠，真所謂破碎大道也。」太尉曰：「童子貌若此，而敢呵前輩乎？」童子笑曰：「官人謬矣！此

① 卍新續藏本原註：「戒，一作『戉』。」寬永本作「戉」。

間一草一木，無非文殊境界，在汝日用，觸事不迷，此真文殊耳。曷以凡情亂干思慮？」太尉悔前言之謬，即頓首下拜。纔起之間，童子現大士形，跨師子隱隱雲中不見。太尉自爾惋恨，心神恍惚。家人問故，答曰：「吾欲竭誠悔過，期再見衣蒲童子。」即嚴具香火，晨夕以之，志於必見而後已。久之，忽見童子於香几上呵曰：「胡爲住相貪著之甚耶？」太尉曰：「正欲世人咸見大士示化之真容耳。」即命畫工圖之。頃刻不見。

六年，有旨移京兆章敬寺懷惲①禪師入居上寺，玄徒輻湊。惲示衆曰：「至理忘言，時人不悉，強習它事，以爲功能。不知自性，元非境所，是箇微妙大解脱門，所有鑑覺不染不礙。如是光明，未曾休廢，曩劫至今，固無變易。猶如日輪，遠近斯照，雖及衆色，不與一切和合。靈燭妙明，非假鍛煉。爲不了故，取於物象。但如捏目，妄起空華，徒自疲勞，枉經劫數。若能返照，無第二人，舉措施爲，無虧實相。」

居士龐蘊，字道玄，衡陽人，世業儒。貞元初，謁石頭和尚，亡言妙契。一日，石頭問：「子自見吾以來，日用事作麼生？」對曰：「若問日用事，即無開口處。」乃呈一頌曰：「日用事無別，唯吾自偶諧。頭頭非取捨，處處勿張乖。朱紫誰爲號，丘山絶點埃。神通并妙用，運水及搬柴。」石頭然之。後參馬祖，問不與萬法爲侶者是什麼人。祖曰：「待汝一口汲盡西江水，即向汝道。」居士於言下大悟，自爾玄機妙句，竦動諸方，與丹霞最友善。一日，訪百靈和尚，路次相遇。靈問：「昔日石頭

① 卍新續藏本原註：「惲，一作『暉』，下同。」

得意句，還曾舉向人麼？」士云：「曾舉來。」靈云：「舉向阿誰來？」士以手自指云：「龐公。」靈云：「直是妙德空生也，贊歎居士不及。」士却問：「師得力句是誰知？」靈便戴笠子而去。士云：「善爲道路。」靈一去更不回首。又訪則川和尚，川云：「還記得初見石頭時道理不？」士云：「猶得阿師重舉在。」川云：「情知久參事慢。」士云：「阿師老耄，不啻龐公。」川云：「二彼同時，又爭幾許。」士云：「龐公鮮健，差勝阿師。」川云：「不是勝我，只是欠箇幞頭。」士云：「恰與師相似。」川大笑而已。因摘茶次，士云：「法界不容身，師還見我否？」川云：「不是老僧息答公話。」士云：「有問有答，蓋是尋常。」川乃摘茶不聽。士云：「莫恠適來容易借問。」川亦不顧。士云：「這無禮儀漢，待一一舉似明眼人在。」川乃抛却茶藍，便歸方丈。又訪松山和尚，喫茶次，士舉起橐子云：「人人盡有分，因什麼道不得？」山云：「只爲人人有分，所以道不得。」士云：「阿兄，因什麼却道得？」山云：「不可無言也。」士云：「灼然，灼然。」山便喫茶。士云：「阿兄喫茶，何不揖客？」山云：「誰？」士云：「龐公。」山云：「何須更揖。」後丹霞聞之，乃云：「若不是松山，幾被箇老翁作亂一上。」士聞之，乃令傳語丹霞云：「何不會取舉起橐子時？」又訪齊峰和尚，峰云：「俗人頻來僧舍，討什麼？」士回顧兩邊云：「誰恁麼道？誰恁麼道？」峰乃咄之。士云：「卻在這裏。」峰云：「莫是當陽道底麼？」士云：「背後底。」峰回首云：「看看。」士云：「草賊大敗。」峰無語。又訪石林和尚，林竪拂子云：「不落丹霞機，試道一句。」士奪卻拂子，乃竪起拳。林云：「正是丹霞機。」士云：「與我不落看。」林云：「丹霞患啞，龐公患聾。」士云：「恰是又一日。」林云：「有個①借問，居士莫惜言句。」士云：「便請。」林云：「元來惜言句。」士云：「這箇問訊，不覺落他便宜。」林乃掩耳。士云：「作家，作家。」一日，丹霞訪居士，見女子靈照取菜次。霞問：「居士在否？」女子放下藍子，斂手而立。又問：「居士在否？」女子便提藍子去。時居襄陽，靈照常隨製竹漉籬售之，以供朝夕。居士將終，命靈照視日，及中即報。靈照遽報曰：「日中矣，而有蝕也！」居士出觀日次，靈照即登父座，合掌端坐而逝。居士笑曰：「我女鋒捷矣！」於是居士更延七日，襄州牧于公枉駕候問，居士談笑良久。居士顧謂公曰：「但願空諸所有，謹勿實諸所無。好住世間，猶如影響。」言訖，枕公膝而逝。

七年，永州司馬柳宗元製南嶽彌陀和尚碑，其詞曰：「在代宗時，有僧法照，爲國師，乃言其師南嶽大長老有異德。天子南嚮而禮焉，度其道不可徵，乃名其居曰『般舟道場』，用尊其位。公始居山西南岩石之下，人遺之食則食，不遺則食土泥、茹草木；其取衣類是。南極海裔、北極幽都來求厥道，或值之崖谷，羸形垢面，躬負薪蘇，以爲僕役而媟之，乃公也。凡化人，立中道而教之權，俾得以疾至。故示專念，書塗巷，刻谿谷。丕勤誘掖，以援於下。不求而道備，不言而物成。人皆負布帛、斬木石，委之岩户，不拒不營。祠宇既具，以洎於德宗，申詔褒立，是爲彌陀寺。施之餘，則施與餓疾者，不尸其功。公始學成都唐公，次資川詵公。詵公學於東山忍公，皆有道。至荆州，進學玉泉真公，真公授公以衡山，俾爲教魁，人從而化者以萬計。初，法照居廬山，由正定趣安樂國，見蒙惡衣

① 個，原作「人」，據寬永本、歷代通載卷十五龐居士改。

侍佛者。佛告曰：「此衡山承遠也。」出而求之，肖焉，乃從而學。傳教①天下，由公之訓。公爲僧凡五十六年，其壽九十一，貞元十八年七月十九日終於寺。葬於寺之南岡，刻石於寺大門之右。銘曰：一氣回薄茫無窮，其上無初下無終。離而爲合蔽而通，始末或異今焉同。虛無混冥道乃融，聖神無跡示教功。公之率衆峻以容，公之立誠放②其中。服庇草木③蔽穹窿，仰攀俯取食以充。形游無極交大雄，天子翹④首師順風。四方奔趨雲之從，經始尋尺成靈宮。始自蜀道至臨洪，咨謀往復窮真宗。弟子傳教國師公，化流萬億代所崇。奉公寓形於南岡，幼曰弘願惟孝恭，立之茲石書玄蹤。」

是歲，永州修淨土院成，司馬柳宗元爲之記曰：「中州之西數萬里，有國曰身毒，釋迦牟尼如來示現之地。彼佛言，西方過十萬億佛土，有世界曰極樂，佛號無量壽如來。其國無有三毒八難，衆寶以爲飾；其人無有十纏九惱，群聖以爲友。有能誠心大願歸心是土者，苟念力具足，則生彼國，然後出三界之外。其於佛道，無退轉者。其言無所欺也。晉時廬山⑤遠法師作念佛三昧詠，大勸於時。其後天台顗大師著釋淨土十疑論，宏宣其教，周密微妙，迷者咸賴焉。蓋其留異跡而去者甚衆。永州龍興

① 卍新續藏本原註：「教，一作『之』。」歷代通載卷十五彌陀和尚碑作「之」。
② 放，全唐文卷五百八十七南嶽彌陀和尚碑並序作「教」。
③ 木，原作「水」，據寬永本、歷代通載卷十五彌陀和尚碑改。
④ 翹，歷代通載卷十五彌陀和尚碑作「稽」。
⑤ 廬山，原作「山廬」，據寬永本改。

寺，前刺①史李承晊及僧法林置淨土堂於寺之東②偏，常奉斯事。逮今餘二十年，廉隅毁頓，圖像崩墜，會巽上人居其宇下，始復理焉。上人者，修最上乘，解第一義，無體空析色之跡而造乎真源，通假有借無之名而入於實相，境與智合，事與理并，故雖往生之因，亦相用不捨。誓葺茲宇，以開後學。有信士圖爲佛像，法相甚具焉。今刺史馮公作大門以表其位，余遂周延四阿，環以廓廡，繢二大士之像，繒蓋幢幡以成就之。嗚呼！有能求無生之生者，知舟筏之存乎是。遂以天台十疑論書於墻宇，使觀者起信焉。」

八年，法師智辯③者，悟解絶倫，多所撰著；然寡徒侶，因棄講，居衡岳寺。每覽所撰，必一唱三歎，以爲吾達解如此而不遇賞音。偶一日，有耆宿至，借辯著述而閲之，乃曰：「汝識至高，頗符佛意。今寡徒衆，蓋闕人緣耳。佛猶不能度無緣，况初心者乎！可辦食布施飛走，卻後二十年，當自有衆。」言訖，恍然不見。辯遂如其教，鬻衣單，易米炊之，散郊外，感群烏大集，搏飯而去。辯祝之曰：「食吾飯者，願爲法侶。」後二十年，辯往鄴城開講，座下有衆千餘人，果皆少年比丘。

是歲，道樹禪師卒。師初參神秀禪師，得旨，結茅於壽州三峰山。有野人，服色素朴，言譚詭異，或時化現佛、菩薩、聲聞、天僊等形，或放異光，或出聲響，夭④幻百端。師之學徒常爲驚怖，皆莫能

① 刺，原作「勅」，據寬永本、歷代通載卷十五永州淨土院記改。
② 卍新續藏本原註：「東，一作『西』。」歷代通載卷十五永州淨土院記作「西」。
③ 辯，原作「㬻」。卍新續藏本原註：「㬻，一作『辯』。」歷代通載卷十五智辯法師施食感報作「辯」。
④ 卍新續藏本原註：「夭，一作『天』。」寬永本作「天」。

測。如此凡十年，方滅跡不見。師告衆曰：「野人作無限伎倆，眩惑於人，只消老僧不見不聞。伊伎倆有窮，吾不見不聞無盡。」繇是遠近聞之，靡不欽服，所謂「見恠不恠，其怪自敗」云。

九年正月，百丈懷海禪師示寂，春秋九十有五。師福州長樂人，丱歲離塵，三學該鍊。屬馬祖闡化江西，師傾心依附，與西堂智藏禪師同號入室。時馬祖之門會學千百，二大士爲角立焉。及祖迁化，師往新吴百丈山。居未期月，而玄學之徒四方輻凑。師雖臘高，凡作息必與衆同均，嘗謂「一日不作，則一日不食」。僧問：「如何是大乘頓悟法門？」師曰：「汝等先歇諸緣，休息萬事，善與不善，世出世間，一切諸法莫記憶，莫緣念，放捨身心，令其自在。心如木石，無有辨别，心無所行，心地若空，慧日自現，如雲開日出相似，名爲解脱人。對一切境，心無静亂，不攝不散。一切聲色，無有滯礙，是非好醜，是理非理，諸知見總盡，不被繫縛，處心自在，名『初發心菩薩』，便登佛地。若垢淨心盡，不住繫縛，不住解脱，無一切有爲無爲縛脱，平等心量，處於生死，其心自在，畢竟不與虚幻、塵勞、藴界、生死諸入和合。逈然無寄，一切不拘，去留無礙，往來生死，如門開相似。若遇種種苦樂、不稱意事，心無退屈，不念名聞衣食，不貪功德利益，不爲世法之所滯。心雖親受苦樂，不干於懷，麁①食接命，補破禦寒，兀兀如愚如聾相似。稍有親分於生死中，廣學知解，求福求智，於理無益，即被解境風漂，卻歸生死海裏。佛是無求人，求之即乖；理是無求理，求之即失。若取於無求，復同於有求。此法無實無虚，若能可生，心知②木石相似，不爲陰界五欲八風之所漂溺，即生死因斷，

① 麁，原作「鹿」，據寬永本、歷代通載卷十五百丈懷海禪師改。
② 卍新續藏本原註：「知，疑『如』。」歷代通載卷十五百丈懷海禪師作「如」。

去住自由。」僧問：「如今受戒，身心清淨，已具諸善，得解脱否？」答曰：「少分解脱，未得心解脱。」問：「云何是心解脱？」答曰：「不求佛，不求知解，垢淨情盡；亦不守無求，爲是不住盡處；亦不畏地獄苦、不愛天堂樂，一切法不拘，始名爲『解脱無礙』。汝莫言有少分戒善將爲便了，有河沙無漏戒定慧門都未涉一毫在。努力猛作，莫待耳聾眼暗，頭白面皺，老苦及身，眼中流淚，心裏憧惶，未有去處。到恁麼時，整理手脚不得也，縱有福智多聞，都用不著。爲緣念諸境不知返照，復不見佛道，一生所有惡業，悉現於前，變爲好境，隨所見重處受生，都無自由分，龍畜良賤，亦總未定。」問：「如何得自由？」答曰：「如今對五欲八風，情無取捨，垢淨俱亡，如日月在空，不緣而照，亦如香象截流而過，更無疑滯，此人天堂、地獄所不能攝也。凡讀經看教，皆須宛轉歸就自己。但是一切言教，只明如今覺性自己。俱不被一切有無諸法境轉，是名導師；能照破一切有無境法，是名金剛，即有自由獨立分。若不能恁麼，縱令誦得十二韋陀經，只成增上慢，却是謗佛，不是修行。讀經看教，若准世間，是好善事；若向明眼人邊數，此是壅塞人。十地之人脱不去，流入生死河，但不用求覓知解語言義句，離一切有無諸法，透過三句外，自然與佛無差。既自是佛，何患佛不解語？只恐不是佛，被一切有無諸法轉，不得自由。是以理未立先有福智載去，如賤使貴；不如於理先立，後有福智，臨時作得主，握土爲金，變海水爲酥酪，破須彌山爲微塵，於一義作無量義，於無量義作一義。」師每説法竟，大眾下堂，乃召之。大眾回首，師云：「是什麼？」諸方目爲「百丈下堂句」。

師以禪宗肇自少室，至曹溪以來多居律寺，説法住持未有規度，乃刱意別立禪居。凡具道眼、有可尊之德者號曰「長老」，既爲化主，即處於方丈。不立佛殿，唯樹法堂，表佛祖的傳受當代爲尊也。

學衆無多少，無高下，並入僧堂，依臘次安排。設長連牀，施椸架掛搭道具，卧必斜枕牀唇，以其坐禪既久，略偃息而已。除入室請益，任學者勤惰，或上或下，不拘①常准。其闔院大衆朝參夕聚，長老上堂，陞座主事，徒衆鴈立側聆，主賓問酧，激揚宗要。齋粥二時，隨衆均遍，行普請法，上下均力也。置十務寮舍，每用主領一人營衆事，令各司其局。或有假號竊形，混於清衆，并別置喧撓之事，即維那撿舉，抽下本位掛搭，擯令出院。或彼有所犯，即以柱杖杖之，集衆燒衣鉢道具，遣逐由偏門而出，以示耻辱焉。其大要如此。其後叢林日盛，當代宗師從而廣之，今所謂禪苑清規者備矣。

論曰：孔子曰：「齊一變至於魯，魯一變至於道。」夫豈唯儒，吾釋亦然。自大教東流，至佛圖澄而盛，由澄而得道安，由安而遠公出焉，教門紀綱於是乎粲然大備。如宗門者，自曹溪之没，道在天下。南嶽出而振之，由南嶽而得馬祖，由馬祖而得百丈。當百丈時，天下禪學之盛，視曹溪而過之百倍。海即其盛，爲之規矩以閑邪，爲之法度以御遠。叢林守之四五百年有如一日，兹皆三變而後大成也。嗚呼！微百丈，天下叢林曷有今日哉！

九年，河東柳子厚製南嶽大明律師碑，其詞曰：「儒以禮立，仁義無之則壞；佛以律持，定慧去之則喪。是以離禮於仁義者，不可與言儒；異律於定慧者，不可與言佛。達是道者，惟大明師。師姓

① 卍新續藏本原註：「抱，疑『拘』。」歷代通載卷十五百丈懷海禪師作「拘」。

歐陽氏，號曰慧開，唐開元二十一年始生，天寶十一載始爲浮圖，大曆十一年始登壇爲大律師，貞元十五年十一月十日卒。元和九年正月，其弟子懷信、道嵩、尼無染等，命高道僧靈嶼爲行狀，列其行事，願刊之茲碑。宗元今掇其大者言曰：師先因宦，世家潭州，爲大族，勳烈爵位，今不言大浮圖也。凡浮圖之道衰，其徒必小律而去經，大明恐焉。於是從峻洎侶以究戒律，而大法以立；又從秀洎昱以通經教，而奧義以修。由是二道出入隱顯，後學以不惑來求以有得。廣德三年，始立大明寺於衡山，詔選居寺僧二十一人，師爲之首。乾元三年，又命衡山立毗尼藏，詔講律僧七人，師應其數。凡其衣服器用，動有師法；言語行止，皆爲物軌。執巾匜奉杖屨爲侍者數百，剪髦髮被教戒爲學者數萬。得衆若獨居，尊若卑，晦而光，介而大，浩浩焉無以加也。其塔在祝融峰西趾下，碑在塔東。詞曰：儒以禮行，覺以律興。一歸真源，無大小乘。大明之律，是定是慧。丕窮經教，爲法出世。化人無量，垂裕無際。詔尊碩德，威儀有繼。道徧大洲，徽音勿替。祝融西麓，洞庭南裔。金石刻辭，彌億千歲。」

子厚復題其碑陰曰：「凡葬大浮圖無竁穴，其於用碑不宜。然昔之公室，禮得用碑以葬。其後子孫因宜不去，遂銘德行，用圖久於世。及秦刻山石，號其功德，亦謂之碑，而其用遂行，然則雖浮圖亦宜也。凡葬大浮圖，其徒廣則能爲碑。晋宋尚法，故爲碑者多法；梁尚禪，故碑多禪；法不周施，禪不大行，而律存焉，故近世碑多律。凡葬大浮圖，未嘗有比丘尼主碑事，今惟無染實來，涕淚以求，其志益堅，又能言其師他德尤備，故書之碑陰。而師凡主戒事二十二年，宰相齊公映、李公泌①、趙公憬，尚書曹主皐、裴公胄，侍郎令狐公峘，或師或友，齊親執經受大義，爲弟子。又言師始爲童時，夢大人縞冠素舄②來告曰：『居南嶽大吾道者，必爾也。』已而信然。將終夜，有光明笙磬之聲，衆咸見聞。若是類甚衆，以儒者所不道，而無染勤以爲請，故末傳焉。無染，韋氏女，世顯貴，今主衡山戒法。」

十年，南海經略馬總以曹溪六祖未有謚，請於朝。天子賜謚曰大鑑，總乃命河東柳宗元撰賜謚碑，其詞曰：「扶風公廉問嶺南三年，以佛氏第六祖未有稱號，疏聞於上，詔謚大鑑禪師，塔曰靈照之塔。元和十年十月十三日下尚書祠部，符到都府，公命部吏洎州司功椽，告於其祠。幢蓋鐘鼓，增山盈谷，萬人咸會，若聞鬼神。其時學者千有餘人，欣踴③奮勵，如師復生；則又感悼涕慕，如師始亡。因言曰：自有生物，則好鬭奪相賊殺。喪其本實，誖乖淫流，莫克返於初。孔子無大位，没以餘言持世。更楊、墨、黄、老益雜，其術分裂。而吾浮圖説後出，推離還源，合所謂生而静者。梁氏好作有爲，師達磨譏之，空術益顯，六傳至大鑑。大鑒始以能勞苦服役，一聽其言，言希以究。師用感動，遂受信器，遁隱南海上，人無聞知。又十六年，度其可行，乃居曹溪爲人師，會學去來常數千人。其道以無爲爲有，以空洞爲實，以廣大不蕩爲歸。其教人，始以性善，終以性善，不假耘耡，本其静矣。中

① 泌，原作「必」，據寬永本、歷代通載卷十五百丈懷海禪師、全唐文卷五百八十七南嶽大明寺律和尚碑並序（碑陰）改。
② 舄，原作「寫」，據歷代通載卷十五百丈懷海禪師、全唐文卷五百八十七南嶽大明寺律和尚碑並序（碑陰）改。
③ 歷代通載卷十五馬總奏六祖謚碑、全唐文卷五百八十七曹溪第六祖賜謚大鑒禪師碑並序「欣踴」前有「莫不」二字。

宗聞名，使幸臣再徵①，不能致，取其言以爲心術。其説具在，今布天下，凡言禪皆本曹溪。大鑑去世百有六年，凡治廣部而以名聞者以十數，莫能揭其號。今乃始告天下②，得大謚，豐佐吾道，其可無辭？公始立朝，以儒重，刺虔州，都護安南，由海中大蠻夷，連身毒之西。浮舶聽命，咸被公德。受鑒毒縣③節鉞，來涖南海，屬國如林，不殺不怒，而人畏無噩，允克光於有仁。昭列大鑑，莫如公宜。其徒之老，乃易石於宇下，使來謁辭。其辭曰：達磨乾乾，傳佛語心。六承其授，大旃④是臨。勞勤專默，終揖於深。抱其信器，行海之陰。其道爰施，在溪之曹。庬合猥附，不夷其高。傳告咸陳，唯道之褒。生而性善，在物而具。荒流奔軼，乃萬其趣。匪思愈亂，匪覺滋誤。由師内鑑，咸獲於素。不植乎根，不耘乎苗。中一外融，有粹孔昭。在帝中宗，聘言於朝。陰翊王度，俾人逍遥。越百有六祀，號謚不紀，由扶風公告今天子⑤。尚書既復，大行乃誄。光於南土，其法再起。厥徒萬億，同悼齊喜。惟師教所被，洎扶風公所履，咸戴天子。天子休命，嘉公德美。溢於海夷，浮圖是視。師以仁傳，公以仁理。謁辭圖堅，永胤不已。」

① 徵，原作「徹」，據寛永本、歷代通載卷十五馬總奏六祖謚碑改。
② 下，寛永本、歷代通載卷十五馬總奏六祖謚碑、全唐文卷五百八十七曹溪第六祖賜謚大鑒禪師碑並序作「子」。
③ 卍新續藏本原註：「鑒毒縣，一作『旃纛』。」歷代通載卷十五馬總奏六祖謚碑作「旃纛」。
④ 卍新續藏本原註：「旃，一作『鑒』。」曹谿志卷三元和詔謚大鑒禪碑記、歷代通載卷十五馬總奏六祖謚碑作「鑒」。
⑤ 子，原作「書」，據寛永本、曹谿志卷三元和詔謚大鑒禪碑記、歷代通載卷十五馬總奏六祖謚碑改。

本朝紹興二年，東坡居士過曹溪，題曰：「釋迦以文教，其譯於中國，必託於儒之能言者，然後①傳遠。故大乘諸經至首楞嚴，則委曲精盡，勝妙獨出，以房融筆授故也。柳子厚南遷，始究佛法，作曹溪、南嶽諸碑，妙絕古今，而南華今無石刻。長老重辨師，儒釋兼通，道學純備，以謂自唐至今，頌述祖師者多矣，未有通亮典則如子厚者。蓋推本其言，與孟軻氏合，其可不使學者日見而誦之？乃具石，請予書其文。」

論曰：中庸曰：「自誠明之謂性，自明誠之謂教。」又曰：「天有四時，春夏秋冬，雨風霜雪，皆教也；地載神奇，神奇流形，品物露生，無非教也。」吾釋法華經云：「諸佛智慧，甚深無量。」六祖曰：「理甚深也。」又云：「其智慧門，難解難入。」六祖曰：「教甚深也。」然吾宗指示心法，必曰山河大地色空明暗。凡諸物象，皆性所現。見性則觸物而真，觸物而真則物我會融而無物矣。以無物故，縱目所見，縱口所談，無非教也。教則自明而誠，性則自誠而明者，明與誠，蓋定與慧、寂與照之異名也。是以性理甚深，而教門難入。入則謂之教，見乃謂之性也。以謂推本其言，與孟軻氏合。於戲！吾祖之言性教，殆與中庸符合矣。故子厚著吾祖之碑，而東坡稱之。大哉！子厚奭然不以儒佛爲異趣，抑妙乎性教者歟。賢哉！

① 後，原作「復」，據東坡後集卷十九書柳子厚大鑒禪師碑後一首、歷代通載卷十五馬總奏六祖謚碑改。

隆興佛教編年通論卷第二十二

隆興府石室沙門　祖琇　撰

唐

元和十一年，臺山隱峰禪師自衡嶽之五臺，道由淮右。屬吳元濟阻兵蔡州，違拒王命，官軍與賊交鋒，未決勝負。師曰：「吾當少解其患。」乃震錫空中，飛身而過。兩軍將士仰觀歎異，鬭心頓息，以是官軍得成其功焉。師姓鄧氏，幼若不慧，父母聽其出家。既具戒，參馬祖，言下契旨。一日推車，次祖展脚在路上，師曰：「請收足。」祖曰：「已展不收。」師曰：「已進不退。」遂推車碾過，祖脚損。歸法堂，執斧子曰：「適來碾損老僧脚底出來！」師便出於祖前，引頸就之，祖乃置斧。其後遍歷諸方，所至輒有奇詭。久之，以神異頗顯，恐成惑衆，乃入臺山金剛窟前。將示寂，問於衆曰：「諸方遷化，坐去卧去吾皆見之，還有立化者否？」衆曰：「有之。」師曰：「還有倒化者否？」衆曰：「未嘗有也。」師乃倒殖而化，亭亭然其衣亦皆順體。衆爲舁屍荼毗，屹然不動，遠近瞻禮歎異。師有妹爲尼，時亦在彼，乃附近而咄之曰：「老兄平日惱亂諸方不循法律，死更熒惑於人！」乃以手推之，僨然而踣。於是闍維收舍利，塔於五臺云。

歸宗智常禪師，目有重瞳，遂用藥手按摩，久而目眥俱赤，世號拭眼歸宗。江州刺史李渤問曰：

「教中謂須彌納芥子，渤則不疑；芥子納須彌，莫是妄談否？」師云：「人傳史君讀萬卷書是否？」渤曰：「然。」師曰：「摩頂至踵如椰子大，萬卷書向什麼處著？」渤俛首而已。又問：「一大藏教明得什麼邊事？」師舉拳示之，云：「會麼？」渤云：「不會。」師云：「這箇措大，拳頭也不識。」渤云：「請師指示。」師曰：「會則途中受用，不會則世諦流布。」師嘗示衆曰：「從上古德不是無知解，他高尚之士，不同常流。今時不能自成自立，空度時光。諸子莫錯用心，無人替汝；亦無汝用心處，莫就他覔。從前只是依他作解，發言皆滯，光不透脱，只爲目前有物。」僧問：「如何是玄旨？」師云：「無人能解。」僧云：「向者如何？」師云：「有向即乖。」僧云：「豈無方便令學人得入？」師云：「觀音妙智力，能救世間苦。」僧云：「如何是觀音妙智力？」師敲頂蓋三下，云：「還聞麼？」僧云：「聞。」師云：「我何不聞？」僧無語，師以棒趁下。復一日，上堂云：「吾今欲説禪，諸子總近前。」大衆近前，師云：「汝聽觀音行，善應諸方所。」僧云：「如何是觀音行？」師乃彈指云：「諸人還聞否？」僧云：「聞。」師云：「一隊漢向這裏覔箇什麼？」以棒趁下，大笑歸方丈。師没，有賢者贊其像曰：「知見一何高，拭眼避天位。回觀洗耳人，千古未爲愧。」

供奉吴元卿者，敏悟絶人，憲宗殊喜之。一日，在昭陽宫，見群芳敷榮，賞玩徘徊，倏聞空中有聲曰：「虚幻之相，開謝不停，能壞善根，仁者安可嗜之！」元卿猛省，志脱塵俗。帝一日淤①宫，問曰：「卿何不樂？」對曰：「臣幼不食葷，志願從釋。」帝曰：「朕視卿若昆弟，但富貴欲出人表

① 卍新續藏本原註：「淤，疑『游』。」歷代通載卷十五布毛會通侍者作「游」。

者不違卿，唯出家不可。」既浹旬而容貌瘦顇，帝憫而詔曰：「如卿願，任選日遠近奏來。」元卿荷恩致謝。尋得鄉[1]報母患，乞歸寧，帝厚賜津遣。元卿至家，會韜光法師勉之謁鳥窠禪師，啟曰：「弟子七歲蔬食，十一受五戒，今年二十有二。爲出家，故休官。願和尚授與僧相。」鳥窠曰：「今時爲僧，鮮有精苦者，行多浮濫。」元卿曰：「本淨非琢磨，元明不隨照。」曰：「汝若了淨智妙圓，體自空寂，即真出家，何假外相？汝當爲在家菩薩，戒施俱修，如孫、許之流也。」元卿曰：「理雖如此，然非本志。儻蒙攝受，則誓遵師教！」如是三請，皆不諾。韜光爲勸請曰：「宮使未嘗娶，亦不畜侍女。禪師若不攝受，其誰能度之？」鳥窠乃與披剃具戒，法號會通。晝夜精進，誦大乘經，習安般三昧。忽一日，固辭遊方。鳥窠：「汝將何往？」曰：「會通爲法出家，以和尚不垂慈誨，今往諸方學佛法去。」窠曰：「若是佛法，吾此間亦有少許。」曰：「如何是和尚佛法？」窠於身上拈起布毛吹之，通遂悟玄旨。時號「布毛侍者」云。

是歲，章敬寺栢巖禪師卒，相國權德輿製其碑曰：「禪宗長老栢巖大師之師曰大寂禪師，傳佛語心，始自達磨，至於慧能，能化行於南服，流於天下。大抵以五蘊九識十八界皆空猶鏡之明也，雖萬象畢呈而光性無累心之虛也，雖三際不住而覺觀湛然。得於此者，即凡成聖；不然，則一塵瞥起，六入膠固，循環回復於生死之中，風濤火輪，迷妄不息。授受脗合，大師得之，一言宗通，深入無礙。師諱懷惲，姓謝氏。東晉流亂，慨然曰：『我之祖先令安在哉！四肢百骸視聽動使，孰使之然耶？』

① 鄉，原作「卿」，據寬永本、歷代通載卷十五布毛會通侍者改。

灌然雨泣，誓服緇褐。志在楞伽，行在曹溪，得圓明清淨之本，去妄想攀緣之習。百八句義，照其身心。心離文字，化無方所。於是抵清涼，下幽都，登徂徠，入太行，所至之那①，蒙被法味。止於太行栢巖寺，門人因以『栢巖』號焉。元和三年，有詔徵至京師，宴坐於章敬寺。每歲詔入麟德殿講論，後以疾固辭。十年十二月，怡然示寂，其年六十，其夏三十五。弟子智朗、智操以明年正月起塔於灞陵原。凡一燈所傳，一雨所潤，入法界者，不可勝書。著師資傳一編，自鷄足山大迦葉而下至於能、秀，論次詳實。或問心要者，答曰：『心本清淨而無境者也。非遺境以會心，非去垢以取淨。神妙獨立，不與物俱，能悟斯者，不爲習氣生死幻蘊之所累也，故薦紳先生知道入理者多游焉。』嘗試言之，以中庸之『自誠而明』以盡萬物之性，以大易之『寂然不動，感而遂通』，則方袍褒衣，其極一致也。嚮使師與孔聖同時，其顏生、閔損之列歟？釋尊在代，其大慧、綱明之倫歟？至若從師受具之次第，宰官大臣之尊信，誕生入滅之感異，今皆不書。德輿三十年前嘗聞道於大寂，聿②來京下，時款師言。頃因哀傷以獲悟入，則知煩惱不違菩提，雖聚散生死無期，會歸於彼岸。銘曰：西方之教，南宗之妙，與日並照。栢巖得之，爲大導師。顥若琉璃，結火燔性。愛流溺正，癡冥奔命。即心是佛，即色是空，師之通兮。無去無來，無縛無解，師之化兮。揭兹靈塔，丹素周匝，示塵劫兮。」

論曰：相國權文公章敬寺碑辭理深玅，玄旨通暢。及自謂頃因哀傷以獲悟入，斯言

① 卍新續藏本原註：「那，疑『邦』。」

② 聿，寬永本作「事」。

誠無所欺也。竊觀本朝太師富鄭公嘗寓書洛陽留守，訪求荷澤禪師畫像，守答以偈。公復之曰：「承以偈見警，美則美矣，理則未默也。所謂無可無不可者，畫也得，不畫也得。就中觀像爲不得，不觀像者落在什麼處？似不以有無爲礙者近乎通矣。因有頌曰：『執相誠非，破相亦妄。不執不破，是名實相。』」噫！二公相去垂二百年，而文章道德各爲一時縉紳儀表。至於入不二門，了第一義，廓然自在受用，暉光日新。是以唐宋明道碩德大臣，獨二公爲稱首云。

十一年，重巽法師自湘西赴其叔父中丞之請，柳子厚贈之以序曰：「或問宗元曰：悉矣，子之得於巽上人也。其道果何如哉？對曰：吾自幼學佛，求其道積三十年。世之言者罕能通其說，於零陵吾獨有得焉。且佛之言『吾不可得而聞之』矣，其存於世者，獨遺其書；不於其書而求之，則無以得其言。言且不可得，况其意乎？今是上人窮其書，得其言，諭其意。推而大之，逾萬言而不煩；總而括之，立片詞而不遺。與夫世之析章句、徵文字，言至虛之極則蕩而失守，辨群有之夥則泥而皆存者，其不以遠乎！以吾所聞，知凡世之善言佛者，於吴則慧誠師，荆則海雲師，楚之南則重巽師。師之言存，則佛之道不遠矣。慧誠師已死，今之言佛者加少，其由儒而通者鄭中書。洎孟常州中書見上人，執經而師受，且曰：『於中道吾得以益達。』常州之言曰：『從佛法生，得佛法分。』皆以師友命之。今連帥中丞公具舟來迎，飾館而候，欲其道之行於遠也，大豈徒然哉？以中丞公之直清嚴重，中書之辨博，常州之敏達，且猶宗重其道，况若吾之昧昧者乎？夫衆人之和，由大人之唱。洞庭之南，竟南海，其士①汪汪也，求道者之多，半天下，一唱而大行於遠焉。是行有之，則和焉者將若居蟄之有雷，不可止也。於是書以爲巽上人赴中丞叔父召序。」

馬郎②婦，不知出處。方唐隆盛，佛教大行，而陝右俗習騎射，人性沉鷙，樂於格鬭，蔑聞三寶之名，不識爲善儀則。婦憐其憨，乃之其所。人見少婦單子，風韵超然，姿貌都雅，幸其無侍衛、無羈屬，欲求爲眷。曰：「我無父母，又鮮兄弟，亦欲有歸。然不好世財，但有聰明賢善男子能誦得我所持經，則吾願事之。」男子衆争求③覩之。婦授以普門④品曰：「能一夕通此則歸之。」至明，發誦徹者二十餘輩。婦曰：「女子一身家世貞潔，豈以一人而配若等耶？可更别誦。」因授以金剛般若，所約如故，至旦通者猶十數。婦更授以法華經七軸，約三日通徹此者定配之。至期，獨馬氏子得通。婦曰：「君既能過衆人，可白汝父母，具媒妁娉禮，然後可以姻。蓋生人之大節，豈同猥巷不檢者乎！」馬氏如約具禮迎之。方至，而婦謂曰：「適以應接，體中不佳，且别室⑤，候⑥少安，與君相見未晚⑦也。」馬氏子喜，頓之他房。客未散，而婦命終。已而壞爛，顧無如之何，遂卜地葬之。未數日，有老

① 士，寬永本作「土」。
② 郎，原作「郭」，據歷代通載卷十五陝右馬郎婦改。
③ 求，寬永本作「來」。
④ 門，原作「聞」，據寬永本、歷代通載卷十五陝右馬郎婦改。
⑤ 此句原作「體中不且，佳别室」，據寬永本改。
⑥ 候，寬永本、歷代通載卷十五陝右馬郎婦作「俟」。
⑦ 晚，原作「脱」，據寬永本、歷代通載卷十五陝右馬郎婦改。

僧紫伽黎，姿①皃古野，仗錫來儀，自謂向女子之親，詣馬氏問其所由。馬氏引至葬所，隨觀者甚衆。僧以錫撥開，見其屍已化，唯金鎖子骨。僧就河浴之，挑於錫上，謂衆曰：「此聖者憫汝等障重纏愛，故垂方便化。汝宜思善因，免墮苦海！」忽然飛空而去。衆見，悲泣瞻拜。自是陝右奉佛者衆，由婦之化也。

是歲，撫州景雲寺律師上弘卒，江州司馬白居易製碑曰：「元和十一年春，廬山東林寺僧道深、懷縱、如建、沖契②等凡二十輩，與白黑衆千餘人，俱賫持故景雲大德弘公行狀一通，贄錢十萬，來詣尋陽③，請司馬白居易作先師碑，會有故不果。十二年夏，作石墳成，復來請，會有病不果。十三年冬，作石塔成，又來請，始從之。既而僧返山，衆返聚落，錢返寺府。翌月而文成④，明年而碑立。其詞云：我聞乾竺古先生出世法，法要有三：曰戒定慧。戒生定，定生慧，慧生八萬四千法門。是三者迭相⑤爲用，若次第言，則定爲慧因，戒爲定根。根植則苗茂，因樹則果滿。無因未滿，猶夢果也；無根求茂，猶揠苗也。佛雖以一切種智攝三果，必先用戒；菩薩以六波羅蜜化四生，不能捨律。律之

① 姿，原作「娑」，據寬永本、歷代通載卷十五陝右馬郎婦改。

② 全唐文卷六百七十八唐故撫州景雲寺故律大德上弘和尚石塔碑銘（並序）「沖契」後尚有「宗一、至柔、㬎諸、智則、智明、雲皋、太易」等十四字。

③ 全唐文卷六百七十八唐故撫州景雲寺故律大德上弘和尚石塔碑銘（並序）「陽」後有「府」字。

④ 成，全唐文卷六百七十八唐故撫州景雲寺故律大德上弘和尚石塔碑銘（並序）作「就」。

⑤ 全唐文卷六百七十八唐故撫州景雲寺故律大德上弘和尚石塔碑銘（並序）無「相」字。

用，可思量不可思量。如來十弟子中，稱優波離善持律。波離滅，有南山大師得之。南山滅，有景雲大師得之。師諱上弘，生饒氏，曾祖君雅，祖公悦，父知恭，臨川城南人。童而有知，故生十五歲發出家心，始從舅氏剃落；壯而有立，故生二十五歲立菩提願，從南岳大圓律師具戒；樂所由生，故大曆中，不去父母之邦，隸於本州景雲寺；修道德①應無所住，故貞元中②離我我③所，徙居洪州龍興寺説法；親近善知識，故與匡山法真、天台靈祐④、荆門法裔、興果神湊、建昌慧進等五長老交游；佛法囑王臣，故與姜相國公輔、顔太師真卿，洎本道廉訪使楊君憑、韋君丹四君子友善；提振禁戒，故講四分律，而從善遠罪者無其數；隨順化緣，故坐甘露戒壇而誓衆生盟者二十年；荷擔大事，故前後登方等施尸羅者十有八會；救拔衆生，故娑婆男女由我得度者萬五千五百七十二人；示生無常，故元和十年十一月己亥遷化於東林精舍；示滅有所，故是月丙寅歸全於南崗石墳。住世七十七歲，安居六十五夏。自生至滅，隨跡示教，行止語默，無非佛事。夫施於人也博，則反諸己也厚，故門人鄉⑤人報之如不及。繇是藝松成林，琢石爲塔，塔有碑，碑有銘。銘曰：佛滅度後，薝蔔香衰，醍醐味

① 全唐文卷六百七十八唐故撫州景雲寺故律大德上弘和尚石塔碑銘（並序）無「德」字。
② 中，全唐文卷六百七十八唐故撫州景雲寺故律大德上弘和尚石塔碑銘（並序）作「初」。
③ 我我，全唐文卷六百七十八唐故撫州景雲寺故律大德上弘和尚石塔碑銘（並序）作「我」。
④ 祐，全唐文卷六百七十八唐故撫州景雲寺故律大德上弘和尚石塔碑銘（並序）作「裕」。
⑤ 鄉，原作「卿」，據寬永本、歷代通載卷十五上弘律師碑、全唐文卷六百七十八唐故撫州景雲寺故律大德上弘和尚石塔碑銘（並序）改。

滴。孰反是香？孰復是味？景雲大師。景雲之生，一匡苾蒭，中興毗尼。景雲之滅，衆將安仰？法將疇依？昔景雲來，行道者隨，入室者歸。今景雲去，升堂者思，入室者悲。廬峰之西，虎溪之南，石塔巍巍。有紀事者，以真實辭，書於塔碑。」

是歲，高僧靈澈卒。文集二十卷，尚書劉禹錫製序曰：「釋子工爲詩，尚矣！休上人賦別怨，約法師哭范尚書，咸爲當時才士之所傾歎，厥後比比有之。上人生於會稽，本湯氏子，聰察嗜學，不肯爲凡夫，因辭父兄出家，號靈澈，字源澄。雖受經論，一心偏好篇章，從越客維①學爲詩，遂籍籍有聞。維卒，乃抵吴興，與長老詩僧皎然游，講藝②益至。皎然以書薦於詞人包侍郎佶，包得之大喜，又以書致於李侍郎紓。是時以文章風韵主盟於世者包③、李，以是上人之名由二公而飂，如雲得風，柯少葉張④。以文章接才子，以禪理悦高人，風儀甚雅，談笑多味。貞元中，西游京師，名振輦下。緇徒嫉之，造飛語，激動中貴人。浸誣得罪，徙汀州。入會稽，歸東越，時吴、楚間諸侯多賓禮⑤招迓之。元和十一年，終於宣州開元寺，壽七十有一。門人遷座，建塔於越之山陰天柱峰之陲⑥。初，上人在吴

① 全唐文卷六百零五澈上人文集序「維」前有「嚴」字。
② 藝，原闕，據全唐文卷六百零五澈上人文集序補。
③ 全唐文卷六百零五澈上人文集序「包」前有「曰」字。
④ 柯少葉張，全唐文卷六百零五澈上人文集序作「柯葉張王」。
⑤ 禮，原作「體」，據寬永本、全唐文卷六百零五澈上人文集序改。
⑥ 全唐文卷六百零五澈上人文集序「陲」後有「從本教也」四字。

興，居柯山，與晝公爲侶。時予①方以兩髦執筆硯，陪其吟詠，皆曰孺子可教。後相遇於京、洛，與支、許之契焉。上人歿後十七年，予爲吴郡，其門人秀峰捧先師之文來，乞辭以志。且曰：『師嘗在吴，賦詩②僅二千首。今删取三百篇，勒爲十卷。自大曆至元和，凡五十年間，接詞客文人酹唱，别爲十卷。今也思行乎昭世，求一言羽翼之。』因爲許之③曰：世之言詩僧多出江右，靈一導其源，護國襲之；清江揚其波，法振沿之。如幺絃孤韵，瞥入人耳，非大雅之音，獨吴興晝公④，服⑤備衆體。晝公之後，澈公承之。至如芙蓉園新寺詩云：『經來白馬寺，僧到赤烏年。』謫汀州詩云：『青蠅爲吊客，黄犬⑥寄家書。』可謂入作者閫城，豈獨雄於詩僧間邪？」

初澈亡，韓漳州以書報柳州刺史柳子厚。子厚以詩寄韓，其一曰：「早歲京華聽越吟，聞君江海分逾深。他時若寫蘭亭會，莫畫高僧支道林。」其二曰：「頻把瓊書出袖中，獨吟遺句立秋風。桂江日夜流千里，揮淚何時到甬東。」子厚又以詩寄楊侍郎悼澈曰：「東越爲僧還姓湯，幾時瓊珮觸鳴璫。空華一散不知處，誰采金英與侍郎。」

① 予，原作「子」，據全唐文卷六百零五澈上人文集序改。
② 詩，原闕，據全唐文卷六百零五澈上人文集序補。
③ 許之，全唐文卷六百零五澈上人文集序作「評」。
④ 公，原闕，據全唐文卷六百零五澈上人文集序補。
⑤ 服，全唐文卷六百零五澈上人文集序作「能」。
⑥ 犬，全唐文卷六百零五澈上人文集序作「耳」。

十二年，岳州無姓和尚卒，刺史柳宗元爲之碑曰：「維某年月日岳州大和尚終於聖安寺，凡爲僧若干年，年若干，有名無姓，世莫知其閭里宗族所施設者。有問焉而以告曰：『性，吾姓也。其源無初，其胄無終。承姓於釋師，以系道本，吾無姓也。法劒云者，我名也。實且不有，名惡乎存？吾有名耶？性海，吾鄉①也。法界，吾字也。戒爲之墉，慧爲之户，以守則固，以居則安。吾閭里不具乎？度門道品，其數無極；菩薩大士，其衆無涯。吾與之戚而不吾異也，吾宗族不大乎？』其道可聞者如此。而止讀法華、金剛般若經，數逾千萬，或譏以『有爲』，曰：『吾未甞作。』嗚呼！佛道逾遠，異端競起，唯天台大師爲得其説。和尚紹承本統，以順中道，凡受教者，不失其宗。生物流動，趣向混亂，唯極樂正路，爲得其歸。和尚勤求端懿，以成志願，凡聽信者，不惑其道。或譏以『有跡』，曰：『吾未甞行。』始居房州龍興寺中，徙居是州，作道場於楞伽北峰，不越閫者五十祀。和尚凡所嚴事，皆世高德。始出家，事而依者曰卓然師，居南陽立山，葬岳州。就受戒者曰道顗師，居荆州。弟子之首曰懷遠師，居長沙安國寺，爲南岳戒法。歲來侍師，會其終，遂以某月日葬於卓然師塔東若干步。銘曰：道本於一，離爲異門。以性爲姓，乃歸其根。無名而名，師教是尊。假以示物，非吾所存。大鄉②不居，大族不親。淵懿内朗，冲虚外仁。聖有遺言，是究是勤。惟動惟默，逝如浮雲。教久益微，世宰究陳。爰有大智，出其真門。師以顯示，俾民惟新。情動生變，物由湮淪。爰授樂國，參乎化源。師以誘道，俾民不昏。道用不作，神行無跡。晦明俱如，生死偕寂。法付後學，施之無斁。

① 鄉，原作「卿」，據寬永本改。
② 鄉，原作「卿」，據寬永本改。

葬從我師，無忘真宅。薦是昭銘，刻茲貞石。」

子厚復題其碑陰曰：「無姓和尚既居是山，曰：『凡吾之求，非在外也，吾不動矣。』弘農楊公炎自道州以宰相徵，過焉，以爲宜居京師。强以行，不可。將以聞，曰：『願間歲乃往。』明年，楊去相位，竄謫南海上，終如其志。趙郡李蕚，辯博人也，爲岳州，盛氣欲屈其道，聞一言，服爲弟子。河東裴藏之舉族受教，京兆尹宏農楊公某以其隱地爲道場奉，和州刺史張惟儉買西峰廣其居，凡以貨①具利委堂下者，不可選紀，受之亦無言。將終，命其大弟子懷遠授以道妙，終不告其姓，或曰周人也。信州刺史李某爲之傳，長沙謝楚爲行狀，博陵崔行儉爲性守一篇。凡以文辭道和尚功德者，不可悉數。宏農公自餘杭命以行狀來，懷遠師自長沙以傳來使余爲碑。既書其辭，故又假其陰以記。」

是歲，柳州復大雲寺，子厚爲之記曰：「越人信祥而易殺，傲化而偭仁。病且憂，則聚巫師用鷄卜。始則殺小牲，不可則殺中牲，又不可則殺大牲，而又不可則訣親戚飾死事，曰：『神不可置我矣②！』因不食，蔽面死。以故户易耗，田易荒，而蓄字不孳。董之禮則頑，束之刑則逃，唯浮圖事神而語大可，因而入焉，有以佐教化。柳州始以邦命置四寺，其三在水北，而大雲寺在水南。水北環治城六百室，水南三百室。俄而水南火，大雲寺焚而不復且百年，三百室之人失其所依歸，復立神而殺焉。元和十年，刺史柳宗元始至，逐③神於隱遠而取其地，其傍有小僧舍，闢之，廣大逵，達横術，北

① 貨，寬永本作「化」。
② 神不可置我矣，全唐文卷五百八十一柳州復大雲寺記作「神不置我，已矣」。
③ 逐，原作「遂」，據寬永本、全唐文卷五百八十一柳州復大雲寺記改。

屬之江，告於大府，取寺之故名，作大門，以字揭之。立東西序，崇佛廟，爲學者居，會其徒而委之食。使擊磬鼓鐘，以嚴其道而傳其言，而人始復去鬼息殺，而務趣於仁愛。病且憂，其有告焉而順之，庶乎教夷之宜也。凡立屋大小若干楹，凡闢地南北東西若干畝，凡樹木若干本，竹三萬竿，圃百畦，田若干塍。治事僧曰退思，曰令環，曰道堅。後二年十月某日，寺皆復就。」

十三年，禪師元浩卒。浩弘台教，翰林梁肅嘗請撰涅槃經疏，浩許之。是夕感異夢，喜以爲瑞應，即下筆自述所證。其略曰：「予聞先覺云，大寶流輝之不變曰常，在宥布和之盛典曰教，率土知化之歸宗曰行，交感人心之至極曰證。然則以道行御其時，以法性合其運，當應物之際，與顯晦同其光。恢揚至化，自他昭著者，實播厥鴻名；欽恭文思，協和至極，四德克彰者，實存乎妙體；格變群家，歷觀諸行，至典克修，庶績有成者，實賴乎本宗；信以授人，大明宗極，厥旨厥幾，有補於將來者，實存乎妙用；綜博群玄，以立誠訓，風行十方，率用歸順者，實存乎妙教矣。」議者以浩疏比王輔嗣易，而與清涼華嚴疏抗衡焉。

論曰：唐劉軻紀黄石巖僧，權相國記草衣師，皆稱之若不及。以予考之，蓋貧釋子所當然也。託以二公之文，遂爲不朽。至若重巽之弘教、景雲之秉律、靈澈①之才章、無姓之卓行、元浩之製作，皆吾宗一代之偉人，而僧傳殘闕，不足光明於世，故備諸賢之文著之，以期後來之希驥

① 澈，原作「徹」，據寬永本改。

者云。

十四年正月丁亥，詔迎鳳翔法門寺佛骨入於京師。帝御安福門迎拜，留禁中供養三日，乃送諸寺。王公士庶奔走膜拜，具釋部威儀及太常長安萬年音樂，旌幢鼓吹，騰沓係路。刑部侍郎韓愈上表曰：「佛者，夷狄之一法耳。自後漢時流入中國，上古未嘗有也。昔黃帝在位百年，年百一十歲。少昊在位八十年，年一百歲。顓頊①在位七十九年，年九十八歲。帝嚳在位七十年，年一百五歲。帝堯在位九十八年，年一百一十八歲。帝舜及禹年皆百歲。此時天下太平，百姓安樂壽考，然而中國未有佛也。其後湯亦百歲，湯孫大戊在位七十五年，武丁在位五十九年，書史不言其壽，推其年數，蓋不減百歲。周文王年九十七歲，武王年九十三歲，穆王在位百年，此時佛法亦未至中國，非因事佛而致然也。漢明帝時始有佛法，明帝在位才十八年，其後亂亡相繼，運祚不長。宋、齊、梁、陳、元魏已下，事佛漸謹，年代尤促，惟梁武在位四十八年，前後三捨身事佛，宗廟之祭不用牲牢，晝日一食止於菜菓，後爲侯景所逼，餓死臺城，國亦尋滅，事佛求福，反更得禍。由此觀之，佛不足信亦可知矣。高祖始受隋禪，則議除之，當時群臣識見不遠，不能深知先王之道、古今之宜，推闡聖明以救其弊，其事遂止，臣常恨焉。伏惟睿聖文武皇帝陛下神聖英武，數百千年已來，未有倫比，即位之初，不許度人爲僧尼道士，不許別立寺觀。臣當時以爲高祖之志必行於陛下，今縱未能即行，豈可縱之令盛也？今陛

① 項，原作「現」，據寬永本、歷代通載卷十五詔迎佛骨韓愈排佛表改。

下令群僧迎佛骨於鳳翔，御樓以觀，舁入大内，又令諸寺迭加供養。臣雖至愚，必知陛下不惑於佛，作此崇奉而祈福祥也。直以豐年人樂，徇人之心，爲京都士庶設詭異之觀、戲玩之具耳，安有聖明若此而肯信此等事哉！然百姓愚冥，易惑難曉，苟見陛下如此，將謂真心信佛，皆云：『天子大聖，尚一心信向；百姓微賤，於佛豈合更惜身命？』①以至灼②頂燔③指，十百爲群，解衣散錢，自朝至莫，更相放効，唯恐後時，老幼奔波，棄其生業。若不即加禁遏，更歷諸寺，必有斷臂臠身以爲供養者，傷風敗俗，傳笑④四方，非細事也。佛本夷狄之人，與中國語言不通，衣服殊制，口不道先王之法言，身不服先王之法服，不知君臣之義、父子之情，假如其身尚在，奉其國命來朝京師，陛下容而接⑤之，不過宣政一見，禮賓一設，賜衣一襲，衛而出之於境，不令惑於衆也。况其身死已久，枯朽之骨，凶穢之餘，豈宜以入宫禁？孔子曰：『敬鬼神而遠之。』古之諸侯吊於其國，必令巫祝先以桃茢祓除不祥，然後進吊。今無故取朽穢之物，親臨觀之，巫祝不先，桃茢不用，群臣不言其非，御史不舉其失，臣實耻之。乞以此骨付之水火，永絶根本，斷天下之疑，絶後代之惑，使天下之人知大聖人之所作爲出於尋常萬萬也。佛如有靈，能作禍咎，凡有殃咎，宜加臣身，上天鑑臨，臣不怨悔。」表入，帝大

① 此句全唐文卷五百四十八論佛骨表作：「天子大聖，猶一心敬信；百姓何人，豈合更惜身命？」
② 灼，全唐文卷五百四十八論佛骨表作「焚」。
③ 燔，全唐文卷五百四十八論佛骨表作「燒」。
④ 笑，原作「笈」，據寬永本、全唐文卷五百四十八論佛骨表改。
⑤ 接，寬永本作「按」。

怒，持以示宰相，將抵以死。裴度、崔群曰：「愈言訐牾，罪之誠宜。然非内懷至忠，安能及此？願少寬假，以來諫諍。」帝曰：「愈言我奉佛太過猶可容，至謂東漢奉佛已後，天子咸夭促，言何乖刺耶！愈人臣狂妄，敢爾於是！」戚里諸王舊臣皆爲愈哀請，逐貶潮州刺史。

隆興佛教編年通論卷第二十三

隆興府石室沙門　祖琇　撰

唐

元和十四年，潮州刺史韓愈到郡之初，以表哀謝，勸帝東封太山，久而無報。因祀神海上，登靈山，遇禪師大顛而問愈曰：「子之來官於南，聞以其言之直也。今子之貌鬱然，似有不懌。何也？」對曰：「愈之用於朝而享禄厚矣，一旦以忠言不用，奪刑部侍郎，竄逐八千里之海上，播越嶺海，喪吾女孥。及至潮陽，颶風鱷魚，患禍不測，毒霧瘴氛，日夕發作。愈少多病，髮白齒豁，今復憂煎，黜於無人之地，其生詎可保乎！愈之來也，道出廣陵，廟而禱之，幸蒙其力而卒以無恙。以主上有中興之功，已奏章道之。使定樂章，告神明，東巡太山，奏功皇天。儻其有意於此，則庶幾召愈述作功德歌詩，而薦之郊廟焉。愈早夜待之而未至，冀萬一於速歸，愈安能有懌乎！」大顛曰：「子直言於朝也，忠於君而不顧其身耶？抑尚顧其身而强言之以徇名耶？忠於君而不顧其身，言用則爲君之榮；言不用而已有放逐，是其職耳。何介介於胸中哉！若尚顧其身而强言也，則言用而獲忠直之名，享報言之利；不用而逐，亦事之必至也，苟患乎逐，則蓋勿言而已。且吾聞之，爲人臣者不擇地而安，不量勢而行，今子遇逐而不懌，趨時而求徇，殆非人臣之善也。且子之死生禍福，豈不懸諸天乎？子姑自内修而外任命可也，彼廣陵其能福汝耶。主上今繼天寶之後，姦臣負國而討之不暇，粮餽雲合，殺人盈野，僅能克平①，而瘡痍未瘳。方此之際，而子又欲封禪告功以騷動天下，而屬意在乎己之欲歸，子奚忍於是耶？且夫以窮自亂而祭其鬼，是不知命也；動天下而不顧以便己，是不知仁也；强言以於忠，遇困而抑鬱，是不知義也；以亂爲治而告皇天，是不知禮也。而子何以爲之？且子之遭黜也，其所言者何事乎？」愈曰：「主上迎佛骨於鳳翔，而復舁入大内。愈以爲佛者，夷狄之一法耳，自後漢時流入中國，上古未嘗有也。昔者黄帝、堯、舜、禹、湯、文、武之際，天下無佛，是以年祚永久。晉、宋、梁、魏事佛彌謹，而世莫不夭且亂。愈恐主上之惑於此，是以不顧其身而斥之。」大顛曰：「若是，則子之言謬矣！且佛也者，覆天人之大器也，其道則妙萬物而爲言，其言則盡幽明性命之理，其教則捨惡而趨善、去僞而歸真，其視天下猶父之於子也，而子毁之，是猶子而刃父也。蓋吾聞之善觀人者，觀其道之所存，而不較其所居之地。桀②紂之君、跖蹻之臣皆中國人也，然不可法者，以其無道也。舜生於東夷，文王於西夷，由余生於戎，季札出於蠻，彼二聖二賢者，豈可謂之夷狄而不法乎？今子不觀佛之道，而徒以爲夷狄，何言之陋也？子必以爲上古未有佛而不法耶，則孔子、孟軻生於衰周，而蚩尤、瞽叟生於上古矣，豈可捨衰周之聖賢，而法上古之凶頑哉！子以五帝三王之代爲未有佛而長壽也，則外丙二年、仲壬四年何其夭耶？以漢、陳之間而人主夭且亂也，則漢明爲一代之英主，梁武壽至八十有六，豈必皆夭且亂耶？」愈攘袂厲色而言曰：「爾之所謂佛者，

① 平，寬永本作「乎」。
② 桀，原作「桀」，據寬永本改。

口不道先王之法言，而妄倡①乎輪回生死之説；身不踐仁義忠信之行，而詐造乎報應禍福之故。無君臣之義，無父子之親。使其徒不耕而食，不蚕而衣，以殘賊先王之道，愈安得默而不斥之乎！」大顛曰：「甚矣，子之不達也！有人於此，終日數十而不知二五，則人必以爲狂矣。子之終日言仁義忠信而不知佛之言常樂我淨，誠無以異也，得非數十而不知二五乎？且子計常誦佛書矣，其疑與先王異者，可道之乎？」愈曰：「何暇讀彼之書。」大顛曰：「子未嘗讀彼之書，則安知不談先王之法言耶？且子無乃自以嘗讀孔子之書而遂疑彼之非乎？抑聞人以爲非而遂非之乎？苟自以嘗讀孔子之書而遂疑彼之非，是舜犬也；聞人以爲非而遂非之，是妾婦也。昔者舜館畜犬焉，犬之旦莫所見者唯舜，一日堯過而吠之，非愛舜而惡堯也，以所常見者唯舜而未嘗見堯也。今子常以孔子爲學而未嘗讀佛之書，遂從而恡之，是舜犬之説也。吾聞之女子嫁也，母送之，曰：『往之汝家，必敬必戒，無違夫子。』然則從人者，妾婦之事，安可從人之非而不考其所以非之者乎！夫輪迴生死非妄造也，此天地之至數，幽明之妙理也。以物理觀之，則凡有形於天地之間者，未嘗不往復生死相與循環也。草木之根荄著於地，因陽之煦而生，則爲枝爲葉爲華爲實。氣之散，則萎然而槁矣。及陽之復煦，又生焉。性識，根荄也；枝葉華實者，人之體也。則其往復，又何恡焉？孔子曰：『原始要終，故知死生之説。』夫終則復始，天行也，况於人而不死而復生乎？莊周曰：『萬物出於機，入於機。』賈誼曰：『化爲異類兮②，又何足患？』此皆輪迴之説，不俟於佛而明也，焉得謂之妄乎！且子以禍福報應爲

① 倡，原作「偈」，據寬永本改。

② 兮，原作「號」，據寬永本、歷代通載卷十五韓潮州遇大顛辨論改。

佛之詐造，此尤足以見子之非也。夫積善積惡，隨作隨應，其主張皆氣焰熏蒸，神理自然之應耳。易曰：『積善之家，必有餘慶；積不善之家，必有餘殃。』又曰：『鬼神害盈而福謙。』曾子曰：『戒之戒之，出乎爾者反乎爾者也！』此報應之説也。唯佛能隱惻乎天下之禍福，是以彰明較著，言其必至之理，使不自陷乎此耳，豈詐造哉！」又言：「佛無君臣之義、父子之親，此固非子之所及也。事固有在方之内者，有在方之外者。方之内者，衆人所共守之；方之外者，非天下之至神莫之能及也。故聖人之爲言也，有與衆人共守而言之者，有盡天下之至神而言之者，彼各有所當也。孔子之言道也，極之則『無思無爲，寂然不動，感而遂通』，此非衆人所共守之言也。衆人而不思不爲，則天下之理幾乎息矣，此不可不察也。佛之與人子言必依於孝，與人臣言必依於忠，此衆人所共守之言也。及言其之至，則有至於無心非唯無心也，則有至於無我非唯無我也，則又至於無生無①生矣。則陰陽之序不能亂，而天地之數不能役也。則其於君臣父子固有在矣，此豈可爲單見淺聞者道哉！子又疑佛之徒不耕不蠶之衣食，且儒者亦不耕不蠶，何也？」愈曰：「儒者之道，其君用之，則安富尊榮；其子弟從之，則孝悌忠信。是②以不耕不蠶而不爲素飡也。」大顛曰：「然則佛之徒亦有所益於人故也，今子徒見末世未有如佛者蚕食於人，而獨不思今之未能如孔孟者亦蚕食於人乎？今吾告汝以佛之理，蓋無方者也，無體者也，妙之又妙者也，其比則天也。有人於此終日譽天而天不加榮，終日詬天而天不加損，然則譽之詬之者皆過也。夫自漢至於今，歷年如此，其久也；天下事物變革如此，其多也；君臣士

① 無，歷代通載卷十五韓潮州遇大顛辨論作「非」。
② 是，寬永本作「不」。

民如此，其衆也；天地神明如此，其不可誣也。而佛之説乃行於中，無敢議而去之者，此必有以蔽天地而不耻，闢百聖而不慚，妙理存乎其間，然後至此也，子盍深思之乎？」愈曰：「吾非訾佛以立異，蓋吾所謂道者，博愛之謂仁，行而宜之之謂義，由是而之焉之謂道，足乎己無待於外之謂德。仁與義爲定名，道與德爲虚位，此孔子之道而皆不同也。」大顛曰：「子之不知佛者，爲其不知孔子也。使子而知孔子，則佛之義亦明矣。子之所謂仁與義爲定名，道與德爲虚位者，皆孔子之所棄也。」愈曰：「何謂也？」大顛曰：「孔子不云『志於道，據於德，依於仁，游於藝』？蓋道也者，百行之首也，仁不足以名之。周公之語六德曰『知、仁、信、義、中、和』，蓋德也者仁義之原，而仁義也者德之一偏也，豈以道德而爲虚位哉！子貢以博施濟衆爲仁，孔子變色曰：『何事於仁，必也聖乎！』是仁不足以爲聖也，烏知孔子之所謂哉？今吾教汝以學者必先考乎道之遠者焉，道之遠，則吾之志不能測者矣，則必親夫人之賢於我者之所向而從之。彼之人賢於我者，以此爲是矣，而我反見其非，則是我必有所未盡知者也。是故深思彼之所是而力求之，則庶幾乎有所發也。今子自恃通四海異方之學，而文章磅礴孰如姚秦之羅什乎？子之知來藏往，孰如晉之佛圖澄乎？子之盡萬物不動其心，孰如梁之寶誌乎？」愈默然良久曰：「不如也。」大顛曰：「子之才既不如彼矣，彼之所從事者而子反以爲非，然則豈有高才而不知子之所知者耶？今子屑屑於形器之内，奔走乎聲色利欲之間，少不如志則憤鬱悲躁，若將不容其生，何以異於蚊虻争穢壞於積藁之間哉！」於是愈瞠目而不收，氣喪而不揚，反求其所答，忙然有若自失，逡巡謂大顛曰：「言盡於此乎？」大顛曰：「吾之所以告子者，蓋就子之所能而爲之言，非至乎至者也。」曰：「愈也不肖，欲幸聞其至者可乎？」大顛曰：「去爾欲，誠爾心，寧爾神，盡爾性，窮物之理，極天之命，然後可聞也。爾去，吾不復言矣！」愈趨而出。

秋八月己未，帝與宰臣語次。崔群以殘暑尚煩，目同列將退。帝曰：「數日一見卿等，時雖餘熱，朕不爲勞。」久之，因語及愈有可怜者，而皇甫鎛素薄愈爲人，即奏曰：「愈終疎狂，可且内移。」帝納之，遂授袁州刺史。復造大顛之廬，施衣二襲而請別曰：「愈也將去師矣，幸聞一言，卒以相愈。」大顛曰：「吾聞易信人者，必其守易改；易譽人者，必其謗易發。子聞其言而易信之矣，庸知復聞異端，不復以我爲非哉！」遂不告。愈知其不可聞，乃去。至袁州，尚書孟簡知愈與大顛游，以書抵愈，嘉其改迷信向。愈答書稱：「大顛頗聰明，識道理，實能外形骸以理自勝，不爲事物侵亂，因與之往還也。」近世黄山谷謂，愈見大顛之後，文章理勝而排佛之詞亦少沮云。

論曰：舊史稱退之性愎訐①，當時達官皆薄其爲人。及與李紳同列，紳耻居其下，數上疏訟其短。今新史則以退之排佛老之功比孟子。嘉祐中，有西蜀龍先生者忿其言太過，遂摘退之言行悖戾先儒者條攻之。一曰老氏不可毀，二曰愈讀墨子反孟玷孔，若此類二十篇行於世。及觀外傳，見大顛之説，凡退之平生蹈僞，於此疎脱盡矣。歐陽文忠公甞歎曰：「雖退之復生，不能自解免。」得不謂天下至言哉！而荆國王文公亦曰：「人有樂孟子之拒楊、墨也，而以排佛老爲己功。嗚呼！莊子所謂夏虫者，其斯人之②謂乎。」道，歲也；聖人，時也。執一時而疑歲者，終不聞

① 訐，原作「許」，據寬永本、歷代通載卷十五韓潮州遇大顛辨論改。

② 之，原闕，據寬永本、歷代通載卷十五韓潮州遇大顛辨論補。

道。夫春起於冬而以冬爲終，終天下之道術者，其釋氏乎。不至於是者，皆所謂夏虫也。文公蓋聖朝巨儒，其論退之如此，則外傳之説可不信夫。

大顛禪師者，潮陽人。參南嶽石頭和尚。一日，石頭問：「何者是禪？」師云：「揚眉動目。」石頭云：「除却揚眉動目外，將汝本來面目呈著。」師云：「請和尚除却揚眉動目外鑑。」石頭云：「我除竟。」師云：「將呈和尚了也。」石頭云：「汝既將呈，我心如何？」師云：「不異和尚。」石頭云：「非關汝事。」師云：「本無物。」石頭云：「汝亦無物。」師云：「無物即是真物。」石頭云：「真物不可得。汝心現量如此，大須護持。」師後歸住潮陽靈山，嘗示衆曰：「夫學道人，須識自家本心。多見時輩，只認揚眉動目，一語一默，驀頭印可，以爲心要，此實未了。吾今爲汝分明説出，各須聽取！但除一切妄運想念現量，即真汝心，此心與塵境及守静時全無交涉。即心是佛，不得修治。何故？應機隨照，泠泠自用，窮其用處，了不可得，唤作妙用，乃是本心，大須護持，不可容易。」侍郎韓愈嘗問「如何是道」，師良久，時三平爲侍者，乃擊禪牀。師云：「作什麼？」三平云：「先以定動，後以智拔。」退之喜曰：「愈問道於師，却於侍者得个入處。」遂辭而去。

十四年十月五日，刺史柳宗元卒。宗元字子厚，河東人。少精敏，無不通達，爲文章卓偉精緻，一時輩行推仰，第博學宏詞，累監察御史裏行。善王叔文，叔文得罪，貶永①州司馬。既居閑，益自刻

① 永，原作「求」，據寬永本、~~歷代通載~~卷十五柳州刺史子厚改。

苦。務記覽，爲詞章，泛濫停蓄，爲深博無涯涘，而自肆於山水之間凡十年，起爲柳州刺史。友人劉禹錫者，得播州。宗元曰：「播非人所居。而禹錫親在堂，吾不忍其窮。」即具表，欲以柳州授禹錫，而自往播。會大臣亦爲禹錫請，因改連州。柳人以男女質錢，過時不贖，則没爲奴婢。宗元設方計，悉贖歸之。南方士人走數千里從宗元游，經指授者爲文詞皆有師法。世號柳柳州，卒年四十七。臨終遍與友人書，託以後事。文集三十三卷。韓愈嘗評曰：「雄深雅健，似司马子长，崔、蔡不足多也。」既没，柳人懷之。其神降於州之後堂，因廟於羅池，血食至今存焉。

論曰：子厚以劉禹錫親老，欲以二郡相易，而韓退之頌述其義，遂爲萬世之美談。然事故有跡同而實①異者。先是，狄梁公任并州法曹，同府參軍鄭崇質母老②且病，當使絶域，梁公謂曰：「君可貽親萬里憂乎？」詣長史，請代其行。然則梁公親喪而請代，可也。按唐史，公初赴并州，法曹親在河陽。公登太行山，反顧見白雲孤飛，謂左右曰：「吾親舍其下若此，則梁公親在無疑也。」烏有卹人之親而忘己之親，謂之義乎？如子厚請代禹錫，則親喪已久，況在擯斥燋悴中。十年一旦得佳郡，乃以卹人之親，是不恃節義可稱，蓋子厚深明佛法而務行及物之道，故其臨事施設，有大過人力量也。如此可不美哉！

① 實，原作「寶」，據寬永本改。
② 老，寬永本作「者」。

子厚在朝時，嘗著送文暢上人序曰：「昔之桑門上首，好與賢士大夫游。晉宋以來，有道林、道安、遠法師、休上人，其所與游，則謝安石、王逸少、習鑿齒、謝靈運、鮑昭之徒，皆時之選，由是真乘法印與儒典並用，而人知向方。今有釋文暢者，道源生知，善根宿植，深嗜法語，忘①甘露之味，服道江表蓋三十年。謂王城雄都，宜有大士，遂躡虛而西，驅錫逾紀，秦人蒙利益衆。雲、代之間，有靈山焉，與竺乾鷲嶺角立相望，而往解脱者去來回復，如在步武。則勒求秘實②，作禮大聖，非此地莫可。故又捨筏西土，振塵朔陲，將欲與文殊不二之會，脱去穢累，超詣覺路，吾徒不得而留也。天官顧公、夏官韓公、廷尉鄭公、吏部郎中楊公，有安石之德、逸少之高、鑿齒之才，皆厚於上人而襲其道風，佇立瞻望，懼往而不返也。吾輩常希靈運、明遠之文雅，故詩而序之，又從而諭之，曰：今燕、魏、趙、代之間，天子分命重臣，典司方嶽，辟用文儒之士，以緣飾政令，服勤聖人之教、尊禮浮圖之事者，比比有焉。上人之往也，將統合儒釋，宣滌疑滯，然後蔑衣裓之贈，委財施之會不顧矣！其來也，盍亦徵其歌詩，以焜耀迴躅。偉長、德璉之述作，豈擅重千祀哉！庶欲竊觀風之職而知鄭志耳。」

永州送琛上人南游序曰：「佛之跡，去乎世久矣。其留而存者，佛之言也。言之著者爲經，翼而成之者爲論。其流而來者，百不能一焉，然而其道則備矣。法之至莫尚乎般若，經之大莫極乎涅槃，世之上士，將欲由是以入者，非取乎經論，則悖矣。而今之言禪者，有流盪舛誤，迭相師用，妄取空

① 忘，原作「志」，據寬永本改。

② 卍新續藏本原註：「實，或作『寶』。」

語而脱略方便，顛倒真實以陷乎己而又陷乎人。又有言體而有及用者，不知二者之不可斯須離也，離之外矣，是世之所大患也。吾琛則不然，觀經得般若之義，讀論悦三觀之理，晝夜服習而身行之，有來求者則爲講説。從而化者，皆知佛之爲大，法之爲廣，菩薩大士之爲雄，修而行者之爲空，蕩而無者之爲礙夫。然則與夫增上慢者異矣，異乎是而免斯名者，吾無有也。將以廣其道而被於遠，故好游，自京師而來，又南出乎桂林，未知其極也。吾病世之傲逸者，嗜乎彼而不取此，故爲言之。」

送元暠師序曰：「中山刘禹锡，明信人也，不知人之實未嘗言，言未嘗不讎。元暠師居武陵有年數矣，與劉游久且昵，持其詩與引而來。余視之，申申其言，勤勤其思，其爲知而言也，信矣！余觀近世之爲釋者，或不知其道，則去孝以爲達，遺①情以貴虚。今元暠衣粗而食菲，病心而墨貌，以其先人葬未返其土，無族屬以移其哀行，求仁者以冀終，其心勤而爲逸，遠而爲近，斯蓋釋之知道者歟。釋之書有大報恩七②篇，咸言由孝而極其業。世之蕩誕慢訑者，雖爲其道，而好違其書，於元暠師吾，見其不違且與儒合也。元暠，陶氏子，其上爲通侯，爲高士，爲儒。先資其儒，故不敢忘孝；跡其高，故爲釋；承其侯，故能與達者游。其來而從吾也，觀其爲人，益見劉明且信。故又與之言，重序其事。」

子厚又送方及師序曰：「代之游民，學文章不能秀發者，則假浮圖之形以爲高；其學浮圖不能愿懿者，則又託文章之流以爲放。以故爲文章浮圖，率皆縱誕亂雜，世亦寬而不誅。今有方及師者獨不然，處其伍，介然不踰節；交於物，冲然不苟狎。遇達士述作，手輒繕録，復習而不懈，行其法，不以自

① 卍新續藏本原註：「遺，疑『遣』。」
② 卍新續藏本原註：「七，一作『十』。」全唐文卷五百七十九送元暠師序作「十」。

息。至於踐青折萌，汎席灌手，雖小教戒，未甞肆其心，是固異乎假託爲者也。薛①道州、劉連州，文儒之擇也，錧焉而備其敬，歌焉而致其辭，夫豈貸而濫歟？余用是得不繫其説，以告於他好事者。」

又送玄舉上人歸幽泉寺序曰：「佛之道，大而多容。凡有志乎物外而耻制於世者，則思入焉。故有貌而不心，名而異行，剛狷以離偶，紆舒以縱獨，其狀類不一，而皆童髮毁服以遊於世，其孰能知之！今所謂玄舉者，其視瞻容體，未必盡思跡佛，而持詩句以來求余，夫豈耻制於世而有志乎物外者耶？夫道獨而跡狎則怨，志遠而形羈則泥。幽泉山，山之幽也。閑其志而由其道，以遯而樂，足以去二患，捨是又何爲耶？既曰爲予來，故於其去不可以不告也。」

論曰：子厚贈諸僧之序，篇篇無非以佛祖之心爲心，故其於文暢稱古高僧心交游公卿名士，於琛序嫉逃禪趣寂而脱略方便，於暠序推原吾道本乎孝而與儒合，於方及讖業文而昧己，於玄舉誡竊服而苟安，是皆深救時弊，有補於宗教。凡吾人當代主法，亦未必深思偉慮宏範真風委曲如此。嗚呼！古今搢紳作者以翰墨外護法門，如子厚之通亮典則，誠未之有也。

十五年正月，帝服金丹燥悶，内竪畏誅而深宫秘邃，故有不測之禍。資治通鑑曰，憲宗聰明果决，得於天性，選任忠良，延納善謀。師老財屈，異論輻輳，而不爲之疑；盗發都邑，屠害元戎，而不爲

① 薛，原作「薜」，據寬永本、全唐文卷五百七十九送方及師序改。

之懼。卒能取靈夏、清劍南、誅浙①西、俘澤路、平淮南、復齊魯，於是天下深根固蔕之盜，皆狼顧鼠拱，納質効地，稽顙入朝。百年之憂，一旦廓然矣！然怠於防微，變生肘腋。悲夫！

長慶二年，白居易由中書舍人出爲杭州刺史，聞鳥窠和尚道德，枉駕見之。時鳥窠因長松槃屈如蓋，遂棲止其上。居易問曰：「禪師住處甚危險。」師曰：「太守危險尤甚。」曰：「弟子位鎮江山，何險之有？」師曰：「薪火相交，識浪不停，得非險乎？」又問：「如何是佛法大意？」師曰：「諸惡莫作，衆善奉行。」居易曰：「三歲孩兒也解恁麼道。」師曰：「三歲孩兒雖説得，八十老②翁行不得。」居易欽歎而去，自是數從之聞道。

是歲，穆宗遣左街僧録靈阜賫詔，起汾陽無業禪師赴闕。阜至，宣詔畢，稽首無業足下白曰：「主上此度恩旨不同，願師起赴，無以他詞固避也。」業笑曰：「貧道何德，累煩人主。汝可先行，吾即往矣。」遂沐浴淨髮。至中夕，告門人惠愔等曰：「汝曹見聞覺知之性，與太虚同壽，不生不滅。一切境界，本自空寂，無一法可得。迷者爲不了故，即被境惑。一爲境惑，流轉不窮。汝等當知心性本自有之，非因造作，猶如金剛不可破壞。一切諸法，如影如響，無有實者。故經云：『唯有一事實，餘二即非真。常了一切空，無一法當情。』是諸佛用心處，汝等勤而行之！」言訖，端坐而逝。阜回奏其事，帝欽歎久之。嘗有僧問：「十二分教流於此土，得道果者非止一二，云何祖師西來，别唱玄宗，直指人心，見性成佛？只如上代高僧，並淹貫九流、洞明三藏，如生、肇、融、叡等，豈得不知佛法

① 浙，原作「淛」，據寬永本、稽古録卷十五改。
② 老，寬永本、歷代通載卷十五鳥窠禪師、釋氏通鑑卷十鳥窠作「翁」。

耶？」師曰：「諸佛不曾出世，亦無一法與人，但隨病施方，遂有十二分教。如將密果換苦葫①蘆，淘汝諸人業根，都無實事，神通變化及百千三昧門，化彼天魔外道，福智二嚴，爲破執有滯空之見，若不會道及祖師意，論什麽生、肇、融、叡！如今天下解禪解道如河沙數，説佛説心有百千億，纖塵不去，未免輪回，思念不忘，盡從沉墜。如斯之類，尚不識業果，妄謂上流，並他先德，但言觸目無非佛事，舉足皆是道場。原其所習，不如一箇五戒十善凡夫，觀其發言，嫌他二乘十地菩薩。且醍醐上味，爲世珍奇，遇斯等人，飜成毒藥。南山尚不許呼爲大乘，學語之流爭鋒唇吻之間，皷論不根之事，並他先德誠實苦哉。只如野逸高人，猶解枕流漱石，棄其榮禄，亦有安國理民之謀，徵而不起，況我禪宗途路。且別看他古德道人得意之後，茅茨石室向折脚鐺子裏煮飯喫過三十二十年，名利不干懷，財寶不系念，大忘人世，隱跡巖叢，君王命而不來，諸侯請而不赴，豈同時輩，貪名愛利，汩没世途，如短販人，有少希求而忘大果？十地諸聖，玄通佛理，豈不如一箇博地凡夫？實無此理！他説法如雲如雨，猶被佛呵見性如隔羅縠，只爲情存聖量，見在因果，未能逾越聖情，過諸影跡。先賢古德，碩學高人，博達古今，洞明教綱，蓋爲識學詮文，水乳難辨，不明自理，念静求真。嗟乎！得人身者如爪甲上土，失人身者如大地土，良可傷惜。設悟理之者，有一知半解，不知是悟中之則、入理之門，便謂永脱世累，輕忽上流，致使心漏不盡，理地不明，空到老死無成，虚延歲月。且聰明不能敵生死，乾慧未免輪回共，兄弟論實不論虚，只這口食身衣盡是欺賢罔聖求得，將來他心慧眼觀之，

① 葫，原作「萌」，據寬永本改。

如飲膿血相似，總須償他始得。阿那箇是有道果，自然感得他信施來。學般若菩薩，不得自謾，如氷凌上行、劍刃上走，臨終之時，一毫凡聖情量不盡，纖塵思念不忘，隨念受生，輕重五陰，向驢胎馬腹裹託質，泥犂鑊湯裹煑煠一遍了。從前記持、憶想、見解、智慧，都盧一時失却，依前再爲螻蟻，從頭又作蚊虻。雖是善因而招惡果，且圖箇什麼？兄弟只爲貪欲成性，二十五有向脚跟下繫著，無成辨之期。祖師觀此土衆生有大乘根性，惟傳心印，指示迷情，得之者即不揀凡之與聖、愚之與智。且多虛不如少實，大丈夫兒如今直下休去歇去，頓息萬緣，越生死流，迥出常格，靈光獨照，物累不拘，巍巍堂堂，三界獨步。何必身長丈六，紫磨金輝，項佩圓光，廣長舌相？以色見我，是行邪道。設有眷屬莊嚴，不求自得，山河大地，不礙眼光，得大總持一聞千悟，都不希求一飡之直。汝等諸人儻不如是，祖師來至此土非常，有損有益。有益者千萬人中撈漉一箇半箇堪爲法器，有損者如前已明。從他依三乘教法修行，不妨却得四果三賢進修之分。所以先德云：『了即業障本來空，未了應須償宿債。』」師憲宗、穆宗兩朝，凡三詔不赴。既没，賜謚大達禪師。

論曰：虎溪遠公不見晋安帝，汾陽無業以死違穆宗之命，世雷同以爲美談。然彼二師豈固守一往者耶！其志必謂出見明君有補於教，尚何歉哉，不俟駕行矣。如不足有爲，徒以名聲相求，宜乎高尚其事。示現出入死生、超然無礙之跡，以啟人君深遠之信，此當代主法者職也。後世不知此不能廣大其德業，存去就之分，以佐佑大教。徒模胡以抗制，堅卧爲高，噫，是烏足以大吾宗而語虎溪、汾陽哉！

隆興佛教編年通論卷第二十四

隆興府石室沙門　祖琇　撰

唐

長慶四年，杭州永福寺刊石壁法華經成，相國元稹爲之記。其辭曰：「按沙門釋慧皎自狀其事云，永福寺一名孤山寺，在杭州錢塘湖心孤山上。石壁法華經在寺之中，始以元和十二年嚴休復爲刺史時慧皎萌厥心，卒以長慶四年白居易爲刺史時成厥事。上下其石六赤①有五寸，長短其石五十七赤有六寸。座周於下，蓋周於石，砌周於堂。凡買工鑿經六萬九千有二百五十錢。十經之數既畢，又立石爲二碑。其一碑凡輸錢於經者，由十而上，皆得名於碑。其輸錢之貴者，有若杭州刺史嚴休復、中書舍人杭州刺史白居易、刑部郎中湖州刺史崔玄亮、刑部郎中睦州刺史韋文悟、處州刺史韋行立、杭州刺史張韋②、御史中丞蘇州刺史李又、御史大夫越州刺史元稹、右司郎中處州刺史陳岵。九刺史之外，搢紳之由杭者若宣慰使庫部郎中知制誥賈餗以降，鮮不附於經石之列。必以輸錢先後爲次第，不以貴賤老幼多少爲後先。其一碑，僧之徒思得聲名人，文其事以自廣。予以長慶二年相先帝，無狀譴於同州，

① 卍新續藏本原註：「赤，疑『尺』，下同。」歷代通載卷十五杭永福石壁經記作「尺」，下同。

② 韋，歷代通載卷十五杭永福石壁經記、全唐文卷六百五十四永福寺石壁法華經記作「聿」。

明年徙於會稽。路出於杭，杭民兢相觀覩。白恠問之，皆云非觀宰相，蓋欲觀曩所聞之元白耳。由是僧之徒悞以予爲名聲人，相與日夜攻刺史，白乞予文。子①觀僧之徒所以經於石、文於碑，蓋欲爲不朽，且欲自大其本術。今夫碑既文，經既石，而又九諸侯相率貢錢於所事，由近而言之，亦可謂來異宗而成不朽矣；由遠而言，即不知幾萬歲而外天與地相軋，陰與陽相蕩，火與風相射，名與形相滅，則四海九州皆空中一微塵耳，又安知其朽不朽哉！然而羊叔子識枯樹中舊環，張僧繇世爲畫師，歷陽之氣至今爲城郭。狗一叱②而異世卒不可化，鍛之子③學數息則易成，此又性與物相游而終不能兩相忘矣。又安知夫六萬九千之文刻石永永因衆姓合成，獨不能爲千萬劫含藏之不朽耶？由是思之，則僧之徒得計矣。至於佛書之奧妙，僧當爲余言。余不當爲僧言。况斯文止紀於刻石。故不及講貫其義云。」

是歲，中書令王智興請於泗州置僧尼方等戒壇，於誕聖月度僧。制可。

既而浙西觀察使李德裕奏曰：「智興爲戒壇泗州，募願度者每名輸錢二千則不復勘詰，普加剃落。自淮而右，户三男則一男剔髮，規免傜役，所度無筭。臣閲渡江日數百人，蘇常齊民十固八九，儻不禁遏，前至誕月，江淮失丁男數十萬，不爲細事也。」帝不納。先是，憲宗屢有敕，不許天下私度民爲僧尼道士。至是智興冒禁陳請，於是細民淆混，奔趨剃落，智興因致貲數十萬緡，大爲清論鄙之。

時福州古靈神贊禪師初參百丈，却回本寺。受業師嘗在窗下看經，蜂子投窻求出，贊見之曰：

① 卍新續藏本原註：「子，疑『予』。」歷代通載卷十五杭永福石壁經記作「予」。
② 狗一叱，唐文粹卷七十六孤山永福寺石壁法華經記作「苟一吐」。
③ 子，寛永本、歷代通載卷十五杭永福石壁經記作「予」，唐文粹卷七十六孤山永福寺石壁法華經記作「中」。

「世界如許廣闊不肯出，鑽它故帋驢年去。」其師因置經問曰：「汝行脚遇何人而發言如此？」贊曰：「昨蒙百丈和尚指箇歇處。」其師於是集衆，請陞堂説法。贊舉百丈門風曰：「靈光獨耀，迥脱根塵。體現真常，不拘文字。心性無染，本自圓成。但離妄緣，即如如佛。」其師於言下有省。

大和二年十月，江西觀察使沈傳師奏皇帝，誕月請於洪州起方等戒壇，度僧資福。制答曰：「不度僧尼，累有敕命。傳師忝爲方面，違禁申請，宜罰俸料一月。」

論曰：唐太宗即位首議頻赦乃忠良之害，予謂國家横恩普度亦非法門之利也。昔元魏末泛度僧尼至數百萬，卒有周武之禍。敬宗時王智興規利度僧，亦致會昌之阨。唯太宗、玄宗、憲宗三世絶不許私度僧尼，彼於吾道，豈有靳惜而不盡顯揚哉？蓋患乎泛濫猥𦾔①苟安衣食者，徒玷明德而無補於教也。故貞觀、開元間高僧爲帝師友者比比有之，豈非法門尊貴不冗不濫而致然歟！諺曰「物稀則貴」，第使後來有繼，則雖寡而無害也。

是歲，澧州藥山禪師惟儼卒，大儒唐伸爲之碑曰：「上嗣位明年，澧陽郡藥山釋氏大師以十二月六日終於修心之所。後八年，門人狀先師之行西來京師，告於崇敬寺大德，求所以發揮先師之耿②光，垂於不朽。崇敬大德於余爲從母兄也，嘗參徑山，得其心要。自興善寬敬示寂之後，四方從道之人質

① 𦾔，寬永本作「𦾔」，疑爲「孽」。
② 耿，原作「耽」，據寬永本、全唐文卷五百三十六澧州藥山故惟儼大師碑銘、歷代通載卷十六陝藥山惟儼禪師碑改。

疑傳妙，罔不詣崇敬者。嘗謂伸曰：『吾道之明於藥山，猶爾教之闡於洙泗，智炬雖滅，法雷猶響。豈可使明德不照、至行堙没哉！』惟大師生南康信豐，百①爲童時，未嘗處群兒戲弄中，往往獨坐如思如念。年十七，即南度大庾，抵潮之西山，得慧照禪師，乃落髮服緇，執禮以事。大曆中，受具於衡嶽希琛律師，釋禮矩儀，動如夙習。一朝乃言曰：『大丈夫當離法自静，焉能屑屑事細行於衣巾②耶。』是時南嶽有遷，江西有寂，中嶽有洪，皆悟心契。乃知大圭之質豈俟磨礱，照乘之珍難晦符彩。自是寂以大乘法聞四方學徒，至於指心傳要，衆所不能達者，師必默識懸解不違如愚，居寂之室垂二十年。寂曰：『汝之所得可謂浹於心術，布於四體，欲益而無所益，欲知而無所知，渾然天和，合於本無，吾無有以教矣。佛以開示群盲爲大功，度滅衆惡爲大德，爾當以功德普濟群迷，宜作梯航，無久滯此。』由是陟羅浮，涉清凉，歷三峽，游九江。貞元初，因憩藥山，喟然嘆曰：『吾生寄世若萍蓬耳，又何效其飄轉耶。』既披蓁結庵，才庇趺③座。鄉人知者，因賫携飲饌奔走而往。師曰：『吾無德於人，何以勞人乎哉！』並謝而不受。鄉人跪曰：『願聞日費之具。』曰：『米一升足矣。』自是常以山蔬數本佐食，一食訖，就座轉法華、華嚴、涅槃，晝夜若一，終始如是④，殆三十年矣。游方求益之徒知教之在此，後數歲而僧徒葺居，禪室接棟鱗差，其衆不可勝數，至於沃煩正覆導源成流，有以見

① 卍新續藏本原註：「百，疑『而』。」歷代通載卷十六陝藥山惟儼禪師碑作「自」。
② 巾，原作「中」，據寛永本、全唐文卷五百三十六澧州藥山故惟儼大師碑銘、歷代通載卷十六陝藥山惟儼禪師碑改。
③ 趺，寛永本作「踈」。
④ 寛永本「是」後有「者」字。

寂公先知之明矣。忽一旦，謂其徒曰：『乘郵而行，及莫①而息，未有久行而不息者。吾至所詣矣，吾將有息矣。靈源自清，混之者相，能滅諸相，是無有色，窮本絶外，汝其悉之！』語畢，隱几而化，春秋八十四，僧臘六十夏。入室弟子冲虚等遷座建塔於禪居之東，遵本教也。始師嘗以大練布爲衣，以竹器爲蹻，自薙其髮，自具其食。雖門人數百，童侍甚廣，未嘗易其力；珍羞百品，鮮果駢羅，未嘗易其食；冬裘重燠，夏服輕疎，未嘗易其衣；華室靖深，香榻嚴潔，未嘗易其處；麋鹿環繞，猛獸伏前，未嘗易其觀；貴賤迭來，頂謁床下，未嘗易其禮。非夫罄萬有，契真空，離攀緣之病，本性清淨乎物表，焉能遺形骸，忘嗜欲，久而如一者耶？其他碩臣重官歸依修禮於師之道，未有及其門閫者，故不列之於篇。銘曰：一物在中，觸境而摇。我示其源，不境不跳。西方聖人，實言其要。其要既得，可言其妙。我源自濟，我真自靈。大包萬有，細出無形。曹溪所傳，徒藏於密。身世俱空，曾何有物。自見曰明，是爲至精。出没在我，誰曰死生。刻之琬琰，立之巖岫。作碑者伸，期於不朽。」

論曰：傳燈與曹洞宗派皆以藥山嗣石頭遷，今碑乃謂得法於大寂馬祖。其説歷三百年，世未有辨其所以然者。要知藥山去世八年而門人相與立碑，烏有門人而不考師所承耶？予謂當以碑爲正。又世稱尚書李翺聞道於藥山，翺嘗著復性書三篇，今載之左方。

① 卍新續藏本原註：「莫，通『暮』。」

復性書

其一曰：

人之所以爲聖人者，性也；人之所以惑其性者，情也。喜、怒、哀、懼、愛、惡、欲七者，情之所爲也。情既昏，性斯匿矣，非性之過也。七者循環而交來，故性不能統也。水之渾也，其流不清；火之煙也，其光不明。非水火清明之過，沙不渾流斯清矣，煙不鬱光斯明矣，情不作性斯統矣。性者，天之命也，聖人得之不惑者也。聖人者豈其無情耶？聖人者寂然不動，不往而到，不言而信，不耀而光，制作參乎天地，變化合於陰陽，雖有情也未嘗有情也。然則百姓者豈其無性耶？百姓之性與聖人之性弗差也，雖然，情之所昏交相攻，未始有窮，故雖終身而不自睹其性焉。火之潛於山石林木之中，非不火也；江河淮濟之未流而泉於山，非不水也。石不敲，木弗磨，則不能燒其山林而燥萬物；泉之源弗疏，則弗能爲江爲河爲淮爲濟，東匯大壑，浩浩湯湯爲弗測之深。情之動弗息，則弗能復其性而燭天地，爲不極之明。是故誠者，聖人之性也。寂然不動，廣大清明，照乎天地，感而遂通天下之故，行止語默，無不處極也。復其性者，賢人循之而不已者也，不已則能歸其源矣。聖人知人之性皆可以循之，其不息而至於聖也，故制禮以節之，作樂以和之。安於仁，樂之本也；動而中，禮之本也。故在車則聞和鸞之聲，行步則聞佩玉之音，無故不廢琴瑟，視言行循禮法而動，所以教人忘嗜欲而歸性命之道也。道者，至誠而不息也。至誠而不息則虛，虛而不息則明，明而不息則明①，明而不息則照天地而無遺。非他也，此盡性命之道也。哀哉！人人可以及於此，莫之止而不爲也，不亦惑耶？昔者聖人以傳於顏子，顏子得之，拳拳不失，不遠而復，其心三月不違仁。子曰：「回也其庶乎，屢空。」其所以未到聖人者，一息耳，非力不能也，短命而死故也。其餘升堂者，蓋皆傳也。一氣之所春，一雨之所膏，而得之者各有淺深，不必均也。曾子之死也，曰：「吾何求焉，吾得正而斃焉，斯已矣！」斯正性命之言也。子思，仲尼之孫，得祖之道，述中庸四十九篇以傳於孟軻。孟軻曰：「我四十不動心。」軻之門人達者公孫丑、萬章之徒，蓋傳之矣。遭秦焚書，中庸之弗焚者，一篇存焉，於是此道廢闕。其教授者唯節文章句，威儀擊劍之術相師焉，性命之源則吾弗能傳矣，道之極於剝也必復，吾豈復之時耶？② 吾自六歲讀書，但爲辭句之學，志於道者四年矣，與人言之，未嘗有是我者也。南觀濤江，入於越，而吳興陸參存焉，與之言，陸參曰：「子之言，尼父之心也。東方有聖人焉，不出乎此也；西方有聖人焉，亦不出乎此也。唯子行之不息而已矣。」嗚呼！性命之書雖存，學者莫能明，是故皆入於莊、列、老、釋。不知者謂夫子之徒不足以窮性命之道，信之者皆是也。有問於我，

---

① 卍新續藏本原註：「『則』等六字疑衍文。」寬永本無「明而不息則明」六字。

② 吾豈復之時耶，原闕，據李文公集卷二復性書上、文苑英華卷三百六十五復性書上篇補。

我以吾之所知傳焉，遂書於書，以開誠明之源，而闕絶廢棄不揚不①道幾可以傳，於是②命曰復性書，以治乎心，以傳乎人。於戲！夫子復生，不廢吾言矣。

其二曰：

或問曰：「人之昏也久矣，將復其性者必有漸也，敢問其方？」曰：「弗慮弗思情則不生，情既不生，乃爲正思。正思者，無思無慮也。易曰『天下何思何慮』，又曰『閑邪存其誠』，詩曰『思無邪』，曰『已矣乎』，曰『未也』，此齋戒其心者也，猶未離於静焉。有静必動，有動必静，動静不息，是乃情也。易曰『吉凶悔吝，生乎動者也』，焉能復其性耶？」曰：「如之何？」曰：「方静之時，知心無思者，是齋戒也；知本無有思，動静皆離，寂然不動，是至誠也。中庸曰『誠則明矣』，易曰『天下之動，貞夫一者也』。」問曰：「不慮不思之時，物格於外，情應於内，如之何而可止也？以情止情，其可乎？」曰：「情者，性之邪也。知其爲邪，本無其心，寂然不已，邪思自息。惟性明照，邪也何所生！如以情止情，是乃大情也。情之相止，其有已乎？易曰『顔氏之子，其殆庶幾乎，其不善未嘗不知，知之未嘗復行也』。易曰『不遠復，無祇悔，元吉』。」問曰：「本無有思，動静皆離，然則静之來也，其不聞乎？物之形也，其不見乎？」曰：「不覩不聞，是非人也。視聽昭昭而不起聞見者，斯可矣。無不知也，無不爲也，其心寂然，光照天地，是誠之明也。大學曰『致知在格物』，易

① 不，李文公集卷二復性書上、文苑英華卷三百六十五復性書上篇、歷代通載卷十六李翱作復性書作「之」。
② 是，李文公集卷二復性書上、文苑英華卷三百六十五復性書上篇作「時」。如此則斷句當爲：「而闕絶廢棄不揚不道幾可以傳於時，命曰復性書。」

曰『無思也，無爲也，寂然不動，感而遂通天下之故，非天下之至神，其孰能與於此』。」曰：「敢問致知在格物何謂也。」曰：「物者，萬物也；格者，來至也。物至之時，其心昭昭然辨焉而不應於物者，是致知也，是知之至也。知至故意誠，意誠故心正，心正故身修，身修故家齊，家齊而國理，國理而天下平，此所以能參天地者也。易曰『與天地相似，故不違；智周乎萬物而道濟天下，故不過；旁行而不流，樂天知命，故不憂；安土敦乎仁，故能愛。範圍天地之化而不過，曲成萬物而不遺，通乎晝夜之道而知，故神無方而易無體』，『一陰一陽之謂道』，此之謂也。」曰：「生爲我說中庸。」曰：「不出乎前矣。」曰：「我未明也。敢問何謂『天命之謂性』？」曰：「人生而靜，天之性也。性者，天之命也。」「『率性之謂道』，何①謂也？」曰：「率，循也。循其源而反其性者，道也。道也者，至誠也。至誠，天之道也。誠者，定也，不動也。」「『循道之謂教』，何謂也？」曰：「教也者，人之道也，擇善而固執之者也。循是道而歸其本者，明也。教也者，則可以教天下矣。顏子其人也。『道也者，不可須臾離也，可離非道也。』說者曰：其心不可須臾動焉故也，動則遠矣，非道矣。變化無方，未始離於不動故也。『是故君子戒謹乎其所不覩，恐懼乎其所不聞，莫見乎隱，莫顯乎微，故君子謹其獨也。』說者曰：不覩之覩，見莫大焉；不聞之聞，聞莫甚焉。其心不動，是弗覩之覩、弗聞之聞也，其復之不遠矣，故謹其獨。謹其獨者，守其中也。」問曰：「昔之解中庸者與生之言皆不同，何也？」曰：「彼以事解，我以心通者也。」曰：「彼亦通於心乎？」曰：「吾不知之。」問：「人之

① 「何」前原有「曰」字，據李文公集卷二復性書上刪。

性猶聖人之性，嗜欲愛惡之心何自而生耶？」曰：「情者，妄也，邪也。」曰：「邪與妄則無所因矣。妄情滅息，本性清明，周流六虛，所以謂之能復其性也。易曰『乾道變化，各正性命』，語曰『朝聞道，夕死可矣』，能正性命故也。」曰：「情之所昏，性即滅矣，何以謂之猶聖人之性也？」曰：「水之清澈，其渾之者沙泥也。方其渾也，性情豈遂無有耶。久而不動，沙泥自沉。清明之性，鑒乎天地，非自外來也。故其渾也，性本不失，及其復也，性亦不生。人之性亦猶水也。」問曰：「人之性本皆善而邪情昏焉，敢問聖人之性將復爲嗜欲所渾乎？」曰：「不復渾矣。情本邪也妄也，邪妄所翳，性不能復。聖人既復其性矣，知情之所爲邪，邪既爲明所覺矣則無邪，邪何由生乎？」曰：「敢問死何所之耶？」曰：「聖人之所不明書於策者也。易曰『原始要終，故知死生之説；精氣爲物，游魂爲變，是故知鬼神之情狀』，斯盡之矣。子曰『未知生，焉知死』，則原其始反其終，可以盡其生之道。生之道既盡，則死之説不學而通矣。此非所急也。子修之不息，其自知之，吾不可以章章然言非書矣。」

其三曰：

晝而作夕而休者，凡人也。作乎非作者，與物皆作；休乎非休者，與物皆休。吾則不類於凡人，晝無所作，夕無所休。作非吾作也，作有物；休非吾休也，休有物。休耶，作耶，二皆離而不存。子之所存者，終不亡且離矣。人之不力於道者，昏不思也。天地之間，萬物生焉，人之與萬物，一也。其所以異於鳥獸虫魚者，豈非道德之性全乎哉！受一氣而成形，一爲物而一爲人，得之甚難也。生乎世又非深長之年也。以非深長之年，行甚難得之身而不專專於大道，肆其心之所爲，其所以異於鳥獸虫魚者亡矣。昏而不思，其昏也終不明矣。吾之年三十有九矣，思十九年時如朝日也，思九年時亦如朝日也。人之受命，其長者不過七十八十年，九十百年者希矣，當百年之時而視乎九十時也。與吾此日之思於前也，遠近其能大相懸耶？其又能遠於朝日之時耶？然則人之生也，雖享百年，若雷電之驚相激也，若風之飄而旋也，可知矣，况百千人無一及百年之年哉。故吾之終日志於道德，猶懼未及也，彼肆其心之所爲者，獨何人耶？

李翱，字習之。第進士，累户部尚書，甞刺朗州。慕藥山之道，屢請不赴，因入山謁之。藥山誦經不顧，侍者曰：「太守在此。」李性急，乃曰：「見面不如聞名。」藥山呼太守，李應諾。藥山云：「何得貴耳賤目？」李拱手謝之，問曰：「如何是道？」山以手指上下云：「會麽？」李云：「不會。」山云：「雲在天，水在瓶。」李欣然答以偈曰：「練得身形似鶴形，千株松下兩函經。我來問道無餘事，雲在青天水在瓶。」又問：「如何是戒定慧？」山云：「這裏無此閑家具。」李不省。山復云：「欲得保任此事，直須向高高峰頂立、深深海底行。閨閤中物捨不得，皆爲滲漏。」李辭去。藥山一夕登山，忽雲開見月，乃大笑一聲，聲落澧陽東八九十里。翺聞之，復以一偈寄曰：「選得幽居愜野情，終年無送亦無迎。有時直上孤峰頂，月下披雲笑一聲。」李又甞問僧云：「馬祖有什麽言句？」僧云：「或説即心即佛，或説非心非佛。」李曰：「總過這裏。」後又問西堂智藏禪師云：「馬大師有何言句？」藏唤李翺，翺應諾。藏曰：「鼓角動也。」翺欽歎而去。

論曰：習之復性書蓋得之於佛經，第其文字援引爲異耳。由習之從韓昌黎學爲文，昌黎著原性而實未見性，徒婉其辭，設品目以岐之，當時明道君子咸無取焉。習之於是齋戒其心，究乎動静俱離、寂照互融之旨。至於泯情而復性，至誠而見道，其説與天台止觀統例頗合。雖不明引佛經，其能隱乎？向使習之獲入藥山之室，則其説更遠。其説遠，則反不若是書之近衆情也。

太和三年，蘇州重玄寺刊石壁經成，刺史白居易爲之碑曰：「碑在石壁東次，石壁在廣德法華院西南隅，院在重玄寺西若干步，寺在蘇州城北若干里，以華言唐文刻釋氏經典，自經品衆佛號以降，字加金焉。夫開示悟入諸佛知見，以了義度無邊，以圓教垂無窮，莫尊於妙法蓮華經，凡六萬九千五百五言。證無生忍，造不二門，住不可思議解脱，莫極於維摩詰經，凡二萬七千九十二言。攝四生九類，入無餘涅槃，實無得度者，莫先於金剛般若波羅蜜經，凡五千二百八十七言。壞罪集福，淨一切惡道，莫急於佛頂尊勝陀羅尼經，凡三千二十言。應念順願，願生極樂土，莫急於阿彌陀經，凡一千八百言。用正見觀真相，莫出於觀普賢菩薩行法經，凡六千九百九十言。詮自性，認本覺，莫深於實相法密經，凡三千二百五言。空法塵，依佛智，莫過於般若波羅蜜多心經，凡二百五十八言。是八種經具十二部，合一十一萬六千八百五十七言，三乘之要旨，萬佛之秘藏盡矣。是石壁積四重，高三尋，長十有五丈，厚尺有咫。有石蓮敷覆其上下，有石神固護其前後，火水不能燒漂，風日①不能摇消，所謂施無上法盡未來際者也。唐長慶二年冬作，太和三年春成。律德沙門清晃矢厥謀，清海繼厥志，門弟子南客②成之，道則終之，寺僧契元捨藝而書之，郡守居易施辭而贊之。贊曰：佛滅度後，世界空

① 日，原作「月」，據寬永本、歷代通載卷十六蘇州重元石經碑、顯應録卷上蘇州法華院石壁經改。
② 卍新續藏本原註：「客，疑『容』。」歷代通載卷十六蘇州重元石經碑作「容」。

虛。惟是經典，與衆生俱。設有人書貝葉上，藏檀龕中，非堅非久，如臘印空。假使人刺血爲墨，剝膚爲紙，即壞即滅，如筆畫水。噫！畫水不若文石，印臘不若字金，其功不朽，其義甚深。故吾謂石經功德，契如來付囑之心。」

是歲，丹霞天然禪師將終，命左右具浴。浴畢，乃頂笠策杖受履，垂一足，未及地而化，春秋八十有三。師本儒生，行應舉，偶一禪者問：「仁今何往？」曰：「選官去。」禪者曰：「選官何如選佛？」曰：「選佛當何所詣？」禪者曰：「江西馬祖出世，即選佛之場也。」師遂見馬祖，以手托幞頭額。祖顧視良久，曰：「南嶽石頭是汝之師。」師抵南嶽，亦以前意投之。石頭曰：「著槽廠去。」乃禮謝，入行者堂執務。後因普請鏟草次，師獨沐頭跪於石頭之前，石頭欣然與之落髮。尋爲說戒，即掩耳而去。便返江西再見馬祖，未參禮，便入僧堂騎聖僧頸而坐，衆驚異以白馬祖。祖入堂見之曰：「我子天然！」師即下地禮拜曰：「謝師賜與法名。」久之，徧歷諸方，後於天津橋横卧，留守鄭公出呵之不起。吏問故，曰無事僧。鄭奇之，日給米麵，洛下翕然敬向。居鄧州丹霞，致數百衆。嘗示衆曰：「阿你渾家切須保護一靈之物，此不是你造作名邈得，更説什麼薦不薦。吾往日見石頭和尚，亦只教保護此事。不是你譯話得，阿你渾家各有一坐具地，更疑什麼？禪可是你解得底物？豈有佛可成？佛之一字，永不喜聞，阿你自看。善巧方便、慈悲喜捨不從外得，不著方寸。善巧是文殊，方便是普賢。你更擬趂逐什麼物？不用經，不落空去。今時學者紛紛擾擾，皆是參禪問道。吾此間無道可修，無法可證。一飲一啄①，各自有分，不用疑慮，在在處處，有恁麼底？若識得，釋迦即是老凡夫，阿你須自看取。一盲引衆盲，相將入火坑。夜暗裏②雙陸賽彩若爲生，無事珍重。」師嘗著玩珠吟二篇，其一曰：「識得衣中寶，無明醉自醒。百骸俱潰散，一物鎮長靈。智境渾非體，神珠不定形。悟則三身佛，迷疑萬卷經。在心心可測，歷耳耳難聽。罔象先天地，玄珠出杳冥。本剛非鍛鍊，元淨莫澄渟。槃礴輪朝日，玲瓏映曉星。瑞光流不滅，真氣觸還生。鑒照崆峒寂，羅籠法界明。剉凡功不減③，超聖果非盈。龍女心親獻，蛇王口自呈。護鵝之④却活，黄雀意猶輕。解語非關舌，能言不是聲。絶邊彌汗漫，無際等空平。演教非爲説，聞名勿認名。二邊俱莫立，中道不須行。見月休觀指，歸家罷問程。識心心即佛，何佛更堪成。」

時有凌行婆者，嘗謁浮杯和尚，杯與喫茶次。婆問：「盡力道不得底句還分付阿誰？」曰：「浮杯無剩語。」婆云：「我不恁麼道。」曰：「你作麼生道？」婆斂手哭曰：「蒼天中更冤苦。」杯無語。婆云：「語不知偏正，爲人即禍生。」後有僧舉似南泉，泉云：「苦哉！浮杯却被老婆摧折。」婆聞南泉語，乃笑曰：「王老師猶少機關在。」有澄一禪者見婆，問：「怎生是南泉猶少機關在？」婆乃哭曰：「可悲可痛！」一罔措，婆云：「會麼？」一合掌而立。婆云：「伎死禪和，如麻似粟。」後

① 啄，原作「喙」，據五燈會元卷五鄧州丹霞天然禪師、歷代通載卷十六丹霞天然禪師改。
② 卍新續藏本原註：「暗裏，一作『裏暗』。」
③ 減，傳燈録卷三十翫珠吟二首其二作「滅」。
④ 之，寬永本、歷代通載卷十六丹霞天然禪師、傳燈録卷三十翫珠吟二首其二作「人」。

澄一舉似趙州，州云：「我若見這臭老婆，問教口啞在。」一云：「未審和尚怎生問他？」州以棒打云：「似這伎死禪和，不打更待何時！」連打數棒。婆聞趙州恁麼道，乃曰：「趙州自合喫婆手裏棒在。」後有僧舉似趙州，州哭云：「可悲可痛！」婆聞趙州此語，乃合掌曰：「趙州眼放光明，照破四天下。」後趙州令僧去問怎生是趙州眼，婆乃竪起拳頭。趙州聞之，乃以一偈寄云：「當機直面提，直①面當機疾。報你凌行婆，哭聲何得失。」婆亦以一偈答曰：「哭聲師已曉，已曉復誰知？當知摩竭國，幾喪目前機。」

① 直，原作「真」，據傳燈録卷八浮杯和尚改。五燈會元卷三浮盃和尚兩直字皆作「覿」。

隆興佛教編年通論卷第二十五

隆興府石室沙門　祖琇　撰

唐

太和五年，文宗喜食蛤蜊。一日，御饌中有蛤蜊劈不張者忽變菩薩像。帝驚異，有旨送①興善寺，令衆僧瞻禮。因問侍臣：「此何祥也？」或對大乙山有惟政禪師，深明佛法，請詔問之。帝召政而問焉，對曰：「物無虚應，此殆啟陛下信心耳。經云：『應以菩薩形得度者，即現菩薩形而爲説法。』」帝曰：「菩薩形今見矣，未聞其説法，何也？」對曰：「陛下見此，以爲常耶非常耶？信耶弗信耶？」帝曰：「非常之瑞，朕焉不信？」政曰：「陛下聞其説法矣，何謂未聞？」帝大悦，詔天下寺並立觀音菩薩像奉祀焉。

九年四月丁巳，宰相李訓上疏請罷内道場，沙汰僧尼濫偽者。制可。是日詔下，方毀大内靈像，俄暴風聿起。含元殿鴟吻俱落，發三金吾仗舍，内外城門樓觀俱壞，光化門墻亦崩，士民震恐。帝以訓所請忤天意，亟詔停前沙汰，詔復立大内聖像，風遂頓息。見舊史·五行志。是歲冬十一月宰相李

① 送，原作「迭」，據寛永本、歷代通載卷十六蛤蜊中現菩薩像改。

訓、鄭注謀誅宦官不克，事敗，訓、注皆死之。

論曰：唐自中世而後，宦官弄權，及文宗之世，李訓當軸，欲去其患而謀之不臧。至於僧尼，本出乎良民，子息多者無從安頓①，方議出家，抑固有父母慈仁爲子爲養生善世之計者，餘何能爲哉？訓乃妄爲沙汰之舉，及天意見誠，訓不自知畏，遂至於敗。本朝黄門蘇公子由嘗有詩曰：「佛法入中原，儒者耻論兹。功施冥冥中，亦何負當時。此方舊雜染②，渾渾無名緇。治生守家室，坐使斯人疑。未知酒肉非，曷與生死辭。熾然吴閩間，佛事不可思。生子多頴悟，得報豈汝欺③。時有正法眼，一出照耀之。誰爲邑中豪，請誦我此詩。」嗚呼！子由之詩，天下之達識者也。然吾徒自古迄今，有賢有不肖，如世之有君子小人，不無交相資於其問④，唯賢者知賢而容不肖，則兩相忘而天下廓然安矣。或者過爲之謀，猥圖進身之計，終於悞國悞身者，如訓之謬古今，豈一人而已哉！

是歲，南泉普願禪師將示寂。第一座問曰：「和尚百年後向什麽處去？」師云：「山下作一頭水

① 頓，原作「頸」，當爲「頓」。
② 染，寬永本作「深」。
③ 卍新續藏本原註：「汝欺，疑『欺汝』。」
④ 卍新續藏本原註：「問，疑『間』。」當爲「間」。

牯牛去。」座云：「某甲隨和尚去還得否？」師云：「汝若隨吾，則須銜一莖草來。」乃集門人告之曰：「星翳燈幻，其來久矣，勿謂吾有去來也。」言訖而逝。師得法於馬祖，後歸池陽，自架禪室以居，凡三十年不下南泉。會宣城觀察使陸公亘請下山，伸弟子之禮，由是學徒雲集。陸嘗問：「弟子從六合來，彼中還更有身否？」泉云：「分明記取，舉似作家。」陸云：「和尚大不思議，到處世界現成。」泉云：「適來總是天①夫分上事。」陸他日又云：「弟子薄會佛法。」泉云：「十二時中作麼生？」陸云：「寸絲不挂。」泉云：「猶是階下漢。」泉又云：「不見道，有道君王不納有智之臣。」一日見人雙陸，大夫拈起骨②子云：「恁麼、不恁麼③，祇恁④信彩去時如何？」泉拈起骨子云：「臭骨頭十八。」嘗示衆曰：「道箇如如，早是變了也，今時師僧直須向異類中行。」又曰：「我於一切處而無所行，他拘我不得，喚作徧行三昧普現色身。」又曰：「如今不可不奉戒。我不是渠，渠不是我，作得伊，如狸奴白牯，行履却快活。你若一念異，即難爲修行。才一念異，便有勝劣二根。亦是情見隨他因果，更有什麼自由分。」又曰：「老僧十八上解作活計，有人解作活計者麼？出來共你商量。須是住山人始得珍重，無事各自修行。」大衆不去，師復云：「如聖果也大可畏，没量大人尚不柰何。

① 卍新續藏本原註亦云：「天，當作『大』。」傳燈録卷八池州南泉普願禪師、五燈會元卷三南泉普願禪師、歷代通載卷十六南泉普願禪師作「天」。
② 骨，傳燈録卷八池州南泉普願禪師、五燈會元卷三南泉普願禪師、歷代通載卷十六南泉普願禪師皆作「骰」，下同。
③ 五燈會元卷三南泉普願禪師「不恁麼」後有「正恁麼」三字。
④ 傳燈録卷八池州南泉普願禪師、五燈會元卷三南泉普願禪師、歷代通載卷十六南泉普願禪師「恁」後有「麼」字。

我且不是渠，渠且不是我，他經論家説法身爲極則，喚作理盡三昧。似老僧向前被人教返本還源，去幾恁麼會禍事。兄弟，近日禪師太多，覓箇癡鈍人不可得。不道全無，於中還少。若有出來共你商量，如空劫時還有修行人否？有無作麼不道？阿你尋常巧唇溥舌，及乎問著，總皆不道。何不出來？莫論佛出世事。兄弟，今時人擔佛著肩頭上行，聞老僧言心不是佛智不是道，便聚頭擬推①，老僧無休推處。你若束得虚空作棒，打得老僧著，一任汝推。」師與趙州門風，天下推仰，以爲絶唱云。

開成元年，左街僧録内供奉三教談論引駕大德安國寺上座賜紫大達法師端甫卒。史館修撰裴休製碑曰：「玄秘塔者，大法師端甫靈骨之所歸也。於戲！爲丈夫者，在家則張仁義禮樂，輔天子以扶世導俗；出家則運慈悲定慧，佐如來以闡教利生。捨此無以爲丈夫也，背此無以爲達道也。和尚其出家之雄乎？天水趙氏，世爲秦人。初，母張夫人夢梵僧謂曰：『當生貴子。』即出囊中舍利，使吞之。及誕，所夢僧白晝入其室，摩其頂曰：『必當大宏教法。』言訖而滅。既成人，高顙高目，大頤方口，長六赤②五寸，其音如鐘。夫將欲荷如來之菩提，鑿生靈之耳目，固必有殊相奇表歟。始十歲，依崇福寺道悟禪師爲沙彌。十七，正度爲比丘，隸安國寺，具威儀於西明照律師，禀持犯於崇福寺昇律師，傳涅槃、唯識大義於安國寺素法師。復夢梵僧告曰：『三藏大教盡貯汝腹矣。』自是，經、律、論無敵於天下，囊括川注，逢原委會，滔滔然莫能知其畔岸矣。夫將欲伐株杌③於情田，雨甘露於法種者，固

① 卍新續藏本原註：「推，一作『椎』，下同。」

② 卍新續藏本原註：「赤，疑『尺』，下同。」歷代通載卷十六大達法師碑裴休作作「尺」。

③ 杌，原作「杌」，據寬永本改。

必有勇智宏辯歟。無何，謁文殊於清涼，衆聖皆現；演大經於太原，傾都畢會。德宗皇帝聞其名，徵之，一見大悦，常出入禁中，與儒道論議，賜紫方袍，歲時錫施，異於他等。復詔侍皇太子於東朝。順宗皇帝深仰其風，親之若昆弟，相與卧起，恩禮特隆。憲宗皇帝數幸其寺，侍①之若賓友，常承顧問，注納偏厚。而和尚符彩超邁，詞理響捷，迎合上旨，皆契真乘。雖造次應對，未嘗不以闡揚爲務。由是天子益知佛爲大聖人，其教有大不思議事。當是時，朝廷方削平區夏，縛吴斡蜀，瀦蔡蕩鄆，而天子端拱無事，詔和尚率緇屬迎真骨於靈山，開法場於秘殿，爲人請福，親奉香火。既而刑不殘，兵不黷，赤子無愁聲，江海無驚浪，蓋參用真乘以毗大政之明効也。夫將欲顯大不思議之道，輔大有爲之君，固必有冥符玄契歟。掌内殿法儀，録左街僧事，以標表清衆者十一年。講涅槃、唯識經論，位處當仁，傳授宗乘，以開誘道、俗凡一百六十座。運三密於瑜伽，契無生於悉地，日持諸部十餘萬遍。指淨土爲息肩之地，嚴金經爲報法之恩，前後供施數十百萬，悉以崇飾殿宇，窮極彫繪，而方丈匡床，静慮自得。貴臣盛族，皆所依慕；豪俠工賈，莫不瞻嚮。薦金玉以致誠，仰端嚴而禮足，日有千數，不可殫書。而和尚即衆生以觀佛，離四相以修善，心下如地，坦無丘陵，王公輿臺，皆以誠接，議者以謂成就常不輕行者唯和尚而已。夫將欲駕横海之大航，拯群迷於彼岸者，固必有奇功妙道歟。以開成元年六月一日向西，右脅而滅，當暑而尊容若生，竟夕而異香彌鬱。其年七月六日，遷於長樂之南原。遺命茶毗，得舍利三百餘粒，方熾而神光月皎，既燼而靈骨珠圓。賜謚大達，塔曰玄祕。俗壽六

① 卍新續藏本原註：「侍，疑『待』。」歷代通載卷十六大達法師碑、宋高僧傳卷六唐京師大安國寺端甫傳作「待」。

十七，僧臘四十八。弟子比丘、比丘尼約千餘輩，或講論玄言，或紀綱大寺，修禪秉律，分作人師，五十其徒皆爲達者。於戲！和尚果出家之雄乎？不然何至德殊祥如此其盛也。承襲弟子自約、義正、正言等，克荷先業，虔守遺風，大懼徽猷有時堙没。而閤門劉公法緣最深，道契彌固，亦以爲請，願播清塵。休嘗游其藩，備其事，隨喜贊歎，蓋無愧辭。銘曰：賢劫千佛，第四能仁。哀我生靈，出經破塵。教網高張，孰辨孰分。有大法師，如從親聞。經律論藏，戒定慧學。深淺同源，先後相覺。異宗偏義，孰正孰駁。有大法師，爲作霜雹。趣真則滯，涉偽則流。象狂猿輕，鉤檻莫收。柅制刀斷，尚生瘡疣。有大法師，絶念而游。巨唐啟運，大雄垂教。千載冥符，三乘迭耀。寵重恩顧，顯闡贊導。有大法師，逢時感召。空門正闢，法宇方開。崢嶸棟宇，一旦而摧。水月鏡像，無心去來。徒令後學，瞻仰徘徊。」

三年三月六日，僧統清涼國師澄觀將示寂，謂其徒海岸等曰：「吾聞偶運無功，先聖悼歎；復質無行，古人恥之。無昭穆動静，無綸緒往復，勿穿鑿異端，勿順非辨偽，勿迷陷邪心，勿因牢鬭諍。大明不能破長夜之昏，慈母不能保身後之子。當取信於佛，無取信於人。真離玄微，非言説所顯，要以深心體解，朗然現前，對境無心，逢緣不動，則不孤我矣。」言訖而逝。師生歷九朝，爲七帝門師，春秋一百有二，僧臘八十有三。身長九尺四寸，垂手過膝，目夜發光，晝視不瞬。才供二筆，聲韻如鐘。文宗以祖聖崇仰，特輟朝三日，重臣縞素，奉全身塔於終南山。未幾，有梵僧到闕，表稱於葱嶺見二使者凌空而過，以咒止而問之，答曰：「北印度文殊堂神也。東取華嚴菩薩大牙歸國供養。」有旨啟塔，果失一牙。唯三十九存焉。遂闍維，舍利光明瑩潤，舌如紅蓮色。賜謚仍號清涼國師、妙覺之塔。相國裴休奉勅撰碑，其銘曰：「寶月清涼，寂照法界。以沙門相，藏世間解。澄湛含虚，氣清鐘鼎。雪沃剡溪，霞横緱嶺。真室寥敻，靈嶽崔嵬。虚融天地，峻拔風雷。離微休命，實際厖鴻。奉若時政，革彼幽蒙。烱乎禹質，元聖孕靈。德雲①冉冉，凝眸幻形。谷響入耳，性不可爲。青蓮出水，深不可闚。纔受尸羅，奉持止作。原始要終，克諧適莫。鳳藻瓃奇，遺演秘密。染翰風生，供盈二筆。欲造玄關，咽金一像。逮竟將流，龍飛遷②颺。疏新五頂，光銜二京。躍出法界，功齊百城。萬行分披，華開古錦。啟迪群甿，與甘露飲。爕贊金偈，懷生保乂。聖主師資，聿興遐裔。貝葉翻宣，譯場獨步。譯柄一揮，幾回天顧。王庭闡法，傾河湧泉。屬辭縱辨，玄玄玄玄。紫衲命衣，清③涼國號。不有我師，孰知吾道。九州傳命，然無盡燈。一人拜錫，統天下僧。帝網冲融，潛通萬户。歷天不周，同時顯晤。卷舒自在，來往無蹤。大士知見，允執厥中。西域供牙，梵倫遽至。奏啟石驗，嘉風益熾。敕俾圖真，相即無相。海印大龍，蟠居方丈。哲人去矣，資何所參。即事之理，塔鎖終南。」

勅寫國師真奉安大興唐寺，文宗皇帝御製贊曰：「朕觀法界，曠閬無垠。應緣成事，允用虚根。清涼國師，體象啟門。奄有法界，我祖聿尊。教融海岳，恩廓乾坤。首新二疏，拔擢幽昏。間氣斯來，拱承佛日。四海光凝，九州慶溢。敝金僊門，奪古賢席。大手名曹，横經請益。仍師巨休，保余遐曆。

① 雲，原作「靈」，據寬永本、全唐文卷七百四十三清涼國師碑銘改。
② 遷，全唐文卷七百四十三清涼國師碑銘作「千」。
③ 清，原作「濆」，據全唐文卷七百四十三清涼國師碑銘、歷代通載卷十六清涼國師碑御贊附改。卍新續藏本原註：「濆，疑『清』。」

爰抒顒毫，式揚茂實。真空罔盡，機就而駕。白月虚秋，清風適夏。妙有不遷，緣息而化。邈爾禹儀，焕乎精舍。」

論曰：佛法盛衰常與帝道相望，帝之盛莫甚於唐，佛法①因之大振於中夏，抑内外護相資而成其美也。清凉生歷九朝，爲七帝門師，至憲宗别鑄金印，加號僧統國師。跡其住世，帝道、佛法之盛可想見矣。迨其没，繼以會昌之難，佛世下哀②，唐亦終於不競。嗚呼！興替常理也，然亦繫乎其人也如此。

五年正月六日，圭峰宗密禪師示寂，相國裴休撰傳法碑。師姓何氏，果州西充人，釋迦如來三十九代法孫也。釋迦住世八十年，爲無量天人聲聞菩薩説種種法，最後以法眼付大迦葉，令祖祖相傳，别行於世。顧此法，衆生之本源，諸佛之所證，超一切理，離一切相，不可以言語智識有無隱顯推求而得，但心心相印，印印相契，使自證知，光明受用而已。自迦葉至達磨，達磨東來至曹溪，凡三十三世。曹溪傳荷澤，荷澤傳磁州如，如傳荆南張，張傳遂州圓，圓傳禪師。師於荷澤爲五世，於迦葉爲三十八世，其宗系如此。師豪家，少通儒學。一日謁遂州，未及與語，退游徒中，見其儼然在定，忻躍慕之，遂剃染受道。嘗赴齋次，受經，得圓覺十二章。誦未終，忽然大悟，歸以告其師，師印可。

① 法，原作「佉」，據寬永本改。
② 卍新續藏本原註：「哀，疑『衰』。」當爲「衰」。

乃謁東京照，照曰：「菩薩人也，誰其識之。」次謁清涼觀，觀曰：「毗盧華藏，能從我游者，其汝乎？」及因漢上僧授華嚴新疏，遂講華嚴。久之著圓覺、華嚴、涅槃、金剛、唯識、起信、法界觀等經疏鈔及禮懺、修證、圖傳、纂略，又集諸宗禪語爲禪藏，并書偈論議凡九十餘卷。或以師不守禪行而廣講經論，游名邑大都，以興建爲務，乃爲多聞之所役，豈聲利之所未忘乎。曰：「嘻，夫一心者，萬法之總也，分而爲戒定慧，開而爲六度，散而爲萬行。萬行未嘗非一心，一心未嘗違萬行。禪者，六度之一耳，何能總諸法哉？且如來以法眼付迦葉，不以法行，故自心而證者爲法，隨行而起者爲行，行未必嘗同也。然則一心者，萬法之所生而不屬於萬法，得之者則於法自在矣，見之者則於教無礙矣。本非法不可以法説，本非教不可以教傳，豈可以軌跡而尋哉？自迦葉至富那夜奢，凡十祖，皆羅漢，所度亦羅漢。至馬鳴、龍樹、提婆、天親始開摩訶衍，著論釋經，摧滅外道，爲菩薩唱。首而尊者闍夜獨以戒力爲威神，尊者摩羅獨以苦行爲道跡，其他諸祖或廣行法教，或專心禪定，或蟬蛻而去，或化火而滅，或攀樹以示終，或受害而償債，是乃法必同而行不必同也。且循轍跡者非善行，守規墨者非善巧，不迅疾無以爲大牛，不超過無以爲大士，故禪師之爲道也，以知見爲妙門，以寂静爲正味，慈忍爲甲胄，慧斷爲劒矛，破内魔之高壘，陷外賊之堅陣，鎮撫邪雜，解釋縲籠。遇窮子，則叱而使歸其家；見貧女，則呵而使照其室。窮子不歸，貧女不富，吾師耻之；三乘不興，四分不振，吾師耻之；忠孝不並化，荷擔不勝任，吾師耻之。故皇皇於濟拔，汲汲於開誘，不以一行自高，不以一德自聳。人有歸依者，不俟請而往也；有求益者，不俟憤則啟矣。雖童幼不簡於應接，雖傲狠不怠於扣勵，其以闡教度生助國家之化也如此。故親師之法者，貪則施，暴則斂，剛則隨，戾則順，昏則開，惰則奮[1]，自榮者謙，自堅者化，循私者公，溺情者義。故士俗有變活業、絶血食、持戒法而爲近住者，有出而修政理以救疾苦爲道者，有退而奉父母以豐供養爲行者。其餘憧憧而來，欣欣而去，揚袂而至，實腹而歸，所在不可勝紀，真如來付囑之菩薩、衆生不請之良友，其四依之一乎？其十地之人乎？吾不識其境界庭宇之廣狹，議者又焉知大道之所趣哉！閲世六十二，僧臘三十四。宣宗追謚定慧禪師，門弟子僧尼四衆凡千人。

論曰：太和末，宰相李訓、鄭注謀誅宦官不克。事敗，訓走終南山依密禪師，其徒懼禍不内，密獨保庇之。事急，訓奔鳳翔，爲羅卒所獲。宦官仇仕良以密匿訓，追至，將殺之。密怡然曰：「與訓游久，吾法遇難即救，死固其分也。」仕良壯其不撓而釋之。唐史書此，蓋美其有大節也。密具徹法眼，達佛知見，以廣大無礙辨才闡繹宗教，功力具備。一旦遇死生不測之際，能自信道若此。昔韓退之文章未必過柳子厚，其後世所以推先者，特宣撫王廷，湊一節勝耳。若圭峰史氏所書，乃萬行中一行焉，尚爾焜耀竹帛，矧其開鑿人天，紹隆法道，稱菩薩人，不亦宜乎哉？然則吾祖所謂明佛心宗行解相應，圭峰是矣。

是月，武宗即位。帝自幼稚不喜釋氏。秋九月，召道士趙歸真等八十一人入禁中，於三殿修金籙

① 卍新續藏本原註：「舊，疑『奮』。」歷代通載卷十六圭峰宗密禪師作「奮」。

道場。冬十月，帝幸三殿，昇九僊玄壇，親受法籙。左拾遺王哲諫云：「王業之初，不宜崇信太過。」帝不納。

會昌元年夏六月，以衡山道士劉玄静爲光禄大夫，充崇玄舘學士，令與趙歸真居禁中修法籙。左補闕劉玄謨上疏切諫，貶玄謨爲河南府户曹。

四年正月，制曰：「齋月斷屠，出於釋典，國家剏業，猶近梁隋，卿相大臣，或緣兹弊。自今惟正月，萬物生植之初，宜斷屠三日，列聖忌各斷一日，餘不須禁。」三月，以道士趙歸真爲左右街道門教授先生。時帝鋭意求僊，師事歸真。歸真乘寵，每對必排毁釋氏非中國之教，蠹害生靈，宜盡除去。帝深然之。歸真復請與釋氏辯論，有旨追僧道於麟德殿談論。法師知玄登論座，辯捷精壯，道流不能屈。玄因奏：「王者本禮樂，一憲度，則天下治。吐納服食，蓋山林匹夫獨擅之事，願陛下不足留神。」帝色不平。侍臣諷玄賦詩以自釋，玄立進五篇，有「鶴背傾危龍背滑，君王且住一千年」之句，帝知其刺，特放還桑梓。

論曰：昔周武廢教，沙門犯顔抗争殆數十人，雖不能格武之惑，然足見吾法中之有人也。及唐高祖議沙汰，而慧乘、玄琬、智實、法林等皇皇論争，引義慷慨，亦不失法王真子之職。凡自大曆而後，祖道既興，吾門雄傑，多趨禪林，至是武宗議廢教，而主法者纔知玄一人而已。雖武宗盛意不可解，佛運數否莫可逃。凡釋子者處變故之際，無一辭可紀。佛法尊博如天，亦吾徒失學之罪也。

五年五月，作望僊樓於禁中。時趙歸真特被殊寵，諫官數上疏論之。帝謂宰相曰：「諫官論趙歸真，此意要卿等知。朕宫中無事，屏去聲色，要此人[①]道話耳。」李德裕對曰：「臣不敢言前代得失，第[②]歸真曾在敬宗朝出入掖庭，以此群[③]情不願陛下復親近之。」帝曰：「朕於彼時已識此人，但不知其名，呼爲趙練師。在敬宗時亦無甚惡，朕與之言，滌煩耳。至於軍國政事，唯與卿等論之，豈問道士？」繇是宰相不復諫。而歸真遂以涉物論，遂舉羅浮山道士鄧元超有長生術，帝遣中使迎之。及元超至，與劉玄靖及歸真等膠固排毀釋氏，於是拆寺之請行焉。四月，撿括天下僧寺凡四千六百，蘭若僧尼二十六萬五百。

五月庚子，勑併省天下佛寺。中書門下聞[④]奏：「據令式，諸上州國忌[⑤]官吏行香於寺。其上州各留一寺，凡有列聖尊容，並令[⑥]移於寺内；其下州寺並廢。兩京左右街請留十寺，寺僧十人。」勑曰：「上州合留寺，工作精巧者各一所，如破落，悉宜除毁。其行香日，官吏宜赴道觀，上都、東都各留四寺[⑦]，寺僧三十人。」中書門下又奏曰：「天下廢寺，鐘磬、銅像委鹽鐵使鑄錢，其鐵像委本州鑄爲農

① 人，原作「入」，據寬永本、舊唐書卷十八上武宗本紀、歷代通載卷十六作望仙臺於禁中改。
② 第，舊唐書卷十八上武宗本紀作「祇緣」。
③ 群，舊唐書卷十八上武宗本紀作「人」。
④ 聞，原作「關」，據舊唐書卷十八上武宗本紀改。
⑤ 舊唐書卷十八上武宗本紀「忌」後有「日」字。
⑥ 令，原作「今」，據寬永本、舊唐書卷十八上武宗本紀、歷代通載卷十六勑併省天下佛寺改。
⑦ 上都、東都各留四寺，舊唐書卷十八上武宗本紀作「上都、下都每街留寺兩所」。

具，金、銀、鍮石等像銷付度支。衣冠士庶之家，所有金、銀等像，勑出後，限一月納官。」

八月，制曰：「朕聞三代以前，未有言佛，漢、魏之後，像教寖興。由是季時，傳此異俗，因緣染習，蔓衍滋多，以至於蠹耗國家而漸不覺，以至於誘惑人情而眾益迷。洎於九有①山原、兩京城闕，僧徒日廣，佛寺日崇。勞人力於土木之功，奪人利於金寶之飾，移②君親於師資之際，違配偶於戒律之間，壞法害人，無逾此道。且一夫不田，有受其飢者。③今天下僧尼不可勝數，皆待農而食，待蠶而衣。寺宇招提，莫知紀極，皆雲架④藻飾，僭擬宮居。晋、宋、梁、齊，物力凋弊，風俗澆詐，莫不由是而致也。況我高祖、太宗以武定禍亂，以文理天下⑤，執此兩端而以經邦⑥，豈以西方區區之教與我抗衡哉！貞觀、開元亦嘗釐革，剗除未盡，流衍轉滋。朕博覽前言，旁求輿議，弊之可革，斷在不疑。而中外誠臣，協予正意，條流⑦至當，宜在必行。懲千古之蠹源，成百王之典法，濟人利眾，子⑧

① 有，舊唐書卷十八上武宗本紀作「州」。
② 移，舊唐書卷十八上武宗本紀作「遺」。
③ 舊唐書卷十八上武宗本紀此句後有「一婦不蠶，有受其寒者」等語。
④ 架，舊唐書卷十八上武宗本紀作「構」。
⑤ 天下，舊唐書卷十八上武宗本紀作「華夏」。
⑥ 執此兩端而以經邦，舊唐書卷十八上武宗本紀作「執此二柄足以經邦」。
⑦ 流，舊唐書卷十八上武宗本紀作「疏」。
⑧ 卍新續藏本原註：「子，疑『予』。」舊唐書卷十八上武宗本紀、歷代通載卷十六敕併省天下佛寺作「予」。

何讓焉！其天下所拆寺①，還俗僧尼②收充税户……於戲！前古未行，似將有待；乃今盡去，豈謂無時！驅游惰不業之徒，幾五十萬③；廢丹雘無用之室，凡六萬區④。自此清淨訓人，慕無爲之理；簡易齊政，成一俗之功。將使六合黔黎，同歸皇化。尚以革弊之始，日用不知，下制明廷，宜體予意。」

六年三月，帝不豫。自徵方士服金丹，受法籙，至是發背，躁悶失常，遂至大漸，旬日不能言而崩，年三十三。舊史贊曰：「昭肅削浮圖之法，懲游惰之民，志欲矯步丹梯，求珠赤水，徒見蕭衍、姚興之典學，不悟始皇、漢武之妄求，蓋受惑左道之言，故偏斥異方之教。況身毒西來之法，向欲千年⑤，蚩蚩之民，習以成俗，畏其教甚於國法，樂其徒不異登僊。如文身斷髮之鄉⑥，似吐火吞舟⑦之戲，詎可正以咸韶，而律以章甫。加以笮⑧融、何充之佞，代不乏人，雖荀⑨卿、孟子之賢，未容抗論。一朝隳殘金像、燔棄胡書，結怨於膜拜之流，犯怒於匹夫之口。哲王之舉，不駭物情，前代存而勿論，

① 舊唐書卷十八上武宗本紀「寺」後有「四千六百餘所」六字。
② 舊唐書卷十八上武宗本紀「尼」後有「二十六萬五百人」七字。
③ 幾五十萬，舊唐書卷十八上武宗本紀作「已踰十萬」。
④ 凡六萬區，舊唐書卷十八上武宗本紀作「何啻億千」。
⑤ 年，舊唐書卷十八上武宗本紀贊作「祀」。
⑥ 鄉，原作「卿」，據寬永本、舊唐書卷十八上武宗本紀贊改。
⑦ 舟，舊唐書卷十八上武宗本紀贊作「刀」。
⑧ 笮，原作「符」，據寬永本、舊唐書卷十八上武宗本紀贊改。
⑨ 荀，原作「旬」，當爲「荀」。

實爲中道，欲革斯弊，將俟河清。昭、肅頗稱明斷，然聽斯蔽矣。」（已上并見舊史）

異乎？

論曰：舊史·武宗紀著除罷釋氏始末甚詳。當時雖黄冠乘寵傾害吾教，然亦大臣李德裕輔成其事也。新史曰武宗毅然除去浮圖之法甚鋭，而躬受道家法籙服藥以求長年。以此知其非明智之不惑者，特好惡不同耳。噫嘻！武宗非明智不惑，豈特於釋老好惡不同哉？其偏信李德裕，專權用事，朋黨相傾，雖僅有伐叛之勞，未見成功，而朝野積怨已甚。使更久權，則與李林甫又何異乎？

六年三月，宣宗即位，乃憲宗第十三子也。外晦内朗，嚴重寡言。嘗卧病，忽有異光觸身，蹶然興起危坐。穆宗就見之，撫曰：「社稷之福也！」以玉如意賜之，徙①封光王。又嘗夢乘龍升天，及所居之邸，嘗又有龍戲其沼中。太和、會昌之際，群居宴集，未嘗發言。或强誘之，得其語，則合席皷舞以爲笑劇，謂之光叔。武宗豪率，尤不爲禮。至是哀戚滿容接對群僚，處决庶務，中外翕然，方見其隱德焉。

五月辛卯，勑道士趙歸真、劉玄靖、鄧元超等十二人以蟲惑先朝，排毀釋氏，並賜朝堂决杖，配嶺表。

① 徙，寬永本作「從」。

癸巳，勑上都、東都各復大寺八所，并賜新額。

大中元年閏三月，詔曰：「會昌季年，併省寺宇，雖云異方之教，有資爲理①之源，中國之人，久行其道，釐革過當，事體乖謬②。其靈山聖境③，應會昌五年④所廢寺宇，諸宿舊僧可仍舊修葺住持⑤。」

---

① 有資爲理，舊唐書卷十八下宣宗本紀作「無損致理」。

② 乖謬，舊唐書卷十八下宣宗本紀作「未弘」。

③ 舊唐書卷十八下宣宗本紀「境」後有「天下州府」四字。

④ 舊唐書卷十八下宣宗本紀「年」後有「四月」二字。

⑤ 諸宿舊僧可仍舊修葺住持，舊唐書卷十八下宣宗本紀作「有宿舊名僧，復能修創，一任住持，所司不得禁止」。

隆興佛教編年通論卷第二十六

隆興府石室沙門　祖琇　撰

唐

大中元年，尚書白居易卒，年七十有五，贈尚書左僕射，宣宗以詩吊之。居易被遇憲宗時，事無不言，湔剔抉摩，多見聽可；然爲當路所忌，遂擯斥，所蘊不得施，乃放意文酒。能順適所遇，託釋氏死生之説，若忘形骸者。後復進用，又皆幼君，偃蹇益不合，居官輒病去，遂無立功名意。與弟行簡及從祖弟敏中友愛。東都所居履道里，疏沼種樹，架石樓香山，鑿八節灘，號醉吟先生，自爲之傳。晚節好佛尤甚，至經月不食葷，稱香山居士。與胡杲等九人宴集，皆高年不仕者，人慕之，繪爲九老圖。居易於文章精切，然最①工於詩，當時士人争傳誦之。其始生方七月，能展書，姆指「之」、「無」兩字，雖試之百數不差。九歲諳②識音律。其篤於才章，蓋天稟然。既卒，以其所居第施爲佛寺。宣宗思其賢不已，因擢其弟敏中爲相。居易嘗疾③，肖彌陀佛像而禱之，自爲之記曰：「我本師釋迦如來説

---

① 最，原作「寂」，據新唐書卷一百一十九白居易傳、歷代通載卷十六香山居士白居易改。

② 諳，原作「暗」，當爲「諳」。

③ 疾，寬永本作「足」，疑爲「疾足」。

言，從是西方過十萬億佛土，有世界號極樂，以無八苦四惡道故也；其國號淨土，以無三毒五濁業故也；其佛號阿彌陀，以壽無量願無量功德相好光明無量故也。諦觀此娑婆世界衆生，無賢愚，無貴賤，無幼艾，有起心歸佛者，舉手合掌，必向西方。有怖厄苦惱，開口發聲，必先念阿彌陀。又範金合土、刻石繡紋乃至印水聚沙童子戲者，莫不率以阿彌陀佛爲上首，不知其然而然。由是而觀，是彼如來有大誓願於此衆生，衆生有大因緣於彼國土明矣。不然，南北東方過去現在未來佛多矣，何獨如是哉？何獨如是哉？唐中大夫太子少傅白居易當衰莫之歲，中風痺之疾，乃捨俸錢三十萬，命工人杜敬宗按阿彌陀、無量壽二經畫西方世界一部，高九尺，廣丈有三尺。阿彌陀尊佛坐中央，觀音、勢至二大士侍左右，人天瞻仰，眷屬繞圍，樓臺伎樂，水樹花鳥，七寶嚴飾，五綵張施，爛爛煌煌，功德成就。弟子居易焚香稽首跪於佛前，起慈悲心，發弘誓願，願此功德回施一切衆生。一切衆生有如我老者，如我病者，願離苦得樂，斷惡修善，不越南部，便覩西方，白毫大光，應念來感，青蓮上品，隨願往生，從現在身，盡未來際，常得親近而供養也。欲重宣此義而説贊曰：極樂世界清淨土，無諸惡道及衆苦。願如我身老病者，同生無量壽佛所。」

論曰：唐史稱居易與元稹齊名。稹中道徼險得宰相，名望漼然。居易當李宗閔時，權勢震赫，終不附離爲進取計，完節自高。居易其賢哉！竊謂樂天不特①賢於當時，如本朝韓魏公之德

① 樂天不特，原作「樂下罪特」，據寬永本改。

業、蘇東坡之文章，皆景慕之，斑斑著於翰墨。然則樂天賢於百世可也。觀其雍容談道，深徹宗教之源。於唐三百年間唯樂天、柳子厚、裴公美、梁肅數公而已，雖各本師承，亦皆性自通悟，發於天縱，非大士乘願力再來，疇能及此哉？

二年，觀察使裴休守宣城，嘗與名緇會難。有設疑以試公曰：「三界虛妄，群生顛倒，何有修行能解纏縛？孰爲智慧可化凡愚？胡爲乎公區區徒自撓耳？」公曰：「嘻！珠玉在櫝，啟之則見其珍；聖賢在①門，行之則踐其閫②。分塗而往，唯善惡焉。善惡如東西耳，趣之不已，則至其所至焉，在乎推心於不染，馭馬於無途。如是三界信真實，群生非顛倒，但學者不能窒③欲壞貪、違名去利，弗舍有漏而思往無爲耳。然捨之在我，取之由人，非用智慧解纏縛。如此，則了無一物以撓吾真也。」他日，門人有謂公曰：「敢問三界之言未立，人不知修行，不見因果，畏陰隲者不爲之多，介景福者不爲之少，理亂增損，繫乎其時；洎斯教也行乎中夏，愚人畏罪損其惡，賢人望神增其善，增之不已則至今當盡善矣，損之不已亦至今當無惡矣。何昏迷暴虐無減於秦、漢之前，福慧聰明不增於魏、晉之後？歸之者殊途輻湊，立之者萬法雲興，稽諸天不見其文，求諸古莫有其法，號爲大聖，作人天師，是宜使吾人盡昇覺路，不宜蚩蚩庶類，由古迄今，若斯之迷也。設使像法至今未行，將盡墮惡道爲鬼

① 在，文苑英華卷八百六十八宣州新興寺碑作「有」。
② 閫，寬永本作「國」，文苑英華卷八百六十八宣州新興寺碑作「閾」。
③ 窒，原作「室」，據文苑英華卷八百六十八宣州新興寺碑改。

爲蜮乎？夫法未始有，今而有之，希聖之徒，何存而知之耶？由之之固，庸非溺乎？」公笑謂之曰：「大明肇啟，法不齊備，聖人繼出，代天爲工，結繩畫封，文質滋改，一聖立，一法生，天道人事，顯若符契。燧人氏之未有火也，則天無火星，人無火食，龜無火兆，物無火灾，必矣；少昊氏之未理金也，則天無金星，人無金用，龜無金兆，物無金灾，必矣。及聖人攻木出火，鍛石取金，於是乎精芒主宰，騰變上下，則知世法時事隨聖人也。考精神之源，窮性命之表，作大方便，護於群生，群生受之而不知，蓋由天道運行，物以生茂，皆謂自己，孰知其然也！」於是問者廓然自得佛味。及詔許立寺而宣之，士民相皷以萬，請先立之於宣郛，遂復新興寺焉。

三年九月辛亥，詔曰：「……潮州司馬①李德裕，早籍門弟，幼踐清華，累居將相之榮，唯以姦傾爲業。當會昌之際，極公台之崇，騁諛佞以②得君。遂恣横而持政，專權生事，妬③賢害忠。動多詭異之謀，潛懷僭越之志。秉直者必棄，向善者盡排。誣忠良造朋黨之名，肆姦僞④生加諸之亹⑤。計有逾於指鹿，罪實見於⑥欺天。屬者方處钧衡，曾無嫌避，委國史於愛埍之手，寵祕文於弱子之身。洎參信

① 潮州司馬，舊唐書卷十八下宣宗本紀作「守潮州司馬員外置同正員」。
② 舊唐書卷十八下宣宗本紀作「而」。
③ 妬，原作「如」，據舊唐書卷十八下宣宗本紀、歷代通載卷十六貶李德裕詔改。
④ 姦僞，舊唐書卷十八下宣宗本紀作「讒構」。
⑤ 亹，舊唐書卷十八下宣宗本紀作「釁」。
⑥ 於，舊唐書卷十八下宣宗本紀作「其」。

書，亦見親昵，恭推元和實録乃不刊之書，擅敢改張，罔有畏忌。奪他人之懿績爲私門之令猷，附①李榮②之曲情成吴湘之怨獄。……擢爾之髮，數罪未窮，載竊③罔上之由，益驗無君之意。……朕務全大體，久爲含容，雖黜降其官榮，尚盡④藏其醜狀。而睥睨未已，兢惕無聞，積惡既張⑤，公議難抑，……可崖州司户⑥。」未幾，德裕慚忿而⑦卒，乃見夢哀訴於宰相令孤綯，乞歸葬其屍。識者謂之强佞雖死⑧亦不哀⑨云。

論曰：唐李習之曰史官紀事不得實，乃取行狀、謚牒。凡爲狀者，皆門生故吏⑩苟言虚美，尤不足信。予觀李德裕故吏鄭亞所爲會昌一品制集序，鋪張德裕勳業，與新史本傳無異，而舊

① 舊唐書卷十八下宣宗本紀「附」前有「又」字。
② 榮，舊唐書卷十八下宣宗本紀作「紳」。
③ 竊，舊唐書卷十八下宣宗本紀作「闚」。
④ 盡，舊唐書卷十八下宣宗本紀作「蓋」。
⑤ 張，舊唐書卷十八下宣宗本紀作「彰」。
⑥ 舊唐書卷十八下宣宗本紀「司户」後有「參軍」二字。
⑦ 而，原作「不」，據歷代通載卷十六貶李德裕詔改。
⑧ 死，原作「殊」，據寬永本、歷代通載卷十六貶李德裕詔改
⑨ 哀，原作「衰」，據歷代通載卷十六貶李德裕詔改
⑩ 吏，原作「史」，據寬永本改。

史·武宗紀則著德裕之惡，與詔詞皆合。然則新史取信故吏之説，寧不悞後來者乎？

三年，湖南觀察使裴休躬謁華林善覺禪師。休問師：「還有待者否？」覺云：「有一兩箇。」休云：「在什麼處？」覺乃喚「大空」、「小空」，時二虎自庵後而出。休覩[1]之大驚。覺語虎曰：「且去，有客在。」二虎哮吼而去。休問師：「作何行業，感得如斯？」覺良久云：「會麼？」休云：「不會。」覺云：「山僧常念觀音。」休歎異而去。覺隱居，常持錫夜出林麓間，七步一振錫，一稱觀音名號。嘗有僧來參，方展坐具，覺曰：「且緩緩。」僧曰：「和尚見箇什[2]麼？」覺云：「可[3]惜，許磕破鐘樓。」其僧從此有省。

四年。黄蘗希運禪師示寂。師福唐人，姿皃豐碩。游方晚趨江西參馬祖，值祖歸寂，乃見百丈，問馬祖平日機緣。丈舉再參馬祖掛拂話，師於言下大悟。丈曰：「子他日嗣馬祖去。」師曰：「不然。今日因師舉，得見馬祖大機之用。若嗣馬祖，喪我兒孫。」丈曰：「如是如是。見與師齊，減師半德；見過於師，乃堪傳受。」師自是混跡於衆。後於豫章遇觀察使裴休，道緣契合，遂出世説法。嘗示衆曰：「汝等諸人欲何所求？」遂以棒趁去，而衆不散。因謂之曰：「汝曹盡是噇酒糟漢，恁麼行脚取笑於人。但見八百一千人便去，不可衹圖熱閙也。老漢行脚時，或遇草根下有一箇漢，便從頂上一錐，

① 覩，原作「都」，據寬永本改。
② 什，原作「付」，據歷代通載卷十六華林善覺禪師改。
③ 可，原作「司」，據歷代通載卷十六華林善覺禪師改。

看他若知痛痒，可以布袋盛米供養他。可中總似你，如此容易，何處更有今日事。汝等既稱行脚，亦須着些精神。還知道大唐國裏無禪師麼？」時有僧出云：「祇如諸方尊宿聚徒闡化又作麼生？」師曰：「不道無禪，只是無師。汝豈不見馬大師座下出八十四人坐大道場，得大師正眼者止三兩人而已？歸宗和尚是其一也。夫出家人須知有從上來事分，且如四祖下牛頭融大師，横説竪説，猶不知向上關棙子。有此眼腦，方辨得邪正宗黨。且當人事宜不能體會得，但知學語言，念向肚皮裏安着，到處稱我會禪，還替得汝生死麼！輕忽老宿，入地獄如箭。我才見入門來，便識得你了也。還知麼？急須努力，莫容易事。持片衣口食，空過一生，明眼人笑汝，久後總被俗人筭將去在，宜自看遠近，是阿誰分上事。若會即便會，不會即散去。」

五年，詔京兆薦福寺弘辨禪師①入内。帝問曰：「禪宗何有南北之名？」對曰：「禪門本無南北。昔如來以正法眼付大迦葉，展轉相傳至三十一世，此土弘忍大師有二弟子，一名慧能，受衣法居嶺南；一名神秀，在北揚化。得法雖一，而開導發悟有頓漸之異，故曰南頓北漸，非禪宗本有南北之號也。」帝曰：「何名戒定慧？」對曰：「防非止惡名戒，六根涉境心不隨緣名定，心境俱空照鑒無惑爲慧。」帝曰：「何名方便？」對曰：「方便者，隱實覆相權巧之門也。被接中下，曲施誘迪，謂之方便。設爲上根，言捨方便但説無上道者，斯亦方便之談。以至祖師玄言、志功絶謂，亦無出方便之跡。」帝曰：「何爲佛心？」對曰：「佛者，覺也。謂人有智慧覺照爲佛心。心者，佛之别名。則有

① 師，原作「即」，據寬永本改。

百千異號，體唯其一，本無形狀，非青黄赤白男女等相，在天非天、在人非人而現天現人，能男能女，非始非終，無生無滅，故號靈覺之性。如陛下日應萬機，即是陛下佛心。假使千佛共傳，應無別有所得也。」帝曰：「如今有人念佛，如何？」對曰：「如來出世爲天人師，隨根器而説。爲上根者，開最上乘頓悟至理；中下根者未能頓曉，是以佛爲韋提希開十六觀門，令念佛生於極樂。故經云『是心是佛，是心作佛。心外無佛，佛外無心』。」帝曰：「復有人持經持咒求佛，如何？」對曰：「如來種種説法，皆爲最上一乘，如百千衆流莫不朝宗於海，如是差別諸緣皆歸薩婆若海。」帝曰：「祖師既傳心印，金剛經云『無所得法』，如何？」對曰：「佛之一化，實無一法與人，但云①衆生各各自性同一法藏。當時燃燈如來但印釋迦本法，而無所得，方契燃燈本意。故經云『無我、無人、衆生、無壽者，是法平等，修一切善，不著於相』。」帝曰：「禪師既會祖意，還禮佛看經否？」對曰：「沙門禮佛誦經，蓋是住持常法。有四報焉：依佛戒修身，參尋知識，漸修梵行，履踐如來所行之跡。」帝曰：「何爲頓見？何爲漸修？」對曰：「頓明自性與佛無二，然有無始染習，故假漸修對治，令順性起用。如人喫飯，非一口便飽。」是日辨對，七刻方罷。帝悦，賜號圓智禪師。

論曰：宣宗在開成、會昌間，嘗詭服遁世爲沙門，於監官會中遇黄蘗禮佛次，問曰：「不着佛求，不着法求，不着僧求，禮拜作什麼？」蘗曰：「不着佛求，不着法求，不着僧求，某甲常

① 云，寛永本、歷代通載卷十六詔弘辯問南北宗旨作「示」。

禮如是事。」宣宗凡三次致問，蘗三如是答。乃曰：「會麼？」宣宗云：「不會。」蘗遽收坐具打之。故雪竇頌云：「凜凜威風不自誇，端居寰海定龍蛇。大中天子曾輕觸，三度親遭弄爪牙。」即其事也。蘗異時爲相國裴公開示，傳心法要，及弘辨對帝十問語句，皆明白顯了，與大乘經旨無少異。然則爲人君朝賢說法，固不應與擒縱衲子同日而語也，抑宗門法式類如此？嗚呼！不如是烏可謂宗師之全才者歟。

六年，江州刺史崔黯復廬山東林寺。黯自爲之碑，其略曰：「佛之心，以空化執，智化也；以福利化欲，仁化也；以緣業化妄，術化也；以地獄化愚，劫化也。故中下之人聞其說利而畏之，所謂救溺以手，救火以水，其於生人恩亦弘矣。然用其法不用其心，以至於甚則失其道蠹於物。失其道者迷其徒，蠹於物者覆其宗，皆非佛之『以手』、『以水』之意也。爲國家者，取其有益於人，去其蠹物之病，則通矣。唐有天下一十四帝，視其甚理而汰之，而執事之人，不以歸生返本，以結人心，其道甚桀，幾爲一致。今天子取其益生人，稍復其教，通而流之，以濟中下。於是江州奉例詔，予時爲刺史，前訪茲地。松門千樹，嵐光熏天，蜩嘒湍鳴，松籟冷然，可別愛而不剪，利以時往，至是即喜而復之。」又曰：「甞觀晉史，見遠公之事。及得其書，其辯若注，其言若鋒，足以見其當時取今之所謂遠公者也。吾聞嶺南之山，峻而不山；嶺北之山，山而不秀。而廬山爲山，山與秀兩有之。五老窺湖，懸泉墜天，杭香藥靈，鳥閑獸善。煙嵐之中，恍有絳節白鶴，使人觀之而不能回眸也。且金陵六代，代促俗薄，臣以功危，主以疑慘。潯陽爲四方之中，有江山之美，遠公豈非得計於此[①]而視於時風耶？然鶩者搏羶，襲者居[②]素，前入不暇，自歎者多，則遠師固爲賢矣。是山也，以遠師更清；遠師也，以是山更名。暢佛之法，如以曹溪、以天台爲號者，不可一二。故寺以山，山以遠，三相挾而爲天下具美矣。」

八年，溈山靈祐禪師示寂。師嘗示衆曰：「夫道人之心，質直無偽，無背無面，無詐妄心，行一切時，視聽尋常，更無委曲，亦不閉眼塞耳。但情不附物即得。從上諸聖只是説濁邊過患，若無如許多惡覺情[③]見想習之事。譬如秋水澄渟，清淨無爲，澹泞無礙，喚作道人，亦名無事人。」時有僧問：「頓悟之人還更有修否？」師云：「若真悟得本，他自知時，修與不修是兩頭語。如今初心雖從緣得，一念頓悟自理，猶有無始曠劫習氣，未能頓淨，須教渠淨除現業流識，即是修也，不道別有法教渠修行趣向。從聞入理，聞理深妙，心自圓明，不居惑地，雖有百千妙義抑揚當時，此乃得坐披衣，自解作活計。」時相國鄭愚爲之碑曰：「天下之言道術者多矣，各用所宗爲是。而五常教化人事之外，於精神性命之際，史氏以爲道家之言，故老、莊之類是也，其書具存。然至於遏情累、外生死，出於有無之間，超然獨得，言象不可以擬議，勝妙不可以意況，則浮屠氏之言禪者庶幾乎盡也。有口無所用其辯，巧歷無所用其數，愈得者愈失，愈是者愈非。我則我矣，不知我者誰氏；知則知矣，不知知者何

---

① 全唐文卷七百五十七復東林寺碑「此」後有「心」字。
② 居，全唐文卷七百五十七復東林寺碑作「拘」。
③ 情，日藏刊本作「清」。

以。無其無不能盡，空其空不能了。是者無所不是，得者無所不得。山林不必寂，城郭不必諠。無春夏秋冬四時之行，無得失是非去來之跡。非盡無也，冥於順也。遇所即而安，故不介於時；當其處無必，故不跼於物。其大旨如此。其徒雖千百，得者無一二。近代言之者必有宗，宗必有師，師必有傳，然非聰明環宏傑達之器不能得其傳。當其傳，是皆鴻庬偉絶之度也。今長沙郡西北有山名大潙，蟠木穹谷，不知其偏幾千百里，爲羆豹虎兕之宅，雖夷人射獵虞跡樵甿不敢從也。師始僧，號靈祐，生福唐，笠首屩足，背閩來游，菴於翳薈，非食時不出，栖栖風雨，默坐而已，恬然晝夜，物不能害，非夫外死生忘憂患冥順大和者，孰能於是哉！昔孔門殆庶之士，以單瓢樂陋巷，夫子猶稱詠之，以其有生之厚也。且生死於人，得喪之大者也。既無得於生，必無得於死；既無得於得，必無得於失。故於其間得失是非所不容措，委化而已，其爲道術，天下之能事畢矣。凡涉語是非之端，辨之益惑，無補於學者，今不論也。師既以茲爲事，其徒稍稍從之，則與之結構廬室，與之伐去陰黑，以至於千有餘人自爲飲食紀綱，而於師言無所是非，其有間者隨語而答，不强所不能也。數十年言佛者，天下以爲稱首。武宗毁寺逐僧，遂空其所，師遽畏首爲民，惟恐出蚩蚩①之輩，有識者益貴重之。後湖南觀察使裴公休酷好佛事，值宣宗釋武宗之禁，固請迎而出之，乘之以己輿，親爲其徒列。又議重削其鬚髮，師始不欲，戲其徒曰：『爾以鬚髮爲佛耶。』其徒愈强之，不得已，笑而從之。復到其所居爲同慶寺而歸②。諸徒復來，其事如初。師皆幻視，無所爲意，忽一日笑報其徒，示若有疾，以大中八年正月九日

① 蚩蚩，原作「雖雖」，據寬永本、全唐文卷八百二十潭州大潙山同慶寺大圓禪師碑銘並序、歷代通載卷十六潙山靈祐禪師改。
② 全唐文卷八百二十潭州大潙山同慶寺大圓禪師碑銘並序「歸」後有「之」字。

歸寂，年八十三，即窆於大溈之南阜。後十有一年，其徒以師之道上聞，始加謚號及墳塔，以厚其終。噫！人生萬類之最靈者，而以精神爲本，自童孺至老白首，始於飲食，漸於功名利養，是非嫉妬，晝夜纏縛。又其念慮未甞時餉歷息，煎熬形器，起如寃讎，行坐則思想，偃臥則魂夢，以耽淫之利欲，役老朽之筋骸，飡飯既耗，齒髮已弊。猶拔白餌藥以從其事，外以夸人，内以欺己，曾不知息陰休影，捐慮安神，求須臾之暇，以至溘焉而盡親交，不翅如行路利養，悉委他人，愧負積於神明，辱殆流於後嗣，淫渝汗①漫不能自止。斯皆自心而發，不可不制以道術。道術之妙莫有及此，佛經之説益以神聖，然其歸趣，悉臻無有。僧事千百，不可梗槩，各言宗教，自相矛盾，故褐衣圓頂未必皆是。若予者洗心於是逾三十載，適師之徒有審虔者，以師之圖形自大溈來，知予學佛，求爲贊説。觀其圖狀，果前所謂鴻庬絶特之度者也。既與其贊，則又欲碑師之道於精廬之前。予②笑而諾之，遂因其説以自警觸，故其③立言不專以褒大溈之事云。」

論曰：鄭愚或云曾拜相，而唐史無傳，然鄭谷與愚同以詩鳴。今觀大溈碑，可謂能文者矣。使人讀之，莫不洗然省己之非而悟禪宗之深妙也。如本朝太師富鄭公，甞因比部張隱之輕誚禪學以爲葛藤，公與之書，其略曰：「吾輩自少爲俗事浸漬，及長，又取妻養子，奔走仕官，黄卷赤

① 汗，寛永本、全唐文卷八百二十潭州大溈山同慶寺大圓禪師碑銘並序、歷代通載卷十六溈山靈祐禪師作「汗」。

② 予，原作「矛」，據寛永本改。

③ 其，原作「者」，據寛永本改

軸，往往未嘗入手，雖乘閑披玩，只是助譚柄而已，何暇究其義理哉？且士農工商各爲業次纏縛，縱知有山門禪席，欲去參問，何由去得？豈復有結伴參禪問道及衆中博約薰蒸之益乎？萬一明眼人偶然因事遭際，且無一味工夫，所問能有多少？儻不自行探討，深加鑽仰，纔得一言半句，殊未曉了，便鼻孔撩天，自謂我已超佛越祖，佛經禪册都不一顧，以避葛藤之誚，弼之愚見深恐未然也。弼不學禪則已，既辦身心學之，須是周旋委曲，深鈎遠索，透頂透底，得一切見，成光明淨潔，絶無一塵許疑翳，方敢放下。俟到這地位，然後口也不開，眼也不覷人去在，何處更著得葛藤，何處更用工夫耶！隱之隱之，此語誠大钁頭，誠大没意智，緣此一事，要脱無量劫來生死，直須與管生死底閻老作抵敵始得，不可聽人閑語便自昧也。嗚呼！鄭公於吾宋，首以制科進，爲朝廷大用，其位貌勳烈，可謂蕲然傑出者矣，若恣情宴樂，何所不可？」乃砥節礪行要明己事，以悟徹爲期，此歷古以來大臣中所未易有也。

十年，潭州道林沙門疏言詣太原府訪求藏經，高士李節餞以序曰：「業儒之人喜排釋氏，其論必曰禹、湯、文、武、周公、孔子之代皆無有釋，釋氏之興，衰亂之所奉也，宜一掃絶剗革之，使不得滋。釋氏源於漢，流於晋，瀰漫於宋、魏、齊、梁、陳、隋、唐孝和聖真之間。論者之言粗矣，抑能知其然，未知其所以然也。吾請言之。昔有一夫，膚腯而色凝，氣烈而神清，未嘗謁醫，未嘗禱鬼，恬然保順，罔有札瘥之患，固善也。即一夫，不幸而有寒暑風濕之痾，背癃而足躄，耳聵而目瞑，於是攻熨之術用焉，禳禬之事紛焉。是二夫豈特相反耶？蓋病與不病勢異耳。嗟乎！三代之前世康矣，三代之季世病矣。三代之前，禹、湯、文、武德義播之，周公、孔子典教持之，道風雖衰，漸漬猶存，詐不勝信，惡知避善，於是有擊壤之歌、由庚之詩，人人而樂也。三代之季，道風大衰，力詐以覆信，扇澆而散朴，善以柔退，惡以强用，廢井田則豪寠相乘矣，貪封略則攻戰亟①用矣，務實帑則聚斂之臣升矣，務勝下則掊②剋之吏貴矣，上所以御其下者欺之，下所以奉其上者苟之，上下相仇，激爲怨俗，於是有汨羅之客，有負石之夫，人人愁怨也。夫釋氏之教，以清淨恬虚爲禪定，以柔謙退讓爲忍辱，故怨争可得而息也；以菲薄勤苦爲修行，以窮達壽夭爲因果，故陋賤可得而安也。故其喻云必煩惱乃見佛性，則本衰代之風激之也。夫衰代之風舉無可樂者也，不有釋氏以救之，尚安所寄其心乎？論者不責衰代之俗，而尤釋氏之興，則是抱疾之夫而責其醫禱攻療者也。徒知釋因衰代而興，不知衰代須釋氏之救也。何以言之耶？夫俗既病矣，人既愁矣，不有釋氏使安其分，勇者將奮而思鬬，智者將静而思謀，則阡陌之人將紛紛而群起矣。今釋氏一歸之分而不責於人，故賢智儁朗之士皆息心焉，其不能達此者愚人也，惟上所役焉。故罹衰亂之俗，可得而安，賴此也，若之何而剪去之哉！論者不思釋氏扶世助化之大益，而疾其雕鎪綵繪之小費，吾故曰能知其然不知其所以然者也。會昌季年，武宗大剪釋氏，巾其徒，且數萬之民③隸貝其居，容貌於土木者沉諸水，言詞於帋素者烈諸火，分命御史乘馹走天下，察敢隱匿者罪之，由是天下名祠珍宇，毁撤如掃。天子建號之初，雪釋氏之不可廢也，詔徐

① 亟，原作「丞」，據寬永本、歷代通載卷十六李節贈疏言序改。
② 掊，原作「棓」，據寬永本、歷代通載卷十六李節贈疏言序改。
③ 民，寬永本作「氏」。

復之。而自湖以南遠人畏法，不能酌朝廷之體，前時焚撤書像殆無遺者。故雖明命復許制立，莫能得其書。道林寺，湖西之勝游也，有釋疏言，警辯有謀，獨曰：『太原府，國家舊都，多釋祠。我聞其帥司空范陽公，天下仁人，我第往來購釋氏遺文以惠湘川之人，宜其聽我而助成之矣。』即辭而北游，既上謁軍門，范陽公果諾之。因四求散逸不成蘊秩者，至釋祠不見毀而副剩者，又命講丐以補繕闕漏者。月未幾，凡得釋經五千①四十八卷，以大中十年秋八月，輦自河東而歸於湘焉。嘻！釋氏之助世既言之矣。向非我君洞鑒理源，其何能復立之耶？既立之，且亡其書，非有疏言遠識而誠堅，孰克弘之耶？吾喜疏言奉君之令，演釋之宗，不憚寒暑之勤，德及遠人，爲敘其事，且贈以詩。詩曰：湘水狺狺兮俗獷且很，利殺業偷兮吏莫之馴。緊釋氏兮易暴使仁，釋何在兮釋在斯文。湘水滔滔兮四望何已，猿狖騰拏兮雲樹靡靡。月沉浦兮煙冥山，檣席卷兮艣床閑。偃仰兮嘯詠，皷長波兮何時還。湘川超忽兮落日②晼晼，松覆秋庭兮蘭被春畹。上人去兮幾千里，何日同游兮湘川水。」

---

① 千，原作「十」，據歷代通載卷十六李節贈疏言序改。

② 日，原作「目」，據寬永本、歷代通載卷十六李節贈疏言序改。

隆興佛教編年通論卷第二十七

隆興府石室沙門　祖琇　撰

唐

大中十年，詔羅浮軒轅先生，左拾遺王譜等上疏諫之。詔答曰：「朕以躬親庶務，萬機事繁，訪聞羅浮處士軒轅集，善能攝生，年齡不老，乃遣使迎之，冀其有少保理也。朕每觀前史，見秦皇、漢武之事，常以之爲戒。卿等職在諫司，閲示來章，深納誠意。」復謂宰相曰：「爲吾諭於諫官，雖少翁、欒大復生，亦不能相惑。第聞軒轅生高士，欲與一言耳。」未幾，軒轅集至，帝問曰：「先生遐壽而長年，可致否？」對曰：「屏聲色，去滋味，一哀樂，廣惠澤，則與天地合體，日月齊明，是爲長年，不假外求也。」帝敬重之。帝性明叡，用法無私，恭謹節儉，惠愛民物，從諫如流，天下稱爲小太宗。每宰相奏事畢，忽怡然曰：「可以閑語。」因問閭閻細事，或譚宮中游宴。一刻許，復正容曰：「卿等善爲之。常恐卿輩負朕，後日難復相見。」乃起入宮。令孤綯謂人曰：「吾十年秉政，最乘恩遇。然每延英奏事，未嘗不汗霑衣也。」

十二①年八月，帝崩，年五十。舊史贊曰：「臣聞②黎老言大中故事，獻文皇器識深遠，久歷艱難，備知人間疾苦。自寶歷已來，中人擅權，事多假借，京師豪右，大擾窮民，洎大中臨御，一之日權豪斂跡，二之日姦臣畏法，三之日閽寺讋氣。由是政刑③不濫，賢能効用，百揆四嶽，穆若清風，十餘年間，頌聲載路。帝④宮中衣澣濯之衣，常膳不過數器，非母后侑膳，輒不舉樂。歲或小饑，憂形於色。雖左右近習，未嘗見怠惰之容。與群臣言，儼然煦接，如對⑤賓僚。或有所陳聞，虛襟聽納。故事⑥人主行幸，黃門先以龍腦、鬱金藉地，獻文⑦悉命去之。宮⑧人有疾，醫視之，既瘳，即袖金賜之，誡曰：『勿令敕使知，謂朕⑨私於侍者。』其恭儉好善類⑩如此。季年風毒，召羅浮山人軒轅集，訪以治

---

① 卍新續藏本原註：「二，一作『三』。」據舊唐書卷十八下宣宗本紀，宣宗崩於大中十三年八月七日。
② 舊唐書卷十八下宣宗本紀「聞」前有「嘗」字。
③ 政刑，舊唐書卷十八下宣宗本紀作「刑政」。
④ 帝，舊唐書卷十八下宣宗本紀作「上」。
⑤ 對，舊唐書卷十八下宣宗本紀作「待」。
⑥ 故事，舊唐書卷十八下宣宗本紀作「舊時」。
⑦ 獻文，舊唐書卷十八下宣宗本紀作「上」。
⑧ 卍新續藏本原註：「宮，一作『官』。」
⑨ 朕，舊唐書卷十八下宣宗本紀作「予」。
⑩ 舊唐書卷十八下宣宗本紀無「類」字。

身[1]之要[2]，集亦有道之士也，未嘗輙語詭異，帝益重之。及堅請還山，帝曰：『先生捨我亟去，國有灾乎？朕有天下，竟得幾年？』集索笔横書『四十』而去，乃十四年也。興替宜運，其若是歟，而帝道皇猷，始終無缺，雖漢之[3]文、景不足過也。惜乎簡籍遺落，舊事十無三四，吮墨揮翰，有所慊然。」

資治通鑑曰：「宣宗少歷艱難，長年踐祚，人之情偽，靡不周知。盡心民事，精勤治道，賞簡而當，罰嚴而必，故方内樂業，殊俗順軌，求之漢世，其孝宣之流亞歟。」

論曰：唐新、舊史唯宣宗朝事實相返特甚，唯舊史與資治通鑑皆合。新史貶之，謂宣宗以察爲明，無復仁恩之意。嗚呼！斯言莫知何謂也。大凡人君寬厚，長者必責以優游無斷。至於精勤治道，則謂以察爲明。然則何從而可乎？孟子曰「盡信書不如無書」，蓋誠然也。

咸通六年，德山宣鑑禪師示寂。師劍南人，姓周氏。博貫二藏，常講金剛經，時以「周金剛」名之。俄慨然曰：「窮諸玄辯，若一毫置於太虚；竭世樞機，似一滴投於巨浸。學與無學，吾知之矣！」乃盡棄其習，謁龍潭信禪師。問：「久嚮龍潭。及到來，潭又不見，龍亦不現。」信曰：「子

① 舊唐書卷十八下宣宗本紀「治身」前有「治國」二字。
② 從此處至「帝曰」的文字，與舊唐書卷十八下宣宗本紀有較大出入。
③ 舊唐書卷十八下宣宗本紀無「之」字。

親到龍潭。」是夕，師立侍。更深，信曰：「何不下去？」師曰：「暗。」信炷紙燭與師，師接得，信即吹滅。師豁然大悟曰：「今後更不疑天下老和尚舌頭也。」即日便辭。信語其徒曰：「可中有箇漢，牙如劒樹，口似血盆，一棒打不回頭。他時向孤峰上立吾道去在。」師居澧陽垂三十年。大中初，武陵太守薛廷望刱德山精舍，延①請居之，大闡宗風。上堂示衆云：「於己無事，則勿妄求，妄求而得，亦非得也。汝但無事於心，無心於事，則虛而靈，空而妙。若毛端許言之本末者，皆爲自欺。毫氂繫念，三塗業因；瞥爾情生，萬劫羈鎖。聖名凡號，盡是虛聲；殊相劣形，皆爲幻色。汝欲求之，得無累乎！及其猒之，又成大患，終而無益。」僧問：「如何是菩提？」師打云：「出去！莫向這裏屙。」問：「如何是佛？」師云：「佛是西天老比丘。」雪峰問：「從上宗乘以何法示人？」師云：「我宗無語句，亦無一法與人。」至是將終，謂衆曰：「捫空追響，勞汝心神。夢覺覺非，竟有何事。」言訖，端坐而逝，閱世八十有六。

七年四月，臨濟義玄禪師示寂。師曹州人，姓邢氏。參黃蘗運禪師，問：「如何是佛法的的大意？」聲未絶，運便打。如是三度到問，三度被打，遂辭下山。運指往高安大愚處去。師至，大愚問：「黃蘗近日有何言句？」師曰：「某甲三度問佛法的的大意，三度被打，不知有過無過。」愚云：「黃蘗恁麼老婆心，更問有過無過。」師於言下大悟。乃曰：「元來黃蘗佛法無多子。」愚搊住曰：「尿牀鬼子，適來問有過無過，而今却道黃蘗佛法無多子，汝見箇什麼？」師於大愚肋下築三

① 延，原作「廷」，據寬永本、歷代通載卷十七德山宣鑑禪師改。

拳[①]，愚托開云：「汝師黄蘗，非干我事！」師由是再回黄蘗，師資契會，大機大用，卓冠一時。後還鄉，徇趙人之請，住子城南臨濟禪苑，學徒奔湊。師示衆曰：「赤肉團上有一無位真人，常從汝等諸人面門出入，未證據者看。」時有僧問：「如何是無位真人？」師下禪床搊住云：「道，道！」其僧擬議，師托開云：「無位真人是什麽乾屎橛？」師云：「出家人且要學道。如山僧往日亦曾於經論中尋討，後方知是濟世藥方表顯之語，遂一時抛却。訪道參禪，遇大善知識，方乃道眼分明，識得天下老和尚，知其邪正。不是娘生下便會[②]，還是體究練磨，一朝自省。道流，如諸方學人，未有不依物出來底。山僧向此間從頭打。手上出來手上打，口裏出來口裏打，眼裏出來[③]眼裏打，未有一箇獨脱出來底，皆是上他古人閑機境。山僧無一法與人，只是治病解縛。你諸方道流，試不依物出來，我要共你商量。十年五歲並無一人，皆是依草附木精魅，向糞塊上亂咬瞎漢。作這般見解，徒消十方信施，向你道無如許多般，只是平常著衣喫飯無事過時。你諸方來者，皆是有心求佛求法求解脱求出離三界。癡人，你出三界向什麽處去？你一念心貪是欲界，一念心嗔是色界，一念心癡是無色界，是你屋裏家具。三界不自道我是三界，還是你目前靈靈地照燭萬般酌度世界底人與三界安名。道流，目前用處，更有阿誰把得便用？莫著名字號爲玄旨，與麽見得爲嫌底法。」師云：「禪宗見解，死活脩然，參學之人大須子細。如賓主相見，便有言論往來，或應物現形，或全體作用，或把機權喜怒，或現半身。

① 拳，原作「峯」，據傳燈録卷十二鎮州臨濟義玄禪師、歷代通載卷十七臨濟義玄禪師改。
② 會，原作「金」，據寬永本改。
③ 眼裏出來，原闕，據寬永本、宿語録卷四鎮州臨濟慧照禪師語録補。

如有真正道流，便喝，先拈出一箇膠盆子。善知識不辨是境，便上他境上作模樣，學人又喝，前人不肯[①]放下，此是膏肓之病，不堪醫，唤作客看主；或善知識不拈出物，隨學人問處即奪，學人被奪，抵死不放下，此是主看客；或有學人應一箇清淨境出，善知識辨得是境，把將抛向坑裏，學人言大好，知識即云咄哉，不識好惡，學人便禮拜，此是主看主；或有學人被枷帶鎖出，善知識更與一重枷鎖，學人歡喜，彼此不辨，呼爲客看客。山僧如是所舉，皆是辨魔揀，異知其邪正。道流，實情大難，佛法幽玄。山僧竟日與他説破，學者物不在意，千遍萬遍，脚底踏過，黑没焌地，年登半百，只管傍家，負死屍行，擔却擔子天下走。道流，如諸方學人來，山僧此間作三種根器斷：如中下根器來，我便奪其境而不除其法；或中上根器人來，我即境法俱奪；如上上根器人來，我則境法人俱不奪；如有出格見解人來，我此間便全體作用不歷根器。道流，到這裏，着力處不通風，石火電光即蹉過，學人若眼目定動，轉没交涉，擬心即差，動念即隔，有人解者，不離目前。」師云：「山僧佛法的的相承，從道一和尚、麻谷、丹霞、廬山和尚一路行偏天下，無人信得，盡皆起謗。如道一和尚用處，純一無雜，學人三百五百，盡皆不見他意；如廬山和尚自在真正順逆用處，學人不測涯際，悉皆茫然；如丹霞翫珠隱顯，學人來者皆悉被罵；如麻谷用處，如黄蘗用處，近皆不得；如石鞏用處，向箭頭上覓人，來者皆懼；如山僧今日用處，真正成壞翫弄神變，入一切境隨處無事，境不能换。但有來者，我即便出看渠。渠不識我，便一向入我言句。苦哉，苦哉！」師辭。黄蘗問：「什磨處去？」師

① 肯，原作「旨」，據寛永本、五燈會元卷十一鎮州臨濟義玄禪師、宿語録卷五（臨濟禪師）行録改。

云：「不是河南便歸河北。」蘗便打，師約住與一掌。蘗大笑，唤侍者將百丈先師禪板机案來。師云：「侍者將火來。」蘗云：「雖然如是，汝但將去，已後坐却天下人舌頭去在。」先是仰山云：「汝向北有箇住處，有人輔佐老兄。只是此人有頭無尾，有始無終。」及師居臨濟，普化已先在彼，果贊佐師。未久，普化全身脱去，尋以兵動弃去。太尉默君和捨宅爲寺，延請師居，亦以臨濟爲額。次至河府，府主王常侍與師道契。晚還大名府興化寺閑居。存奬執侍，師付法偈曰：「沿流不止問如何，真照無邊説似他。離相離名人不禀，吹毛用了急還磨。」一日謂衆曰：「吾滅後，不得滅却吾正法眼。」三聖云：「争敢滅却和尚正法眼。」師云：「已後有人問你，作麽生道？」三聖便喝。師云：「誰知吾正法眼藏向這瞎驢邊滅却。」言訖，端坐而化。門人奉全身塔於大名府西北隅。謚曰慧照禪師。

論曰：臨濟大悟發明正法眼藏，如箭離絃，師子返擲，照用驚群。又况黄蘗、大愚鉗鎚妙密，掣電光中與之擊節投機，真佛祖爐鞴也。嗚呼，盛哉！自臨濟傳興化，今逾十世，道益光大，所謂源深流長。抑這宗脉説話，歷歷皆從佛祖頂𩕳上拈出，决非他宗所能跂及也。其猶大鵬一舉九萬里，則風斯在下矣。古所謂雲門、臨濟，僧中王也，豈虚語哉。

九年，長沙景岑禪師示寂。師嘗示衆曰：「我若一向舉揚宗教，法堂裹須草深一丈。我不得已向汝諸人道，盡十方世界是沙門眼，盡十方世界是沙門全身，盡十方世界是自己光明，盡十方世界在自己光明裹，盡十方世界無一人不是自己。我常向汝道，三世諸佛共十法界衆生是摩訶般若光。光未發時，汝等諸人向什麽處委？光未發時尚無佛無衆生消息，何處得有山河國土來？」時有僧問如何是沙門眼，師云：「長長出不得。」又云：「成佛成祖出不得，六道輪迴出不得。」僧云：「未審出箇什麽不得？」師云：「晝見日，夜見星。」僧云：「學人不會。」師云：「妙高山色青又青。」僧云：「如何是佛？」師云：「衆生色身是。」僧云：「河沙諸佛體皆同，如何有種種名字？」師云：「從眼根返源名爲文殊，耳根反源名爲觀音，徙①心返源名爲普賢。文殊是佛妙觀察智，觀音是佛無緣大悲，普賢是佛無爲妙行，三聖是佛之妙用，佛是三聖之真體。用則有河沙假名，體則總名爲一薄伽梵。」僧云：「色即是空，空即是色。此理如何？」師云：「礙處非墻壁，通處勿虚空。若人如是解，心色本來同。」問：「如何是佛性？」師云：「佛性堂堂，顯現住相，有情難見。若悟衆生無我，我面何殊佛面。」問：「如何是上上人行履處？」師云：「如死人眼。」問：「上上人相見時如何？」師云：「如死人手。」問：「善財無量劫來，爲什麽游②普賢身中世界不遍？」師云：「汝從無量劫來，還曾游得遍麽？」問：「如何是普賢身？」答：「含元殿裏更問長安。」問：「亡僧迁化向什麽處去？」師云：「不識金剛體，却唤作生緣。十方真寂滅，誰在復誰行。」師因臨濟示衆赤肉團上有一無位真人，乃有偈曰：「萬法一如不用揀，一如誰揀誰不揀？即今生死本菩提，三世如來同箇眼。」仰山

① 徙，傳燈録卷十湖南長沙景岑禪師、歷代通載卷十七長沙景岑禪師作「從」。

② 游，原作「淤」，據寬永本、傳燈録卷十湖南長沙景岑禪師、五燈會元卷四湖南長沙景岑招賢禪師、歷代通載卷十七長沙景岑禪師改。

問：「人人盡有這箇事，只是用不得？」師云：「恰是請①汝用。」仰云：「作麼生用？」師乃踏倒仰山。山曰：「直下似箇大虫！」世因名「岑大虫」。

十年，洞山价禪師示寂。師會稽人也，姓俞氏。幼出家，年二十一往嵩岳受具，首謁南泉。值馬祖忌日設齋，泉問衆曰：「今日設齋，未審馬祖還來否？」衆無對。師乃出對曰：「待有伴即來。」泉聞之贊曰：「此子雖後生，却堪雕琢。」師曰：「和尚莫壓良爲賤。」次謁溈山，問曰：「頃聞忠國師有無情説法，良价未究其微。」溈山曰：「我這裏亦有，只是難得其人。」師曰：「便請和尚道。」溈曰：「父母所生，口終不敢道。」師曰：「還有與和尚同時慕道者否？」溈曰：「此去石室相連，有雲巖道人。若能撥草瞻風，必爲子之所重。」師到雲巖問：「無情説法，什麼人得聞？」岩曰：「無情説法，無情得聞。」師曰：「和尚還聞否？」岩曰：「我若聞，汝即不得聞吾説法也。」師曰：「若恁麼，即良价不聞和尚説法。」岩曰：「我説汝尚不聞，何況無情説法耶。」師乃述偈曰：「也大奇②，也大奇，無情説法不思議。若將耳聽應難會，眼處聞聲方始知。」遂辭。雲巖問什麼處去，曰：「雖離和尚，未卜所止。」巖曰：「早晚却來。」師曰：「待和尚有住所即來。」巖曰：「自此一去，難得相見。」師曰：「難得不相見。」又問巖曰：「和尚百年後，忽有人問還邈得師真，如何祗對？」巖曰：「但向伊道，即這是。」師良久，巖曰：「承當這箇事，大須審細。」師猶涉疑。後因過水覩影，大悟前旨，因有偈曰：「切恐從他覓，迢迢與我疎。我今獨自往，處處得逢渠。渠今正是我，我今不

① 卍新續藏本原註：「請，一作『倩』。」
② 也大奇，原作「大也奇」，據寬永本、五燈會元卷十三瑞州洞山良价悟本禪師、歷代通載卷十七洞山良价禪師改。

是渠。應須恁麼會，方得契如如。」大中末，於新豐山接誘學徒，其後盛化於高安之洞山。常因雲巖忌日修齋，僧問：「和尚見南泉發跡，爲什麼與雲巖設齋？」師曰：「我不重先師道德，亦不爲佛法，只重不爲説破。」又僧問：「和尚還肯先師也無？」師曰：「半肯半不肯。」曰：「爲什麼不全肯？」師曰：「若全肯，即孤負先師也。」師有時垂語云：「直道本來無一物，猶未消得他鉢袋子。」僧問：「什麼人合得？」師曰：「不入門者。」曰：「只如不入門者還得也無？」師曰：「雖然如此，不得不與他。」師又曰：「直道本來無一物，猶未消得他衣鉢，這裏合下得一轉語。且道下得什麼語？」有一上座，下九十六轉語，不愜師意。末後一轉，始可師意。師曰：「闍黎何不早恁麼道。」有一僧聞，請舉其語。如是三年執侍，然不爲舉。上座因疾其僧曰：「某甲三年請舉前語，不蒙慈悲。善取不得，惡取？」遂露刃向之曰：「若不道，即殺上座也。」上座悚然曰：「且待爲汝舉。」乃曰：「直饒將來亦無處著。」其僧禮謝。僧問：「常尋常教學人行鳥道，未審如何是鳥道？」師曰：「不逢一人。」曰：「如何行？」師曰：「直須足下無絲去。」曰①：「只如行鳥道，莫便是本來面目否？」師曰：「汝因什麼顛倒？」曰：「什麼處是學人顛倒？」師曰：「若不顛倒，何得認奴作郎？」曰：「如何是本來面目？」師曰：「不行鳥道。」師謂衆曰：「知有佛向上人，方有語話分。」時有僧問：「如何是佛向上人？」師曰：「非常。」師問僧：「世間何物最苦？」僧曰：「地獄最苦。」師曰：「不然。在此衣線下不明大事是最苦。」師問僧：「名什麼？」曰：「某甲。」師曰：「阿那箇是汝主人公？」

---

① 曰，原作「如」，據傳燈録卷十五筠州洞山良价禪師改。卍新續藏本原註：「如，一作『曰』。」

曰：「見祇對次。」師曰：「苦哉，苦哉！今時人例皆如此，祇是認得驢前馬後，將爲自己，佛法平沉，此之是也。客中辨主，尚未分明，如何辨得主中主？」僧云：「如何是主中主？」師云：「闍黎自道取。」曰：「某甲道得只是客中主，如何是主中主？」師曰：「恁麼道即易，相續也大難。」師將示寂，謂衆曰：「吾有閑名在，誰爲吾除得？」衆皆無對。有沙彌曰：「請和尚法號。」師曰：「吾閑名已謝。」問：「和尚違和，還有不病者不？」曰：「有。」僧曰：「不病者還看和尚否？」曰：「老僧看他有分。」曰：「和尚争得看他？」師曰：「老僧看他時不見有病。」又曰：「離此殼漏子，向什麼處與吾相見？」衆無對。遂剃髮披衣，令撞鐘，湛然而寂。時學徒千餘人號慟①，移時，師忽開眸曰：「夫出家人心不附物，是真修行。勞生息死，於悲何有！」乃召主事僧，令辨②愚癡齋一中，蓋責其徒戀情也。至七日食具方備，師隨衆齋畢，復謂衆曰：「僧家無事。大率臨行之際，勿須諠動！」明日浴罷，端坐長往，壽六十三。謚悟本禪師。

是歲五月，帝幸安國寺，賜國師知玄寶座，高二丈，材用沉香塗髹，縷龍鳳葩蕊金鈿③之上，施複座，陳經几，其前四隅立瑞鳥神人，高數赤，磴道以陞，前被綉囊錦襜，珍麗絶甚。時宫中日齋萬僧，帝自爲贊唄。宰相蕭④倣諫以爲天竺法割愛取滅，非帝王躬踐，今筆梵言、口梵音，不若徵謬賞濫罰振

① 慟，原作「悦」，據寬永本、歷代通載卷十七洞山良价禪師改。
② 辨，寬永本作「辦」。
③ 鈿，原作「細」，據寬永本改。
④ 蕭，原作「肅」，據寬永本改。

殃祈福；況佛者可以悟取，不可以相求。懿宗雖不納，然嘉美其言。玄姓陳氏，世號「陳菩薩」，三學洞貫，名蓋一時，異跡尤多。及僖宗避巢賊幸成都，遣御史郭遵賫璽書徵赴行在。帝素重其名，引對大悅，賜號悟達國師，留行宮久之。辭歸九隴，忽定中見菩薩降其室，摩玄頂，演深妙音而慰安之，言訖即隱。俄一珠入玄左股，隆起楚甚，上有「晁錯」二字。玄知夙債也，即右脇安卧而逝。著述凡二十餘萬言行於世。弟子僧徹，徹弟子覺暉，俱有重名，三世爲僧統。或謂玄前身蓋漢川三學山知鉉法師，鉉在世嘗講十地品，感地變金色。及終感病，與玄絶類。

論曰：世稱知玄蓋漢袁盎後身，其諫争亦餘習也。當武宗惑於左道，將罷大教，玄争之，伸明自宗可也，乃沮其服食，而進以禮樂刑政，是拂之而與之競焉，則與盎諫遷淮南王、斥趙談參乘、却慎夫人座異矣。然自漢文抵僖宗七百餘年，盎償晁錯事固應足矣。尚蒙惡報而斃，何哉？蓋與錯始有私隙，及錯議削七國而七國叛，盎遂請斬錯。及錯誅而七國之兵不退，則是盎假國威以報私讎也。故其歷十數世而業報未艾也如此，可不戒哉！

咸通十一年，相國裴休薨。休字公美，孟州人，兒時與兄弟偕隱，晝講經，夜著書，終年不出户。有饋鹿者，諸生薦之，休不食，曰：「蔬食猶不足，今一啗肉，後何以繼？」擢進士第，累更内任，嘗出刺洪州。一日，入龍興寺觀壁畫，歎曰：「容儀可觀，高僧何在？」時有數僧對，不愜。休曰：「此間莫有禪者麽？」僧云：「近一僧至，似禪者。」休命召至，乃黄蘗運禪師，時未顯名。休以前問扣之，運高聲曰：「裴休！」休應諾。運曰：「在什麼處？」休豁然，從①此契入，遂迎入府第，旦夕問法。及移鎮宛陵，亦命與俱，由是深徹法源。復與圭峰密禪師道緣尤密。大中時，執政六年，次歷諸鎮節度，薨年七十有四。休能文章，書楷遒媚有體法，爲人醞籍，操守嚴正，進止雍閑。宣宗嘗曰：「休真儒者。」居常不御酒肉，著釋氏文數萬言。其圭峰禪源諸詮序曰：「禪師集禪源諸詮爲禪藏而都序之，休曰：『未嘗有也。』自如來現世，隨機立教，菩薩間生，隨病指藥，故一代時教，開深淺之三②門；一真如心，演性相之别法。馬、龍二士皆弘調御之説，而空性異宗；能、秀二師俱傳達磨之心，而頓漸殊稟。天台專依三觀，牛頭無有一法，江西舉體全真，荷澤直指知見。其他空有相破，真妄相攻，反奪順取，密指顯説，故西域、中夏，其宗實繁。良以病有千源，藥生多品，投機隨器，不得一同，雖俱爲證悟之門，盡是正真之道。然諸宗門下通少局多，故數十年來，師法益壞。以承稟爲門户，各自開張；以經論爲戈矛，互相攻擊。情隨函矢而遷變，法逐人我以高低。是非紛拏，莫能辨析，則向者世尊菩薩諸方教宗，適足以起諍後人，增煩惱病，何利益之有哉！圭峰禪師久而歎曰：『予丁此時，不可默矣！』於是以如來三種教義，印禪宗三種法門，融瓶槃釵釧爲一金，攪酥酪醍醐爲一味，振綱領而舉者皆順，據會要而來者同趨。尚恐學者之難明也。又復直示宗源之本末、真妄之和合、空性之隱顯、法義之差殊、頓漸之同異、遮表之迴互、權實之淺深、通局之是非，莫不提耳而告

① 從，原作「後」，據寬永本、歷代通載卷十七裴相國禪源詮序改。

② 三，原作「二」，據寬永本、歷代通載卷十七裴相國禪源詮序、全唐文卷七百四十三釋宗密禪源詮序改。

之，指掌而示之，嚬呻以吼之，柔和①以誘之。乳而藥之，恐性命②之夭殤也；保而護之③，念水火之漂焚也；揮而散之，悲鬪諍之牢固也。大明不能破長夜之昏，慈父④不能保身後之子。若吾師者，捧佛日而委曲迴照，疑曀盡除；順佛心而橫亘大悲，窮劫蒙益。是⑤則世尊爲闡教之主，吾師爲會教之人，本末相符，遠近相照，可謂畢一代時教之能事矣。或曰：『自如來滅後，未嘗大都而通之。今一旦違宗趣而不守，廢關防而不據，無乃乖秘藏密契之道乎？』答曰：『佛於法華經涅槃會上亦以融爲一味，但昧者不覺，故涅槃經云，迦葉菩薩曰：諸佛有密語而無密藏。世尊贊歎曰：如來之言開發顯露，清淨無翳，愚人不解謂之秘藏，智者了達則不名藏。此其證也。故王道興，則外户不閉，而守在夷狄；佛道備，則諸法總持，而防在外魔。不當復執情攘臂於其間也。』嗚呼！後學當取信於佛，無取信於人；當取證於本法，無取證於未習。能如是，則可以報圭峰之劬勞德矣。」

論曰：唐拾遺稱休執政六年。一日，宣宗在便殿，休入見，從容以立皇儲爲請。宣宗徐摇首曰：「如卿請，朕便是閑人也。」休以此忤，肯丏外任，乃以平章事出鎮巨藩，閱十餘年而薨。及

① 柔和，全唐文卷七百四十三釋宗密禪源詮序作「愛軟」。
② 恐性命，全唐文卷七百四十三釋宗密禪源詮序作「憂佛種」。
③ 保而護之，全唐文卷七百四十三釋宗密禪源詮序作「腹而擁之」。
④ 父，全唐文卷七百四十三釋宗密禪源詮序作「母」。
⑤ 全唐文卷七百四十三釋宗密禪源詮序無「是」字。

史氏稱休爲人醞籍，操守嚴正，進止雍閑。宣宗嘗曰：「休真儒者。」此蓋涉世之影跡也。至於淹貫六藝，洞徹教乘，具正法眼，則天下之美，萃於一人，而古今無與比者。當時唯龐居士具宗眼而純提向上，休則潤以文雅而光輔宗門。若其圓覺經、法界觀二序，并勸發菩提心文，後世雖有作者，無能過矣。是二公者，議其地位，則第八無相無功用福智皆報得者歟。

咸通十四年三月庚午，詔兩街僧於鳳翔法門寺迎佛骨。於是以金銀爲刹，珠玉爲帳，孔鷸周飾之，小者尋丈，高者倍之。刻檀爲檐柱，陛墄塗黃金，每一刹數百人舉之。香輿前後係道綴玉瑟瑟，幡蓋殊綵以爲幢旌，費不貲限。以四月八日至京師，綵觀夾道，天了御安福門樓迎拜，引入内道場，三日後出京城諸寺。詔賜兩街僧金帛，京師耆老及見元和事者悉厚賜。所過鄉①聚，皆裒土爲刹。相望於途，光景晝見。京城高貲，相與集大衢，作繒②臺縵闕，注水銀爲池，金玉爲樹，集桑門，羅像設，考鼓鳴螺繼日夜。下詔曰：「朕以寡德纘承洪業十有四年，頃值寇興，王師未息。朕憂勤在位，愛育生靈，遂尊崇釋教，至重玄門，迎請真身，爲百姓祈福。今觀覩之衆，隘塞路岐，載念狴牢寢興在慮，嗟我黎人陷於刑辟，况漸當暑毒繫於縲③绁，京畿④及天下諸州府見禁囚遞減死一等。」明年四月，詔送

① 鄉，原作「卿」，據寬永本、歷代通載卷十七詔迎佛骨（史贊附）改。
② 繒，寬永本、歷代通載卷十七詔迎佛骨（史贊附）作「僧」。
③ 縲，原作「螺」，據寬永本、歷代通載卷十七詔迎佛骨（史贊附）改。
④ 畿，原作「幾」，當爲「畿」。

佛骨歸於鳳翔，都人耆耋辭餞，皆嗚咽流涕。

新史贊曰：「人之惑怪神也，甚哉！若佛者，特西域一槁人耳。裸頂露足，以乞食自資，癯辱其身，屏營山樊，行一槩之苦，本無求於人，徒屬稍稍從之。然其言荒茫漫靡，夷幻變現，善推不驗無實之事，以鬼神死生貫爲一條，據之不疑。掊嗜欲，弃親屬，大抵與黄老相出入。至漢十四葉，書入中國。蹟夫生人之情，以耳目不際爲奇，以不可知爲神，以物理之外爲畏，以變化無方爲聖，以生而死、死而復生、回復償報、歆艷其間爲惑①，然以賤近貴遠爲喜，鞮譯差升②，不可研詰。華人之譎誕者，又攘莊周、列禦寇之説佐其高，層累架騰，直出其表，以無上不可加爲勝，妄相夸協而唱③其風。於是自天子逮庶人，皆震動而奉祀之。初，宰相王縉以緣業事佐代宗，始④作内道場，晝夜梵唄，冀禳寇戎，大作盂蘭，肖祖宗像分供寺塔，爲賤⑤臣嘻笑。至憲宗⑥，遂迎佛骨於鳳翔，内之宫中。韓愈指言其弊，帝怒，竄愈瀕死，憲亦弗克⑦天年，幸福而禍，無乃⑧左乎！懿宗不君，精爽奪迷，復蹈前車

① 新唐書卷一百八十一無「惑」字。
② 升，新唐書卷一百八十一作「殊」。
③ 唱，新唐書卷一百八十一作「倡」。
④ 新唐書卷一百八十一「始」前有「於是」二字。
⑤ 賤，新唐書卷一百八十一作「賊」。
⑥ 新唐書卷一百八十一「憲宗」後有「世」字。
⑦ 克，新唐書卷一百八十一作「獲」。
⑧ 乃，新唐書卷一百八十一作「亦」。

而覆之。興哀無知之場，丐疵①百解之葳，以死自誓，無有顧籍，流涕拜伏，雖事廟②上帝，無以進焉。屈萬乘之貴，自等於古胡，數千載而遠，以身爲殉。嗚呼！運痑③祚殫，天告之矣，懿不三月而殂，唐德之不競，厥有來哉。」

論曰：甚矣，宋景文公詆毀吾先師之厚也！屢欲直其辭而爲之解嘲。及得大顛對退之之論，李節贈疏言之敘，凡予所欲言者，彼既言矣，故不別論。且憲、懿二宗誠爲崇奉太過，至於高祖沙汰二教，詔下而位移，武宗大滅釋氏，未逾歲而被禍，此亦不得不懼也。雖然，真佛也者，聖凡之大本也，體與太虛等遍，用與衆庶④同功，無爲而無所不爲，無在而無所不在。然則心外見佛而過舉之者，非正見也；昧乎大本而故毀之者，即自毀也。景文斥其奉之之弊而匿其毀之之失，豈良史之謂哉？

① 疵，新唐書卷一百八十一作「庛」。
② 新唐書卷一百八十一「廟」前有「宗」字。
③ 痑，新唐書卷一百八十一作「欿」。
④ 庶，原作「遮」，當爲「庶」。

隆興佛教編年通論卷第二十八

隆興府石室沙門　祖琇　撰

唐

光啟三年四月，巖頭全豁禪師示寂。師泉州人，姓柯氏，少落髮，抵長安受具，游講席，習經律，次與雪峰欽山結伴優游禪苑。初造臨濟，值濟遷化，見仰山，才入門，提起坐具云「和尚」，仰山擬取拂子舉之。師曰：「不妨好手。」次見德山，執坐具上法堂瞻視，山曰：「作什麼？」師咄之。山曰：「老僧過在什麼處？」師曰：「兩重公案。」便下參堂。山曰：「這箇阿師，稍似箇行脚人。」至來日，上問訊。山曰：「闍黎什麼處學得這箇虚頭來？」師曰：「全豁終不自謾。」山曰：「他後不得辜負老僧。」雪峰在德山作飯頭，一日飯遲，德山擎鉢下堂。雪峰見之曰：「鐘未鳴，鼓未響，老漢向什麼處去？」德山却歸方丈。師在堂中聞之，拊掌曰：「大小德山猶未會末後句在。」時衆訝之，以白德山。山令侍者呼師入方丈，曰：「上座今日道老漢未會句在，且作麼生？」師即密啟其意。來日德山升堂説法竟，大衆下堂，師於堂前拊掌曰：「且喜德山老人會句也，他後天下人近不得。然雖如此，只得三年。」德山果如期而滅。

師居巖頭，一日上堂謂衆曰：「吾甞究涅槃經七八年，覩三段文似衲僧説話。」又曰：「休，休。」有僧禮拜請益，師曰：「經云，吾教意如伊字三點，第一向東方下一點，點開諸菩薩眼；第二向西方下一點，點諸菩薩命根；第三向上方下一點，點諸菩薩頂。此是第一段義。」又曰：「吾教意如摩醯首羅，劈開面門，竪亞一隻眼。此是第二段義。」又曰：「吾教意猶如塗毒鼓，擊一聲，遠近聞者皆喪。是第三段義。」時，小巖上座問：「如何是塗毒鼓？」師以兩手按膝亞身曰：「韓信臨朝底。」問：「浩浩塵中如何辨主？」師曰：「銅沙羅裏滿盛油。」問：「如何是道？」師曰：「破草鞋拋向湖裏著。」問：「古帆不挂時如何？」師曰：「後園驢喫草。」嘗謂衆曰：「老漢去時，大吼一聲了去。」其後中原盜起，衆皆避地，師端居自如。一日，賊大至。責以無供餽，遂剚刃焉。師神色不動，大吽一聲而終，壽六十有一。後唐追謚清嚴大師。有嗣法上座羅山能，世其高風云。

論曰：唐自乾符中巢賊首亂天下，禧宗蒙塵，往來歲無定居。及賊平，方鎮各擅其地而有之，繼以沙陀之兵再陷長安，都邑遂爲丘墟。繇是李克用、李茂貞、朱全忠等争雄競霸，侵逼王廷，皆所不忍願聞者。吾徒此時避地巖穴，跡不可見。故新、舊唐史自中和至唐亡數十年間，絶無一字及釋、老者。當是時，天下禪宗爲最盛，迨自十國割分，揚行密據江淮，錢鏐據浙，王審知據閩，劉隱據廣，馬殷據楚，王建據蜀，高季興據荆峽，以至李昪繼江淮，孟知祥繼蜀，劉旻繼漢而據幽，并皆傾城竭力，歸奉大教，以悦民心，苟延其祚。雖然，彼武夫悍卒，乘時僭叛，素不知書，復無勳德在民，必再世而後淫侈荒縱、迭相戮辱而覆其邦，斷無一可稱者，特南唐好文、錢氏循理而已。凡十國者，七在唐曆垂三十年，而朱全忠始受唐禪，建都大梁，閱五朝八姓十有三君，謂之五代五十三年。合唐末亂罹，凡八九十載，可謂薄福尠德之世，唯戰争殺伐爲事，文章德行禮義廉耻喪滅幾盡。唯吾屬有所謂大溈、黄蘗、洞山、雲居、雪峰、玄沙、雲門、皷山，若此類，學徒常數千百人，而深禪妙句，膾炙①古今，高風異行，照映天人。蹤跡具在，不可誣也。然則沙門處亂世，操立如此，故一時良善得以依歸，矧當治世聖化養育者耶？自是略著禪門五宗而不及世俗云。

大順二年，仰山慧寂禪師示寂。師韶州懷化人，初謁溈山，祐禪師問：「汝是有主沙彌無主沙彌？」曰：「有主。」曰：「在什麼處？」師從西過東立。祐知是異人，便垂開示。師問：「如何是真佛住處？」祐曰：「以思無思之妙，返思靈燄之無窮。思盡還源，性相常住，事理不二，真佛如如。」師於言下頓悟。自此執侍十有五載，凡有言句皆爲後世宗範。一日，師問溈山曰：「和尚浮漚識近來寧未？」溈山云：「我無來經五年也。」仰曰：「若恁麼，和尚如今身前應普超三昧頂。」溈山云：「未在。」仰曰：「性地浮漚尚寧，然燈身前何故未？」溈山云：「理則如是，我未敢保任。」仰曰：「如何是未敢保任處？」溈山云：「汝莫口解脱汝，豈不聞安、秀二師被則天試入水，始知有長人。到這裏，鐵佛也須汗出。寂子，汝大須修行，莫終日口密。」及領衆住王莽山，一日，禪床陷入地中，地神告以此山不任和尚居止，東南有大仰山，乃人間福地，遂遷止仰山。示衆曰：「汝等諸人各

① 灸，疑爲「炙」。

自回光返照，莫記吾言。汝無始劫來，背明投暗，妄想根深，卒難頓拔，所以假設方便，奪汝麤識。如將黃葉止啼，有什麽是處？亦如人將百種貨物與金寶作一鋪貨賣，衹擬輕重來機。所以道石頭是真金鋪，我這裏是雜貨鋪。有人來覓鼠糞，我亦拈與他；來覓真金，我亦拈與他。」時有僧問：「鼠糞即不要，請和尚真金。」師云：「齧鏃擬開口，驢年亦未會。」師云：「索喚則有交易，不索喚則無。我若説禪宗，身邊要一人相伴亦無，豈況五百七百衆耶！我若東説西説，則争頭向前採拾，如將空拳誑小兒，都無實處。我今分明向汝説聖邊事，且莫將心湊泊，但向自己性海如實而修，不要三明六通。何以故？此是聖末邊事。如今且要識心達本，但得其本，不愁其末，他時後日，自具去在。若未得本，縱饒將情，學他亦不得。豈不見溈山和尚道『凡聖情盡，體露真常，事理不二，即如如佛』？」

師因歸溈山省覲，祐問：「子既稱善知識，争辨得諸方來者知有不知有？有師承無師承？是義學是玄學？子試説看。」師曰：「慧寂有驗處。但見諸方僧來，便竪起拂子問伊，諸方還説這箇不説？又云這箇且置，諸方老宿意作麽生？」祐嘆曰：「此是從上宗門中爪牙。」祐問：「大地衆生，業識茫茫，無本可據，子作麽生知他有之與無？」師曰①：「慧寂有驗處。」時有一僧從面前過，師召云：「闍黎。」僧曰：「首。」師曰：「和尚，這箇便是業識茫茫無本可據。」祐曰：「此是師子一滴乳，能散六斛驢乳。」鄭愚相公問：「不斷煩惱而入涅槃時如何？」師竪起拂子。公云：「入之一字，不要亦得。」師云：「入之一字，不爲相公。」師問雙峰：「師弟近日見處如何？」對曰：「據某甲見處，

① 卍新續藏本原註：「曰，疑『回』。」

實無一法可當情。」師曰：「汝解猶在境。」雙峰曰：「某甲只如此，師兄如何？」師曰：「汝豈無能知無一法當情者？」潙山聞云：「寂子一句，疑殺天下人。」僧問：「禪宗頓悟，畢竟入門的意如何？」師曰：「此意極難。若是祖宗門下大根上智，一聞千悟，得大總持。此根人難得，其有根微智劣，所以古德道『若不安禪靜慮，到這裏總須茫然』。」僧曰：「除此格外，還別有方便令學人得入也無？」師曰：「別有別無，令汝心不安。汝是什麼處人？」曰：「幽州人。」曰：「汝還思彼處否？」曰：「常思。」師曰：「彼處樓臺林苑人馬駢闐，汝反思思底還有許多般也無。」曰：「某甲到這裏一切不見有。」師曰：「汝解猶在境。信位即是，人位即未是。據汝所解，只得一玄，得坐披衣，向後自看。」潙山一日復問師曰：「汝向後記得人否？」師曰：「若記，只記見解。」潙曰：「何以如此？」師曰：「西竺般若多羅讖二千年事，至時毫髮不移。曹溪亦讖身後有難，及①至，亦無爽。今時還得否？」潙曰：「此是行通。我是自宗通，亦是禪學，未問六通。」師曰：「某謂見解宗通，語絶滲漏，屬語密；行解照明，自辨清濁業，屬意密。某未齊曹溪與般若多羅，不敢輒記。」潙山深然之。先是，師預示偈曰：「吾年七十七，老去是今日。任性自浮沉，兩手攀膝屈。」至是，兩手抱膝而逝。師之畢跡及垂讖記，具存本山實録。

論曰：吾宗從上來，雖以妙悟通宗，抑履踐功深，方能究竟大事。觀潙②仰論，語密意密，

① 及，原作「乃」，據寬永本、歷代通載卷十七仰山惠寂禪師改。

② 潙，原作「僞」，當爲「潙」。

在乎群生日用中，了無覆藏，曷足謂之密哉！蓋未了業相流動，長時滲漏，則蕩其密，唯悟宗返本絶滲、離倒觸物而真則密矣，非別有密旨也。噫！惜其宗風絶特，行高履深，後世不能永其傳，庸非上聖示跡，增廣少室宗風。至於析派分燈，抑後人慕其盛而然歟。

乾寧四年，趙州從諗禪師示寂，閲歲一百二十。師曹州人，姓郝氏。落髮未具戒，便造南泉，泉一見深器之。一日，問：「如何是道？」泉云：「平常心是道。」師曰：「還可趣向否？」曰：「擬向即乖。」師曰：「不擬如何知是道。」泉云：「道不屬知，不屬無知。知是妄覺，不知是無記。若真達不疑之道，猶如太虚廓然虚豁，豈可强是非耶？」師於言下大悟。自是周旋南泉之門凡二十年，次遍歷諸方，後歸北地，衆請住趙州觀音古刹。示衆曰：「如明珠在掌，胡來胡現，漢來漢現。老僧有時將一枝草作丈六金身用，有時把丈六金身作一枝草用。佛是煩惱，煩惱是佛。」僧問：「未審佛是誰家煩惱？」師云：「與一切人爲煩惱。」僧云：「如何免行？」師云：「用免作麼？」問：「師還入地獄否？」答云：「老僧末上入。」僧云：「大善知識爲甚麼却入地獄？」師云：「若不入，阿誰教化汝？」真定師王公携諸子入院，師坐而問曰：「大王會麼？」王云：「不會。」師云：「自少持齋今已老，見人無力下繩床。」王公加禮而去。一日，示衆曰：「金佛不度爐，木佛不度火，泥佛不度水，真佛屋裏坐。菩提涅槃、真如佛性，盡是貼體衣服，亦名煩惱，不問即無煩惱，且實際理什麼處著得。一心不生，萬法無咎，汝但究理，坐看三二十年，若不會道，截取老僧頭去。夢幻空華，何勞把捉？心若無異，萬境一如。既不從外得，更拘執作什麼！如羊相似，拾物安向口裏。老僧見藥山和尚道，有人問著，便交『合取狗口』，老僧亦交合却口。」師之玄言，天下推爲宗門妙唱云。

天復二年，雲居道膺禪師示寂。師幽州玉田人，參洞山价禪師，契悟宗旨。洞山深可之，曰：「昔南泉問講彌勒下生經僧云：『彌勒什麼時下生？』僧曰：『見在天宮，當來下生。』南泉云：『天上無彌勒，地下無彌勒。』」師曰：「只如天上無彌勒，地下無彌勒，未審誰與安名？」洞山直得禪床震動，乃曰：「膺闍黎。」及結庵於後洞，日感天厨奉供，洞山勉令隨方接人，遂登雲居，學徒奔凑至一千五百衆。甞示衆曰：「古人云，地獄未是苦，若向此衣單下不明大事却是最苦。汝等既在這箇行流，十分去九，不較多也，更著些子精彩，便是上座，不屈平生行脚，不辜負叢林。古人道：『欲得保任此事，須向高高峰頂立、深深海底行，方有些子氣力。』汝若大事未辦，須履踐玄途。」又曰：「汝等師僧家，發言吐氣，須有來由。凡問事，須識好惡尊卑良賤，信口無益。傍家到處覔相似語言，所以尋常向兄弟道，莫恠不相似。恐同學太多去，第一莫將來，將來不相似。八十老人出場屋，不是小兒戲。一言參差，千里萬里難爲收攝，直至敲骨打髓，須有來由。言語如鉗夾鈎鎖，相續不斷，始得頭頭上具，物物上新，可不是精得妙底事？向道①知有底人終不取次，十度擬發言，九度即休去。爲什麼如此？恐怕無利益。體得底人，心如臘月扇，口邊直得醭出。不是汝强爲，任運如此。欲得恁麼事，須是恁麼人；既是恁麼人，何愁恁麼事？學佛邊事，是錯用心，假饒解千經萬論，講得天華落、石點頭，亦不干自己事，况乎其餘，有何用處？若將

---

① 向道，傳燈録卷十七洪州雲居山道膺禪師作「道汝」。

有限心識作無限中用，如將方木逗圓孔，多少差訛。設使攢華簇錦，事事及得，盡一切事，亦只喚作了事人、無過人，終不喚作尊貴。將知尊貴邊著得什麼物，不見從門入者，非寶捧上不成龍。知麼？」又曰：「如好獵狗，只解尋有蹤跡底，忽遇羚羊挂角，莫道跡，氣亦不識。」僧問：「羚羊挂角時如何？」師曰：「六六三十六。」曰：「不會。」師云：「不見道無蹤跡。」一僧在房内看經，師隔窗問：「闍黎，念者是什麼經？」對曰：「維摩經。」師曰：「不問維摩經。念者是什麼經？」其僧有省。師臨終前期五日，爲衆開最後方便，序出世始末，衆皆愴然。至時，端坐而化。後唐謚曰弘覺禪師。

論曰：洞下宗旨，較他宗尤爲精密。當時諸徒，如雲居之説法，如曹山之機辯，足以峻其門庭。然二公之云爲，未嘗以金鎖玄關、泥牛木馬及五位三墮爲專門潛授之物，後世遂以此爲門風。至覺範復私設寶鏡三昧，辭以尤之。嗚呼！雲居云「學佛邊事是錯用心」，然則今時學者，用心果如何哉。

五代

敘曰：後梁朱氏篡唐，閲五朝八姓，十有三君五十三載。歐陽文忠公法春秋著爲五代史。古所謂

「春秋作而亂臣賊子懼」。然自秦、漢而下，禍起蕭墻，變生肘腋，君臣父子之際所不忍願聞者，奚更不懼之多乎！予嘗以唐新、舊本紀參挍，粗見文忠師仰春秋略例、紀事褒貶之妙，非他史所及，因采數十端著新唐史本紀略例一篇。及得五代史，閱其自發述作之意，與予言亦頗合。然舉春秋宗王之作裁正唐史，可也。以之致虚名盛禮而歆艷五代之君，不幾於枉設乎？朱全忠弑昭宗滅唐祚，雖王莽、劉曜之惡不足以比之。及其有國，父父子子更相屠戮，不殊犬豕之死，正吾教善惡因果之効也。文忠蔑視而不取，特假春秋峨巍位號朝儀以賁之，卒無一辭深誅痛責，使後世忠良閱之，曷以泄胸中之不平乎？荆國王文公嘗歎惜文患①不修晉書而修五代史，予之言葢文公歎息之意也。至於李存勗、石敬瑭②、劉知遠，皆突厥、沙陀夷狄之種，朱全忠、郭威乃中國人，反不若三夷狄近人類也。郭威代漢，及養子世宗頗有聲，然議者槩見而未之詳。夫大聖人出世，其威靈氣燄，必有傍資餘及焉。周顯德間，軍功屢捷，雄武日著，時我宋太祖皇帝弟兄任將師③，宜乎席其天威而克勝也。且以鳳凰在㲉，渥注④墮地，猶自絶類離倫，矧大聖人處九四「或躍」之地者乎？然則郭太祖、柴世宗爲我宋先驅，因人而成事者也，曾何足云哉！

① 卍新續藏本原註：「患，疑『忠』。」當爲「忠」。
② 瑭，原作「塘」，當爲「瑭」。
③ 卍新續藏本原註：「師，疑『帥』。」
④ 注，寬永本作「洼」。

後梁

開平二年五月，雪峰義存禪師示寂。師泉州人，姓曾氏，十七落髮，往幽州授具戒，綿歷禪會，緣契德山。咸通中，登象骨山，雪峰剏院，玄侣奔萃，懿宗賜號真覺大師。上堂，僧問：「拈搥竪拂，不當宗乘。和尚如何指示？」師竪起拂子，其僧抱頭而出，師乃不顧。道忞問：「祇如古德，豈不是以心傳心？」師曰：「兼不立文字語句。」忞曰：「祇如不立文字語句，師如何傳？」師良久，忞禮拜。師曰：「更問我一轉豈不好？」忞就和尚，請一轉語頭。師曰：「祇恁麼唯别有商量。」曰：「和尚恁麼即得。」長慶問：「從上諸聖，傳受一路。請師垂示。」師默然，長慶禮拜而退，師莞爾而笑。師有時謂衆曰：「堂堂密密地。」道忞出問曰：「是什麼堂堂密密？」師起立曰：「道什麼？」忞退步而立，師垂語曰：「此事得恁麼尊貴，得恁麼綿密。」忞對曰：「某甲到來數年，不聞和尚恁麼示誨。」師曰：「我向前雖無，如今已有。莫有妨麼？」曰：「不敢如此。和尚不已而已。」師曰：「致使我如此。」忞從此信入。因普請次，師舉溈山「見色便見心」語，問忞還有過也無。忞曰：「古人爲什麼事？」師曰：「雖然如此，要共汝商量。」曰：「恁麼即不如道忞鋤地去。」又嘗普請次，師問皎然曰：「古人道：『誰知席帽下，元是昔愁人。』古人意作麼生？」皎然側戴笠子曰：「這箇是什麼人語？」又問曰：「持經者能荷擔如來，作麼生是荷擔如來①？」然乃捧師向禪床上著。一日，

① 作麼生是荷擔如來，原闕，據傳燈録卷十八福州長生山皎然禪師、五燈會元卷七福州長生山皎然禪師補。

紹卿隨師經行次，見芋葉動，師指動葉示之。卿曰：「某甲怕怖。」師曰：「是汝屋裏底，怕怖什麼？」紹卿從此開悟。安國弘瑫參師，師曰：「甚處來？」曰：「江西。」師曰：「什麼處見達磨？」曰：「分明向和尚道。」師曰：「道什麼？」瑫曰：「什麼處去來。」一日，師見瑫，忽搊住云：「盡大地是解脱門，把手教伊，入不肯入？」曰：「和尚恠弘瑫不得！」師曰：「雖然如此，争奈皆①後許多師僧何。」太原孚上座參師，禮拜，訖立於座右。師才顧視，孚便下看主事。異日師見孚，指日示之，孚摇手而出。師曰：「汝不肯我。」孚曰：「和尚摇頭，某甲擺尾。什麼處不肯和尚？」師曰：「到處也須諱却。」一日衆僧晚參，師在中庭卧，孚曰：「五州管内，只有這和尚較些子。」師便起去。師居閩川四十餘年，法席之盛卓冠天下，常不下一千五百衆。臨終出遊藍田，莫②歸浴畢，中夜示寂，壽八十有七。

十一月，玄沙師備禪師示寂。師少爲漁家子，年甫三十，始出家具戒，習頭陀行，與雪峰師資道契。雪峰每歎曰：「備頭陀再來人也。」閲楞嚴經發明心地，由是應機敏捷，與修多羅冥契。諸方玄學者有所未決，必從之請益。師上堂時久，衆謂：「不説法，一時各歸。」師乃呵之曰：「看總是一樣底，無一箇有智慧！但見我開兩片皮，盡來簇著，覓言語意度是。我真實爲他，却總不知，看恁麼大難大難！十方諸佛把汝向頂上著，不敢錯悞著一分子。只道此事唯我能知，會麽？如今相紹繼盡，道承釋迦，我道釋迦與我同參，汝道參阿誰？會麽？汝今欲得出他五蘊身田主宰，但識取汝秘密金

① 卍新續藏本原註：「皆，疑『背』。」歷代通載卷十七雪峰義存禪師作「背」。
② 卍新續藏本原註：「莫，通『暮』。」

剛體。古人向汝道：『圓成正徧，遍周沙界。』我今少分爲汝，智者可以譬喻得解。汝見此閻浮提日麼？世間人所作興營、養身活命、種種作業，莫非承他日光成立。祇如日體，還有多般及心行麼？還有不周遍處麼？欲識此金剛體亦如是。只如今山河大地、十方國土、色空明暗及汝身心，莫非盡承汝圓成威光，所現直是天人群生類所作業次、受生果報、有性無情，莫非承汝威光。乃至諸佛成道成果、接物利生，莫非盡承汝威光，只如金剛體，還有凡夫諸佛麼？有汝心行麼？不可道無便當去。汝既有如是奇特，會麼？努力珍重！」

師初住梅溪，後居玄沙，一時天下叢林海衆皆望風欽服。閩師王公，待以師禮，學徒垂千人，室户不閉。師應機接物垂三十年，所演法要，有大小録行於世。没年七十有五，閩師賜號宗一禪師。

論曰：予讀唐魏鄭公傳，見其爲太宗言治道，鏗鏗無慮數千萬言，了無一字虚設。及觀傳燈·玄沙傳，見其垂示辨道，語句霏霏傾注，與一乘了義相符，而句句朝宗，無一可捨。二公跡異而道同，何哉？蓋心術純正，則盡忠於國而効見於治，道眼純正則全提本宗而効見於徒，抑涵養渾厚、淵源邃深而致然也。昔孟氏稱「禹、稷、顔子易地則皆然」，予於二公亦云。

後漢

乾祐二年，雲門文偃禪師示寂。偃姑蘇嘉興人，姓張氏。初參睦州蹤禪師，州見來，便閉却門。

師三扣門。問：「誰？」師云：「某甲。」州云：「作什麼？」師云：「己事未明，乞師指示。」州才開門。師拶入，州擒住，云：「速道，速道！」師擬議，州托開云：「秦時轆轢①鑽。」師從此悟入。州即指師見雪峰。師至雪峰莊，遇僧上山，即教之云：「汝到山頭，見和尚上堂，眾才集便出，握腕立地云：『這老漢項上鐵枷何不脫却？』」其僧如教致問。雪峰下座，搊住云：「速道，速道！」僧無對。峰云：「適來不是你語。」僧云：「是某甲語。」峰云：「侍者將繩棒來。」僧云：「某在莊上，見一浙中上座，教來恁麼問。」峰云：「大眾去莊上，迎取五百人善知識來！」師上山，才見峰便問：「因什麼得到與麼地？」師乃低頭，從此契合，决擇久之。遍訪諸方，晚游廣中。靈樹知聖禪師久遲師來，比至，亦率眾門迎之，命居第一座。知聖將終，遺書囑廣主請師繼踵住持。師上堂，僧問：「如何是一代時教？」師云：「對一說。」問：「如何是法眼？」師云：「普。」問：「如何是諸佛出身處？」師云：「東山水上行。」問：「乞師指箇入路。」師云：「喫粥喫飯。」問：「如何是透法身句？」師云：「北斗裏藏身。」問：「如何是不挂唇吻一句？」師云：「合取狗口。」問：「如何轉動即得不落階級？」師云：「南斗七，北斗八。」師乃云：「眼睫橫亘，什方眉毛，上透乾坤，下透黃泉。須彌山塞却你咽喉，還有會處麼？若會得，拽取占波國與新羅國鬪額。」師云：「盡乾坤一時將來著汝眼睫上，你諸人聞恁麼道，不敢望你出來，性燥把老僧打一摑。且緩緩②子細看，是有是無？是箇什麼道理？直饒向這裏明得。若遇衲僧門下，好槌脚折。汝若是箇人，聞說道恁麼處

① 轆轢，傳燈録卷十二睦州龍興寺陳尊宿作「鐸落」。
② 緩，原作「煖」，據寬永本改。

有老宿出世，便驀面唾污我耳目。汝若不是箇脚手，才聞人舉，便當荷得，早落第二機。」又曰：「直得觸目無滯，達得名身句身一切法空。山河大地是名，名亦不可得。喚作三昧性海俱備，猶是無風匝匝之波。直得忘知與①覺，覺即佛性矣。喚作無事人，更須知有向上一竅②在③。」又曰：「彈指謦欬，揚眉瞬目，拈槌竪拂，或作圓相，盡是撩鈎搭索。佛法二字，未曾道著，道著即撒屎撒尿。」又曰：「光不透脱有兩般病：一切處不明，面前有物，是一；又透得一切法空，隱隱似有箇物相似，亦是光不透脱。又法身亦有兩般病：得到法身，爲法執不忘，已見猶存，坐在法身邊，是一；直饒透得法身去，放過即不可，子細點檢來有什麼氣息，亦是病。」又曰：「直得乾坤大地無纖毫過患，猶是轉句。不見一色，始是半提。直得如此，更須知有全提時節。」

師居靈樹久之，迁韶陽雲門。廣主屢請入内問法，待以師禮，往來學徒不下千人。臨終以表辭廣主，垂戒學徒，端坐而逝，遺命塔全身於方丈。

後一十七年，我宋乾德二④年，雄武軍節度推官阮紹莊夢師以拂子招之曰：「爲吾宰⑤語秀華宫使特進李托，奏請開塔。吾久蔽塔中，宜令暫出。」李得其語，即以奏聞。尋有旨令韶州刺史同詣雲門開

---

① 與，雲門匡真禪師廣録卷中室中語要一百八十五則作「於」。
② 竅，原作「窮」，據雲門匡真禪師廣録卷中室中語要一百八十五則改。
③ 卍新續藏本原註：「在，一作『竅』。」
④ 卍新續藏本原註：「二，一作『三』。」歷代通載卷十七雲門文偃禪師作「三」。
⑤ 卍新續藏本原註：「宰，疑『寄』。」歷代通載卷十七雲門文偃禪師作「寄」。

塔，果見師真容如生，髭髮皆長。李復上其事，廣主迎真身赴闕，留内庭供養。逾月，送歸於塔，謚大慈匡真宏明禪師。

論曰：熙寧中，朝賢蘇公澥曰：「祖燈相繼數百年間，出類邁倫，超今越古，盡妙盡神，道盛行於天下者數人而已，雲門大宗師特爲之最。擒縱舒卷，縱横變化。放開江海，魚龍得游泳之方；把斷乾坤，鬼神無行走之路。草木亦當稽首，土木爲之發光。」誠哉斯言！觀其本録垂代，勘辨作略，機機盡善，局局皆新，此所以風流天下、宗嗣綿綿，與臨濟角立而無盡也。噫！後五百歲閲其殘編斷簡，猶足以啟廸昏翳，況當日親槌拂者乎？

後周顯德四年七月，清涼文益禪師示疾，江南國主親降候問。越旬有五日，沐浴辭衆，端坐而逝。停龕三七，顏貌如生，公卿李建勳而下素服奉全身建塔，謚曰大法眼禪師。師餘杭人，姓魯氏。初究教乘，傍探儒典，游方遇羅漢琛禪師，頓明大事。久之，卓庵而居。次歷江外，至臨川，州牧請住崇壽。開堂日，示衆曰：「諸人既盡在這裏，山僧不可無言，與大衆舉一古人方便。珍重！」便下座。時有僧出禮拜，師曰：「好問著。」僧擬伸問，師曰：「長老未開堂，不答話。」有僧自長慶來，師舉先長慶和尚偈問曰：「作麼生是萬象之中獨露身？」僧舉一指，師曰：「恁麼會又争辨？」曰：「和尚尊意如何？」師曰：「唤什麼作萬象？」曰：「古人不撥萬象。」師曰：「萬象之中獨露身，説什麼撥不撥？」僧豁然大悟，述偈投誠。自是諸方會下存知解者翕然而至，始則行行如也，師微以激發，皆漸而服膺，海參之衆，常不下千計。上堂，大衆立久，師乃謂曰：「祇麼便散去，還有佛法也無？試説看。若無，又來這裏作麼？若有，大市裏人聚處亦有，何須到這裏？諸人各曾看還深觀百門義海、華嚴論、涅槃經，諸多弟子阿那箇教中有這箇時節？若有，試舉看。莫是恁麼經裏有恁麼語，是此時節麼，有什麼交涉。所以微言滯於心首，皆爲緣慮之場；實際居於目前，翻爲名相之境。又作麼生得翻去？若也翻去，又作麼生得正去？還會麼？莫祇恁麼念策子，有什麼用處？」未幾，道行聞於江表，金陵國主重師之道，迎居報恩，號淨慧禪師。次遷清凉，朝夕開法，諸方叢林，咸仰風化，致異域有慕其法者涉遠而至。師調機順物，斥滯磨昏，凡舉古德三昧，或呈解請益，皆應病與藥，隨根入者不可勝紀。尋以韶國師等化旺東南，遂刱立法眼宗旨。

論曰：禪門自洞山、臨濟、大仰各立門庭，至雪峰別出雲門，玄沙再世而出法眼，學者從而慕向之，繇而析①爲五宗。竊觀其應機説法，浩乎沛然，猶普賢之圓融華藏，彌勒之出現樓閣，維摩之摶取世界，孰敢擬議哉？凡自數公之後，代不乏賢，盍嘗論禪宗本於妙悟，則具徹法眼，超佛知見，如大日輪，曜耀天下，萬機頓赴，而縱奪自由。所以德山棒、臨濟喝如眼眼相對、鏡鏡相照，自非大根上智，莫能領其髣髴。何則？格外靈機，非意識境界。迨乎接誘中下之機，則多方開示。猶恐學者不即諦信，乃始援引教中至極之説以助發揮。故達磨、洞山有不違教之説，夫

① 析，原作「㭊」，據寬永本改。

豈專守枯椿而已哉！若教乘學者，則緣文義趣向，加以根器敏利，游學日久，研磨浸清，索隱鈎深，往往佛知見地可得而言也。致其銓量大教，立宗定趣，亦有假借宗師過量語句以爲準衡。然此但見相似而已，若不徹悟心源，皆業識上光影，謂之死句，亦謂之義路。以正眼照之，猶盲夫摸象，雖脊尾耳鬣僅得而知，然不若開眼全見之省力也。此宗門直指，與義學相遼所從來遠矣，是故禪稱教外別傳，而教不足以擬禪也。雖然，非教無以顯禪之深，非禪無以臻教之妙，唯悟徹者兼資律儀高行，而後融通自在也。世固有席福緣、挾左道、冐聲勢而顯者，宗乘教典、戒律軌儀，漫然未嘗一顧，直以禪門問答、腐熟語句汎口傳授，脂膏其吻，爲道爲禪，展轉欺誑，有不可勝言者。昔東坡所謂至使婦人孺子抵掌嬉戲、争談禪悦，高者爲名，下者爲利，餘波末流，無所不至，而佛法微矣，此正中末世之弊也。故今博采累朝外護聖賢緒餘，及弘教秉律韵人勝士，與夫禪林宗師提綱警策法要，規仰司馬文正公通鑑，裁成此書，凡二十有八卷，垂二十萬言。將以遺諸後學，則予豈敢！特欲前賢外護之跡常存几案，日見而諷詠之。惟是皇朝聖賢頌述吾教之作浩博尤多，附四聖御製序於左方。若其宅①文，予之精力疲竭，於此而未遑纂輯，請俟後之作者云耳。

① 卍新續藏本原註：「宅，疑『佗』。」同「他」。

隆興佛教編年通論卷第二十九

聖宋御製（附）

太平興國三年，太宗至仁應道神功聖德文武睿烈大明廣孝皇帝御製新譯三藏聖教序，賜天竺三藏法師天息災，其詞曰：「大矣哉①，我佛之教也！化導群迷，闡揚宗性。廣博宏辨，英彦莫能究其旨；精微妙説，庸愚豈可度其源。義理幽玄，真空莫測，包括萬象，譬喻無垠。總法綱之紀綱，演無際之正教；拔四生之苦海，譯②三藏之秘言。天地變化乎陰陽，日月盈虧乎寒暑。大則説諸善惡，細則比於河沙。含識萬端，弗可盡述，若窺像法，如影隨形。離六情以長存，歷千劫而可久。須彌内藏於芥子，如來坦蕩於無邊。達磨西來，傳法東土，宣揚妙理，順從指歸，彼岸菩提，愛河生滅。用行於五濁惡趣，極③溺於三業途中。經垂世之無窮，道無私而永泰。雪山貝葉，若銀臺之耀目；歲月煙蘿，起香界之自遠。巍巍罕測，杳杳難名，所以道資十聖，德被三賢。至道啟於乾元，衆妙生乎太易。綜繁形類，竅鑿昏冥，絶彼是非，開茲蒙昧。有西域法師天息災等，常持四忍，早悟三空。翻貝葉之

---

① 哉，原作「我」，據寬永本改。
② 譯，寬永本作「繹」。
③ 卍新續藏本原註：「極，疑『拯』。」歷代通載卷十八御製三藏聖教序作「拯」。

真詮，續人天之聖教。芳猷重啟，偶運昌時。潤五聲於文章，暢四始於風律。堂堂容止，穆穆耀①華。曠劫而昏蟄重明，玄門昭顯；軌範而宏光妙法，淨界騰音。利益有情，俱登覺岸，無所障礙，救諸疲羸，冥昧慈悲，汗漫物表。柔伏貪佷，啟廸昏愚。演小乘則聲聞合其儀，論大乘則正覺立其性。含靈悟而蒙福，藏教闕而重興。幻化迷途，火宅深喻。雖設其教，不知者多。善念生而福量潛臻，惡業興而勝緣皆墜。調御四眾，積行十方。澍華雨於金輪，護恒河於玉闕。有頂之風不可壞，無際之水不能漂。澄寂湛然，圓明清潔之智慧；性空無染，實相解脱之因緣。可以離煩惱於心田，可以得清涼於宇宙。朕慚非博學，釋典微閑，豈堪敘文，以示來者。如腐螢爝火，不足比於皎日；將微蠡量海，豈能窮盡於深淵者哉！」

咸平二年，真宗膺符稽古成功遜德文明武定章聖元孝皇帝御製繼聖教序，賜天竺三藏朝散大夫試光禄卿明教大師法賢，辭曰：「高明肇分，三辰方乃序其始；厚載初定，萬彙於以發乎端。清濁之體既彰，善惡之源是顯。然後以文物立其教，以正典化其俗，利益之功，同歸於理。於是乎像法來於西國，真諦流於中夏。洞貫千古，真實之理無以窮；囊括九圍，玄妙之門莫能究。言乎妄想，則五蘊皆空；現乃真容，則一毫圓滿。廣大之教，豈能絶述者哉！伏覩太宗神功聖德文武皇帝，法性周圓，仁慈普布。化蠻貊則萬邦輻湊，躋蒸民於仁壽之鄉；崇教法則四海雲從，惠蒼生於富庶之域。見尊經之浩汗，設方便以救沈淪；知法界之恢宏，行精進而攝懈怠。乃擇其邃宇，校彼真文，命天竺之高

① 耀，寬永本、歷代通載卷十八御製三藏聖教序作「輝」。

僧，譯貝多之佛語。象管翻成於金字，珠編復置於琅函。龍宮之聖藻惟新，鷲嶺之苾蒭仰歎。繇是三乘共貫，四諦同圓，盡苦空真正之言，顯①秘密研精之義。贊相相乎實相，論空空乎盡空。華嚴之理合軌轍，金僊之教同規矩。朕纘嗣丕搆，恭臨寶圖，常翼翼以撫兆民，每兢兢而守先訓。以至釋典猶未精詳，源其幽深，曷能探測？有譯經西域僧法賢，奏章懇切，致意專勤，以先皇帝大闡真風，高傳佛日，興前王之墜典，振覺路之頹綱，欲旌天造之功庸，用廣聖文之述作，請予製序繼聖教焉。自聖考上僊，追號罔息，政事之外，何暇經心。今已禫除，思臻微奥，雖幼承慈訓，忝夙乏通才焉，窮乎法海之津涯，莫造乎空門閫域，略敷大意，以徇輿情。蹄涔不足擬浴日之波，尺箠豈能量昊天之影。聊述短序，以紀聖功者焉。」

景祐三年，仁宗體大法道極功至德神文聖武睿明哲孝皇帝御製天聖廣燈録序，賜護國將軍節度使駙馬都尉李遵勗，辭曰：「惟大雄之闡教也，以清淨爲宗，慈悲救世。解煩惱之苦縛，啟方便之化門。安住雪山，始階於西域；飛行漢殿，遂通於東旦。彼土得道，何可勝言此方承流，於是乎在。雖陰魔時有以侮伐，或示神通；而帝釋常加於護持，無虧實相。自法眼授記，鞠多即心。佛衣不傳，逮六祖而頓悟；牛頭析派，續千燈而罔窮。繇斯慧炬益繁，法雲滋陰，旁行梵學，轉譯華音，扣寂禪關，指迷覺路。了達者至乎離念，超登者於以忘筌。爲無所不通之明，處不可思議之首。歷代聖帝明王，旦有爲之信向者矣。我太祖之乘籙也，正法延乎住世；我太宗之握紀也，妙供滿於諸天。真宗皇帝密契菩提之心，深研善逝之旨。能仁之化，一雨普霑；外護之心，二纓喜捨。朕嗣景祚，子育群黎，將以

① 顯，原作「願」，據寬永本、歷代通載卷十八帝製繼聖教序改。

歐富壽之民，居常奉調御之本。丕冑基搆，雖祇席於蘿圖；導引津梁，每欽惟於竺疊。茲乃遵前王之道也，其可忽諸。天聖廣燈録者，護國將軍節度使駙馬都尉李遵勗之所編次也。遵勗承榮外館，受律齋壇。靡恃貴而驕矜，頗澡心於夷曠。竭積順之素志，趨求福之本因。灑六根之情塵，別三乘之歸趣。賾其祖録，廣彼宗風。采開士之迅機，集叢林之雅對。粗裨於理，咸屬之篇，甞貢紺編來聞扆座，且有勤請，求錫序文。朕既嘉乃誠，重違其意，載念溥伽之旨，諒有庇於生靈；近戚之家，又不嬰於我慢。良可嘉尚，因賜之題。豈徒然哉，亦王者溥濟萬物之源也。其録三十卷。時景祐三年四月日賜序。

建中靖國元年，徽宗體神合道駿烈遜功聖文仁德憲慈顯孝皇帝建中靖國續燈録序，賜東都①法雲禪寺住持傳法佛國禪師惟白，詞曰：「昔釋迦如來之出世也，受然燈之記，生淨飯之家。分手指乎天地，而真機已露；游門觀於老死，而幻緣頓寂。及乎唱道鶏園，騰芳鷲嶺。無邊刹境遂現於一毫之端，大千經卷畢出於微塵之表。西被竺土，東流震旦。編葉而書，則一時聖教雖傳於慶喜；拈華而笑，則正法眼藏獨付於飲光。自達磨西來，實爲初祖，其傳二三四五而至於曹溪，於是雙林之道逾光，一滴之流寢廣。自南嶽、青原而下分爲五宗，各擅門風，應機酧對。雖建立不同，而會歸則一，莫不箭鋒相拄、鞭影齊施，接物利生啟悟多矣。源派廣迆，枝葉扶疎，而雲門、臨濟二宗遂獨盛於天下。朕膺天寶命，紹國大統，恭惟藝祖闢度門於緜宇，太宗闡秘義於敷天，章聖傳燈於景德，永昭廣燈於天聖，皆宏暢真風，協助神化，以成無爲之治者也。於皇神考尤嚮空宗，元豐三年，詔於大相國寺剏二禪，闢慧林於東序，建智海於西廡。壬戌之歲，以越國大長公主及集慶軍節度觀察留後駙馬都尉張敦禮之

① 都，原作「部」，據寬永本改。

請，後建法雲禪寺於國之南。於是祖席光輝，叢林鼎盛，天下襲方袍慕禪悦者，雲集於上都矣。今敦禮以其寺住持僧佛國禪師惟白探最上乘，了第一義，屢入中禁，三登高座，宣揚妙旨，良愜至懷。昔能仁説法華經，放眉間白毫相，光照東方萬八千世界，而彌勒發問，文殊决疑，以謂日月燈明佛本光瑞如此。持是經者妙光法師，得其證者普明如來。今續燈之名，蓋燈燈相續，光光相入，義有在於是矣。噫！圓澄覺海本含褁於十方，生滅空漚遂沉淪於三有。因明立所，由塵發知，識①妄相仍，轉入諸趣，良可悲也。若回光内照，發真歸元，則是録也，直指性宗，單傳心印。可得於眉睫，可薦於言前。舉手而擎妙喜之世界，彈指而現莊嚴之樓閣。神通妙用，真不可得而思議也。嘉於有衆，締此勝緣，俱離迷津，偕之覺路，斯朕之志已。建中靖國元年八月十五日賜序。

論曰：古稱至治之君不世出，然我宋至治，聖君何其盛歟！昔熙豐間，議者以謂我宋累聖規模，絶勝漢、唐之君遠甚，以今觀之，信哉斯言也。恭惟四聖御製序，發揮聖藻，宏闡宗乘，足見天縱妙悟，得道之深，而崇尚之體，無過與不及。凡歷古以來，盛帝顯王得佛法味，於此盡善盡美矣！其可深秘法藏而不使之廣傳，同日月光明開悟含識哉！是用著之終篇，仰師論語·堯曰之意焉耳。

① 識，原作「織」，據歷代通載卷十八御製續燈録序改。

主要參考文獻

［一］釋祖琇：隆興佛教編年通論，新編卍續藏經第一三〇册，臺北，新文豐出版股份有限公司一九九三年版

［二］釋祖琇：隆興佛教編年通論，卍新纂大日本續藏經第七五册，東京，株式會社國書刊行會一九六七—一九八九年版

［三］釋祖琇：隆興佛教編年通論，日本寬永刊本

［四］釋本覺：歷代編年釋氏通鑑（簡稱釋氏通鑑），新編卍續藏經第七六册，臺北，新文豐出版股份有限公司一九九三年版

［五］釋念常：佛祖歷代通載（簡稱歷代通載），北京圖書館古籍珍本叢刊第七七册，北京，書目文獻出版社一九九八年版

［六］釋熙仲：歷朝釋氏資鑑，新編卍續藏經第七六册，臺北，新文豐出版股份有限公司一九九三年版

［七］費長房：歷代三寶記（簡稱三寶記），大正新修大藏經第四九册，東京，一切經刊行會一九二四—一九三四年版

〔八〕釋僧祐：弘明集；釋道宣：廣弘明集，上海古籍出版社一九九一年版
〔九〕釋道世：法苑珠林，上海古籍出版社一九九一年版
〔十〕釋道宣：大唐内典録（簡稱内典録），高麗大藏經第五六—五七册，北京，綫裝書局二〇〇四年版
〔一一〕釋慧皎：高僧傳，北京，中華書局一九九二年版
〔一二〕釋道宣：續高僧傳，北京，中華書局二〇一四年版
〔一三〕釋道元：景德傳燈録（簡稱傳燈録），海口，海南出版社二〇一一年版
〔一四〕釋普濟：五燈會元，北京，中華書局一九八四年版
〔一五〕馬元、釋真樸：重修曹谿通志（簡稱曹谿志），香港，夢梅館二〇〇八年版
〔一六〕釋慧立、釋彦悰：大唐大慈恩寺三藏法師傳（簡稱三藏法師傳），大正新修大藏經第五〇册，東京，一切經刊行會一九二四—一九三四年
〔一七〕懷仁集王羲之書聖教序（簡稱聖教序），上海書店出版社一九六三年版
〔一八〕釋守堅：雲門匡真禪師廣録（簡稱廣録），大正新修大藏經第四七册，東京，一切經刊行會一九二四—一九三四年版
〔一九〕釋彦悰：集沙門不應拜俗等事，磧砂大藏經第九八册，北京：綫裝書局二〇〇五年版
〔二〇〕范曄：後漢書，北京，中華書局一九六五年版
〔二一〕李延壽：南史，北京，中華書局一九七五年版

［二二］李延壽：北史，北京，中華書局一九七五年版
［二三］魏收：魏書，北京，中華書局一九七四年版
［二四］姚思廉：梁書，北京，中華書局一九七三年版
［二五］劉昫等：舊唐書，北京，中華書局一九七五年版
［二六］歐陽修、宋祁：新唐書，北京，中華書局一九七五年版
［二七］嚴可均：全晉文，北京，商務印書館一九九九年版
［二八］董誥等：全唐文，上海古籍出版社一九九〇年版
［二九］姚鉉：唐文粹，杭州，浙江人民出版社一九八六年版
［三〇］李昉等：文苑英華，北京，中華書局一九六六年版
［三一］司馬光：稽古録，北京師範大學出版社一九八八年版
［三二］宋敏求：唐大詔令集，北京，中華書局二〇〇八年版
［三三］張説：張燕公集，叢書集成初編本，北京，中華書局一九八五年版
［三四］曹礎基、黄蘭發：莊子注疏，北京，中華書局二〇一一年版

後記

本書的整理工作，是在廣東乳源雲門山大覺禪寺住持明向人和尚與中山大學哲學系馮焕珍教授的鼓勵、支持與敦促下完成的，並獲得清華大學歷史系候選博士易蕭同學、廣東人民出版社古籍辭書編輯室副主任張賢明先生的具體幫助，謹致謝忱！限於整理者所投入的時間與個人的功力，訛誤在所難免，敬請方家賜教。

楊權丁酉新正於中山大學沁廬